反恐怖主义系列教材

总主编／贾宇 副总主编／穆赤·云登嘉措 张金平 舒洪水

中国反恐怖主义法教程（第二版）

ZHONGGUO FAN KONGBU ZHUYI FA JIAOCHENG

主编／贾宇

副主编／舒洪水 梅建明

撰稿人／（以撰写章节顺序为序）

贾宇 舒洪水 郭永良 梅建明 段阳伟

程锦 王欣 李娟 杨斌 张文东

胡望洋 张兵 黄彬 刘猛 冯卫国

中国政法大学出版社

2020·北京

总　序

西北政法大学反恐怖主义系列教材是西北政法大学反恐怖主义法学院（国家安全学院）与中国政法大学出版社联合推出的供反恐怖主义（法）专业本科生、研究生使用的专业教材。

恐怖主义，是指通过暴力、破坏、恐吓等手段，制造社会恐慌、危害公共安全、侵犯人身财产，或者胁迫国家机关、国际组织，以实现其政治、意识形态等目的的主张和行为。恐怖主义威胁着全人类的安全，严重破坏了各国的民族和睦，引发社会不安与动荡，极大地阻碍各国的经济发展和社会进步，危害甚巨。特别是2001年恐怖分子制造了震惊世界的"9·11"暴恐袭击，恐怖主义问题更是强势进入国际社会视野，引起了世界各国的高度关注。

一段时间来，国内"三股势力"（即暴力恐怖势力、宗教极端势力、民族分裂势力），以分裂为最终目标，以极端主义为思想基础，以恐怖主义为手段，打着民族、宗教等幌子，以歪曲宗教教义等非法方式，大肆宣扬、传播恐怖主义、极端主义思想，制造宗教狂热，煽动仇恨、煽动歧视、鼓吹暴力，制造了一系列暴力恐怖事件。暴恐风险已成为我国最现实的风险，反恐怖斗争形势严峻、复杂、尖锐。特别是新疆地区仍处于暴恐活动的活跃期、反分裂斗争的激烈期和干预治疗的阵痛期"三期叠加"的特殊期。从北京"10·28"金水桥事件到昆明"3·01"事件再到广州"5·6"事件，我国境内暴力恐怖犯罪已呈现出由新疆向内地蔓延并趋于多发的特征和趋势。

面对如此紧迫与现实的国内反恐态势，中共十八届四中全会通过的《中共中央关于全面推进依法治国若干重大问题的决定》指出，"抓紧出台反恐怖等一批急需法律，推进公共安全法治化，构建国家安全法律制度体系"，对反恐立法工作进行了系统化的制度设计。随后，全国人大常委会于2015年12月27日通过了《中华人民共和国反恐怖主义法》，并于2016年1月1日起实施。

西北政法大学的前身是1937年中共中央在延安创办的陕北公学，历经延安大学、西北人民革命大学、西北政法干部学校、中央政法干部学校西北分校、西安政法学院、西北政法学院、西北政法大学等时期。在长期的办学历程中，西北政法大学扎根西北，以全方位服务国家战略需求为自身的责任与担当，在维护西北稳定安全与促进西北经济社会发展、民主法治建设方面形成了自身的办学传统与特色。自20世纪90年代以来，我校就有一批专家、学者先后主持完成了多个与反恐怖主义相关的国家社科课题和部委课题，发表了一系列有影响力的研究成果。反恐研究团队先后多次深入新疆、西藏等边疆基层进行调研，出版了十多部有关反恐怖主义问题和民族宗教问题研究的专著，发表了数百篇相关领域的学术论文，为国家决策部门提供了许多有影响的对策、建议。2012年，学校获批"服务西北地区稳定发展与国家安全高级法律人才培养项目"，成为西北地区第一个法学博士学位授权点，承担为国家培养反恐怖主义方向的高级法律人才的任务。2014年，学校汇聚资源，积极打造新型智库，组建了反恐怖主义研究院和民族宗教研究院。2016年1月16日，在《中华人民共和国反恐怖主义法》实施之际，西北政法大学紧紧围绕国家反恐怖主义法治建设的特殊需求，整合校内外法律、公安、民族宗教、国际关系等多领域的学术资源，成立反恐怖主义法学院，实现了本科、硕士、博士完整的教育体系，成为集人才培养、学术研究、社会服务、国家智库等功能于一体的教学科研单位；2019年6月15日，为了深入贯彻总体国家安全观、服务国家战略需求，在反恐怖主义法学院的基础上成立国家安全学院。反恐怖主义法学院（国家安全学院）的刑法、民法、刑诉、民诉、经济法、行政法、宪法、法理等法学基础课程，由相应学院的法学教师承担教学任务，反恐怖主义（国家安全）专业则设有三个教研室（国家安全教研室、反恐怖主义法教研室、民族学与宗教学教研室）和两个研究院（反恐怖主义研究院和民族宗教研究院）。

西北政法大学反恐怖主义法学院（国家安全学院）在学校"法治信仰、中国立场、国际视野、平民情怀"的育人理念的指引下，建立伊始就确定了"需求导向、理实并重"的根本宗旨，对本科生、硕士研究生、博士研究生提出了不同的培养要求。在本科层次反恐怖主义法律人才培养方面，按照"注重养成、加厚基础、拓宽口径、强化实践"的培养思路，着力培养具有系统扎实的法学专业知识和反恐怖主义专门知识，实践能力强、综合素质高，能够从事防范与打击恐怖主义工作的应用型、复合型专门人才。基于此，我们围绕反恐怖主义法学专业学生必须具备的五个方面的知识结构，在必要的法学基础课程之外，开设了十余门特色课程，并组织反恐怖主义法学院（国家安全学院）的老师编写相应的教材。

目前，该系列教材有多部已经定稿并将陆续出版面世。我们深知"庙廊之材，非一木之枝"，在此，向关注并给予西北政法大学反恐怖主义法学院（国家安全学院）极大帮助的中央和地方的立法、行政、政法、司法部门，各兄弟院校，以及相关的同仁表示真挚的感谢。同时，作为国内首家培养反恐怖主义法律人才的学院，我们没有经验作参考，因此该系列教材难免存在一些缺陷，需要逐步完善，也希望学界、实务界各位同仁能不吝赐教，批评建言。我们深知路漫漫其修远，西北政法大学反恐怖主义法学院（国家安全学院）的各位老师必将团结一心，上下求索。

是为序。

贾　宇

2020 年 6 月 1 日

编写说明

　　一段时间以来，恐怖组织频繁制造令人震惊的血腥袭击，已经长期存在的恐怖主义从未像现在这般猖獗蔓延，国际社会面临严重威胁。我国社会大局稳定、可控，但受国际国内多种因素影响，我国的反恐怖主义斗争形势亦很复杂、尖锐，特别是我国新疆地区，正处于暴力恐怖活动的活跃期、反分裂斗争的激烈期、干预治疗的阵痛期"三期叠加"特殊时期。反恐怖主义斗争的长期性、尖锐性和复杂性，要求我们必须高度警惕，认真做好各项防范和打击恐怖主义的工作。

　　2015年12月27日，第12届全国人大常委会第18次会议通过了《中华人民共和国反恐怖主义法》，并已于2016年1月1日起施行。反恐实务界、学术界掀起了学习、研究《反恐怖主义法》的热潮，有些高校、研究机构积极开设反恐怖主义（法）专业，建立反恐怖主义（法）研究基地，为了给广大学习、研究反恐怖主义法的师生提供一部教材，为了帮助反恐实务界、学术界较为周延地领会立法原意，全面把握法律精神，准确适用法律规定，我们汇聚了西北政法大学、中国人民公安大学、中国人民解放军国防大学、中国人民武装警察部队工程大学、中国人民武装警察部队学院、新疆警察学院、福建警察学院、浙江警察学院、云南警官学院的知名反恐专家、学者编写了《中国反恐怖主义法教程》。本教材由浙江省人民检察院党组书记、检察长、原西北政法大学校长贾宇教授担任主编。

　　本教材在编写过程中，力求正确阐述反恐法学的基本原理和基本知识，反映反恐立法、司法和理论方面的最新成果，以提高教材的学术水平和应用价值。本教材分为上下两编，上编为总论，下编为分论，尽量做到详略得当，重点突出。经过努力，我们将本教材的字数控制在30万以内，力求教材编得简练，学生学得明白。

　　本教材主编为贾宇（浙江省人民检察院党组书记、检察长，教授、法学博士、博士研究生导师）。全书先由主编拟定编写大纲和写作要求，经全体编者讨论、确定分工后撰写，由主编统稿、修改定稿，副主编舒洪水教授、梅建明教授予以协助。本书的撰写分工如下（以撰写章节先后为序）：

第一章　反恐怖主义法学概述（贾宇）

第二章　反恐怖主义法中的基本法律概念（舒洪水）

第三章　反恐怖主义法的基本原则（贾宇、郭永良）

　　　　第一节（贾宇）

　　　　第二节（郭永良）

第四章　反恐怖主义工作的基本范畴（梅建明、郭永良）

第五章　反恐怖主义工作的基本原理（段阳伟、程锦）

第六章　去极端化制度（王欣）

第七章　安全防范（李娟、舒洪水）

　　　　第一节至第六节（李娟）

　　　　第七节至第十一节（舒洪水）

第八章　情报信息（杨斌、张文东）

第九章　调查（胡望洋）

第十章　应对处置（张兵、黄彬）

第十一章　国际合作（刘猛）

第十二章　保障措施（冯卫国）

第十三章　法律责任（舒洪水）

中国政法大学出版社对本书的编写出版给予了支持；张越总编辑给予了热情指导；责任编辑为本书的面世作出了辛勤而卓有成效的贡献。

感谢西北政法大学教师王东明副教授、李岚林博士、兰迪博士、王林博士、段阳伟博士，反恐方向博士生李恒，刑法学硕士生任昱坤、张文君、张巧巧，反恐方向硕士生杨贤宇、吕华耕、马瑜、刑利莉、闫晓敏、乔琦、黄幸幸、冀保冰、曹尚昭、裴新迪、刁文然、王圆歌等为本书的面世付出的辛苦劳动！

本书在写作过程中，参考了与反恐怖主义、反恐怖主义法有关的著作、教材、论文，颇受启迪，在此，对作者谨表衷心谢忱！

由于时间和水平有限，多有错谬，敬请读者批评指正。

编　者

2020 年 6 月

| 目 录 |

上编 总 论

上　编

总　论

第一章
反恐怖主义法学概述

第一节　反恐怖主义法学的概念、研究对象和学习方法

一、反恐怖主义法学的概念

随着《中华人民共和国反恐怖主义法》（以下简称《反恐怖主义法》）的施行，相对独立的反恐怖主义法律规范体系已经形成。由于《反恐怖主义法》本身有着科学和系统的结构体系，相关研究也在跟进发展。规范的自治性孕育着学科的独立性，研究与规范的合力意味着反恐怖主义法学的概念已经形成。反恐怖主义法学，是指研究反恐怖主义法律、法规及法律实践的一门学科。该学科的健康发展是我国当前以及未来相当长时期内法学领域紧迫的战略需求。

二、反恐怖主义法学的研究对象

反恐怖主义法学所涵盖的研究对象非常广泛，它既涉及规范本身，又囊括了规范之外的林林总总；它既要直面现实，又不能忽视历史以及未来。

1. 我国现行的反恐怖主义法律规范体系。反恐怖主义法具有特殊性，它涉及的法律关系是多重复杂的，既包括行政法律关系，又包括刑事法律关系，以及调整警务、军事法律关系等相关规范；除了国内法律关系之外，还包含了国际法律关系。从研究的内容上来看，重点应当是《反恐怖主义法》，还包括宪法、刑法、刑事诉讼法、行政法、国际法、军事法等规制恐怖主义的规范。

2. 国外的反恐怖主义法律制度。反恐怖主义[1]起源于欧美，它们对此有着长期的研究和经验，其反恐怖主义法律制度相对成熟；中东、北非、中亚一些国家以及以色列反恐形势较为严峻，深受恐怖主义之害，对恐怖主义有着切肤

---

[1]　本教材中，"反恐"与"反恐怖主义"同义，可相互替代。

之痛，其反恐怖主义法律也较为细致。国外反恐怖主义法律制度的研究对于我们当前反恐怖主义法的完善和落实具有重要的比较法意义。

3. 反恐怖主义法产生、发展的历史。每门学科都是历史的产物，它所研究的范畴也是在历史发展的长河中逐渐形成的。

4. 反恐怖主义法学基础理论。其主要包括反恐怖主义的法律哲学和法律社会学等。反恐怖主义涉及政治、经济、文化、民族、宗教、历史等方方面面的问题，需要多个学科的理论储备。这些学科与反恐怖主义法学交叉，为反恐怖主义法律的制定、改进和完善提供了理论基础。

5. 《反恐怖主义法》的运行实施。"徒法不足以自行"，法律的运行实施需要良好的外界环境。反恐怖主义法的实施涉及安全防范、情报分析、侦查、调查与应急处置等方面，需要民族宗教管理部门、公共事务部门、基层警务机关、网络通信企业、村民委员会、居民委员会等单位以及公民个人的配合。

三、反恐怖主义法学的学习方法

1. 理论联系实际的方法。反恐怖主义法是理论法学，更是实践法学。法学的生命在于经验，而不在于逻辑。在学习过程中，一定要坚持理论和实践相结合。只有联系我国恐怖活动以及国家反恐政策、措施的实践，才能学好、学活反恐怖主义法，才能学以致用。对于"实践"应作广义的理解，既包括立法的实践，也包括司法的实践；既包括自己的直接实践，也包括他人的间接实践；既包括从书本上获知的实践，也包括来源于现实生活中的活生生的实践。

2. 规范分析的方法。学习反恐怖主义法离不开对我国现行反恐怖主义法律法规的规范研究，特别是要处理好反恐怖主义法规范与其他法律法规的关系。例如，如何理解《反恐怖主义法》规定的"调查""技术侦察"同《刑事诉讼法》规定的"调查""技术侦查"的关系；如何理解"帮教"与《刑法》所规定的"社区矫正"的关系；对恐怖活动罪犯或极端主义罪犯的刑罚执行、安置教育如何同《监狱法》等的规定相衔接；等等。只有了解反恐怖主义法规范同其他法律法规之间的区别和衔接，才能对反恐怖主义法有一个全面、深入的了解，才能为反恐怖主义法的运行、解释提供基础。

3. 历史考察的方法。反恐怖主义法学的学习和研究应当系统考察反恐怖主义法律规范和法治建设的历史发展过程。每一门学科形成、发展的历史是该学科确立的基础，反恐怖主义法学的概念和范畴建立在各国历史和不同国情的基础上，只有用历史考察的方法学习反恐怖主义法，才能避免机械理解运用，只见树木不见森林。

4. 比较研究的方法。采用比较研究的方法，有助于借鉴域外反恐怖主义立法、司法以及防范管理方面的成功经验，吸取失败的教训，避免我国反恐怖主义法学的研究走弯路，也符合国际趋势与反恐规律。

第二节　反恐怖主义法的概念和特点

一、反恐怖主义法的概念

反恐怖主义法有广义和狭义之分。狭义的反恐怖主义法，是指系统规定防范和打击恐怖主义的法律规范。在我国，即指 2015 年 12 月 27 日第 12 届全国人大常委会第 18 次会议通过的《反恐怖主义法》（自 2016 年 1 月 1 日起施行）。广义的反恐怖主义法，是指一切规定防范和打击恐怖主义法律规范的总称，它不仅包括《反恐怖主义法》，还包括其他法律，如《刑法》《刑事诉讼法》《反洗钱法》等中的有关防范和打击恐怖主义的规定。

二、反恐怖主义法的特点

《反恐怖主义法》是一部以《宪法》为根据，以维护国家安全、公共安全和人民生命财产安全为目的，以防范、惩治恐怖活动和加强反恐怖主义工作为基础，同时兼顾保障人权内容的综合性法律。

1. 法律地位独立。长期以来，我国关于反恐怖主义的法律规范多集中规定在《刑法》中，使得反恐怖主义立法呈现一种"刑法为主，诸法为辅"的格局。这种格局容易将反恐怖主义工作与刑事制裁相混同，与国际反恐怖主义的主流立法特点不符。2015 年 12 月 27 日，全国人大常委会通过了《反恐怖主义法》。《反恐怖主义法》是国家为了防范和惩治恐怖活动，加强反恐怖主义工作，维护国家安全、公共安全和人民生命财产安全，根据宪法制定的部门法，具有独立的法律地位，是我国法治反恐的里程碑。《反恐怖主义法》通过之后，我国反恐怖主义法律体系就形成了"以专门的反恐怖主义法为主导，诸法配合"的新格局，其他各基本法律、行政法规、部门规章、司法解释均应围绕《反恐怖主义法》，相互配合，形成一个有机联系的整体。

2. 重视人权保障。《反恐怖主义法》不仅彰显了我国惩治和防范恐怖主义的决心，也强调了在打击恐怖主义过程中的人权保障。恐怖主义的危害极其严重，预防和打击恐怖主义对于受其威胁的任何国家而言都是一项重要的任务，世界上许多国家都期许反恐怖主义法在短期内能够一招制敌，发挥快速、高效打击恐怖活动的作用。但片面追求快速、高效的打击效果可能会损害公民的合法权利，破坏国家的法治生态。因此，反恐怖主义法也应重视人权保障，保障公民的基本权利不受侵犯。我国《反恐怖主义法》第6条第1款规定："反恐怖主义工作应当依法进行，尊重和保障人权，维护公民和组织的合法权益。"在调查、应对处置、法律责任等诸多章节中，《反恐怖主义法》也都体现了尊重和保障人权的原则。

3. 立法内容全面。《反恐怖主义法》不仅对与恐怖主义有关的关键性概念作了准确定义，还对贯穿于反恐怖主义始终的各项工作均作了明确规定，如恐怖活动组织和人员的认定、安全防范、情报信息、调查、应对处置、国际合作、保障措施、法律责任等。《反恐怖主义法》强调专群结合，最大限度地形成打击恐怖主义的合力；注重反恐怖主义的内容延伸，以社会恢复为根本落脚点；借力国际反恐怖主义合作，提升国际社会对我国反恐怖主义行动的认同。可以说，《反恐怖主义法》在内容上已初步构建起预警防范、应急处理、依法制裁、社会恢复等立体化的法治框架。

第三节　反恐怖主义法的创制

一、国内面临的暴恐形势较为严峻

21世纪以来，恐怖主义已成为世界公敌，国际恐怖势力刻意制造大规模恐怖袭击，轰动效应向全球扩散的特征日益凸显，全球反恐局势已进入一个新的历史阶段。受国际恐怖活动高发、境内外"三股"势力（指暴力恐怖势力、民族分裂势力、宗教极端势力）渗透煽动的影响，我国面临的恐怖主义威胁亦愈发突出。

1. 恐怖活动范围不断扩大，从新疆南疆的重点地区扩展到北疆、东疆，从新疆扩展到全国。例如，东疆的吐鲁番2013年发生"6·26"鄯善鲁克沁暴恐袭击、北京2013年发生"10·28"暴恐袭击、昆明2014年发生"3·01"暴恐袭击等。有些恐怖活动人员甚至直接偷渡出境参加"圣战"，或者在境外接受训练，然后再潜回国内从事恐怖活动。

2. 从组织形式看，恐怖活动有规模化趋势，呈现出人数众多、结伙造势、多点袭击、对抗激烈等特点。比如2013年轮台"9·21"暴恐袭击、2014年莎车"7·28"暴恐袭击、2015年拜城"9·18"暴恐袭击，均为规模化的有组织暴恐袭击。

3. 从恐怖活动的手段看，表现出残忍性、多样性等特点，除了较常见的暗杀、暴力砍杀、纵火等手段外，还出现了大量的新型犯罪手段，如劫持、爆炸、自杀性袭击、采取车辆碾压等；网络恐怖活动犯罪也呈增多趋势。

"反恐怖主义是一项系统工程，需要国家采取政治、经济、法律、文化、社会等多种手段综合应对。其中，法律手段具有权威性、连续性和稳定性等特征，在反恐怖主义中发挥着不可替代的作用。"[1]但长期以来，我国关于反恐怖主义的规定散见于《刑法》《刑事诉讼法》《反洗钱法》等法律法规中，未针对恐怖主义问题进行全局性的统筹规划，反恐怖主义工作逐渐疲于应对近年来恐怖主义的新变化，似乎力有不逮。与此同时，不少国家针对恐怖主义已作了综合性、全方位的立法反应。在这样的背景下，制定、出台专门的《反恐怖主义法》，依法全面应对反恐怖主义工作中各个环节可能出现的问题势在必行。

二、国家层面立法的迅速发展

针对国际、国内恐怖主义形势，在《反恐怖主义法》出台之前，我国在反恐怖主义立法上所作出的反应是较为适时的，出台了许多法律法规，总体上形成了具有中国特色的，以刑事法律为主导、以"应急处突"为辅助的分散式反恐怖主义法律框架体系，为全面系统制定我国第一部《反恐怖主义法》奠定了基础。

从国际反恐怖主义立法时间点来看，针对恐怖主义的法律规制主要集中在2001年美国"9·11"事件之后，我国也于2001年后通过了一系列反恐怖主义法律文件。以2001年和2011年作为节点，可将我国反恐怖主义立法的脉络划分为"孕育发展阶段"（1949年~2001年）、"初步构建阶段"（2001年~2011年）和"健全完善阶段"（2011年至今）。[2]

（一）孕育发展阶段（1949年~2001年）

新中国成立之初，我国面临的威胁以特务、间谍活动为主，恐怖主义并非主要的不安定因素，当时并没有专门针对恐怖主义的立法规范。1950年7月25日，中央人民政府法制委员会草拟的《中华人民共和国刑法大纲草案》第四章"反革命罪"中规定了第41条"恐怖行为罪"。尽管该刑法大纲草案并未颁布实施，但它首次在我国刑法中使用了"恐怖行为"的概念，具有开创性意义。[3]对于当时并不占主导地位的危害形态——恐怖活动而言，立法机关将其作为危害国家安全的因素，列入维护国家安全所指涉的对象范围，而没有将它作为一

---

〔1〕 杜邈："中国反恐立法的回顾与展望"，载《西部法学评论》2012年第6期。
〔2〕 参见郭永良："论中国反恐立法的基本轨迹"，载《太平洋学报》2015年第8期。
〔3〕 赵秉志、杜邈：《中国反恐法治问题研究》，中国人民公安大学出版社2010年版，第69页。

个特定对象专门进行考察、防范和打击。1986 年《中华人民共和国外国人入境出境管理法实施细则》（现已失效）第 7 条和 1994 年《中华人民共和国国家安全法实施细则》（现已失效）第 8 条也均将"恐怖活动"作为危害国家安全的一种情形予以列举。

20 世纪 90 年代以来，"东突厥斯坦伊斯兰运动""东突厥斯坦解放组织""东突厥斯坦新闻信息中心"等恐怖活动组织以极端思想为指引、以分裂国家为目的、以暴力袭击为手段给我国造成了最直接、最现实的威胁。国务院新闻办公室 2010 年 9 月 21 日发表的《新疆的发展与进步》白皮书披露，自 1990 年至 2001 年，境内外恐怖活动组织和人员在我国境内至少制造了 200 余起暴力恐怖事件，造成 162 人死亡，440 多人受伤。我国在既有的法律体系中找不到应对恐怖主义的根据，"国家安全"概念的广泛性又极易给他国制造我国防范与打击恐怖主义"于法无据"或采取"双重标准"的口实。

由此，我国 1997 年《刑法》在分则第 120 条中规定了"组织、领导、参加恐怖组织罪"。根据该条规定，"组织、领导和积极参加恐怖活动组织的，处 3 年以上 10 年以下有期徒刑；其他参加的，处 3 年以下有期徒刑、拘役或者管制。犯前款罪并实施杀人、爆炸、绑架等犯罪的，依照数罪并罚的规定处罚"。这一规定不仅为我国在当时打击"东突"恐怖组织等犯罪团伙提供了法律武器，更为我国反恐刑事立法奠定了坚实基础。

但是，在国家安全和刑事法律框架下对恐怖主义的防范和打击只是权宜之计，无法完全满足有效反恐的现实需要。

（二）初步构建阶段（2001 年 ~ 2011 年）

2001 年美国发生了举世震惊的"9·11"事件，反恐议题进入各国的立法视域。我国于 2001 年专门成立了国家反恐怖工作协调小组，时任组长的胡锦涛同志在国家反恐怖工作协调小组第一次会议上明确指出："要加强反恐怖的立法工作，为打击恐怖活动提供有力的法律武器。"

1. 通过了《刑法修正案（三）》。为了解决反恐实践中的法律依据难题，我国于 2001 年通过了《刑法修正案（三）》。《刑法修正案（三）》明确指出："为了惩治恐怖活动犯罪，保障国家和人民生命、财产安全，维护社会秩序，对刑法作如下补充……"将其概括起来主要有以下几点：①对 1997 年《刑法》规定的"组织、领导、参加恐怖组织罪"的条文进行了修改，将组织、领导恐怖活动组织的刑期，由原来 3 年至 10 年有期徒刑修改为"处 10 年以上有期徒刑或者无期徒刑"，对其他参加恐怖活动组织的人员配置了剥夺政治权利的附加刑。②增加了"资助恐怖活动罪"，即"资助恐怖活动组织或者实施恐怖活动的个人的，处 5 年以下有期徒刑、拘役、管制或者剥夺政治权利，并处罚金；情节严重的，处 5 年以上有期徒刑，并处罚金或者没收财产。单位犯前款罪的，对单位判处罚金，并对其直接负责的主管人员和其他直接责任人员，依照前款的规定处罚"。③对第 191 条洗钱罪进行了修改，将"恐怖活动犯罪"与毒品犯罪、黑社会性质的组织犯罪、走私犯罪等一并规定为该罪的上游犯罪。同时，对于单位犯此罪的，"对单位判处罚金，并对其直接负责的主管人员和其他直接责任人员，处 5 年以下有期徒刑或者拘役；情节严重的，处 5 年以上 10 年以下有期徒刑"。《刑法修正案（三）》的出台，进一步收紧了我国反恐怖主义工作所依据的法网。

2. "9·11"事件后，我国积极依照联合国第 1373 号决议履行国际义务，公安部出台了《认定恐怖组织的具体标准》《认定恐怖分子的具体标准》，对"恐怖组织"和"恐怖分子"等概念进行了初步界定，一定程度上解决了实务部门在操作中无法可依的问题，并于 2003 年认定并公布了首批"东突"恐怖组织、恐怖分子名单，其后于 2008 年、2012 年，共三次，认定共 25 名恐怖活动人员。

3.《中华人民共和国突发事件应对法》也于这一时期颁布，它将"突发事件"分为自然灾害、事故灾难、公共卫生事件和社会安全事件四类。根据《国家突发公共事件总体应急预案》的规定，"恐怖袭击事件"属于社会安全事件的一种。这一时期的许多行政立法也将反恐专门列入了调整范围，如 2006 年的《反洗钱法》、2007 年的《金融机构报告涉嫌恐怖融资的可疑交易管理办法》（现已失效）、2009 年的《人民武装警察法》等，对有关反洗钱以及涉恐资产冻结等一系列预防措施，以及武警部队执行暴乱、恐怖袭击事件的应对处置等安全保卫任务方面作出了相关的规定。

在这一时期，反恐怖主义立法已经在重要行业和特定领域被提上日程，但是各涉恐法律也只是在用语上将"恐怖活动"纳入考虑范围，并没有专门提出针对"恐怖活动"的应对方案，具体反恐措施只是散见于各个法律文本之中，此种情形折射出整合当时零散的反恐怖主义法律制度、进行专门立法的迫切需求。

（三）健全完善阶段（2011 年至今）

2011 年全国人大常委会通过了《关于加强反恐怖工作的决定》（现已失效，以下简称《决定》），确立了我国反恐法律体系发展的方向和基调，标志着我国反恐立法进入了一个新时期。《决定》是全国人大常委会通过的第一部专门针对反恐怖主义工作的指导性纲领，系统总结了我国近年来防范和惩治恐怖主义的宝贵经验，对反恐一线部门在处置暴恐活动中的经验进行了归纳；首次将我国对恐怖主义的基本立场、反恐怖主义工作机制建构、恐怖活动组织及恐怖活动人员的认定、涉及恐怖主义的资产冻结措施、国际反恐合作体系等方面内容纳入法制轨道，为我国反恐怖法律体系的全面建构夯实了基础，是《反恐怖主义法》在草拟、制定过程中的重要制度源泉之一。因此，从 2011 年起，我国反恐立法进入了崭新的健全完善发展时期。

《决定》颁布之后，我国反恐立法向纵深发展，先后出台了《刑法修正案（九）》《刑事诉讼法（2018 年修正）》《中华人民共和国外国人入境出境管理条例》《支付机构反洗钱和反恐怖融资管理办法》《金融机构洗钱和恐怖融资风险评估及客户分类管理指引》《涉及恐怖活动资产冻结管理办法》《最高人民法院、最高人民检察院、公安部、司法部关于办理恐怖活动和极端主义犯罪案件适用法律若干问题的意见》等法律法规。

1. 《刑法修正案（九）》是在国内外恐怖活动日益升级的态势下，我国从刑事立法层面对反恐怖主义工作的又一重大推进，主要体现在四个方面：

（1）与普通刑事犯罪相区别，引入"恐怖主义""极端主义"等专门概念，设置有关恐怖主义的专门罪名。

（2）进一步完善《刑法》关于反恐怖主义犯罪的调整对象，新增 5 种涉恐犯罪类型：①《刑法》第 120 条之二，通过准备凶器、组织培训等方式为实施恐怖活动进行策划、准备的犯罪；②《刑法》第 120 条之三，以制作资料、散发资料、发布信息、讲授等方式或者通过音频视频等宣扬恐怖主义、极端主义，或者煽动实施恐怖活动的犯罪；③《刑法》第 120 条之四，利用极端主义煽动、胁迫群众破坏国家法律所确立的婚姻、司法、教育、社会管理等制度实施的犯罪；④《刑法》第 120 条之五，以暴力、胁迫等方式强制他人在公共场所穿着、佩戴宣扬恐怖主义、极端主义服饰、标志的犯罪；⑤《刑法》第 120 条之六，非法持有明知是宣扬恐怖主义、极端主义的图书、音频视频资料或者其他物品，情节严重的犯罪。

（3）进一步完善有关反恐怖主义罪名的罪状：①《刑法》第 120 条之一"帮助恐怖活动罪"，即将资助恐怖活动培训，为恐怖活动组织、实施恐怖活动或者恐怖活动培训招募、运送人员的行为纳入《刑法》调整的领域；②《刑法》第 311 条"拒绝提供间谍犯罪、恐怖主义犯罪、极端主义犯罪证据罪"，即将拒绝向司法机关提供恐怖主义、极端主义的犯罪证据且情节严重的行为纳入该条犯罪条款中。

（4）细化了《刑法》在恐怖活动犯罪方面的刑罚体系，充分体现了"罪责刑相适应原则"：①在《刑法》第 120 条组织、领导、参加恐怖组织罪的规定中增加了财产刑，并且根据行为人在恐怖组织中的地位和作用，分别配置了并处没收财产、并处罚金和选处罚金的刑罚；②将恐怖分子偷渡出境参加恐怖活动培训等相关行为纳入《刑法》第 322 条偷越国（边）境罪中，并作为加重处罚的情节。

2. 在 2012 年 3 月 14 日通过的《全国人民代表大会关于修改〈中华人民共和国刑事诉讼法〉的决定》的第二次修正以及 2018 年 10 月 26 日通过的《刑事诉讼法》（2018 修正案）中，增设了较为全面的有关反恐犯罪的程序方面的特别条款，标志着我国向建立惩治恐怖活动犯罪的刑事特别程序迈出了坚实的一步。

（1）在第一编中增设和修改了五个条文：①在第二章"管辖"第 21 条中规定，对于恐怖活动案件，与危害国家安全案件以及可能判处无期徒刑、死刑的案件一样，为中级人民法院管辖的第一审刑事案件。②第四章"辩护与代理"第 39 条第 3 款规定，对于恐怖活动犯罪案件，与危害国家安全犯罪一样，在侦查期间辩护律师会见在押的犯罪嫌疑人的，应当经侦查机关许可。对于这些案件的会见，侦查机关应当事先通知看守所。③第五章"证据"第 64 条第 1 款规定，对于恐怖活动犯罪案件，与危害国家安全犯罪、黑社会性质的组织犯罪、毒品犯罪等案件一样，证人、鉴定人、被害人因在诉讼中作证，本人或者其近亲属的人身安全面临危险的，人民法院、人民检察院和公安机关应当采取"不公开真实姓名、住址和工作单位等个人信息"等保护措施。④第六章"强制措施"第 75 条第 1 款规定，在监视居住的执行与监督方面，对于涉嫌危害国家安全犯罪、恐怖活动犯罪，在住处执行可能有碍侦查的，经上一级公安机关批准，也可以在指定的居所执行。⑤第六章第 85 条第 2 款规定，除无法通知或者因涉嫌危害国家安全犯罪、恐怖活动犯罪，通知可能有碍侦查的情形以外，应当在拘留后 24 小时以内，通知被拘留人的家属。

（2）在第二编"立案、侦查和提起公诉"中增设采取技术侦查措施的相关条目。在该编第二章"侦查"第 150 条第 1 款中规定，公安机关在立案后，对危害国家安全犯罪、恐怖活动犯罪、黑社会性质的组织犯罪、重大毒品犯罪或者其他严重危害社会的犯罪案件，根据侦查犯罪的需要，经过严格的批准手续，可以采取技术侦查措施。

（3）第五编增加一章"缺席审判程序"，作为第三章。该章第 291 条规定，对于贪污贿赂犯罪案件，以及需要及时进行审判，经最高人民检察院核准的严重危害国家安全犯罪、恐怖活动犯罪案件，犯罪嫌疑人、被告人在境外，监察机关、公安机关移送起诉，人民检察院认为犯罪事实已经查清，证据确实、充分，依法应当追究刑事责任的，可以向人民法院提起公诉。人民法院进行审查后，对于起诉书中有明确的指控犯罪事实，符合缺席审判程序适用条件的，应当决定开庭审判。前款案件，由犯罪地、被告人离境前居住地或者最高人民法院指定的中级人民法院组成合议庭进行审理。

（4）第五编第四章"犯罪嫌疑人、被告人逃匿、死亡案件违法所得的没收程序"第298条第1款规定，对于贪污贿赂犯罪、恐怖活动犯罪等重大犯罪案件，犯罪嫌疑人、被告人逃匿，在通缉1年后不能到案，或者犯罪嫌疑人、被告人死亡，依照《刑法》规定应当追缴其违法所得及其他涉案财产的，人民检察院可以向人民法院提出没收违法所得的申请。

3. 《外国人入境出境管理条例》《支付机构反洗钱和反恐怖融资管理办法》《金融机构洗钱和恐怖融资风险评估及客户分类管理指引》《涉及恐怖活动资产冻结管理办法》等法律法规规定了有关出入境管理、涉恐资产冻结等一系列预防恐怖主义的措施。

但是，恐怖活动的形势依然严峻，上述立法或行政机关所制定的反恐法律、规范性文件依然不能满足我国当前反恐的需求。对此，中共十八届四中全会通过的《中共中央关于全面推进依法治国若干重大问题的决定》指出，"抓紧出台反恐怖等一批急需法律，推进公共安全法治化，构建国家安全法律制度体系"，从而对反恐立法工作进行了系统化的制度设计。在国家立法层面，立法机关于2014年出台了《中华人民共和国反恐怖主义法（草案）》，经过多次征求意见，于2015年12月27日正式通过，并于2016年1月1日起正式生效。在地方立法层面，行政机关为满足化解恐怖风险的实践需要，纷纷出台举报恐怖活动线索的奖励实施办法，如2014年3月实施的《北京市公安局关于实施群众举报涉恐涉暴线索奖励办法的通告》、2014年9月施行的《乌鲁木齐市群众举报暴力恐怖犯罪线索奖励办法》、2014年12月发布的《四川省公安厅关于公民举报暴力恐怖犯罪线索奖励办法（试行）》、2015年1月发布的《西藏自治区公安厅关于群众举报暴力恐怖线索奖励实施办法》等。从2011年至今，国家立法与地方性法规、规章制定同步进行，反恐立法推进迅速。

第四节　反恐怖主义法的根据、任务和体系

一、反恐怖主义法的根据

（一）以《宪法》为根据

《宪法》是国家的根本大法，也是我国《反恐怖主义法》制定的法律根据。《宪法》关于国家的政治、经济基本制度的规定，关于国家机关组织和活动原则的规定，关于公民基本权利和义务的规定，都是制定《反恐怖主义法》所必须遵循的。《反恐怖主义法》必须以《宪法》为其立法根据，必须在反恐领域内具

体贯彻《宪法》的精神和原则，通过具体的反恐怖主义法律规范及其适用，保障《宪法》的实施。《反恐怖主义法》的规定及其解释，不能与《宪法》相抵触；反恐怖主义立法必须根据《宪法》所规定的立法权限和立法程序进行。《宪法》是《反恐怖主义法》的母法，《反恐怖主义法》是《宪法》的子法。子法必须贯彻母法的基本要求，并为保障母法的实施服务。

例如，《宪法》第 4 条第 1 款规定："中华人民共和国各民族一律平等。国家保障各少数民族的合法的权利和利益，维护和发展各民族的平等团结互助和谐关系。禁止对任何民族的歧视和压迫，禁止破坏民族团结和制造民族分裂的行为。"第 36 条第 1 款、第 2 款规定："中华人民共和国公民有宗教信仰自由。任何国家机关、社会团体和个人不得强制公民信仰宗教或者不信仰宗教，不得歧视信仰宗教的公民和不信仰宗教的公民。"《反恐怖主义法》第 6 条第 2 款规定："在反恐怖主义工作中，应当尊重公民的宗教信仰自由和民族风俗习惯，禁止任何基于地域、民族、宗教等理由的歧视性做法。"

《宪法》第 5 条第 1 款规定："中华人民共和国实行依法治国，建设社会主义法治国家。"第 33 条第 3 款规定："国家尊重和保障人权。"《反恐怖主义法》第 6 条第 1 款规定："反恐怖主义工作应当依法进行，尊重和保障人权，维护公民和组织的合法权益。"

《宪法》第 67 条规定："全国人民代表大会常务委员会行使下列职权：……决定全国或者个别省、自治区、直辖市进入紧急状态。"第 89 条规定："国务院行使下列职权：……依照法律规定决定省、自治区、直辖市的范围内部分地区进入紧急状态。"《反恐怖主义法》第 57 条第 3 款规定："需要进入紧急状态的，由全国人民代表大会常务委员会或者国务院依照宪法和其他有关法律规定的权限和程序决定。"

《宪法》第 93 条第 1 款规定："中华人民共和国中央军事委员会领导全国武装力量。"《反恐怖主义法》第 71 条规定："经与有关国家达成协议，并报国务院批准，国务院公安部门、国家安全部门可以派员出境执行反恐怖主义任务。中国人民解放军、中国人民武装警察部队派员出境执行反恐怖主义任务，由中央军事委员会批准。"

这些均体现了《反恐怖主义法》的具体规定是对《宪法》的精神和原则的贯彻。

（二）以总体国家安全观的要求为根据

随着我国经济、社会的发展和国际地位的提高，我国的国家安全面临着新的形势和挑战。贯彻落实总体国家安全观，必须既重视外部安全，又重视内部安全，对内求发展、求变革、求稳定、建设平安中国，对外求和平、求合作、求共赢、建设和谐世界；既重视国土安全，又重视国民安全，坚持以民为本、以人为本，坚持国家安全一切为了人民、一切依靠人民，真正夯实国家安全的群众基础；既重视传统安全，又重视非传统安全，构建集政治安全、国土安全、军事安全、经济安全、文化安全、社会安全、科技安全、信息安全、生态安全、资源安全、核安全等于一体的国家安全体系；既重视发展问题，又重视安全问题，发展是安全的基础，安全是发展的条件，富国才能强兵，强兵才能卫国；既重视自身安全，又重视共同安全，打造命运共同体，推动各方朝着互利互惠、共同安全的目标相向而行。党的十八届四中全会《中共中央关于全面推进依法治国若干重大问题的决定》明确提出，贯彻落实总体国家安全观，加快国家安全法治建设，抓紧出台反恐怖等一批急需法律，推进公共安全法治化，构建国家安全法律制度体系。

《国家安全法》第3条明确规定，国家安全工作应当坚持总体国家安全观。在总体国家安全观的指导下，反恐怖主义立法坚持问题导向，总结了近年来我国防范和打击恐怖主义的经验，并借鉴了国外的一些有益做法，明确了恐怖主义的相关概念以及反恐怖主义工作的基本原则，完善了体制机制和防范措施，增强了应对处置能力。

（三）以国际和我国的反恐实践为根据

总体来说，世界各国反恐怖主义的不懈努力已经取得了很大的成绩，比如以色列、俄罗斯、美国、英国等国家。但是，在几十年的反恐怖斗争实践中，世界上不少国家都不同程度地暴露出这样或那样的问题，因此，有很多历史教训值得我们吸取。

1. 必须消除恐怖主义的根源。不少国家轻视或忽视从根源上消除恐怖主义滋生与蔓延的土壤，不同程度地存在"重治标轻治本"甚至"舍本逐末"的倾向，未能下大力气消除滋生恐怖主义的根源。有些国家往往将军事镇压作为反恐怖的主要措施，而忽视国家内部存在的民族矛盾、宗教矛盾、经济矛盾、政治矛盾、阶级矛盾等各种矛盾的解决，从而使反恐怖斗争难以取得实质性的成果，并使得恐怖主义持续数十年仍然普遍存在，有的甚至更加严重。

2. 必须有效解决社会问题。西方国家普遍存在一些社会问题，例如，吸毒问题严重，宗教极端型组织泛滥，枪械泛滥，贫富差异悬殊，移民难以融入本土社群等。这些问题不但使国内的恐怖主义难以得到根本遏制，而且使其成为国际恐怖分子重要的活动基地、资金来源地和逃脱其母国法律制裁的避风港，进而使恐怖组织找到了招募成员、采购武器、宣传主张、策划与从事恐怖主义行动的"最不受阻挠的气候或土壤"。

3. 必须杜绝对恐怖主义的双重标准。有些国家对恐怖活动采取政治利用、实用主义或双重标准政策，不但使当时的恐怖主义活动难以得到有效遏制，而且还纵容恐怖主义，以致其后患无穷，造成很多的遗留问题。国际社会对于什么是"恐怖主义"也没有一个统一的认识，妨碍了反恐怖主义斗争的国际协作。

4. 健全反恐法律制度。有的国家的法律制度不健全，存在这样或那样的漏洞，因而难以有效地开展反恐怖斗争。

正是有了国际和国内的反恐经验教训，《反恐怖主义法》才能够更加有针对性地立法，更好地预防和打击恐怖主义犯罪。

二、反恐怖主义法的任务

《反恐怖主义法》在第 1 条中就开宗明义地指出，"为了防范和惩治恐怖活动，加强反恐怖主义工作，维护国家安全、公共安全和人民生命财产安全，根据宪法，制定本法"。可见，《反恐怖主义法》指向的对象就是各类恐怖活动和人员，《反恐怖主义法》的目的是维护国家安全、公共安全和人民生命财产安全，而要达此目的，必须不折不扣地完成以下任务。

（一）管控与打击恐怖主义思想及意识形态的传播与蔓延

《反恐怖主义法》第 4 条第 2 款规定，国家反对一切形式的以歪曲宗教教义或者其他方法煽动仇恨、煽动歧视、鼓吹暴力等极端主义，消除恐怖主义的思想基础。意识形态动因已经成为国际恐怖活动的重要思想根源，这一结论取得了国际社会的广泛认同。恐怖活动的背后总是存在着或多或少的恐怖主义意识形态的引导。各种恐怖活动的产生，大多是一个恐怖主义思想从意识层面扩散进而外化到行为活动上的过程。从认同冲突到暴力冲突的产生，是由一系列具体的政治、经济和文化因素所决定的，其中意识形态因素起着很大的作用。在世界热点问题的背后，总能看见恐怖主义和极端分裂势力对各自身份的执着、认同以及由此所产生的具有针对性的政治动机，通过身份认同这个具有价值的视角，就可以分析出恐怖主义组织的政治立场和动机。

东欧剧变与苏联解体，引发了新一股的世界范围内的民族分离主义的热潮，加之西方国家敌对势力的支持，我国新疆地区面临着"三股势力"的紧迫威胁。境内外的"三股势力"以"泛伊斯兰主义"和"泛突厥主义"为思想基础，以宗教极端主义为旗帜，以暴恐为手段，以民族分裂为目的，大肆进行危害国家安全、破坏民族团结的暴力恐怖活动。"三股势力"具有强烈的民族分裂主义、宗教极端主义、暴力恐怖主义色彩。因此，《反恐怖主义法》必须对与此相关的恐怖主义思想及意识形态的传播与蔓延进行严厉管控与打击。

（二）预防和打击恐怖主义违法犯罪行为

《反恐怖主义法》第 2 条规定，国家反对一切形式的恐怖主义，依法取缔恐怖活动组织，对任何组织、策划、准备实施、实施恐怖活动，宣扬恐怖主义，煽动实施恐怖活动，组织、领导、参加恐怖活动组织，为恐怖活动提供帮助的，依法追究法律责任。国家不向任何恐怖活动组织和人员作出妥协，不向任何恐怖活动人员提供庇护或者给予难民地位。由此可见，《反恐怖主义法》反对一切形式的恐怖主义，预防和打击一切与恐怖主义有关的违法犯罪行为。

近年来，随着社会经济的不断发展及国际交流的不断扩大与深化，恐怖主义违法犯罪活动在传统形式的基础上呈现出了新的特征与变化。这些新的特征与变化为我们预防与打击恐怖主义违法犯罪行为增加了重重障碍，例如，网络恐怖主义，恐怖主义犯罪全球化，等等。我们必须高度警惕，标本兼治，综合施策，对症下药，寻求更加有效的应对对策。

（三）通过国际合作共同打击世界范围内的恐怖主义势力

《反恐怖主义法》特设"国际合作"一章，规定了与其他国家、地区、国际组织开展包括反恐怖主义政策对话、情报信息交流、执法合作和国际资金监管等在内的国际反恐合作。反对和打击恐怖主义已成为世界各国面临的共同任务，我国也具有开展国际反恐合作的现实需要和迫切愿望。

1. 随着全球化时代的到来，世界各国与地区之间的人员、贸易往来日益频繁并达到前所未有的程度，各种文明的冲突与碰撞日益加剧，国家利益的博弈与地缘政治的争夺，各种势力粉墨登场，均使得威胁人类共同和平环境的恐怖事件也随之增多。

2. 恐怖主义一般有着政治和意识形态等目的，并夹杂着宗教、民族、文化等因素，国际反恐格局又十分复杂，因此，反恐斗争凸显长期性、复杂性、艰巨性和尖锐性的特点。

3. 由于全球一体化进程加快，恐怖活动的行为人、行为地、结果地可能涉及多个国家，这就决定了打击恐怖主义犯罪仅依靠一国的力量必然是困难重重的，所以，国际社会必须联合起来，通过国际合作来共同预防和惩治恐怖主义犯罪。

这种反恐的国际大背景，决定了我国的反恐工作绝不能单打独斗，只有统筹政治、经济、外交等方面的资源和手段，更加灵活务实地开展多边、双边反恐合作，才能取得反恐的成效，最大限度维护我国国家利益。

三、反恐怖主义法的体系

《反恐怖主义法》总结了我国多年来的反恐怖主义工作经验，同时借鉴了国际通行做法和一些国家的成功立法，结合了我国当前和今后一个时期内反恐怖主义工作的实际需要，是我国第一部全面系统地规范反恐怖主义工作的综合性法律，对贯彻落实总体国家安全观，构建反恐怖主义法律制度体系，防范和惩治恐怖活动，维护国家安全、公共安全和人民生命财产安全，具有重大意义。

《反恐怖主义法》一共十章 97 条，正文九章，第十章是附则，前九章包括了总则，恐怖活动组织和人员的认定，安全防范，情报信息，调查，应对处置，国际合作，保障措施，法律责任。《反恐怖主义法》将重点放在了反恐工作的安全防范上，共计 26 条，占了 1/4。

第一章、第二章是总则以及恐怖活动组织和人员的认定，包括《反恐怖主义法》中的基本法律概念，比如恐怖主义、恐怖活动、恐怖活动组织和人员、恐怖事件；反恐的一些基本原则，比如不妥协原则、人权保障原则、专门工作与群众路线相结合原则；反恐怖主义工作的基本范畴，比如工作主体、业务范围、刑事司法管辖、恐怖活动组织和人员的认定；反恐怖主义工作的基本原理；反恐怖主义与国家安全；等等。

第三章到第九章是分则内容。其中，第三章是反恐安全防范。该部分的内容包括网络的安全防范，枪支弹药、爆炸物、传染病病原体等危险物品的管理和控制，对于金融方面以及对各种极端主义的煽动的控制，以及社会监控、安置教育、边境海关管控等的安全防范。

第四章是反恐情报信息，规定了情报机关的组织体系、运行机制和保密制度等。

第五章是恐怖活动犯罪的嫌疑调查程序，规定了主要由公安机关对恐怖活动嫌疑实施调查和立案侦查，其他单位和个人没有此等权力。

第六章是应对处置，规定了应对处置预案与应对处置机制等。

第七章是反恐国际合作，主要规定了反恐国际合作的依据和对象，出境反恐以及反恐合作中获得的材料的使用等。

第八章是反恐保障措施，主要规定了经费保障、队伍保障、技术保障，以及反恐工作中的征用、赔偿与补偿等。

第九章是法律责任，共有 18 条，大部分条文规定得很细，比如关于极端主义行为的条文下面分为 10 项，因为《反恐怖主义法》最关键的内容在于落实，在于违法、犯罪以后要追究责任。

第二章
反恐怖主义法中的基本法律概念

第一节　恐怖主义

《反恐怖主义法》第3条第1款规定，"本法所称恐怖主义，是指通过暴力、破坏、恐吓等手段，制造社会恐慌、危害公共安全、侵犯人身财产，或者胁迫国家机关、国际组织，以实现其政治、意识形态等目的的主张和行为"。根据这一规定，"恐怖主义"的内容包括四个方面：①恐怖主义的表现形式包括主张和行为；②恐怖主义的手段表现为暴力、破坏、恐吓等；③恐怖主义的直接目的在于制造社会恐慌、危害公共安全、侵犯人身财产，或者胁迫国家机关、国际组织；④恐怖主义的最终目的在于企图实现其政治、意识形态等方面的目的。

一、恐怖主义表现为"主张"和"行为"

恐怖主义首先表现为"主张"和"行为"。这里规定的"主张"，是指通过发表文字或者发布言论等方式向他人表达出来的恐怖主义的意见、看法、理论或者思想体系，以诱骗、指使、策动他人接受这些意见、看法、理论或者思想体系，从而信奉恐怖主义，形成恐怖组织，或者从事恐怖活动。[1]这里规定的"行为"，是指具有恐怖主义性质的恐怖活动，既包括采取具体的暴力、破坏、恐吓等方式，制造社会恐慌，给国家、社会或者他人造成身体伤害或者财产损失的暴力恐怖活动，也包括其他类型的恐怖活动，比如，准备实施恐怖活动，宣扬恐怖主义，煽动实施恐怖活动，或者非法持有宣扬恐怖主义的物品，强制他人在公共场所穿戴宣扬恐怖主义的服饰、标志，组织、领导、参加恐怖活动组织，为恐怖活动组织、恐怖活动人员、实施恐怖活动或者恐怖活动培训提供信息、资金、物资、劳务、技术、场所等支持、协助、便利等。

---

[1]　王爱立主编：《中华人民共和国反恐怖主义法解读》，中国法制出版社2016年版，第12页。

《反恐怖主义法》对恐怖主义的定义，与我国缔结、参加的国际公约的规定是一致的。如《上海合作组织反恐怖主义公约》就将"恐怖主义"定义为暴力意识形态和实践，将"恐怖主义行为"定义为行为。

二、恐怖主义的手段为暴力、破坏或者恐吓等

恐怖主义的手段既包括暴力手段，也包括非暴力手段。其中，最核心的内容是暴力，"恐怖主义暴力"是恐怖主义的基本手段，"破坏""恐吓""其他手段"都是以暴力为后盾并且围绕着暴力来展开的。

（一）暴力手段

所谓"暴力"，其基本语义是指为了达到侵袭、破坏或滥用的目的而使用的激烈的、具有强制性的力量，对人身或财产进行打击的行为，具体包括"常规暴力"和"非常规暴力"。[1]

1. 常规暴力，通常指战争中使用武力的行为。早期国际法并不禁止国家使用武力，认为战争在具有正当理由时可以被允许，即"正义的战争是对不法行为的反应"。在经过1899年的第一次海牙和平会议、1907年的第二次海牙和平会议，特别是经过第一次世界大战之后，1928年的《关于废弃战争作为国家政策工具的一般条约》，即《巴黎非战公约》正式宣布废弃以战争作为推行国家政策的工具。二战后的《联合国宪章》将摒弃使用武力或以武力威胁放在首要的地位，强调"在国际关系中不得使用武力或以武力相威胁"的基本原则，无论是合法的还是非法的都不允许；国家虽然可以行使自卫权，但自卫只限于对武力的回应，必须被限制在击退武力攻击所必要的范围内；集体自卫更是受到了严格的限制。国际社会还发展出一系列战争规则，如"冲突各方选择作战方法和手段的权利不是无限制的""禁止使用导致不必要痛苦的性质的武器""平民与民用物体不得成为攻击的目标""禁止过分的攻击、过分的伤害和引起不必要痛苦的作战方法和手段"，并且对违反战争规则的行为追究责任。对于非国际性武装冲突，国际社会也发展出《日内瓦公约》共同第3条以及1977年《第二附加议定书》，以规制其战争行为。[2]

2. 非常规暴力，是指常规暴力之外的其他一切暴力，即超越界限和限制，违反法律且违反道德的暴力手段，如杀人、伤害、绑架、爆炸、劫机、放火等。

非常规暴力和常规暴力的区别表现在：①常规暴力仅限于国家行使自卫权

---

〔1〕　参见王政勋、徐丹丹："恐怖主义的概念分析"，载《法律科学》2016年第5期。
〔2〕　参见朱文奇：《现代国际法》，商务印书馆2013年版，第506页。

或国际社会的集体自卫，非常规暴力则指此外的其他一切暴力行为。②常规暴力遵循比例原则，即只限于击退武力所必需的范围内，超过此原则的暴力即为非常规暴力。③常规暴力不得针对平民和民用物体，否则即为非常规暴力。④常规暴力禁止过分的攻击、过分的伤害，禁止引起不必要的痛苦，否则为非常规暴力。所以，常规暴力具有目的的合法性、手段的正当性，是一种"善"，非常规暴力或者不具有目的的合法性，或者不具有手段的正当性，是一种"恶"。

显然，恐怖主义中的"暴力"属于非常规暴力：①恐怖主义的暴力和国家自卫、集体自卫毫无关系。②恐怖主义并未面临武力威胁，因而也谈不上对比例原则的适用。③恐怖主义的暴力几乎全部是针对平民和无辜者的。④恐怖主义的暴力追求过分的攻击、过分的伤害，对受害者是否会产生不必要的痛苦毫不关心，"让更多的人死，也让更多的人看"。

（二）非暴力手段

早期的恐怖主义主要以直接的暴力手段来实现其制造社会恐慌的目的，晚近时期暴恐分子往往同时采用其他手段特别是高新技术、手段和武器，给民众带来更大的灾难。伴随着网络技术的迅猛发展，恐怖分子开始利用网络传播计算机病毒、散布恐怖主义犯罪信息、获取作案技术、进行联络或筹措资金等以开展恐怖活动，如俄罗斯车臣恐怖分子运用电磁波干扰仪器屏蔽警方无线电，切断警方与外界联系；爱尔兰共和军恐怖分子采取电子干扰技术侵入银行计算机，瘫痪金融网络系统；等等。恐怖主义组织还利用生化武器作为犯罪手段。据报道，2015年9月，"伊斯兰国"组织（IS）在伊拉克及叙利亚制造和使用粗糙的化学武器。1995年日本东京地铁沙林毒气恐怖袭击事件和美国炭疽杆菌恐怖事件则表明，生化武器早已成为恐怖分子手中的利器，恐怖主义组织进行生化恐怖袭击的现实危险性不容忽视。

我国《反恐怖主义法》规定，恐怖主义的手段除暴力之外还包括"破坏、恐吓等手段"。这里的"破坏"是指摧毁、毁坏、割裂、破碎、扰乱、变乱、毁弃等，是一种针对物体的行为上的暴力；"恐吓"是指以加害他人权益或公共利益等事项威胁他人，使他人心理感到畏惧恐慌，无论是否实施暴力行为，即使只是语言上威胁受害者，都属于恐吓的范畴，可见恐吓是一种语言暴力。此外还有其他手段——凡是能够产生"制造社会恐慌、危害公共安全、侵犯人身财产，或者胁迫国家机关、国际组织"的效果的手段，都可能被用以实施恐怖主义犯罪。可见，恐怖主义手段并不仅限于暴力手段，还包括暴力以外的其他任何手段。此处的"等手段"应为"列举未尽"。

三、恐怖主义的直接目的在于制造社会恐慌、危害公共安全、侵犯人身财产，或者胁迫国家机关、国际组织

恐怖主义的直接目的包括四种类型，它们属于选择性规定，行为人具备其中之一即可。

（一）制造社会恐慌

恐惧心理产生于个体并寓于个体之中，其作为一种主观感受在社会生活中具有很强的传染性，能够在传播过程中不断扩散，提高恐怖程度，多重弥漫传播之后形成广泛的恐慌气氛。行为人针对不特定社会公众制造出极大的痛苦、担忧以及不安，严重增加了他人在社会生活中的不安全感。在现代社会，随着人们物质生活水平的提高，对于安全的需求日益强烈，《反恐怖主义法》则回应了这种需求，并在立法上体现出相应的规定。

（二）危害公共安全

危害公共安全，是指危害广大群众生命健康和公私财产的安全，足以使不特定多数人死伤或使公私财产遭受重大损失，其伤亡、损失的范围和程度往往是难以预料、难以控制的。在《反恐怖主义法（草案）》一审稿中，对恐怖主义的定义并未包含"危害公共安全"的内容。在审议过程中，全国人大法律委员会、全国人大常委会法制工作委员会会同有关部门，参考了其他国家和地区的立法成果及国际条约的相关规定，正式建议对草案做出相应修改，对恐怖活动的直接目的增加"危害公共安全"一项。这在加强对公共安全保护的同时，突出了恐怖活动的反社会性与反人类性，从而淡化了其政治色彩，对以恐怖主义为目的的危害社会安全行为予以规制。

（三）侵犯人身、财产

侵犯人身、财产的目的很好理解，在此应注意的是，将恐怖主义语境下的侵犯人身、财产与普通刑事案件中的侵犯人身、财产进行区分，其核心区别在于：对于恐怖主义，侵犯人身、获取财产是手段行为，其目的在于实现其政治或意识形态等目的；而普通刑事案件中侵犯人身、财产大多是目的行为，其目标即是剥夺他人的生命，侵犯他人的财产。

（四）胁迫国家机关、国际组织

在实践中，恐怖活动组织、恐怖活动人员通常会强迫国家机关、国际组织从事或不从事某种行为，如支付赎金、释放在押囚犯、做出政治让步、改变政策或决策等，这种情况在劫持人质事件中表现得尤为明显。我国在分析恐怖主义的特征与发展趋势的基础上，对"胁迫国际组织"这种尚未出现的行为类型

作出规定，既履行了我国的国际义务，也能够应对实践中出现的新情况、新问题。这里的国家机关，是指从事国家管理和行使国家权力的机关，包括国家元首、权力机关、行政机关、司法机关、军事机关等，为了保护我国公民权利和海外利益，此处的国家机关应既包括中国的国家机关，也包括其他国家的国家机关。国际组织既包括联合国等政府间国际组织，也包括国际奥委会等非政府间国际组织。[1]

四、恐怖主义的最终目的在于企图实现其政治、意识形态等方面的目的

恐怖主义的根本目的是通过实现其直接目的，最终实现特定的政治或意识形态等目的。"特定的政治或者意识形态等目的"是恐怖主义的一个根本特征。在实践中，有很多犯罪行为，如一般的群体性案（事）件、邪教活动、黑社会性质组织活动、个人报复社会等不稳定因素引发的违法犯罪，也可能会使用暴力、恐吓、破坏等手段，也会造成社会恐慌，危害公共安全，侵犯人身、财产，但这些犯罪行为与恐怖活动犯罪的一个本质区别在于，其不具有"特定的政治、意识形态等目的"，对于这类行为，则不能认定为恐怖主义。因此，为了便于实践中准确把握有关规定，正确认定和惩治恐怖活动，将恐怖主义和个人极端行为以及其他普通刑事犯罪区分开来，防止扩大打击面，《反恐怖主义法》中规定，恐怖主义必须出于"政治、意识形态等目的"。此处的"等"应为"列举之后煞尾"，不再包含其他目的。

关于前述目的的规定，借鉴了一些国际公约和国家法律的内容。比如，联合国《消除国际恐怖主义措施宣言》第1条第3款规定，为了政治目的而企图或蓄意在一般公众、某一群人或某些人中引起恐怖状态的犯罪行为，不论引用何种政治、哲学、意识形态、种族、人种、宗教或任何其他性质的考虑为借口，在任何情况下都是不可辩护的。根据《上海合作组织反恐怖主义公约》第2条的规定，恐怖活动组织、恐怖活动人员实施恐怖活动，是为影响政权机关或国际组织决策，实现政治、宗教、意识形态及其他目的而实施的恐吓居民、危害人员生命和健康，造成巨大财产损失或生态灾难及其他严重后果等行为，以及为上述目的而威胁实施上述活动的行为。有些国家的反恐怖主义法律中，也对恐怖主义的政治、意识形态等目的作了明确规定。

---

[1]　杜邈："恐怖活动犯罪的司法认定"，载《国家检察官学院学报》2014年第4期。

第二节　恐怖活动

《反恐怖主义法》第3条第2款规定："本法所称恐怖活动，是指恐怖主义性质的下列行为：①组织、策划、准备实施、实施造成或者意图造成人员伤亡、重大财产损失、公共设施损坏、社会秩序混乱等严重社会危害的活动的；②宣扬恐怖主义，煽动实施恐怖活动，或者非法持有宣扬恐怖主义的物品，强制他人在公共场所穿戴宣扬恐怖主义的服饰、标志的；③组织、领导、参加恐怖活动组织的；④为恐怖活动组织、恐怖活动人员、实施恐怖活动或者恐怖活动培训提供信息、资金、物资、劳务、技术、场所等支持、协助、便利的；⑤其他恐怖活动。"这一规定可从以下两个方面来把握：一是恐怖活动是基于恐怖主义实施的符合恐怖主义的手段、目的等要素的行为。这是恐怖活动的本质属性。二是根据恐怖活动的规律、特点，同时考虑与刑法等法律的规定相衔接，借鉴我国缔结、参加的国际公约、条约的规定，本款明确列举了恐怖活动的五种具体形式。

一、恐怖活动的表现形式

（一）组织、策划、准备实施、实施造成或者意图造成人员伤亡、重大财产损失、公共设施损坏、社会秩序混乱等严重社会危害的活动

1. 组织、策划造成或者意图造成人员伤亡、重大财产损失、公共设施损坏、社会秩序混乱等严重社会危害的活动的行为。这里的"组织"，是指鼓动、唆使、召集人员实施暴力恐怖活动犯罪的行为。"策划"，是指策动、谋划实施暴力恐怖活动的行为。这里的"人员伤亡、重大财产损失、公共设施损坏、社会秩序混乱等严重社会危害的活动"，是指带有恐怖主义性质的杀人、放火、爆炸、投毒、劫机、劫持人质等暴力行为。

2. "准备实施"恐怖活动的行为，是指为实施恐怖活动准备凶器、危险物品或者其他工具，组织恐怖活动培训或者积极参加恐怖活动培训，为实施恐怖活动与境外恐怖活动组织或者人员联络，为实施恐怖活动进行策划或者其他准备等行为。以前对于这类行为，主要是按照其准备实施的犯罪预备进行处罚，《刑法修正案（九）》专门规定"准备实施恐怖活动罪"，并设置独立的法定刑，体现了针对准备实施恐怖活动的行为予以规制，为防卫社会，贯彻"打早打小打苗头"的严厉刑事政策。

3. "实施"恐怖活动的行为，是指实施带有恐怖主义性质的杀人、放火、

爆炸、投毒、劫机、劫持人质等严重危害社会的行为。行为人出于造成严重社会危害的意图实施这些行为，无论是否已经造成实际危害后果，都是恐怖活动，应当依法予以严厉惩治。

（二）宣扬恐怖主义，煽动实施恐怖活动，或者非法持有宣扬恐怖主义的物品，强制他人在公共场所穿戴宣扬恐怖主义的服饰、标志

1. "宣扬"恐怖主义，是指广泛宣布、传扬，通过媒体等媒介散布恐怖主义、极端主义理念、行径的行为。"煽动"实施恐怖活动，是指以口头、书面、视频音频等方式对他人进行鼓动、宣传，意图使他人产生犯意，去实施所煽动的行为；煽动的具体内容，只要是实施恐怖活动即可，既包括煽动参加恐怖活动组织，实施具体恐怖活动，也包括煽动帮助实施恐怖活动。宣扬、煽动等会使他人受到恐怖主义的影响甚至被"洗脑"成为恐怖分子，造成或者助长恐怖主义蔓延，危害极大。

2. "非法持有"宣扬恐怖主义的物品，是指明知是宣扬恐怖主义的图书、音频、视频资料或者其他物品而非法持有，持有不仅限于随身携带，在其住所、驾驶的运输工具上发现的恐怖主义宣传品也可以认定为持有。

3. "强制"他人在公共场所穿戴宣扬恐怖主义的服饰、标志，表现形式主要为暴力和胁迫。暴力，是指对被强制者的身体进行强制，如对被强制人进行殴打、伤害、捆绑等；胁迫，是指对被强制者进行精神上的强制，如以杀害、伤害被强制者或其亲属相威胁，以揭发被强制者的隐私相威胁等。"宣扬恐怖主义的服饰、标志"，指的是穿戴的服饰上或标志上包含了恐怖主义的一些元素，如符号、旗帜、徽记、文字、口号、标语、图形等，甚至其所穿服饰本身就是宣扬恐怖主义。这些符号或标志既可以是明示的，也可以是暗示的。"公共场所"，是指可以进行公开活动的场所，如商店、影剧院、体育场、街道等，也可以包括各类单位的办公场所、企业生产经营场所，还可以包括公共交通工具。强制他人在公共场所穿戴宣扬恐怖主义的服饰、标志，在侵犯他人人身权利和正常的宗教信仰自由的同时，还会影响、控制信教群众，煽动狂热情绪，营造恐怖主义氛围，应予以打击。

（三）组织、领导、参加恐怖活动组织

"组织"，是指鼓动、召集若干人建立恐怖活动组织；"领导"，是指在恐怖活动组织中起指挥、决定作用；"参加"，是指参与到恐怖活动组织中，成为恐怖活动组织成员，并发挥一定作用。

（四）为恐怖活动组织、恐怖活动人员、实施恐怖活动或者恐怖活动培训提供信息、资金、物资、劳务、技术、场所等支持、协助、便利

实践中，恐怖活动组织、恐怖活动人员、实施恐怖活动或者恐怖活动培训，

往往需要相应的信息、资金和物资等支持，需要获得劳务、技术、场所等协助和便利。另外，也有一些组织、人员不直接从事暴力恐怖活动，而是专门为恐怖活动或者恐怖活动组织、恐怖活动人员等提供支持、协助、便利。这些帮助行为，使暴力恐怖活动更易于实施并更易于成功，具有严重的危害，也属于一种恐怖活动。因此，预防和打击资助恐怖活动组织或者实施恐怖活动人员的行为已成为同恐怖主义作斗争的一个重要环节。联合国安理会于2001年9月29日通过了第1373号决议，要求各国将为恐怖活动提供或者筹集资金等提供支持、协助、便利的行为规定为犯罪。以前对于这类行为，大多是按照其实施犯罪的帮助犯进行处罚，《刑法修正案（九）》专门规定"帮助恐怖活动罪"，并规定了相应的法定刑予以规制，体现了该类行为的严重危害性以及国家严厉打击帮助实施恐怖活动行为的立法意图。

（五）其他恐怖活动

这是根据实际情况所作的兜底规定。实践中，是指对于《反恐怖主义法》第3条第2款前4项规定之外的，根据恐怖主义的要件可以认定为恐怖主义性质的行为，以及其他一些衍生的新的恐怖活动行为的表现形式。根据《新疆维吾尔自治区实施〈中华人民共和国反恐怖主义法〉办法》，这类行为主要包括：①与境内外恐怖活动组织、个人勾连或者接受境外恐怖活动组织、个人指使、派遣、资助，实施或者准备实施恐怖活动的；②为组建恐怖活动组织、发展成员或者组织、策划、实施恐怖活动，而组织、纠集他人宣扬、传播恐怖主义、极端主义的；③为实施恐怖活动，建立训练场所或者组织、纠集他人进行体能、技能训练的；④为恐怖活动组织、为实施恐怖活动、为恐怖活动培训招募、运送人员的；⑤为参加恐怖活动组织、接受恐怖活动培训或者实施恐怖活动，组织、煽动他人偷越国（边）境的；⑥利用手机、互联网、移动存储介质或者电子文稿、音像制品、印刷品等，宣扬、传播恐怖主义、极端主义或者传授恐怖犯罪方法的；等等。对以上行为，都应当依法予以惩治。

二、我国恐怖活动的特征

以"东突"组织实施的多次恐怖活动为代表，我国的恐怖活动有其自身特点，主要包括：

（一）组织性

恐怖活动的组织性主要表现为成员的稳定性和组织的严密性：①成员的稳定性。"东突"恐怖活动犯罪主体有三类，即地下讲经点、习武点培养的反动

"塔里甫"[1]，历次打击漏网的分裂主义骨干人员和已被打击处理的刑满释放人员和解教人员。其中反动"塔里甫"人数较多，但后两类人员分裂思想根深蒂固，有一套反侦查经验，掌握多种恐怖活动技能，有的手中还有武器。为了实施恐怖活动，他们事前都要通过拉拢、纠合和勾结等手段组成犯罪团伙，即要"组织大小集团"进行恐怖活动。他们在台前或幕后指挥组织成员实施杀人、放火等恐怖活动，在组织团伙中起着领导作用。②组织的严密性。组织形式较稳固，核心骨干有分工，内部有组织纪律，吸收发展成员一般有一定程序，有较完整的行动计划。例如，"东土耳其斯坦伊斯兰真主党"在新疆十多个地州有分支，骨干分子活动曾遍布全区，1996 年 11 月他们召开所谓"党代表大会"，提出明确的组织纲领和奋斗目标，制定了严格的"入党条件"，规定了严密的组织纪律和八项制度，并确定了成员代号、联络方式、暗语。同时，明确提出四个阶段的行动计划：发展成员、扩大组织；筹集经费，购买武器弹药；实施恐怖暗杀活动；开展游击战，发动全面的所谓"人民战争"，建立"伊斯兰共和国"。

（二）目的性

政治目的是恐怖活动的基本特征之一。政治目的，既表现为夺取、维护国家政权，运用国家政权进行统治、管理，也表现为影响国家政权的方向与具体政策。我国境内外的"东突"恐怖活动，主要是分裂势力和宗教极端势力所为，他们从事恐怖活动的直接目的是破坏民族团结，破坏新疆安定团结的稳定局面，破坏正常的社会秩序、工作秩序和生活秩序，其最终目的是分裂国家，建立所谓的"东土耳其斯坦伊斯兰共和国"。

恐怖主义一般具有政治目的，但不限于政治目的，还可以包括宗教、经济、社会等其他意识形态的目的。根据《上海合作组织反恐怖主义公约》第 2 条的规定，恐怖活动组织、恐怖活动人员实施恐怖活动，是为影响政权机关或国际组织决策，为实现政治、宗教、意识形态及其他目的而实施的恐吓居民、危害人员生命和健康，造成巨大财产损失或生态灾难及其他严重后果等行为，以及为上述目的而威胁实施上述活动的行为。

（三）暴力性

在我国，恐怖活动的暴力性主要体现在暗杀及无差别的杀人，伤害，爆炸，放火，劫持航空器，袭击公安局、派出所和政府机关等。[2]

1. 暗杀及无差别的杀人。这是恐怖活动暴力性最基本、最典型的方式。近年来，在我国被暴恐分子暗杀的有：新和县伊斯兰教协会副主席、热斯特清真

---

[1]　"塔里甫"又称"满拉"，伊斯兰宗教学校的学生。
[2]　王政勋、徐丹丹："恐怖主义的概念分析"，载《法律科学》2016 年第 5 期。

寺副主持阿克木·司地克阿吉（1996.3.22）、库车县阿拉哈格乡原党委书记卡吾力·托卡一家5口（1996.4.29）、喀什市艾提尕尔清真寺大毛拉、自治区政协副主席阿荣汉·阿吉（1996.5.12，未遂）、泽普县政法委副书记胡达白尔地托乎提及其子（1999.8.23）、中国驻吉尔吉斯斯坦外交官王建平（2002.6.29）、喀什市艾提尕尔清真寺伊玛目居玛·塔伊尔大毛拉（2014.7.30）等人。我国近年来发生的暴恐犯罪中也均有无差别的杀人、伤害行为。在2011年至2014年7月的22起暴恐事件中，有7起案件的死亡人数在10人以上，4起在20人以上。如在昆明"3·01"事件中，3男2女的5名暴徒在短短12分钟内就杀死31人、砍伤141人，平均每人每分钟砍中3人。

2. 爆炸。由于爆炸行为能导致惨重的人员死伤、巨大的财产损失和极大的威慑效果，造成社会秩序的巨大混乱，在现代科技条件下爆炸行为的实施又较为容易，暴恐分子特别是自杀式袭击的暴恐分子往往把爆炸作为其实施暴恐犯罪的重要手段。如在2014年乌鲁木齐火车南站"4·30"事件中，2名暴徒在出站口接人处持刀砍杀群众，同时引爆爆炸装置，致死3人、致伤79人；在2014年乌鲁木齐公园北街早市"5·22"事件中，两辆越野车冲破防护隔离铁栏，冲撞碾压人群，之后暴徒向车外掷爆炸物，持续数分钟之久，致死39人，致伤94人，4名袭击者自爆身亡。

3. 放火。放火行为能达到和爆炸同样的效果，造成严重的恐怖氛围，也受到暴恐分子的青睐。在2011年喀什"7·30"暴恐事件、2013年巴楚县色里布亚镇"4·23"暴恐事件、2013年鄯善县鲁克沁镇"6·26"暴恐事件、2014年莎车县"7·28"暴恐事件中，暴恐分子均实施了放火行为，如焚烧餐厅、车辆、办公场所等。

4. 劫持航空器。劫持航空器的行为可以实现恐怖效应的最大化，暴恐分子往往以此作为实现恐怖主义直接目的的最佳手段。2012年6月29日，6名暴徒试图劫持和田飞往乌鲁木齐的天津航空7554号航班，后被空警、机组人员和乘客制服。

5. 袭击公安局、派出所和政府机关。恐怖分子预先进行周密的安排和部署，按照计划武装袭击公安局、派出所、政府机关，滥杀无辜，制造社会恐慌。这是最为严重的一种恐怖主义暴力行为。如2011年和田市"7·18"暴恐事件中，18名暴徒先袭击了纳尔巴格街派出所旁边的税务所，趁警察出警之际又突袭派出所，焚烧警车、劫持人质、杀害协警及群众，致死4人、致伤6人；2013年巴楚县色里布亚镇"4·23"暴恐事件中，恐怖分子在杀害数名社区工作人员和警察之后，试图武装攻击派出所和镇政府；2013年吐鲁番地区鄯善县鲁克沁镇"6·26"暴恐事件中，16名暴徒先后袭击镇派出所、巡警中队、镇政府、建筑工地、个体商店和美容美发厅，持刀砍杀公安民警和群众，焚烧办公楼、车辆，致死24人，致伤23人；2013年11月16日，9名暴徒持刀斧袭击巴楚县色里布亚镇派出所；2013年12月30日6时许，9名暴徒持砍刀袭击莎车县公安局，投掷爆炸装置，纵火焚烧警车；2014年2月14日16时许，13名恐怖分子结成的暴恐团伙驾驶车辆，携带爆燃装置，手持砍刀，袭击公安巡逻车辆，致2名群众、2名民警受伤，5辆执勤车损毁。

（四）侵害目标的双重性

恐怖活动袭击的目标或多或少具有某种象征性价值，恐怖主义影响的广泛性，是由于其选择目标的象征性。因此，恐怖分子常常企图使其选择目标的象征价值最大化。恐怖活动侵害目标具有双重性，表现在两个方面：一方面，侵害目标的确定性。恐怖分子攻击某些特定的目标，这些目标往往代表着恐怖分子所仇恨和打击的群体或事物，特别是攻击爱国宗教人士、政府标志性建筑既能起到某种直接作用，又具有很强的象征性。另一方面，侵害目标又具有不确定性，将普通群众作为打击目标，任意滥杀、制造恐怖。由于人们往往倾向于与自己类似的人的认同，打击名人要物未必能使普通人感到恐怖，而打击普通目标（人或设施）却往往会使民众感到不安全，他们不但为自己的安全担心，而且会为自己的家庭、亲属、朋友的安全担心，担心他们成为恐怖分子攻击的下一个受害者，从而助推社会性的恐惧与不安气氛。从这种意义上而言，普通目标往往比名人要物更具象征价值。[1]"恐怖主义，当它使普通市民大众深切感受到的时候，其效果最大。"

（五）犯罪时间的选择性

为了使犯罪活动产生最大的恐怖效果，犯罪分子往往选择不寻常的日子实施犯罪。例如，为了扩大影响，造成重大损失，恐怖分子多选择在重大节日和重要的集会活动实施爆炸。1992年2月5日，乌鲁木齐几起公共汽车爆炸案就是在传统节日——春节发生的；1996年4月29日，库车县3起爆炸杀人案发生在新疆穆斯林群众传统节日——肉孜节这一天；1997年2月25日，乌鲁木齐3起公共汽车爆炸案，发生在邓小平同志追悼会之日；2008年发生的几起案件都在奥运会举行之时；2015年6月22日发生在喀什的案件正逢喀什举办"喀交会"之时。由于重大节日和重要活动日人员集中，所以爆炸后会造成较为严重的后果和较大的社会影响。乌鲁木齐连续几年在节日期间发生公共汽车等爆炸案件，造成民众出门恐慌，节日不敢出门，不敢乘坐公共汽车。

---

[1] 胡联合："准确把握恐怖主义的基本含义"，载《国际政治研究》2006年第3期。

第三节　恐怖活动组织和人员

《反恐怖主义法》第 3 条第 3 款规定，"本法所称恐怖活动组织，是指三人以上为实施恐怖活动而组成的犯罪组织"；第 4 款规定，"本法所称恐怖活动人员，是指实施恐怖活动的人和恐怖活动组织的成员"。根据这一规定，恐怖活动组织包含以下特征：①人员数量为 3 人以上；②为实施恐怖活动而组成；③属于犯罪组织。恐怖活动人员包括两种：①恐怖活动组织的成员；②实施恐怖活动的人。

一、恐怖活动组织的特征

（一）人员数量为 3 人以上

所谓 3 人以上，包括 3 人在内，这是在人数上恐怖活动组织成立的条件。也就是说，2 人共同进行恐怖活动犯罪的，是一般的共同犯罪；只有 3 人或超过 3 人共同进行恐怖活动犯罪的，才可能是恐怖活动组织。当然，在现实社会生活中，恐怖活动组织往往远远不止 3 个人参加，根据有关材料，恐怖活动组织的成员多达上百甚至上千人，少者也有几十人。只有 3 人的，只是个别的情况。

（二）为实施恐怖活动而组成

这里所说的"恐怖活动"，包括《反恐怖主义法》第 3 条第 2 款规定的各种恐怖活动。也就是说，不仅为实施杀人、放火、投毒、爆炸、劫持航空器等暴力恐怖活动而组成的犯罪组织，而且为实施其他恐怖活动，比如进行恐怖主义融资、恐怖活动培训、宣扬恐怖主义、煽动实施恐怖活动、资助恐怖活动等而组成的犯罪组织，也是恐怖活动组织。

（三）属于犯罪组织

1. 必须是"犯罪"组织。恐怖活动组织必须是"犯罪"组织，因此，其成立目的中的为实施恐怖活动中的"恐怖活动"必须符合《刑法》关于犯罪的规定，属于《刑法》上的共同犯罪。《刑法》以"恐怖"命名的犯罪集中规定在第二章危害公共安全罪中，包括组织、领导、参加恐怖组织罪，帮助恐怖活动罪，准备实施恐怖活动罪，宣扬恐怖主义、极端主义、煽动实施恐怖活动罪，利用极端主义破坏法律实施罪，强制穿戴宣扬恐怖主义、极端主义服饰、标志罪，非法持有宣扬恐怖主义、极端主义物品罪七项罪名。除了上述这七项罪名之外，犯罪组织的行为性质符合我国《反恐怖主义法》第 3 条第 2 款关于恐怖活动的规定，同时触犯《刑法》规定的非以"恐怖"命名的其他罪名的，例如，故意杀人罪、劫持航空器罪、爆炸罪、投放危险物质罪等，也属于恐怖活动组织定义中的"为实施恐怖活动而组成的犯罪组织"。将恐怖活动组织限于犯罪组织，是为赋予认定打击恐怖活动组织的合法性、合理性设计的，以保障人权，同时争取国际社会支持。

2. 包括犯罪集团和犯罪团伙。恐怖活动组织既包括为实施恐怖活动而组成的较为固定的犯罪集团，也包括 3 人以上为实施恐怖活动而组成的犯罪团伙。这种犯罪团伙虽然组织形式不太严密，但也应当认定为恐怖活动组织。需要注意的是，这一规定修改了原来法律规定中的恐怖活动组织的定义。2011 年 10 月29 日全国人大常委会通过的《关于加强反恐怖工作有关问题的决定》（已失效）第 2 条第 2 款规定，"恐怖活动组织是指为实施恐怖活动而组成的犯罪集团"。而根据《刑法》第 26 条第 2 款的规定，"3 人以上为共同实施犯罪而组成的较为固定的犯罪组织，是犯罪集团"。近些年来，恐怖活动组织形式出现了一些新的特点，除了一些组织严密、人员相对固定的恐怖活动组织以外，也出现了一些组织形态相对松散、人员不太固定的恐怖活动犯罪团伙，比如司法实践中的一些"伊吉拉特"团伙，虽然团伙成员是为出国"圣战"临时组成的，没有固定的、稳定的组织形式，但也应认定为恐怖活动组织。对这些犯罪组织"打早打小"，将其消灭在萌芽状态，避免其形成气候，养虎为患，符合防范为主、先发制敌的原则。因此，《反恐怖主义法》规定的恐怖活动组织定义，不仅包括犯罪集团，也包括 3 人以上为实施恐怖活动而组成的犯罪团伙。

二、恐怖活动组织的主要种类

随着冷战的结束和国际环境的变化，许多原来的恐怖活动组织逐渐淡出世界舞台，它们改变以前的斗争策略，宣布停止恐怖活动甚至宣布解散，但同时也有许多新的恐怖活动组织出现。目前世界上有案可查的恐怖活动组织约有一千多个，不仅数量繁多，而且类型各异[1]。大致来说，恐怖活动组织可分为以下几种。

（一）宗教极端型恐怖活动组织

以宗教极端主义为思想内核的恐怖活动组织是当今世界恐怖活动组织的重要类型。目前世界上宗教极端型恐怖活动组织的具体数目无法统计，原因在于许多恐怖活动组织都表现出很强的宗教意识，包括"IS"、基地组织、车臣恐怖活动组织等，都可以看到宗教对立的影子。这一类型的恐怖活动组织最主要的

---

〔1〕 李湛军编著：《恐怖主义与国际治理》，中国经济出版社 2006 年版，第 77 页。

特点是以宗教作为意识形态，并把宗教作为一种手段和工具用以组织、号召信徒从事恐怖主义活动，以打击异教徒为主要目标，有的甚至要推翻世俗政权，建立政教合一的神权国家。宗教极端型恐怖活动组织不仅仅局限在中东地区和伊斯兰教，世界上的几个主要宗教内部都有极端分子和恐怖活动。但是目前国际上最活跃、规模最大、影响最广泛的宗教极端型恐怖活动组织却基本都是伊斯兰原教旨主义极端组织。美国国务院 2003 年所认定的 35 个"外国恐怖组织"中有 22 个不同程度的与中东地区和伊斯兰世界相关，而且美国的反恐战争几乎全部指向这 22 个组织及其"支持者"[1]。目前甚嚣尘上的"IS"组织以及主要在我国境内活动的"东伊运"组织均属此类。

（二）民族主义型恐怖活动组织

历史上，民族主义在很长一段时期内作为殖民地半殖民地人民反抗殖民统治的有力武器发挥了积极的作用，但是随着世界民族解放斗争的完成，除一些反对霸权主义的组织仍把民族主义作为旗帜之外，这种意义上的民族主义基本上已经销声匿迹。如今民族主义的内涵有了很大的变化，主要指一国内的族裔文化少数群体采取行动来谋求建立一个他们自己的国家，我们称为"少数群体民族主义"或者说"民族分裂主义"。由于现代国际社会中少数民族从原有的国家分裂出去建立自己的国家已经失去了法理上的合法性，民族分裂主义分子在追求独立的过程中往往采取各种极端手段，恐怖主义就是他们经常采用的方式之一。这种类型的恐怖活动组织以民族主义作为精神支柱，使其发挥煽风点火、推波助澜的作用，因而具有更大的欺骗性和危害性，其表现为：①强化民族意识，淡化国家意识；②民族主义常常具有跨国性质，并与领土纠纷相互交织，造成一国民族问题国际化；③把民族属性与宗教信仰混为一谈，使民族主义与宗教狂热紧密结合、宗教的排他性与民族分裂主义相结合。所有这一切使得民族问题在得不到解决的情况下，极易演变为恐怖主义，并具有持久性。所以，许多学者认为民族主义是恐怖主义最持久的动因。据统计，目前世界上存在的恐怖活动组织中有 1/3 属于民族主义型恐怖活动组织，如俄罗斯车臣地区的分裂主义者、法国的"科西嘉民族解放阵线"、西班牙的"埃塔"组织以及英国的"北爱尔兰共和军"等均属于此类。

（三）政治极端型恐怖活动组织

政治极端型恐怖活动组织主要指那些对主流社会的政治制度、道德观念、经济秩序以及一些具体的国家、社会政策持反叛和完全否定态度，试图以恐怖手段推翻现行社会制度或国家政权，或者以恐怖手段发泄不满情绪，以特殊人

---

[1]　United states Department of State，"Patterns of Global Terrorism 2003"，Washington，April 29，2004.

群作为打击对象的极端组织。这一类型的恐怖活动组织跟民族主义和宗教一般没有直接的、必然的联系，也不谋求独立，只是反对现行社会制度或政策，敌视国家政权，往往具有"革命"、无政府主义、种族主义等色彩。政治极端型恐怖活动组织可具体分为极左型恐怖活动组织[1]和极右型恐怖活动组织[2]两种类型。极左型恐怖活动组织，如意大利的"红色旅"、日本的"赤军"、德国的"红军派"、法国的"直接行动"；极右型恐怖活动组织，如德国的"新纳粹"、意大利的"墨索里尼行动队"、俄罗斯的"光头党"等属于此类。

三、恐怖活动人员的种类

（一）恐怖活动组织的成员

恐怖活动组织的成员均为恐怖活动人员，包括组织、领导、参加恐怖活动组织的人员，以及在恐怖活动组织中从事恐怖活动准备、宣扬煽动恐怖主义、恐怖活动培训、恐怖主义融资、恐怖活动实施等活动的人员。对参加了恐怖活动组织的人员，无论是否实施了恐怖活动，都应当认定为恐怖活动人员，并依照《刑法》第120条的规定定罪处罚。对于组织、领导、参加恐怖活动组织并实施恐怖活动犯罪的，应当依照《刑法》第120条第2款的规定数罪并罚。

（二）实施恐怖活动的人

实施恐怖活动的人，是指不属于恐怖活动组织成员而单独实施恐怖活动的人。比如，临时参与到恐怖活动中的人员，或者自己独立实施恐怖活动的所谓的"独狼"[3]，也包括两个以共同实施恐怖活动为目的的犯罪人等。其出现原因或为社会转型时期的失意者心理失衡或为受到极端主义的影响。根据《反恐怖主义法》第3条第4款的规定，其恐怖活动没有限定为犯罪行为。因此，作

---

〔1〕 20世纪60年代末，国际局势的动荡，资本主义阵营的分化重组，国际共产主义裂变，社会矛盾极度尖锐，社会关系紧张复杂，于是在西欧资本主义国家和拉美地区就产生了一些激进的极左组织，它们以推翻现存的国家政权，建立新的国家政权为目标，在民间大肆宣扬恐怖暴力活动的唯一性和必要性。

〔2〕 极右恐怖主义，在20世纪60年代后就疯狂地在西欧、美国等资本主义发达国家蔓延。到了80年代末90年代初，东欧剧变、苏联解体，极右势力便立即把握这个机会迅速滋长。这股势力主要针对的是左派政党，更多的是指向犹太人、有色人种和外来移民。在这一派的人看来，只要是有助于达成目的，其他的一切都无关紧要。于是，为了达成目的，平民和所有的公共设施都可以成为他们的攻击目标。可以说，暴戾残忍是这一类型恐怖主义的鲜明标志，只要能最大限度地制造并达到恐怖气氛，其他的无关紧要。

〔3〕 2011年7月22日，挪威人布雷维克先在挪威政府办公大楼前引爆威力巨大的汽车炸弹，然后又在奥斯陆以西40公里的于特岛枪杀参加挪威工党青年团夏令营的人群，共造成77人死亡，300多人受伤。属于典型的"独狼式"恐怖活动。

为认定对象的范围，不应限定为犯罪人。

第四节　恐怖事件

《反恐怖主义法》第 3 条第 5 款规定："本法所称恐怖事件，是指正在发生或者已经发生的造成或者可能造成重大社会危害的恐怖活动。"根据本款的规定，恐怖事件具有以下两个特征：一是时间特征，即正在发生或者已经发生；二是结果特征，即造成或可能造成重大社会危害。

一、时间特征

首先，恐怖事件是恐怖活动，而恐怖活动根据《反恐怖主义法》第 3 条第 2 款的规定主要包括"组织、策划、准备实施型"和"实施型"两类。而对于恐怖事件来说，必须是正在发生或已经发生的恐怖活动。因此，恐怖事件只能是"实施型"的恐怖活动，而不包括"组织、策划、准备实施型"的恐怖活动。

二、结果特征

恐怖事件还必须是造成或可能造成重大社会危害的恐怖活动。根据《反恐怖主义法》第 3 条第 1 款的规定，社会危害包括制造社会恐慌、危害公共安全、侵犯人身财产等。对于恐怖活动而言，不仅包括"实施型"，也包括"宣扬、煽动型""非法持有型""强制穿戴型""组织、领导、参加恐怖组织型"等。在实践中，恐怖事件主要表现为"实施型"的恐怖活动，并且主要是采取暴力等手段实施的造成或意图造成人身伤亡、重大财产损失、公共设施损坏、社会秩序混乱的活动，以及其他造成或可能造成严重社会危害的活动。

根据《反恐怖主义法》的规定，一旦发生恐怖事件，就应当立即采取有效的应对处置措施。

第三章
反恐怖主义法的基本原则

鉴于恐怖主义的极端复杂性，要实现对它的防范和打击，就需要综合运用政治、经济、法律、文化和军事等诸多手段。就法律手段而言，又包括行政法、经济法、刑法、诉讼法和军事法等具体路径。因此，反恐怖主义法具有"综合法"的属性。反恐怖主义法的"综合法"属性容易导致其法律规范具有分散、多元、杂乱等特征，这与法制统一的要求是相违背的。反恐怖主义法的基本原则正是缓解这一矛盾的不二选择。所谓反恐怖主义法的基本原则，是指基于反恐怖主义的功能定位，上承宪法关于安全与人权的总体规范，下系反恐怖主义具体领域的法律制度，贯穿于整个反恐怖主义法，对打击和防范恐怖主义具有指导和规范意义的基础性准则。

第一节 国际上反恐怖主义法基本原则概述

以"9·11"之后美国公布的《爱国者法》为标志，其他国家和地区的反恐怖主义立法在21世纪初开始不断产生、完善，其形态各异，着重点各不相同。与之相一致，反恐怖主义法的基本原则虽有共同点，但更多地表现为差异性。对其他国家和地区的反恐怖主义法基本原则的共性和区别进行简要论述，无疑可以加深对我国《反恐怖主义法》基本原则的理解和完善。

一、联合国反恐怖主义公约的基本原则

联合国反恐怖主义公约，是指联合国为了预防、打击、消除国际恐怖主义而制定或通过的一系列相关协议、决议、公约、草案等具有法律性质的文件以及联合国机构为执行这些文件所采取的行为的总称。[1]其法律渊源主要包括《联合国宪章》以及为达到"维护国际和平与安全"的目的而制定的国际反恐怖

---

〔1〕 刘仁山等：《国际恐怖主义法律问题研究》，中国法制出版社2011年版，第75~81页。

主义公约与议定书。为了打击和惩治恐怖主义，自20世纪60年代以来，联合国先后发布《消除国际恐怖主义措施宣言》《全球努力打击恐怖主义的宣言》等，呼吁世界各国共同与恐怖主义作斗争。在联合国及其专门机构和国际原子能机构的主持下，国际社会制定了13项全球性的反恐怖主义公约。目前，联合国正在制定第14项反恐怖主义国际公约，即《关于国际恐怖主义的全面公约（草案）》。联合国安理会也作出一系列决议，强烈谴责恐怖主义，呼吁国际社会采取一切必要的措施，加强反恐怖主义国际合作，共同打击恐怖主义。上述法律渊源明确宣示了联合国对于国际恐怖主义的基本立场和态度。

1. 不强制原则。联合国大会审议通过的上述公约或议定书只能向会员国或安理会提出建议，并不具备法律约束力。但是，它公开谴责和反对一切形式的恐怖主义，引导国际舆论，在国际社会形成了一种反对恐怖主义的共同信念，为国际反恐怖主义提供了强有力的舆论及道义支持。联合国安理会于2001年11月通过的《全球努力打击恐怖主义的宣言》，宣明"联合国会员庄严重申，毫不含糊地谴责恐怖主义的一切行为、方法和做法，不论在何处发生，也不论是何人所为，均为犯罪而不可辩护"，以其"近乎普适性的规范形成一种具有道德性原则的基础，可以用来评价和指导国际社会反恐怖主义的实践活动"。

2. 国际合作原则。国际合作原则，又可称为相互协助原则，这一原则首先出现在1970年的《关于制止非法劫持航空器的公约》（以下简称《海牙公约》），此后除了《在可塑炸药中添加识别剂以便探测的公约》（以下简称《可塑炸药公约》）之外的所有联合国反恐怖主义公约均重复了这一要求。这一原则主要对反恐怖主义的证据移交、情报交换，以及协调行政和其他预防措施作出指引。这也是联合国框架下反恐怖主义法律机制最为显著的基本原则。

3. 普遍管辖原则。普遍管辖原则，又称普遍管辖权，是现代国际社会有效惩治与防范国际恐怖主义犯罪的重要法律原则。由于恐怖主义犯罪被认为是危害全人类的犯罪，并且罪行极为严重，不容有管辖权投机，因此，任何国家都有权对其加以惩罚。根据这一原则，无论被指控犯罪的恐怖分子的国籍、居住国与起诉国的关系如何，即使该罪行是在起诉国领土之外犯下的，该国也可以对该行为人行使刑事管辖权，即惩治恐怖主义犯罪的义务是所有国家都必须承担的。此外，普遍管辖原则有利于保证国家和国际社会打击国际恐怖主义罪行的力度，避免由于属地、属人原则而存在的管辖障碍，消除管辖真空。

4. 恐怖分子或引渡或审判原则。这一原则是联合国反恐怖主义公约皆采取的基本原则，即一国如不引渡所指控的罪犯，就应承担管辖权，根据其本国法律对行为人进行审判，确保恐怖分子无安全庇护所（避风港）；对于资助、策划、支持或犯下恐怖主义行为或者为恐怖分子提供安全庇护所的人拒绝给予安全庇护。也就是说，拘押恐怖分子的国家要么对该恐怖分子予以引渡，要么对其进行审判，而不能使其逃避应有的法律制裁。

5. 取消政治罪和歧视的例外。取消政治罪和歧视的例外，是指缔约国在其国内政治和法律制度中否认任何政治罪辩护的有效性或公约所定义的恐怖主义行为的正当性。也就是说，在任何情况下，所有恐怖主义犯罪都不可以引用政治、思想、意识形态、种族、人种、宗教或者其他类似性质的考虑为之辩护，而是应受到与其严重性质相符的刑事处罚。并且，对于缔约国一方就恐怖主义犯罪提出的引渡或者司法协助的要求，另一方不可以质疑其涉及政治罪行，以同政治有关的罪行或者系因政治动机引起的罪行为由，而加以拒绝。

6. 公平待遇原则。公平待遇原则，是指在拘押或者控制恐怖分子之后，缔约国给予该恐怖分子的待遇不得低于拘押国国民的待遇，应当保证其在诉讼的所有阶段的公平待遇。

7. 武力打击原则。武力打击原则，是指《联合国宪章》第六、七章授权安理会可以对危害国际和平与安全的行为进行断定、建议以及采取行动的权力。安理会从 1991 年起通过了 35 个打击恐怖主义的决议，这些决议成为安理会武力打击恐怖主义的法律依据。

二、区域性反恐怖主义公约的基本原则

(一) 欧盟反恐怖主义公约的基本原则

欧盟是主要由欧洲发达国家组成的超国家组织，实行"共同外交和安全政策"。欧盟反恐怖主义公约主要包括 1977 年欧洲会议通过的《欧洲反恐公约》和 2001 年"9·11"事件发生后，欧盟于 9 月 21 日在布鲁塞尔提出的《反恐行动计划》。其中，《反恐行动计划》规定了三条原则：①联合国主导原则，主张在联合国框架内建立国际反恐联盟；②武力打击原则，要求美军的军事行动要"照准打击目标"，避免伤及无辜；③与宗教相区分原则，严格界定恐怖主义相关概念，把打击恐怖主义与宗教问题严格区分开来。

2002 年，欧盟提出了一种以互利合作、共同发展为核心的新安全观，即"共同安全观"，主要是指反恐怖主义必须以相互依存的国际背景为出发点。"共同安全观"下的反恐怖主义基本原则，主要包括四点：①重点防御原则，即把反恐怖主义的重点关注地区定格为欧盟周边地区的"动荡弧线"上，包括东欧、南欧、中东、中亚、北非等地区，反恐怖主义的重点对象是伊斯兰极端恐怖主义，欧盟地区传统的极左、极右、极端民族主义，极权恐怖主义，生化恐怖主义等。②预防为主原则，强调反恐怖主义的手段应注重事前预防，主要是集中

在情报合作机制的构建中，为欧盟成员国之间以及欧盟与第三方之间的情报合作提供基本准则。③国际合作原则，即在联合国的框架内进行有效的多边国际合作，只有发挥多边主义和国际机制的作用，才能更有效地反对恐怖主义。④发展原则，即造成国际恐怖主义的根源是贫穷、不发展、战乱和冲突，因此，反恐怖主义的根本之策在于发展。

（二）东盟反恐怖主义公约的基本原则

东盟是东南亚国家联盟的简称，是东南亚地区的一个区域性合作组织。该地区伊斯兰国家聚集，再加上民族和宗教多元的原因，很快成为激进主义和恐怖主义滋生和发展的沃土，恐怖事件频发。东盟各国逐渐意识到，单凭自身的力量根本无法解决涉及本国的恐怖主义，因此，开始寻求加强相互间合作的反恐路径。

规定东盟打击恐怖主义基本原则的法律性文件主要有 1976 年制定的《东南亚友好合作条约》和 2001 年制定的《反对恐怖主义联合行动宣言》。《东南亚友好合作条约》规定了成员国处理相互关系的基本原则，即相互尊重独立、自主、平等、领土完整和国家统一原则，不干涉他国内政原则，以及有效合作原则。这些原则构成了东盟的基础，同时也成为东盟打击恐怖主义活动所必须遵守的最根本原则。2001 年《反对恐怖主义联合行动宣言》则进一步确立了东盟打击恐怖主义的基本原则：①与宗教、种族区分原则，拒绝将恐怖主义与任何宗教和种族相联系。②法定原则，预防和打击各种形式的恐怖主义活动都应遵循《联合国宪章》和其他国际法，特别是相关的联合国决议。③独立自主、求同存异原则，即本区域内的所有反恐合作应考虑区域和各成员国的特殊环境。

（三）上海合作组织反恐怖主义公约的基本原则

上海合作组织，是中国、俄罗斯、哈萨克斯坦、吉尔吉斯斯坦、塔吉克斯坦和乌兹别克斯坦六国于 2001 年 6 月 15 日在上海宣布成立的政府间国际组织（2017 年 6 月，印度、巴基斯坦加入）。中亚是恐怖主义的重灾区，其和平与安全受到严重威胁。加强国际合作，严厉打击该地区的恐怖活动，成为该地区各国政府和人民的共同愿望和要求。

于 2001 年签署的《打击恐怖主义、分裂主义和极端主义上海公约》（以下简称《上海公约》），将打击恐怖主义、分裂主义和极端主义作为上海合作组织的重要职能，实现了"由签署政治性文件到签署法律性文件的突破"，为维护地区的稳定和安全，联合打击"三股势力"奠定了法律基础。《上海公约》在序言中指出，确信本公约确定的恐怖主义、分裂主义和极端主义，无论其动机如何，在任何情况下均不得为其开脱罪责，从事此类行为的人员应被绳之以法。在此原则的指导下，为确保从事恐怖主义者受到处罚，《上海公约》第 3 条进一步明确规定，各方应采取必要措施，包括适当时制定国内法，以使本公约所规定的恐怖主义行为在任何情况下不得由于政治、思想、意识形态、人种、民族、宗教以及其他相似性质的原因而被开脱罪责，并使其受到与其性质相符的处罚。同时，该公约第2条第2款规定，各方应将本公约所规定的恐怖主义行为视为可相互引渡的犯罪行为。

对于上海合作组织来说，2005年7月5日在阿斯塔纳召开的成员国首脑会议成为该组织发展的重要里程碑。六国元首签署《上海合作组织成员国元首宣言》，批准《上海合作组织成员国合作打击恐怖主义、分裂主义和极端主义构想》《上海合作组织成员国常驻地区反恐怖机构代表条例》，给予巴基斯坦、伊朗、印度上海合作组织观察员地位。其中最引人注目的文件就是《上海合作组织成员国元首宣言》，其指出：本组织成员国将制止在本国领土上策划和实施恐怖活动，包括针对其他国家恐怖活动的企图；不向被指控或涉嫌实施恐怖、分裂和极端活动的人员提供庇护；本组织其他成员国提出相关请求后，严格遵照成员国现行法律移交这些人员。

上海合作组织的《上海合作组织宪章》《上海合作组织成员国关于地区反恐怖机构的协定》《关于共同打击国际恐怖主义的声明》，对恐怖主义的定义作了明确的界定，建立了各级执法、情报和军事等机构的合作机制。在当时，该组织是所有区域组织中在反恐怖主义合作方面机制最为完善的组织。

2009年6月签署、2014年在我国生效的《上海合作组织反恐怖主义公约》进一步指出，必须加大反对恐怖主义的力度，重申预防和打击恐怖主义的一切措施，遵守法律至上和民主价值、人的基本权利和自由原则以及国际法准则。

三、主要国家反恐怖主义法的基本原则

（一）美国反恐怖主义法的基本原则

《爱国者法》（USA PATRIOT Act），是美国第一部专门针对恐怖主义的法律，在2001年"9·11"事件之后，由国会两院审议通过，10月26日总统签署生效。该法的副标题为"法案旨在阻吓和惩罚发生在美国和世界各地的恐怖主义行为，并加强法律执行中的调查手段等"，明示这部法律的主要目的在于赋予执法部门更大的权力来预防、侦查和打击恐怖主义犯罪。[1]

1. 扩张了美国警察机关的权限。《爱国者法》极大限度地扩大了美国警察机关在监听、逮捕、搜查等方面的侦查权力，尤其是赋予其极大的情报侦察能

---

[1] 刘卫东："《爱国者法》及其对美国公民权利的影响"，载《美国研究》2006年第1期。

力，联合执法人员不需要司法权的监督，即可以实施窃听和监听，可以查看公民上网记录、私人信件和电子邮件、个人信用卡资料，或未经当事人同意，调查其个人情况，并将个人资料存进执法部门的资料库，允许联邦调查局监视公民阅读书籍的情况，从而判断读者是否受到恐怖主义影响。

根据《爱国者法》的规定，某些根据原有法律规定需要予以排除的"非法证据"，尤其是某些侵犯公民隐私权的"非法证据"，被允许采信并作为定案的依据。例如，该法案第 213 条授予侦查人员迟延告知或出示执行逮捕证的权限，即任何人只要受到警察怀疑进行了与恐怖主义有关的活动，在未被告知的情况下，其本人或其住处、办公地点都可能在没有逮捕证、搜查证的情况下被逮捕或随意搜查。而按照米兰达规则，侦查人员在执行侦查的时候应当告知犯罪嫌疑人享有沉默权、聘请律师权等权利，否则应排除由此得来的非法证据。

2. 限制了公民自由。《爱国者法》中有多处以保证国家安全为名禁止自由表达的条款。例如，该法案第 215 条规定，即使并无相关嫌疑，政府也可以要求获知公民在图书馆、书店阅读、购买书籍的详细信息，同时禁止服务商向客户透露他们的信息已受调查。类似调查还可以扩展到公民的教育、医疗、投资、信用等各种记录。公民隐私权的大量丧失可能极大地妨碍其自由表达、思考和联系的能力。

3. 确立了对反恐措施的监督和制约。2006 年 3 月 9 日，布什总统签署了两部重要的反恐怖主义法案：《美国爱国者法修改与再授权法》〔USA PATRIOT Improvement and Reauthorization Act of 2005（H. R. 3199）〕和《2006 年爱国者法额外再授权修改法》〔USA PATRIOT Act Additional Reauthorization Amendment Act of 2006（S. 2271）〕。其中，《美国爱国者法修改与再授权法》从国会监督、司法审查、内部监管三个角度加强了对《爱国者法》所确立的反恐措施的监督和制约，加强了对公民权利和自由的保障。这在对第 215 条调查命令、国家安全调查信函以及秘密搜查令状延期通知等问题的修改上得到了充分体现。

（二）俄罗斯反恐怖主义法的基本原则

俄罗斯至今主要出台了两部反恐怖主义法，分别为 1998 年的《打击恐怖主义法》和 2006 年的《反恐怖主义法》。《反恐怖主义法》第 2 条共规定了 13 个基本原则。从来源看，其中 6 个来自于《打击恐怖主义法》，即合法性原则、优先保护陷于恐怖危险的人员的权利和合法利益原则、恐怖活动必受惩罚原则、预防优先原则、反恐行动人力和资源统一指挥原则、公开和秘密措施相结合原则；还有 3 个是在《打击恐怖主义法》的基础上进行了修改和完善，即系统综合地运用政治的、信息宣传的、社会经济的、法律的、专门的和其他反恐措施的原则，打击恐怖主义的专门措施、技术方法、反恐战略及人员组成信息对外保密原则及不允许向恐怖分子做政治让步原则；剩余 4 个为新增原则，即保障、保护居民和公民的基本权利及自由的原则，国家与社会和地区组织、国际组织或其他组织以及公民合作反恐的原则，最小化和（或）消灭恐怖主义后果的原则以及反恐措施与恐怖危险程度相适应原则。

（三）白俄罗斯反恐怖主义法的基本原则

白俄罗斯 2002 年的《反恐怖斗争法》第 2 条规定了 9 个基本原则：①法治原则；②预防至上原则；③势必起诉和惩罚恐怖主义活动原则；④公开手段与秘密手段相结合原则；⑤综合采用预防、法律、政治、社会经济和宣传措施原则；⑥优先保护面临恐怖主义行为危险者权利原则；⑦最低限度向恐怖分子让步原则；⑧在反恐怖行动中对力量和措施的统一指挥原则；⑨告知公众关于恐怖主义活动和反恐怖行动信息原则。

（四）中亚诸国反恐怖主义法的基本原则

乌兹别克斯坦 2000 年的《反恐怖主义法》第 4 条规定了下列基本原则：①法治原则；②人身权利、自由及合法利益优先保护原则；③预防恐怖主义措施优先的原则；④惩罚的不可避免原则；⑤打击恐怖主义公开和非公开方法结合的原则；⑥反恐怖行动使用力量和手段统一领导的原则。

塔吉克斯坦 1999 年的《反恐怖主义法》第 13 条规定了下列基本原则：①合法性原则；②尊重个人及公民的权利与自由原则；③对恐怖主义行为进行坚定不移的惩罚原则；④在反恐斗争中将公开方法与不公开方法相结合原则；⑤优先保护遭到危险的人员的合法性原则；⑥使恐怖主义分子遭受损害的合法性原则；⑦对在实施反恐行动时所使用的部队和装备实施一长制领导原则；⑧在实施特别反恐怖行动时实施严格保密原则。

哈萨克斯坦 2003 年的《反对极端主义活动法（草案）》第 4 条也规定了下列原则：①法律至上，人人平等原则；②反对任何形式的恐怖活动原则；③防止原则，即防止为实施恐怖主义活动创造条件；④保障社会和谐原则；⑤宣传教育原则，即在民主原则的基础上，培养公民的政治和法律素质；⑥优先保障国家安全原则；⑦专群结合原则，即国家与社会团体、其他组织和公民个人在反恐怖方面的合作。

（五）日本反恐怖主义法的基本原则

日本 2001 年的《反恐对策特别措施法》第 2 条规定了下列基本原则：①政府以本法为基础迅速采取适当的救援活动、搜索救助活动、救援灾民活动及其他必要措施（简称对应措施），为防止和消灭国际恐怖主义，在国际社会中积极发挥日本的主体作用，努力确保国际社会的和平与安全。②在实施对应措施时，不允许武力威胁或实施相当于行使武力的行为。③关于对应措施，可在日本领域，以及在确认当时没有战争行为（作为国际武装冲突的一环所进行的杀伤人类、破坏财物的行为，下同）和在实施活动期间没有发生战争行为的下列地区实施：公海（包括海洋法中国际联合条约规定的专属经济水域，与第 6 条第 5 项相同）及其上空；外国的领域（在实施该对应措施时需取得该当事国的同意）。④内阁总理大臣在实施对应措施时，要根据第 4 条第 1 项规定的基本计划，代表内阁指挥监督行政各部门。⑤有关行政部门的首长为达到前述目的，在实施对应措施的过程中要互相配合。

（六）以色列反恐怖主义法的基本原则

以色列的反恐怖战略及其理念，在成就和缺陷方面都十分突出。以色列的反恐怖主义基本原则大致包括以下四大方面：

1. 威慑原则。威慑原则主要是包括不与恐怖分子谈判、不同恐怖分子进行任何幕后交易和"以牙还牙"进行报复。"为遏制低烈度冲突，以色列通常会宣称它会加倍报复那些恐怖分子。"[1]以色列的报复政策有着很强的惩罚性，其对象不仅包括恐怖分子，还包括与恐怖活动相关的其他人员和社会群体。

2. 积极防御原则。以色列的反恐战略是从防御开始的，是一种更倾向于攻防结合的积极防御战略。其主要包括以下内容：①在安全威胁出现之前，主动消除构成威胁的潜在因素；②建构严密有效的防御体系；③建立快速反应机制，避免事态扩大；④先发制人，定点清除；⑤构建全方位、多层次的安全防卫网络；⑥实施"隔离墙方案"和"单边撤离"政策。

3. 综合反恐原则，是指除运用军事手段外，还充分使用政治、外交、经济、文化等手段进行反恐怖斗争。

4. 全民反恐原则，是指全民服兵役，以及以法律形式要求国民承担反恐怖义务和责任。

（七）印度反恐怖主义法的基本原则

印度也是长期遭受恐怖主义威胁的国家。印度反恐怖主义的基本原则可以总结为以下三点：

1. 国际合作原则。印度认为，恐怖主义的根源是国际性的问题，是国际恐怖主义向印度的渗透。因此，其重视国际反恐怖合作。

2. 国内反恐为主原则。例如，印度于 2002 年专门制定《防止恐怖主义法》以取代 2001 年出台的《防止恐怖主义法令》；组建反恐怖主义特种部队；树立长期反恐怖战略。

3. 预防原则。预防原则，是指建立全国性的安全"神经中枢"，以对全国

---

〔1〕　潘光、王震："以色列反恐战略研究"，载《现代国际关系》2007 年第 8 期。

的恐怖主义网络进行严密监控，形成一个统一的协调与情报中心。

（八）巴基斯坦反恐怖主义法的基本原则

作为恐怖主义的重灾区，巴基斯坦于 1997 年即制定了《反恐怖主义法》，并于 2001 年 8 月予以修订、2014 年 6 月再次修订。巴基斯坦在反恐怖斗争中坚持不妥协原则、国际合作原则和社会反恐原则。其具体措施主要有：①设立特别法庭，以便能迅速审判恐怖活动者；②广泛与其他国家签订引渡条约，以进行情报交流；③制定《反洗钱法》和《反恐怖主义筹资法》，封堵切断涉恐资金；④使用军队武力打击恐怖主义。同时，最新修正案要求安全部队在对嫌疑人开枪之前要获得相关许可。

虽然不存在消除恐怖主义的"包治百病式的灵丹妙药"，但是，总结当前国际和反恐前线主要国家反恐怖主义的基本原则，对于有效开展反恐怖主义斗争很有参考价值。国际社会普遍认可的反恐怖主义基本原则主要包括：①法治原则；②国际合作原则；③普遍管辖原则；④预防为主原则；⑤武力反恐原则。从总体上讲，世界绝大多数反恐怖主义法律规范普遍采取了绝不向恐怖主义妥协的严厉打击政策，并且越来越注重事前的预防工作，但对于人权保障的关注则稍有不足。其他的如秘密与公开相结合原则、取消政治罪和歧视的例外原则、与宗教相区分原则等，虽然也具有一定的指导、统领作用，但是其作用要么局限于反恐怖主义工作的某一局部领域，要么仅仅是某一部法律规范的基本原则，而并不被其他法律规范所认可。

第二节　我国《反恐怖主义法》的基本原则

一、反对一切形式的恐怖主义原则

（一）反对一切形式的恐怖主义原则的确立

反对一切形式的恐怖主义原则意味着，国家对恐怖主义的根本否定和断然拒绝，它是《反恐怖主义法》中"反"字的直接表达，居于《反恐怖主义法》基本原则体系的中心地位，同时，也是该法其他法律原则的逻辑起点和构建依据。

我国反对一切形式的恐怖主义的态度是明确、一贯的，与我国的根本利益是一致的。早在 2001 年"9·11"事件发生的当天，时任国家主席江泽民就致电美国总统，声明"中国政府一贯谴责和反对一切恐怖主义的暴力活动"。2002 年 6 月，《上海合作组织成员国元首宣言》指出，"坚决反对一切恐怖主义行为、方法和活动"。同年 11 月，党的十六大报告就这一原则进行了进一步的阐释，强调："我们主张反对一切形式的恐怖主义。要加强国际合作，标本兼治，防范和打击恐怖活动，努力消除产生恐怖主义的根源。"2007 年，党的十七大报告再次重申了这一原则，"中国致力于和平解决国际争端和热点问题，推动国际和地区安全合作，反对一切形式的恐怖主义。"2012 年，党的十八大报告对这一原则进行了更为丰富的阐释，指出："中国主张和平解决国际争端和热点问题，反对动辄诉诸武力或以武力相威胁，反对颠覆别国合法政权，反对一切形式的恐怖主义。"

但上述"反对一切形式的恐怖主义"只是在党的文件中的表达，并没有在法律层面得到确认和规范。《反恐怖主义法》第 2 条第 1 款明确规定，"国家反对一切形式的恐怖主义"。自此，"反对一切形式的恐怖主义"得到了立法确认，成为我国反恐怖主义工作的一项重要法律原则。

（二）反对一切形式的恐怖主义原则的内容

反对一切形式的恐怖主义，意味着不论恐怖主义的形式如何，均为反对的对象。理解这一原则，要从两个层面入手：

1. 国际层面。其具体包括以下内容：①恐怖主义不仅危害人们的生命，造成巨大的物质损失，而且危害社会正常秩序，有违社会道德和阻碍人类文明的进步，不管恐怖主义出于何种目的，来自何方，都应受到谴责和打击。②在当前国际恐怖主义已成为国际公害和人类公敌，严重威胁国际安全和地区稳定的情况下，某些国家以反恐为名谋一己私利，在特定地域大打代理人战争，而我国不附加任何条件的反恐立场有助于建立公平、合理、有效的国际反恐机制。③当前世界各国对恐怖主义的理解并不一致，我国反对一切形式的恐怖主义的立场，不拘泥于个案的是非之争，不偏向任何一方，因此，容易为各方接受，有较强的适用性。

2. 国内层面。按照我国《反恐怖主义法》第 3 条第 1 款的规定，恐怖主义既包括主张，亦包括行为。不难理解，恐怖主义中的"主义"二字含有某种理念或思想体系的意蕴，恐怖主义是通过一系列手段和后果表现出来的一种理念或者主张，反恐怖主义要对"主张"旗帜鲜明地予以反对。需要注意的是，反对"主张"主要体现在国家立法的态度层面。事实上，法律无法规范"主张"，对于"主张"一般是找不到适格打击对象的。"主张"一般是以思想和言论为载体的，只有外化为行为（包括宣传、煽动的言论）时，才能对其防范和打击。

为此，立法机关规定的反对一切形式的恐怖主义原则，既包括反对主张，也包括反对行为。前者是国家立法机关对恐怖主义的态度的宣示和表达，虽然《反恐怖主义法》无法对"主张"进行规范，但其对恐怖主义主张的反对态度可以影响和引导国家其他的诸如政策、道德、习俗等调控手段，进而减少恐怖主义主张的存在土壤和极端主义思想的传播途径，降低恐怖主义的扩散和弥漫。事实上，明确宣示这一立场和态度，是立足于消除恐怖主义根源的立法精神的，它有利于社会各方面加深对恐怖主义本质及其残暴行径的认识，进而能够深刻理解、准确执行有关政策；同时也有利于形成社会共识，凝聚反恐怖主义的各方力量，共同打击恐怖主义。后者则是法律规范的重心，即只要恐怖主义外化为行为的，法律必须对其予以严格规范，进行严厉打击。

二、不妥协原则

（一）不妥协原则的确立

恐怖主义多是通过"让更多的人死，也让更多的人看"的手段来胁迫国家机关、国际组织，使其妥协，以实现恐怖主义的特定目的；既有以勒索金钱为目的的，也有以迫使国家改变政策为目的的，不一而足。对于是否向恐怖主义妥协，以及妥协的限度，世界各国态度不一。有的国家秉承最低限度妥协原则，例如，白俄罗斯法律规定了"最低限度向恐怖主义让步原则"；有的国家规定拒绝政治让步，但没有明确是否可以在经济等非政治领域让步，例如，俄罗斯法律规定，"绝不向恐怖分子政治妥协"；绝大多数国家确立了不向恐怖主义妥协的原则，例如，"9·11"事件后，美国将不妥协原则作为反恐怖战争的根本方针，声明不与恐怖主义作任何交换。若恐怖组织劫持美国公民为人质的，美国政府绝不采取付赎金、释放人犯、改变政策以及其他妥协行动，并且承诺不管需要多长时间美国将追缉攻击美国人的恐怖分子。

我国《反恐怖主义法》第2条第2款规定："国家不向任何恐怖活动组织和人员作出妥协，不向任何恐怖活动人员提供庇护或者给予难民地位。"

（二）不妥协原则的内容

所谓妥协，是指以让步的方式避免冲突，在冲突双方互相让步的过程中达成一种协议的局面。不妥协原则，是指反对和打击各种形式的恐怖活动，对恐怖分子发出的威胁、胁迫、恐吓信息等予以坚决打击，绝不退缩，拒绝与其进行所谓的谈判，对恐怖主义不予任何形式的妥协与"合作"。作为一项法律原则，它是基于保卫更多人的生命免受恐怖主义摧残的立场而形成的，具有法定性、强制性和绝对性等特点。理解这一原则，要认识到以下内容：

1. 妥协的前提是有让步的空间。恐怖主义无所不用其极，践踏人类文明底线，是人类公敌，企图以让步或者道德感化的方式来改良恐怖主义的念头都是不切实际的，任何让步都有可能助长恐怖主义的气焰，导致新一轮恐怖活动的发生。恐怖主义的目标和方法是没有任何限制的，作为一种挑战人类文明底线的行为，他们可以采取刀斧砍杀、人体炸弹、汽车炸弹、手机炸弹、劫机、绑架、纵火、恐吓、讹诈、网络袭击等多种方法和手段以实现其目的。对他们的妥协和让步，是人类文明底线的倒退，必将造成不可想象的后果。

2. 我国《反恐怖主义法》的不妥协原则指的是在任何领域的不妥协，即不在政治上改变对恐怖主义的政策，不在经济上支付恐怖分子勒索的赎金等。

3. 不妥协并不意味着国家不积极采取各种手段，对受恐怖主义威胁的公民和组织提供保护、救助和帮助。例如，2015 年 9 月 9 日，"伊斯兰国"恐怖组织公布我国公民樊京辉被该组织绑架，试图向我国索取赎金。对此，我国明确表态，不会向恐怖主义妥协。同时，我国有关部门第一时间启动应急机制，尽最大努力开展了营救工作。

三、综合施策、标本兼治原则

（一）综合施策、标本兼治原则的确立

《反恐怖主义法》确定这一法律原则的原因在于：恐怖活动是一种大范围、跨国界的反人类活动，它的背后有着深刻的思想根源，使得许多治标措施或单一行动难以取得成效。

1. 恐怖主义的深刻思想根源是其难以治理的重要原因。自国际反恐怖斗争开展以来，在物质层面上，恐怖主义的有形实体被强力打压，版图空间也日益缩小，"伊斯兰国"在伊拉克摩苏尔、叙利亚达卡地区的据点已经崩溃。但是，在精神层面上，恐怖主义的理念却广为传播，极端主义思想不断浸透、蔓延。恐怖组织不只关注人员伤亡的数量和经济损失的数额，而且意图加深地区政治动荡和思想混乱，发起对人类文明的根本性挑战。在宗教极端主义伦理的指引下，恐怖主义将人类分为教徒和异教徒。其将教徒行为暴力化、教徒肉体工具化、教徒目的神圣化，将异教徒敌人化、次人类化和污名化。用夸张的"受苦受难者"来形容教徒的前世，用杜撰的、无法验证的"美好来世"来为其极端行为背书。在这种精神内核的指引下，恐怖分子不仅不认为他们的行为是反人类伦理的，反而将恐怖主义视为"事业"，甚至是"神圣的活动"。在实体形式与理念体系并存的情况下，即便国际社会以战争方式制裁恐怖主义行为，也无法在短时间内根除其"理想信念"。不难理解，宗教极端主义思想为恐怖活动这个顽疾的长期显性存在铸就了畸形的精神内核，也预示着反恐战争的规训努力面临的挑战日益增长。

2. 网络恐怖主义加大了国际社会治理恐怖主义的难度和变数。在信息社会，恐怖组织更加擅长通过互联网社交平台为其宣传和招募。恐怖组织以暴力愿景推行其反现代化的战略理念，将个人生活的不如意与民族国家的治理效果相勾连，将其夸张为世俗国家的"压迫"所致，并使这种压迫形成结构性诱因、结构性怨恨、一般化信念，最后通过触发性事件、有效的网络动员和个别国家控制能力的下降来实现极端主义思想的传播。2016年造成美国百余人死伤的"6·12"奥兰多"独狼"枪击案是其中的典型。袭击者奥马尔·马丁虽未受任何恐怖组织的指使，但他长期活跃在恐怖主义网站，接受极端主义思想的熏陶。由此可见，网络恐怖主义的风险在加大，"蝴蝶效应"在加强，这给反恐怖主义斗争的开展带来极大的变数。

3. 某些国家反恐的双重标准，不利于国际反恐合力的形成。个别国家基于地缘政治和经济利益所开展的单边反恐行动和霸权主义的做法，将自己对恐怖主义的恣意认定视为"全球标准"，在热点地区大打代理人战争，攻击敌视本国的行为，却纵容与本国有利益往来的组织。这种"区别对待""三心二意"的伪善政治表演，辜负了国际社会的信任，迟滞了核心领域的合作。恐怖主义也得以在国际社会的裂隙中生存并疯狂生长，使得反恐怖斗争雪上加霜，甚至落入"越反越恐"的怪圈。

基于以上认识，我国在制定《反恐怖主义法》时明确，反恐怖主义必须综合施策、标本兼治。早在2002年，江泽民会见来访的新加坡内阁资政李光耀时，就提出反恐要"注重标本兼治，逐步减少贫困与社会不公正"。2002年，《上海合作组织成员国元首宣言》明确指出："消除滋生恐怖主义的社会基础，包括消除贫困、失业、愚昧和种族、民族、宗教歧视是全球反恐怖斗争的一个重要方向"。2003年，胡锦涛在出席亚太经合组织曼谷会议时指出，冲突和动荡是恐怖主义滋生的温床，贫穷和落后是恐怖主义产生的土壤。彻底铲除恐怖主义，应在缓和地区及国际紧张局势、消除贫困和加强反恐合作三个方面同时开展工作，从政治、经济、文化和社会等多方面采取措施。2015年，习近平在金砖国家领导人非正式会晤时表示，反恐"特别要注重标本兼治"。2016年，《中国对阿拉伯国家政策文件》指出，"反恐需综合施策、标本兼治"。同年，习近平在阿拉伯国家联盟演讲时，也强调"反恐必须坚持综合施策、标本兼治""没有哪一项政策能够单独完全奏效"。可见，我国向来认为反恐怖主义斗争是一项系统工程，必须运用多种手段，综合治理。《反恐怖主义法》第4条明确规定，我国反恐怖斗争坚持"综合施策，标本兼治"的原则。

（二）综合施策、标本兼治原则的内容

综合施策、标本兼治原则，指的是反恐怖斗争要综合运用多种政策，查处恐怖主义活动和治理恐怖主义根源两方面同时进行，既要解决恐怖主义的"标"

的问题，又要从根本上杜绝恐怖主义的产生。"综合施策、标本兼治"中的综合施策是方法，标本兼治是目的。该原则意味着，国家将不限于运用某种特定政策打击和防范恐怖主义，而是综合运用政治、经济、法律、文化、教育、外交、军事等多种手段，开展反恐怖主义工作，实现对恐怖主义的标本兼治。综合施策的典型表现形式是我国新疆维吾尔自治区在治理恐怖主义的过程中所提出的"五把钥匙"，即思想的问题用思想的方法去解决，文化的问题用文化的方式去解决，习俗的问题用尊重的态度去对待，宗教的问题按照宗教的规律去做好工作，暴恐的问题用法治和严打的方式去解决。运用综合施策、标本兼治原则，要在筑牢两条防线的基础上着力。[1]

1. 筑牢反恐政治防线。主要是处理好三个关系：①处理好打击暴恐活动与民族宗教问题的关系。暴恐活动是反人类、反社会、反文明的，必须予以毫不留情、坚决地打击。而民族宗教问题，则是指一种有理性、有诉求、有界限的表达，具有一定的宗教原则性，往往限制于特定议题、特定场合和特定人群，对此应明确区分。②正确处理好敌我矛盾和人民内部矛盾的关系。在执行反恐维稳任务时，应认清问题性质，迅速判断是非曲直，坚决保护群众的合法权益，耐心细致地听取群众意见，对极个别少数民族群众的不理智行为，要依法、依理、依情处理，绝不能给别有用心的人留下口实。③处理好立足国内打击与争取国际合作的关系。应在整合国内力量严厉打击暴恐活动的基础上，广泛争取国际上的支持，并与国际反华势力作坚决斗争。

2. 筑牢反恐教育防线。要坚定推行九年制义务教育（特殊地区推行 12 年或 15 年制义务教育），大力推广国家通用语言教学和现代科学文化教育，拓宽民众视野，摆脱狭隘的思维模式。一段时间以来，大量的"野阿訇""野阿吉"的地下讲经活动，已经成为新疆地区不稳定的重要根源。一些家庭不将自己的小孩送到学校接受义务教育，却将其送去参加地下讲经班，少数维吾尔族民众特别是青少年受其长期蛊惑，导致思想狭隘、行为偏激，有的被成功洗脑，泯灭了人性，成了暴恐活动的主力军。这也是我们看到在历次暴恐事件中，大部分是年轻人作案的重要原因。

"标本兼治"中的"治标"主要表现为对恐怖主义的高压严打，它是短期内应对恐怖主义活动的最有效途径，对于打击暴恐势力的嚣张气焰，维护国家安全和社会稳定意义重大，但其会大量消耗人力、物力、财力，不容易长期运用和维持。因此，必须在治标的同时，注重治本。对我国而言，"治本"可以从推动民生改善与建立正确的宗教价值体系两个角度进行，二者都是从根本上阻断

---

〔1〕　高文俭："整治暴恐活动要综合施策"，载《中国国防报》2014 年 6 月 11 日，第 3 版。

边缘群体向恐怖分子转化的措施，但是要取得预想的效果需要长时间的政策推进和力量投入。其中，改善民生是改变部分地区人民贫困落后的生存现状，断绝其为了生存或经济利益而投靠恐怖主义的可能。建立正确的宗教价值体系意味着要加大教育投入，并意味着要对宗教极端势力断代，对"野阿訇""野阿吉"断根，对"三非物品"等断源，避免部分群众被歪曲的极端宗教思想洗脑，提高对恐怖主义的免疫力。其中，去极端化是治本的关键。

四、专门工作与群众路线相结合原则

（一）专门工作与群众路线相结合原则的确立

我国在多个法律文本中都规定了专门工作与群众路线相结合的原则。起初，专门工作与群众路线相结合是社会治安综合治理的一部分。自 20 世纪 90 年代以来，"加强社会治安综合治理"成为政法工作的主旋律。中共中央、国务院于1991 年联合发布《关于加强社会治安综合治理的决定》并得到了立法机关的认可；第七届全国人大常委会通过《关于加强社会治安综合治理的决定》，明确提出"加强社会治安综合治理，必须发动和依靠广大人民群众"。2001 年中共中央、国务院联合发布《关于进一步加强社会治安综合治理的意见》，其中要求，"广泛动员人民群众参与社会治安综合治理"。2015 年中共中央、国务院再次联合发布《关于加强社会治安防控体系建设的意见》，将公众参与提升至社会治安防控体系的高度上来。事实证明，政法工作中的群众路线密切了党群关系，增强了社会治理的合法性基础，也为反恐怖主义工作要坚持走群众路线提供了鲜活经验。2014 年，习近平同志就曾指出："要建立健全反恐工作格局，完善反恐工作体系，加强反恐力量建设""要坚持专群结合、依靠群众，深入开展各种形式的群防群治活动，筑起铜墙铁壁，使暴力恐怖分子成为'过街老鼠，人人喊打'"，要"把反恐斗争提到战略高度来抓"，要"打好反恐怖人民战争"。《反恐怖主义法》第 5 条明确规定，反恐怖主义工作坚持专门工作与群众路线相结合（以下简称"专群结合"）的原则。自此，反恐怖主义坚持专群结合成为《反恐怖主义法》的一项基本原则。

（二）专门工作与群众路线相结合原则的内容

一般认为，坚持专门工作与群众路线相结合，是公安机关的政治优势和优良传统，是群众路线在公安工作中的具体体现。反恐怖斗争是公安机关的一项重要工作，因此，要延续专群结合原则的运用。

"专门工作"主要强调政府和职能部门的主体责任，重在加强反恐的专门力量建设。"群众路线"，即"一切为了群众，一切依靠群众，从群众中来，到群

众中去"，是中国共产党在长期斗争中形成的根本路线。要坚持反恐中的专门工作与群众路线相结合的原则，必须做到以下内容：

1. 专门机关应当在自己的职责范围内积极开展工作。反恐工作需要根据恐怖活动的规律和特点，组织专门的机关，在自己的职责范围内，采取专门的措施和手段，积极开展工作，推动反恐工作取得实效。《反恐怖主义法》第 7 条和第 8 条明确规定，国家和地区设立反恐怖主义工作领导机构，统一领导和指挥全国和地区的反恐工作；公安机关、国家安全机关和人民检察院、人民法院、司法行政机关以及其他有关国家机关，应当根据分工依法做好反恐工作，军队、武警和民兵组织根据政策、法规、命令和反恐怖主义工作领导机构的部署，防范和处置恐怖活动。

2. 要发动群众，通过群众的支持和广泛参与，全面细致地做好安全防范、情报信息、调查和应对处置等反恐怖主义工作，真正做到让敌人无隙可乘。《反恐怖主义法》将"群众路线"作为基本原则写入总则，并要求有关部门建立联动配合机制，依靠和动员村民委员会、居民委员会、企业事业单位、社会组织，共同开展反恐怖工作；将针对恐怖活动的预防、应急知识纳入教育、教学、培训的内容，面向社会进行反恐宣传教育，提高公民的反恐怖主义意识；各级政府机构、行业主管部门、企事业单位、社会组织和个人在反恐工作中负有协助、配合以及提供涉恐情报或线索的义务；公安机关、国家安全机关和有关部门应当依靠群众，加强基层基础工作，建立基层情报信息工作力量，提高反恐怖主义情报信息工作能力；对在反恐工作中有突出贡献的单位和个人，要给予表彰和奖励，等等。这些条款为我国动员社会力量参与反恐，构建全民反恐格局提供了明确的法律依据和路径指引。

3. 要求各级人民政府以及有关部门根据《反恐怖主义法》等法律法规的规定，切实发动群众参加反恐怖主义斗争的工作，并为其提供必要的条件。要大力揭露与谴责暴力恐怖、宗教极端违法犯罪反人类、反社会、反文明的真实面目，宣示国家绝不妥协、绝不姑息的鲜明态度，在全社会形成谴责暴恐、支持反恐的舆论氛围；要加大面向群众的反恐怖主义宣传力度，着力争取民心，强化基层基础，引导群众坚决抵制暴力恐怖活动和宗教极端思想，自觉维护社会稳定和民族团结；要加强防恐知识技能培训，提高群众及相关人员防范和应对恐怖袭击的意识以及避险自救、紧急应对的能力；要深入开展各种形式的群防群治活动，夯实反恐怖主义斗争的群众基础。

当然，在具体工作中，坚持群众路线也要坚持讲政策和讲策略，防止将恐怖主义与特定的民族、宗教联系起来的错误做法，依靠团结最广大的群众共同做好反恐怖主义工作。

五、防范为主、惩防结合原则

（一）防范为主、惩防结合原则的确立

恐怖活动组织和人员为了达到他们的目的，往往无所不用其极，造成的后果难以预料，危害性极其严重。如果不对此积极防范，将恐怖活动消灭在萌芽阶段和行动之前，一旦恐怖活动得逞，即使国家能够对恐怖活动组织和人员进行惩治，也无法挽回已造成的恶劣影响和严重损失。由此，反恐的重点是树立防范为主的理念，防范恐怖主义思想的形成、传播和恐怖活动组织的形成、扩大，力争将恐怖活动消灭在预谋阶段和行动之前，最大限度地预防、降低和消除恐怖主义的危险和危害。对于已然发生的恐怖活动，要有力打击，严厉惩治，实现惩治和防范的有机结合，形成全方位立体式的惩防结构体系。2014 年，时任中央政法委书记孟建柱在出席第五届安全事务高级代表国际会议时指出，"坚持打击和防范相结合，依法打击宗教极端活动"。2015 年，孟建柱撰文强调，要"依法严密防范和严厉打击"暴力恐怖活动。同年，时任国家反恐怖主义工作领导小组组长郭声琨强调，对恐怖活动"做到预警在前、防范在先""要着力堵塞漏洞、消除隐患，进一步健全完善反恐怖防范应急体系"。《反恐怖主义法》将上述反恐怖斗争经验形成法律原则，在第 5 条中明确规定，我国反恐怖斗争坚持"防范为主、惩防结合"的基本原则。

（二）防范为主、惩防结合原则的内容

安全防范工作要常抓不懈，要像防台风一样，宁愿十防九空，也不能漏掉一次。对这项工作，不能临时抱佛脚，必须未雨绸缪，提前做好充分准备。这也是反恐怖主义斗争中"防范为主、惩防结合"原则的内在要求。

"防范为主"主要体现在以下四个方面：一是强化基础防范措施，包括宣传教育、网络安全管理、运输寄递货物信息查验、危险物品管理、防范恐怖主义融资、城乡规划和技防物防等。二是消除恐怖主义的思想基础，《反恐怖主义法》第 4 条第 2 款明确规定，国家反对一切形式的以歪曲宗教教义的方法或者其他方法煽动仇恨、煽动歧视、鼓吹暴力等极端主义，消除恐怖主义的思想基础，并对法律责任及教育矫治等作了全方面规定。三是加强重点目标保护，包括重点目标范围、单位职责、主要安全制度及主管部门的管理职责等。四是加强边境管控与防范境外风险，包括边防管理职责、出入境监管、境外利益保护、驻外机构内部安全防范等。

在防范为主原则的指引下，"惩防结合"意味着，在恐怖活动已然发生的情形下，要依法惩治、消除后果、教育群众、安抚人心。针对事件的性质及对国家和人民造成的严重危害，从重从快地依法处置被抓获的恐怖分子；对人民群众进行广泛的宣传教育，教育广大人民群众充分认清恐怖活动的性质、危害，与恐怖分子划清界限，协助反恐职能部门和地方政府迅速消除后果，恢复当地的社会、工作和生活秩序。

六、先发制敌、保持主动原则

（一）先发制敌、保持主动原则的确立

恐怖主义具有极其严重的社会危害性，一旦恐怖主义行为得逞，将会给地区、国家，甚至全球带来不可估量的负面影响。美国发生的"9·11"事件说明了这一切。正是基于这种严重的危害后果，所以在反恐怖斗争中要坚持先发制敌、保持主动的原则，争取防患于未然。为此，我国《反恐怖主义法》第5条规定了"先发制敌、保持主动的原则"。

（二）先发制敌、保持主动原则的内容

先发制敌、保持主动原则主要包括以下内容：

1. 确定情报信息先行理念。由于恐怖活动在暗中策划，且突然爆发，其时机、规模、手段等具有较高的随意性和随机性，防范难度较大。反恐怖斗争要做到先发制敌、保持主动，就必须做到先知先觉，为反恐防恐行动提供准确的、及时的预警情报信息。要达到这个要求，就必须加强情报信息建设，建立全方位、多渠道的情报收集与分析系统，及时洞察恐怖主义分子的活动动向；要广开情报源，拓展情报获取渠道，加强与相关部门的交流与合作，综合运用各种情报手段的覆盖范围，提高情报分析的准确性，做到敌动我知、敌未动我先知。

2. 要树立主动进攻意识。反恐怖职能部门能否及时发现案件线索并及时分析与处理案件线索，直接决定着先发制敌原则能否落到实处。美国"9·11"事件的一个重要教训就是，反恐怖职能部门没有保持主动的进攻意识。反恐怖职能部门必须抓好经常性的思想教育，坚持经常分析当前的恐怖主义形势，广泛分析、研究各种信息，做好主动进攻的思想准备。特别是当恐怖主义形势严峻，群众性敏感问题、热点问题增多，恐怖活动矛头出现时，更要提高警惕，认清国内外恐怖活动的趋势和特点，不断强化防恐意识和进攻意识。当前，恐怖主义活动频繁，手段残忍，以暴力伤害平民，造成人们的心理恐慌和社会混乱。因此，必须充分认清其现实危险性和严重危害性，居安思危，不断增强做好反恐怖斗争准备的紧迫感、责任感和使命感。

3. 要做好反恐怖斗争准备。对于反恐怖职能部门来说，在平时应做好以下充分的斗争准备：①要做好预案准备。在充分掌握我国恐怖主义发展变化态势与保护目标情况的基础上，多设想目标可能遭到冲击的情形，并制定相应的处置预案。注重设定恐怖事件发生时，职能部门如何快速有效地进入现场处置，展开部署，控制事态发展，以及职能部门如何选定合理、便于行动的位置，如何实施快速支援及有效控制外围区域，如何与其他部门和目标单位协同快速高效地平息事态的战术手段等。②要做好物资准备。反恐职能部门应切实做好各种物资器材的准备，特别是武器装备和救援设施，以便在暴恐突然发生时，能够实施有效的防范，阻截恐怖分子对目标的冲击和破坏。

七、法治原则

（一）法治原则的确立

我国将反恐怖工作纳入法治视野经过了一个发展过程。自党的十八大以来，党中央准确把握我国国家安全形势变化的新特点和新趋势，从维护国家安全的高度出发，对加强反恐怖工作作出了一系列重大的决策部署，尤其重视将反恐怖工作纳入"总体国家安全观"的理论体系中进行建设。为全面贯彻总体国家安全观和党中央一系列关于国家安全的方针政策，推进国家治理体系和治理能力现代化，为我国长期可持续安全提供坚实法治保障，《十三五规划纲要》提出，要推进反恐怖等涉及国家安全的立法工作；《中共中央关于全面推进依法治国若干重大问题的决定》强调，"贯彻落实总体国家安全观，加快国家安全法治建设，抓紧出台反恐怖等一批急需法律，推进公共安全法治化，构建国家安全法律制度体系"。根据上述部署，我国立法机关于 2015 年 7 月 1 日公布实施《国家安全法》，确立总体国家安全观的指导地位和国家安全工作领导体制，建立维护国家安全的各项法律制度，该法第 28 条明确提出，国家要加强防范和处置恐怖主义的能力建设，为反恐怖专门立法预留了法律接口。2015 年 12 月 27 日，全国人大常务委员会通过了《反恐怖主义法》。国家将反恐怖工作纳入规范体系，彰显了以制度化路径规范反恐怖工作的现实迫切需要，也体现了国家"把法治贯穿于维护国家安全的全过程"的全方位依法治国的总体思路。在法治的总体框架下，《反恐怖主义法》第 6 条进一步专门规定，"反恐怖主义工作应当依法进行"，第 8 条更是强调"依法做好反恐怖主义工作"。

（二）法治原则的内容

《国家安全法》第 7 条规定，"维护国家安全，应当遵守宪法和法律，坚持社会主义法治原则，尊重和保障人权，依法保护公民的权利和自由"。在反恐怖主义立法和执法的工作中，应当贯彻中央和《宪法》《国家安全法》的要求，坚持依法反恐。

各级人民政府和有关部门应当严格依照《反恐怖主义法》和其他法律法规的规定，依法开展各种反恐怖主义工作：①惩治恐怖活动犯罪要依法进行，要严格依照罪刑法定原则与罪责刑相适应原则，根据犯罪的行为性质、主客观要件、危害后果以及犯罪的情节，依法确定罪名以及应当承担的法律责任；在刑事诉讼过程中严格遵守法律规定的各项程序。②承担反恐怖主义工作的专门机关和有关部门开展各项反恐怖主义工作时，应当遵守《反恐怖主义法》对反恐怖主义安全防范、情报信息、调查、应对处置等的制度规定，依照法定的职责分工，严格依照法律确定的条件和程序，采取各项反恐怖主义措施，执行各项反恐怖主义任务。

八、人权保障原则

（一）人权保障原则的确立

众所周知，恐怖活动所造成的社会危害与心理恐慌与其他危害活动有着质的不同，恐怖活动一旦得逞，其造成的危害将是巨大的，其恶劣影响更是难以控制的。[1]那些造成毁灭性损害的恐怖事件使得任何事后的补救和保险措施都失去了意义，它们会对社会系统的基本价值和行为准则产生严重威胁，甚至导致一个国家宪政构造的变动。正因如此，对恐怖风险的防范就显得尤为重要，这就需要政府在反恐行动中，"防止被害与纷争于未然，以'预防行政'收'先下手为强'之功效"。但是这种预防，给人权和安全的权衡带来棘手难题，会在一定程度上产生人权保障问题。

1. 法律难以准确界定何种行为应当被预防，这相当于赋予认定机关宽泛的自由裁量权，而且这种裁量权得不到司法审查，导致公民和组织的合法权利容易被侵害。例如，《反恐怖主义法》规定，反恐认定中的行政复核为终局裁决，排除了司法审查的可能性。此外，行政认定的证据采信与程序构造和行政诉讼有很大的不同，这很容易给被错认为恐怖组织或恐怖分子的组织或人的财产权和人身权带来不可弥补的损害。再如，经过"县级以上公安机关负责人批准"，恐怖嫌疑人员就有可能被采取"未经公安机关批准，不得离开所居住的市、县或者指定的处所；不得参加大型群众性活动或者从事特定的活动；未经公安机

---

[1] 例如，在"9·11"事件14周年之际，美国《纽约邮报》一篇名为《美国"9·11"事件3700余名救援人员确诊患癌》的文章报道，最新官方数据显示：参与地面营救、清洁的消防员、警察、环卫工人中有3700多人确诊患上癌症，其中2110人是消防员，各种数字还在上升。Susan Edelman, "Number of Ground Zero responders with 9/11 – linked cancers hits 3700", *NewYork Post*, August 9, 2015.

关批准，不得乘坐公共交通工具或者进入特定的场所；不得与特定的人员会见或者通信；定期向公安机关报告活动情况；将护照等出入境证件、身份证件、驾驶证件交公安机关保存"等约束措施。这事实上是一种空白授权，没有恰当的预防机制的话，可能会造成职能机关滥用权力。

2. 鉴于恐怖行为的不确定性，法律难以为职能部门的反恐行为指定行为模式，这就使得反恐职能部门几乎可以采取所有的行为模式，其行为效果从弱到强，既可以是行政调查，也可以是刑事侦查，甚至是武器使用等。这也是《反恐怖主义法》赋予公安机关重要的决定权和执行权，包括行政调查、行政约束、刑事侦查、技术侦察以及武器使用等的原因所在。

可以看出，迫于当前严峻的反恐形势，我国的反恐怖工作将高度重视"安全"这一要素。反恐怖主义立法，在强调"安全"之余，专门提出要尊重和保障人权。《反恐怖主义法》第6条专门规定，反恐怖主义工作应当"尊重和保障人权，维护公民和组织的合法权益"。

（二）人权保障原则的内容

反恐怖主义法的目的是保护国家安全、社会稳定和公民生命财产安全。制定《反恐怖主义法》，强化反恐怖主义措施，有效防范和打击恐怖主义，本身就是人权保障的重要内容。就反恐怖主义的具体措施而言，《反恐怖主义法》人权保障原则的内容体现在以下方面：

1. 明确要求依法反恐。《反恐怖主义法》要求将反恐怖主义工作全面纳入法制轨道，在反恐怖主义工作中，要牢固树立尊重和保障人权的意识，防止发生侵害公民和组织合法权益的情况，这是反恐怖主义工作的一项基本原则。同时，《反恐怖主义法》还明确规定，在反恐怖主义工作中，应当尊重公民的宗教信仰自由和民族风俗习惯，禁止任何基于地域、民族、宗教等理由的歧视性做法。

2. 严格规范各项反恐怖主义措施。严格规范执法，是确保权力正当行使，提高执法公信力，使反恐怖主义工作真正获得人民支持的重要保证。《反恐怖主义法》在规定各项反恐怖主义措施时，注意明确执法要求、相关期限，强化监督制约，防止权力滥用与侵犯公民或组织的合法权益。例如，公安机关、国家安全机关、军事机关采取技术侦察措施，应当根据国家有关规定，经过严格的批准手续；反恐怖主义工作领导机构和有关部门应当对履行反恐怖主义工作职责过程中知悉的国家秘密、商业秘密和个人隐私予以保密；应对或处置恐怖事件时，应当优先保护直接受到恐怖活动危害、威胁人员的人身安全；因开展反恐怖主义工作而对有关单位和个人的合法权益造成损害的，应当依法给予赔偿、补偿；对查封、扣押、冻结、扣留、收缴的物品、资金等，经审查发现与恐怖主义无关的，应当及时解除有关措施，予以退还等。

3. 规定单位、个人权利受到侵害时的救济途径。单位、个人在权利受到侵害时有充分的救济途径，是权利保障的内在要求，也是对公权力行使的重要制约。《反恐怖主义法》明确规定，有关单位和个人对依照本法作出的行政处罚和行政强制措施决定不服的，可以依法申请行政复议或者提起行政诉讼。同时，在有关制度、措施中，还具体规定了相对方的救济权利。例如，被认定为恐怖活动组织或人员，对认定不服的，可以向国家反恐怖主义工作领导机构的办事机构申请复核；被决定安置教育的人员对决定不服的，可以向上一级人民法院申请复议，有权申请解除安置教育；因开展反恐怖主义工作而对有关单位和个人的合法权益造成损害的，有关单位和个人有权依法请求赔偿、补偿等。

《反恐怖主义法》明确依法反恐，尊重和保障人权的原则，严格规范各项反恐怖主义措施，规定单位、个人权利受到侵害时的救济途径，这些均体现了坚持尊重和保障人权，维护公民和组织合法权益的立法精神，从而有利于实现反恐怖主义与人权保障之间的平衡。

第四章
反恐怖主义工作的基本范畴

第一节   工作主体

一、反恐怖主义工作领导机构

反恐怖主义工作领导机构是国家为了打击和防范恐怖主义，实现国家安全和社会稳定的目标而建构的领导体系及其相应制度，它是反恐怖主义工作得以顺利开展的前提。统一、高效、权威的领导机构是反恐怖主义工作顺利开展的重要保障。为了防范和打击恐怖主义犯罪，我国于 2001 年在中央层面上组建了"国家反恐怖工作协调小组"，但该机构的法定职能、权责不够明晰。在实践中，国家反恐怖工作协调小组作为一种跨组织合作的"议事协调"的制度设计，不仅不能应对日益复杂的恐怖主义外部环境和社会基础，也无法在不同部门之间形成最大化的反恐合力。因为它只能对涉及反恐事宜的各部门开展沟通工作，具体执行与责任追究等问题仍待各部门的主动落实，所以这很容易导致反恐工作的效率低下。2011 年的《全国人民代表大会常务委员会关于加强反恐怖工作有关问题的决定》（已失效）第 3 条明确规定，"国家反恐怖工作领导机构统一领导和指挥全国反恐怖工作"。"国家反恐怖主义工作协调小组"更名为"国家反恐怖工作领导小组"，该小组对其成员单位直接进行领导，意图改变"协调"的不足，以加强统筹协调，形成反恐合力。

反恐怖主义工作既是中央事权，也是各地区各部门的共同责任。开展反恐怖主义工作，必须加强领导，统筹协调，形成合力。《反恐怖主义法》以法律形式对我国的反恐怖主义工作领导机构进行了确认，并明确了领导机构的主要职责。目前，国家反恐怖工作领导小组、公安部反恐专员、公安部反恐怖主义局和地方反恐怖工作领导小组共同构成了我国的反恐怖主义工作领导体系。以"领导小组"形式为顶层设计构建我国的反恐怖主义工作领导机构，能够在不增加现有常设机构数量的基础上，减少公安、军队、外交、国家安全等部门间的协调成本，建立上下级、平级部门间的联系机制，打通部门间的信息传递渠道，以形成统一协调、相互呼应、高效协作的反恐组织体系，使它具有了对外部恐怖威胁的灵活性和应变力。

1. 国家设立反恐怖主义工作领导机构，统一领导和指挥全国反恐怖主义工作。国家反恐怖主义工作领导机构的职权包括：根据恐怖事件的规律、特点和可能造成的社会危害，分级、分类制定国家应对处置预案，具体规定应对处置恐怖事件的组织指挥体系和恐怖事件的安全防范、应对处置程序以及事后社会秩序的恢复等内容；对跨省、自治区、直辖市发生的恐怖事件或者特别重大恐怖事件的应对处置；对下级反恐怖主义工作领导机构的应对处置工作进行指导，必要时调动有关反恐怖主义力量进行支援。

2. 设区的市级以上地方人民政府设立的反恐怖主义工作领导机构，以及县级人民政府根据需要设立的反恐怖主义工作领导机构，在上级反恐怖主义工作领导机构的领导和指挥下，负责本地区的反恐怖主义工作。其成员不仅包括公安、国安等专门反恐单位，也包括武警、军队等驻地武装力量，还包括交通、民政、网信、工商、卫生等配合单位。其职权包括根据国家反恐应对处置预案，制定相应的应对处置预案等。

二、反恐怖主义工作责任制

《反恐怖主义法》第 8 条明确规定，我国反恐怖主义工作实行"工作责任制"，要求公安机关、国家安全机关和人民检察院、人民法院、司法行政机关以及其他有关国家机关，应当根据分工，实行工作责任制，依法做好反恐怖主义工作。中国人民解放军、中国人民武装警察部队和民兵组织依照该法和其他有关法律、行政法规、军事法规以及国务院、中央军事委员会的命令，并根据反恐怖主义工作领导机构的部署，防范和处置恐怖活动。有关部门应当建立联动配合机制，依靠、动员村民委员会、居民委员会、企业事业单位、社会组织，共同开展反恐怖主义工作。

（一）明确反恐怖主义主要责任部门的各项职责

在《反恐怖主义法》出台之前，有关部门的反恐怖主义工作职责散见于不同的法律、法规甚至规章当中。例如，《人民警察法》第 2 条第 1 款规定了人民警察的任务是"维护国家安全，维护社会治安秩序，保护公民的人身安全、人身自由和合法财产，保护公共财产，预防、制止和惩治违法犯罪活动"；第 6 条第 9、10 项规定，公安机关的人民警察依法履行的职责包括"管理户政、国籍、入境出境事务和外国人在中国境内居留、旅行的有关事务"和"维护国（边）

境地区的治安秩序"。其中，反恐怖主义工作自然被列入关涉"国家安全"和"治安秩序"等不确定的法律概念的考量之中。再如，《武装警察法》第4条规定，"人民武装警察部队担负执勤、处置突发社会安全事件、防范和处置恐怖活动、海上维权执法、抢险救援和防卫作战以及中央军事委员会赋予的其他任务"；在第17条进一步指出，"人民武装警察部队参与防范和处置恐怖活动，主要担负下列任务：①实施恐怖事件现场控制、救援、救护，以及武装巡逻、重点目标警戒；②协助公安机关逮捕、追捕恐怖活动人员；③营救人质、排除爆炸物；④参与处置劫持航空器等交通工具事件"。

《反恐怖主义法》根据反恐怖主义工作的不同环节，对各主要责任部门的职责进一步予以明确。公安机关作为反恐怖主义工作的重要部门，其职责更是贯穿于反恐怖主义工作的安全防范、情报信息、调查、应对处置，以及国际合作、保障措施等各个环节的诸多方面。国家安全机关、外交、反洗钱、教育、人力资源、网信、电信、审计、财政、税务、海关、出入境管理、检验检疫、飞行管制、民用航空、发展改革、商务、旅游等部门以及地方各级人民政府应当按照《反恐怖主义法》的要求，在各自的职责范围内做好反恐怖主义宣传教育、网络监管、资金监管、边防管理、情报信息、国际合作等各项工作。

（二）明确武装力量参与反恐怖主义工作的职责

军队和民兵组织是我国的武装力量，承担着巩固国防、抵抗侵略、保卫祖国的任务。为维护社会安全稳定，严厉打击恐怖活动，保护人民生命财产安全，《国防法》《突发事件应对法》《反恐怖主义法》等法律均赋予其维护社会秩序的具体职责。《反恐怖主义法》第8条规定，军队和民兵组织依照法律法规和军事命令，并根据反恐怖主义工作领导机构的部署，防范和处置恐怖活动。同时，《反恐怖主义法》还对武装力量参与反恐怖主义的具体工作职责作了规定，例如，军事机关在重点国（边）境地段和口岸设置安全防范设施，解放军严密组织国（边）境巡逻；军事机关在职责范围内采取技术侦察措施；恐怖事件发生后，军队、民兵组织按照反恐怖主义工作领导机构和指挥长的统一领导、指挥，协同开展现场应对处置工作，以及军队派员出境执行反恐怖主义任务等。

（三）明确司法机关的反恐怖主义工作职责

公安机关、人民检察院、人民法院、司法行政机关等司法机关在反恐怖主义工作中的主要职责是依据《刑法》《刑事诉讼法》的规定，履行对恐怖活动和极端主义活动犯罪进行侦查、起诉、审判以及罪犯刑罚执行等职责。此外，根据反恐怖主义工作的需要，《反恐怖主义法》还进一步明确了司法机关与反恐怖主义工作相关的几项特殊职责。例如，有管辖权的中级以上人民法院在审判刑事案件的过程中，可以依法认定恐怖活动组织和人员；监狱、看守所对恐怖活动罪犯和极端主义罪犯，根据教育改造和维护监管秩序的需要，可以与普通刑事罪犯混合关押，也可以个别关押；对被判处徒刑以上刑罚的恐怖活动罪犯和极端主义罪犯，监狱、看守所应当在刑满释放前对其进行社会危险性评估；罪犯服刑地的中级人民法院对于确有社会危险性的恐怖活动罪犯和极端主义罪犯，应当在罪犯刑满释放前，作出责令其在刑满释放后接受安置教育的决定；人民检察院对安置教育的决定和执行实行监督等。

（四）明确基层组织、单位和个人反恐怖主义的义务

反恐怖主义是全体社会成员的共同责任。开展反恐怖主义工作，应当坚持专门工作与群众路线相结合的原则，即有关部门应当建立联动配合机制，依靠、动员村民委员会、居民委员会、企业事业单位、社会组织，共同开展反恐怖主义工作。《反恐怖主义法》对基层组织、单位和个人规定了具体的反恐怖主义义务，即村民委员会、居民委员会应当协助人民政府以及有关部门，加强反恐怖主义宣传教育；在公安机关的组织下，对参与恐怖活动、极端主义活动的人员进行帮教；在基层人民政府的指导下，建立反恐怖主义工作力量、志愿者队伍，协助、配合有关部门开展反恐怖主义工作；任何单位和个人都有协助、配合有关部门开展反恐怖主义工作的义务，发现恐怖活动嫌疑、恐怖活动嫌疑人员、宣扬极端主义的物品、资料、信息的，应当及时向公安机关或者有关部门报告；在公安机关调查恐怖活动嫌疑时如实提供相关信息和材料；不得编造、传播虚假恐怖事件信息等。[1]

《反恐怖主义法》确立反恐怖主义工作领导体制，明确反恐怖主义主要责任部门的各项职责，明确武装力量参与反恐怖主义工作的职责，明确司法机关的反恐怖主义工作职责，明确基层组织、单位和个人反恐怖主义的义务，均体现了坚持群防群治与形成全民反恐的工作格局的立法精神，从而有利于各部门和有关方面各司其职、各负其责、密切配合、通力协作，共同做好反恐怖主义的各项工作。

第二节　业务范围

一、情报

情报是反恐怖主义斗争的"耳目、尖兵和参谋"，它具有"决策依据、行动

---

〔1〕　参见李寿伟、王思丝："论反恐怖主义法的立法精神"，载《北京师范大学学报（社会科学版）》2016年第3期。

支持和效果评估"等多项功能。可以说,情报信息是反恐怖主义工作的关键,情报工作是反恐怖主义工作的核心,起到"千里眼""顺风耳"的作用。情报信息工作效率的高低,直接影响对恐怖事件的防范和应对处置。及时、准确地汇集、储存、分析和传输相关情报信息,能够使有关部门及时掌握恐怖活动组织和人员的动向,并有针对性地采取应对措施,最大限度地减少恐怖事件所造成的破坏,保护人民的生命财产安全。美国胡佛研究所的研究员布鲁斯·伯克维兹(Bruce Berkowitz)把反恐情报分为四类:战略情报、军事战术情报、执法情报和保障国土安全的情报。战略情报是指在反恐斗争中能够发挥重要作用的情报,根据这些情报可以认定恐怖组织,发现支持恐怖主义的国家,分析滋生恐怖主义的社会原因,预测恐怖分子发动恐怖袭击的方式等。军事战术情报是指用来为军事行动提供支持的情报,以瓦解恐怖分子的行动或者对支持恐怖主义的国家实施军事打击。执法情报是指为了通过法律的手段解决恐怖分子犯下的罪行,从而需要满足起诉和审判的要求所收集到的关于恐怖组织或恐怖分子的情报。保障国土安全的情报是指哪些恐怖分子在何时、可能采取何种方式、袭击何种目标的预警性情报。[1]

为加强反恐怖主义情报信息工作,《反恐怖主义法》将"情报信息"作为重要内容并予以专章规定。该部分规定,国家反恐怖主义工作领导机构建立国家反恐怖主义情报中心,实行跨部门、跨地区情报信息工作机制,统筹反恐怖主义情报信息工作,并对地方反恐怖主义情报信息工作机制,公安机关、国家安全机关、军事机关等情报部门的职责,情报信息基层基础工作,技术侦察措施,以及情报信息的应用、预警、相应防范处置措施的采取等作了规定,较为完善地构建了我国的反恐怖主义情报工作制度。

二、防范

《反恐怖主义法》中的"安全防范"主要包括以下四个方面的内容:

1. 基础安全防范措施,包括宣传教育(第17条)、网络安全管理(第18~19条)、运输寄递货物信息查验(第20~21条)、危险物品管理(第22~23条)、防范恐怖主义融资(第24~26条)、城乡规划和技防物防(第27条)等。

(1)就宣传教育而言,《反恐怖主义法》要求,各级人民政府和有关部门应当组织开展反恐怖主义宣传教育,提高公民的反恐怖主义意识;教育、人力资

---

[1] 汪勇、梅建明:"反恐战争中美国情报系统的变化",载《中国人民公安大学学报(社会科学版)》2005年第6期。

源行政主管部门和学校、有关职业培训机构应当将恐怖活动的预防、应急知识纳入教育、教学、培训的内容；新闻、广播、电视、文化、宗教、互联网等有关单位，应当有针对性地面向社会进行反恐怖主义宣传教育；村民委员会、居民委员会应当协助人民政府以及有关部门，加强反恐怖主义宣传教育。

（2）就网络安全管理而言，《反恐怖主义法》加强了对网络安全管理的要求，强化了电信业务经营者、网络服务提供者防范恐怖主义的义务。越来越多的证据表明，"恐怖组织正利用信息技术来协调其分散的成员的活动"。美国于2016年6月2日发布的《2015年全球反恐国别报告》显示，至2015年，社交网站已成为世界各国同恐怖主义斗争的新战场。恐怖组织在境外通过社交媒体宣扬其极端主义思想和社会仇恨意识，并借助网络技术传播其推崇的恐怖主义手段，尤其是恐怖组织在互联网平台上，利用各国国民对现状的不满情绪进行恐怖动员，鼓励他们独自或临时拼凑成团伙就近"圣战"，从而使得极端主义思想与社会矛盾相勾连，诱发"独狼"恐怖活动频频发生。这是国际极端主义思想全球化的过程，也是境外恐怖主义本土化的过程。我国境内近几年发生的恐怖袭击多与境外的音频、视频、文字材料宣传有直接的联系，网上指挥、网下行动成为一种新的发展趋势。欧盟、美国等国际组织和国家均通过立法强化网络运营商和服务商的执法协助义务，并提升执法部门防范、打击恐怖主义的能力。我国《反恐怖主义法》研究借鉴了其他国家的立法经验，结合本土实际，规定电信业务经营者、互联网服务提供者应当为公安机关、国家安全机关依法进行防范、调查恐怖活动提供技术接口和解密等技术支持和协助，同时，对电信业务经营者、互联网服务提供者以及网信、电信、公安、国家安全等部门监控网络信息，防止含有恐怖主义、极端主义内容的信息传播的职责作了明确规定。

（3）就运输寄递货物信息查验而言，在货运、物流领域实行身份查验、安全检查、信息登记等安全查验制度，在电信、互联网、金融、住宿、长途客运、机动车租赁等领域实行实名制管理，有利于及时发现恐怖分子或者恐怖活动的线索，防止有关业务和服务被恐怖分子利用，或者成为实施恐怖袭击的目标。《反恐怖主义法》第20条第1款进一步规定，货运和物流运营单位对禁止运输、寄递，存在重大安全隐患，或者客户拒绝安全查验的物品，不得运输、寄递。第21条规定，电信、互联网、金融、住宿、长途客运、机动车租赁等业务经营者、服务提供者，对客户身份不明或者拒绝身份查验的，不得提供服务。

（4）就危险物品管理而言，加强对武器、弹药、管制器具、危险化学品、民用爆炸物品、核与放射物品、传染病病原体等物品、物质的监督管理，防止这些物品、物质被用于制造爆炸威胁、生化威胁、核威胁，是反恐怖主义安全防范工作的重要方面。为了维护公共安全，保护人民群众的生命财产安全，我国对枪支、弹药、爆炸物、危险化学品、核材料等危险物品的生产、运输、储存、使用等实行严格的管理制度，并取得了良好的实践效果。《反恐怖主义法》针对防范恐怖主义活动的需要，在整合现有制度的基础上增加了一些新内容，例如，增加规定对民用爆炸物品添加安检追踪标识物；扩大了国务院有关主管部门和省级人民政府对管制器具、危险化学品、民用爆炸物品限制现金交易或者限制做其他交易的授权范围等。

（5）就防范恐怖主义融资而言，对恐怖活动组织筹措、转移涉恐资金的行为进行有效监控和打击，切断恐怖活动组织及人员的经济来源，是反恐怖主义的重要措施，并已成为全球反恐的共识。我国一贯重视防范和打击恐怖主义融资活动，不断完善相关法律制度，例如，《刑法》《反洗钱法》以及《全国人民代表大会常务委员会关于加强反恐怖工作有关问题的决定》（已失效）都对反恐怖主义融资问题作了具体规定。《反恐怖主义法》对反恐怖主义融资各个主体的责任进一步予以明确和细化，包括国务院反洗钱行政主管部门、国务院有关部门、机构对金融机构和特定非金融机构履行反洗钱义务进行监督管理；审计、财政、税务、海关等部门在实施监管的过程中发现涉嫌恐怖主义融资的，应及时通报公安机关等。

（6）就城乡规划和技防物防而言，根据《反恐怖主义法》的规定，保证城乡规划应当符合反恐怖主义工作的需要是地方各级人民政府的责任。在制定、组织实施城乡规划时，应当预先考虑规划中的相关区块、设施等遭受恐怖袭击的风险与抵御恐怖袭击的能力，以及一旦遭受恐怖袭击，采取相应的应对处置措施所需要的各种资源支持等。同时，地方各级人民政府应当根据需要，组织、督促有关建设单位在主要道路、交通枢纽、城市公共区域的重点部位，配备、安装技防物防的设备设施，从而为有关部门开展反恐怖主义工作提供必要的支持，以提高防范以及应对处置恐怖袭击的能力。

2. 禁止极端主义。极端主义是当前我国恐怖主义的主要思想基础。《反恐怖主义法》对极端主义行为的现场处置措施（第28条）与法律责任及教育矫治（第29~30条）作了规定。

3. 重点目标保护，包括重点目标范围（第31条），单位职责（第32条），主要安全制度及主管部门的管理职责（第33~37条）等。防范恐怖袭击的重点目标，是指遭受恐怖袭击的可能性较大，以及遭受恐怖袭击后可能造成重大的人身伤亡、财产损失或者社会影响的单位、场所、活动、设施等，包括具有重要经济社会价值的基础设施、重要交通枢纽、公共运输工具以及人员密集的大型群众性活动等。实践中，恐怖分子为制造恐慌、扩大影响，以实现其政治、意识形态等目的，往往选择对这些重点目标实施恐怖袭击。因此，确定防范恐怖袭击的重点目标，有计划地重点强化管理单位的安全管理责任，采取有效防范措施，是世界各国反恐怖主义工作多年来形成的一条重要经验。《反恐怖主义法》总结实践经验，对重点目标的确定程序、管理单位的职责、重要岗位人员的安全背景审查、部分重点目标的安全检查和安全保卫制度等作了全面的规定。

4. 国（边）境管控与防范境外风险，包括边防管理职责（第38条）、出入境监管（第39～40条）、境外利益保护（第41条）、驻外机构内部安全防范（第42条）等。在全球化的背景下，世界恐怖主义自然也会出现国际化趋势。我国境内的恐怖活动在相当程度上也受到境外势力和因素的影响。境内一些人员非法出境从事恐怖活动后回流境内的，构成对国内反恐怖主义工作的巨大威胁。因此，加强对恐怖活动人员和恐怖活动嫌疑人员的出境入境管制，一方面，能有效阻止境外恐怖势力向境内渗透，维护国家安全和社会稳定；另一方面，能有效防止境内涉恐人员流向境外，并对其依法予以惩治。这也是开展反恐怖主义国际合作的一个客观需要。同时，随着我国对外开放的不断深入，我国公民到境外活动以及对外投资、驻外机构、设施、财产大量增多，相应地，在境外面临恐怖主义威胁的风险也在增加，因此，有必要建立健全我国境外利益安全防护体系，提高防范和应对境外恐怖袭击的能力。《反恐怖主义法》为加强边防管理，对恐怖活动人员、恐怖活动嫌疑人员出入境的管控，以及公安机关、中国人民解放军、海关、出入境边防检查机关的职责等作了规定，并对建立境外安全风险评估制度，加强境外机构、人员、设施、财产的安全防范和应对恐怖袭击的能力建设等作出了相应规定。[1]

三、应对处置

《反恐怖主义法》的应对处置主要包括以下三个方面的内容：

1. 指挥长负责机制。我国《反恐怖主义法》第56～58条规定了指挥长负责制，旨在解决因恐怖活动现场"群龙无首"而错失处置事件最佳时机的问题。

2. 协同配合机制。在对事件的处置过程中，如果反恐力量能够得到充分的协同配合，那么对于事件的迅速处置将有事半功倍之效。为此，要做到如下三点：①强化政府各部门之间的整合机制，要在公安机关、国家安全机关、外交部门、医疗卫生部门、消防部门等之间开展常态化整合演练。②完善政府与军队的配合机制，即要建立地方政府与解放军部队、武警部队以及预备役部队的

---

〔1〕　参见李寿伟、王思丝："论反恐怖主义法的立法精神"，载《北京师范大学学报（社会科学版）》2016年第3期。

配合机制。③建立公众的参与机制，例如，对志愿者、非政府组织在反恐处置中如何参与，如何赋予其参与中的权利和以相应的义务等作出规定。

3. 恢复重建机制。其包括如下内容：①合法权利的恢复机制。为了便于反恐行动的进行，势必会在恐怖活动发生的领域实施诸多的限制性措施，待恐怖事件处置后，需要对其限制的公民和社会组织的合法权利进行恢复。②公有设施和私有财产的重建机制。恐怖活动大多以国家的重要目标为袭击对象，待恐怖事件处置后，要对相应的遭到破坏的公有设施进行重建，对公民的私有财产进行补偿、恢复。③法律秩序的恢复机制。要建构从恐怖事件的非常态法律秩序中恢复到常态的社会秩序中来的相应机制。上述机制大多在《反恐怖主义法》中得到了落实，例如，该法在第64～67条中规定了恢复重建机制，对社会秩序、公众情绪、医疗救助、心理咨询等做出了规范，并对公安机关的立案侦查和反恐工作的总结提出了要求。[1]

四、侦查

由于恐怖主义在行为方式、危害后果、组织化程度等方面与一般的刑事案件有较大区别，因此，在侦查此类案件时，除应遵循侦查刑事犯罪案件的一般原则外，还应坚持一些特殊的原则。对此，《反恐怖主义法》第54条和第66条规定，"公安机关经调查，发现犯罪事实或者犯罪嫌疑人的，应当依照刑事诉讼法的规定立案侦查。本章规定的有关期限届满，公安机关未立案侦查的，应当解除有关措施"，"公安机关应当及时对恐怖事件立案侦查，查明事件发生的原因、经过和结果，依法追究恐怖活动组织、人员的刑事责任"。可以看出，《反恐怖主义法》要求对恐怖行为的侦查，一方面，要符合合法原则；另一方面，也要符合及时迅速、快速反应原则。因为恐怖事件一旦爆发，侦查主体就必须以最快的速度赶赴现场进行紧急处置。侦查行为只有在最有效的时间内才具有实际意义，否则就有可能变得毫无价值，而成为盲目行为。

要做到迅速及时，就要求主动出击。为此，需做到以下几点：①从点到线的侦查，例如，抓住恐怖资金链条的某一环节来追踪整个恐怖主义资金链，进而削弱恐怖主义的活动能力。②从外到内、由此及彼的侦查，即通过控制与恐怖主义组织有密切联系的边缘行为，进而对恐怖主义组织进行侦查，例如，通过控制与恐怖主义组织有联系的地下钱庄、贩毒集团等。当然，在上述侦查思路之外，还有以下几种思路：布建各种秘密力量，收集有关恐怖主义组织的各

---

[1] 郭永良、王卓："对我国反恐法制的反思及其完善"，载《武警学院学报》2016年第9期。

种活动信息；强化阵地控制，把各种合法的、非法的以及公开或秘密的宗教活动场所、非法讲经场所一律纳入阵地控制范围，获取恐怖主义组织的相关情报；与打击跨境犯罪等的侦查部门进行密切合作，挖掘有关恐怖主义组织的有关信息线索；等等。侦查的具体措施有技术侦查、卧底侦查等。

五、国际合作

恐怖主义是世界性毒瘤。近些年来，恐怖主义出现的新手段、新特征、新方法，对国际社会的反恐怖主义斗争提出了更迫切的要求。在一定意义上，可以说，恐怖袭击的目标几乎没有限制，受限制的只是恐怖分子的想象力及其所能获得的武器。在变异的恐怖主义面前，单靠一国之力对其进行防范和打击，收效甚微。应对恐怖主义在全球范围内的流动化、离散化、碎片化，亟需国际社会加强协调与合作，形成标准清晰、方向明确、运作有效的反恐统一战线。但是，由于恐怖主义背后环境复杂，滋生土壤各异、表现形态不同、寄生群体多样，再加上各国出于自身国家利益的考虑，使得双重标准频现，以致削弱了国际社会的反恐合力。为此，我国致力于在联合国框架下开展反恐怖主义斗争，呼吁各国按照联合国宪章的宗旨和原则以及其他公认的国际关系准则协力反恐，注重标本兼治，不搞双重标准。例如，我国重视联合国安理会第1373号第2370号等反恐决议和《消除国际恐怖主义措施宣言》的国内落实，积极参加全球核安全峰会，推进上海合作组织等区域性国际组织的反恐怖主义能力建设，邀请叙利亚政府代表和反对派代表访华和谈，并通过护航、维和、军演等途径，在维护世界和平与地区稳定中发挥建设性作用。

《反恐怖主义法》还以专章的形式规范"国际合作"的内容，确定反恐怖主义国际情报信息交流、执法合作、国际资金监管合作、刑事司法协助等内容，并对国务院公安部门、国家安全部门、中国人民解放军、中国人民武装警察部队派员出境执行反恐怖主义任务作出具体规定（第68～72条）。从中可见，我国反恐怖主义立法以积极的话语承诺我国与他国反恐合作的责任担当，展现了我国主动参与以及为国际反恐怖主义斗争献智献力的大国态度，适应了国际安全形势发展的新要求。

第三节　刑事司法管辖

为了依法追究恐怖活动组织和人员的法律责任，首先应确定恐怖活动案件的司法管辖权。反恐怖主义工作中的司法管辖包括国际司法管辖和国内司法管辖两个方面。

一、国际司法管辖权

从理论上讲，恐怖活动犯罪的司法管辖权是明确而清楚的，但在实际工作中是十分复杂的。尤其是对于涉及多个国家或地区的情形，难免会出现几个国家或地区同时对一个案件主张管辖权的情形。为解决此类问题，几乎所有的国际反恐怖主义公约都预先作出了规定，以明确缔约国各方所应承担的法律责任和国际义务，进而更好地解决管辖权冲突问题。

管辖权的确立对于当事人具有决定意义，它直接影响到案件的处理过程、定罪量刑和服刑等问题。从司法实践上讲，管辖权的确立是加强国家之间反恐司法合作的重要前提。只有完成了司法管辖权的确认，当事国才能进行合作，否则引渡、协助调查取证、送达文书、协助逮捕、协助审讯、搜查、转移刑事诉讼、承认和执行外国的刑事判决等司法合作就无法继续进行。

恐怖活动犯罪是一种国际犯罪，出于维护人类整体利益的需要，普遍管辖原则自20世纪60年代以来，在联合国主导通过的《制止向恐怖主义提供资助的国际公约》等多项公约中得到明确。所谓普遍管辖，是指以保护各国的共同利益为标准，不管犯罪人的国籍与犯罪地的属性，缔约国或参加国发现犯罪在其领域之内时便可行使司法管辖权。在国际法上，普遍管辖原则的适用对于惩治恐怖主义具有重要意义：一方面，其他原则可能使恐怖活动组织和人员逍遥法外，而普遍管辖则可以弥补这一缺漏；另一方面，普遍管辖原则促使打击恐怖主义成为世界各国的国际义务，有助于提升打击恐怖活动犯罪的力度。

二、国内司法管辖权

就一国而言，管辖权的确立是一种主权行为，是维护国家主权不受非法侵害的需要，有利于维护国家主权的完整性，防止国家主权受到外国和恐怖主义本身所带来的侵害。随着恐怖主义的蔓延，我国为了有效打击恐怖主义，反恐立法开始关注恐怖活动犯罪的管辖权问题，并逐渐得以明确。

我国传统的反恐怖主义法律制度并没有明确恐怖活动案件的管辖权，而是着力搭建恐怖活动犯罪的体系结构。例如，2001年的《刑法修正案（三）》、2006年《刑法修正案（六）》和《反洗钱法》、2011年的《刑法修正案（八）》、2011年《全国人民代表大会常务委员会关于加强反恐怖工作有关问题的决定》（已失效）、2015年的《刑法修正案（九）》等对恐怖活动犯罪的罪责惩处进行了密集规定，把恐怖活动犯罪增列为"洗钱罪"的上游犯罪，增加"帮助恐怖活动罪""准备实施恐怖活动罪""编造、故意传播虚假恐怖信息罪"等罪名，从而构成了我国传统的反恐法律制度的主体骨架。在1979年和1996年《刑事诉讼法》中，也未对恐怖活动犯罪案件的审判管辖作出特别规定，即包括基层人民法院在内的四级人民法院都有可能对恐怖活动犯罪进行一审管辖，在地区管辖方面也同其他刑事案件一样适用同样的规定。

但是，恐怖活动犯罪不同于其他普通刑事犯罪。例如，恐怖活动组织严密，犯罪手段多样，案件审判难度较大；反恐怖主义侦查中可能涉及技术侦查和情报措施的运用；恐怖活动组织有威胁司法机关的可能等。而且，恐怖活动犯罪多与"信念"相勾连。以极端伊斯兰恐怖主义为例，他们极其强调"圣战"和"殉道"，声称为了"真主"而付出任何"牺牲"都在所不惜。此外，恐怖活动绝大部分是有组织犯罪，很多组织对于退出和泄露秘密的成员以酷刑报复，这加强了它的组织严密性。对于此类案件，基层人民法院在进行审理时有诸多的困难。因此，在2012年修订的《刑事诉讼法》中，首次对恐怖活动案件的级别管辖进行了调整，明确规定由中级人民法院管辖恐怖活动案件的第一审，基层人民法院不再审理该类案件。《反恐怖主义法》第16条亦规定，根据刑事诉讼法的规定，有管辖权的中级以上人民法院在审判刑事案件的过程中，可以依法认定恐怖活动组织和人员。

第四节 恐怖活动组织及其人员的认定

一、认定模式

认定恐怖活动组织和人员，是防范和打击恐怖主义的基础。世界各国都以适合本国特点的方式对恐怖活动组织和人员进行认定，并产生了多种模式。就方法而言，有形式模式、实质模式以及形式与实质相结合的混合认定模式；就语言学而论，有犯罪认定模式、思潮认定模式和战争认定模式；从部门法来谈，有刑事法认定模式、行政法认定模式、军事法认定模式和国际法认定模式；等等。上述认定模式的纷杂，映衬出基础概念的缺失。对何谓"恐怖主义"抑或"恐怖行为"，理论与实务界莫衷一是。对基于上述概念之上的恐怖活动组织或人员的厘定，更是仁智各见。而反恐的现实需要，要求各国必须找到适格的防范、应对甚至打击对象。我国《反恐怖主义法》对反恐认定进行了规定，从表述来看，我国采取的是以行政认定为主、司法认定补充的混合模式。

我国之所以采取以行政认定为主、司法认定补充的混合模式的原因在于，司法认定致力于实现个案正义，有利于实现反恐措施和人权保障之间的平衡，但是，因司法认定的事后性、中立性和稳定性，其认定效果也不尽人意。相比司法机关的认定，行政认定的优点在于，行政机关具有较大的自由裁量权，认定过程灵活高效，可以通过认定实现对恐怖活动的主动预防和长期打击，同时又不会导致公民基本权利的大规模克减。正因为此，世界上多个国家均采取这种模式。

就我国的行政认定模式而言，其具有以下特征：

1. 既存性。对恐怖活动组织和人员的认定是认定主体对既存的恐怖活动事实和法律关系进行审核、甄别并宣示其法律效力的行政行为，其所确定的"是"或"非"是客观存在的现象。我国在对"东突厥斯坦解放组织"等 4 个恐怖活动组织和艾山·买合苏木等 25 名恐怖活动人员的认定中，都是对业已存在或发生了的恐怖活动事实、恐怖活动关系、恐怖活动组织地位等客观存在的甄别与确定，因而具有既存性和羁束性。

2. 统一性。对于恐怖活动组织和人员的认定涉及对国际组织、其他国家和地区认定的恐怖活动组织和人员的确认。（例如，我国 2003 年认定的恐怖活动组织——"东突厥斯坦伊斯兰运动"，其在 2002 年 9 月 11 日已被联合国宣布为恐怖活动组织）此外，这涉及一国的主权问题，一般应由中央政府承担。世界上多数国家在立法中规定，凡在中央政府或者内政大臣等行政机构确定的名单中出现的，就是恐怖活动组织和人员。对我国而言，第一、二批恐怖活动组织和人员的认定主体均是公安部，第三批则由国家反恐怖工作领导机构（其办公室设在公安部反恐局）认定并由公安部公告。可见，其中央事权特征明显。

3. 限制性。对所认定的组织和人员来讲，其是一种限权行为，即对相对人的不利行为。该认定一经作成，其本质是对恐怖活动组织和人员的法律状态的确认，并即刻产生法律上的拘束效果。例如，一旦被认定为恐怖活动组织和人员，其资产或者财产便被冻结；其生存权、迁徙权、居留权、人身权等可能受到限制，未经批准不得离开指定的住所、区域，不得参加大型群众性活动、商业活动，不得乘坐公共交通工具、进入特定公共场所，不得接受特定公共服务或使用特定物品、设施、设备，不得与特定的人员会见或者通信，定期报告活动情况和经济来源情况，将护照等出入境证件、身份证件、驾驶证件交国家有关部门保存等。

4. 宣示性。行政确认旨在宣示某一既存的法律状态。我国的三次认定实践或跨越 5 年或相隔 4 年，其是国家根据国际形势的发展和我国反恐的现实需要所进行的反恐宣示，其法律功能在于对外宣示该组织和人员所进行的恐怖活动事实的现实存在。对恐怖活动组织和人员予以认定并公告后，有利于孤立分化该组织及其人员，并使他人了解真相。继而，任何个人和组织不得为该恐怖活动组织和人员提供信息、资金、物资设备或者技术、场所等支持、协助、便利，或者与其进行交易；如发现恐怖活动组织和人员嫌疑的，应当及时向主管部门报告。

5. 不可诉性。对恐怖活动组织和人员的认定，是根据该组织和人员的行为与恐怖活动之间的因果关系，以及其行为在恐怖活动中所起的作用而作出的结论，其本身并不确定该组织和人员的权利义务，因而不属于《行政诉讼法》第12条的受案范围。因此，认定行为本身具有不可诉性。认定行为所产生的法律效果不是认定行为的内容，而只是在认定行为的基础上、作用下产生的。因此，由认定行为所引起的限制人身自由或者对财产的查封、扣押、冻结等行政强制措施和行政强制执行则具有可诉性。[1]

鉴于实施认定的法律后果极为严重，即认定行为一经作出，即刻产生法律上的拘束效果，如一旦被认定为恐怖活动组织，其有关证照面临被吊销或者撤销登记，其资金或资产面临冻结等后果；一旦被认定为恐怖活动人员，其财产权和人身权都将受到限制，甚至生命权将会被剥夺。例如，巴基斯坦《1997年反恐怖主义法》规定，在公布恐怖活动组织名单后，政府可以冻结该组织或个人的资金或账户；我国《反恐怖主义法》第14条亦规定了对认定为恐怖活动组织和人员的资产和财产的冻结制度。可见，单靠反恐认定就有可能导致组织和个人的权利和利益的大幅克减，因此，必须构建完备的反恐认定法律制度，以求在维护安全和尊重人权之间取得平衡。在应然层面上，反恐认定法律制度应有明确的认定主体、认定标准、认定程序、认定效力以及救济和监督，唯有如此，方能覆盖反恐认定的各个方面。

二、认定主体

认定主体是指享有对恐怖活动组织和人员的认定权，能以自己的名义行使认定职权并能独立承担因此产生的相应法律责任的组织。根据我国《反恐怖主义法》第12条、第16条的规定，我国反恐认定主体为"国家反恐怖主义工作领导机构"和"有管辖权的中级以上人民法院"。从文本的表述和认定实践中可以看出，前者是主要的认定主体，后者的认定权限定在"审判刑事案件的过程中"。

---

[1] 参见郭永良："论对恐怖活动组织和人员的行政认定"，载《安徽商贸职业技术学院学报（社会科学版）》2015年第2期。

截至 2016 年 1 月 1 日，公安部共公布了三批恐怖活动组织和人员名单：2003 年 12 月 15 日公布的第一批名单限于"东突"恐怖组织和恐怖分子。认定主体为公安部，认定内容是对恐怖活动组织和人员的认定。第一批认定的四个"东突"恐怖组织为："东突厥斯坦伊斯兰运动""东突厥斯坦解放组织""世界维吾尔青年代表大会""东突厥斯坦新闻信息中心"。第一批认定的 11 名"东突"恐怖分子为：艾山·买合苏木、买买提明·艾孜来提、多里坤·艾沙、阿不都吉力力·卡拉卡西、阿不都卡德尔·亚甫泉、阿不都米吉提·买买提克里木、阿不都拉·卡日阿吉、阿不力米提·吐尔逊、胡达拜尔地·阿西尔白克、亚生·买买提、阿塔汗·阿不都艾尼。

2008 年 12 月 21 日公布的第二批名单包括 8 名"东伊运"恐怖分子：买买提明·买买提、艾买提·亚库甫、买买提吐尔逊·依明、买买提吐尔逊·阿布杜哈力克、夏米斯丁艾合麦提·阿布都米吉提、艾可米来·吾买尔江、牙库甫·麦麦提、吐尔孙·托合提。认定主体为公安部，认定内容是对恐怖活动人员的认定。

2012 年 4 月 5 日公布的第三批名单不仅认定"东伊运"恐怖活动组织的 6 名成员为恐怖活动人员，同时决定对其资金及其他资产依法予以冻结。6 名恐怖活动人员分别为：努尔麦麦提·麦麦提敏、阿布都克尤木·库尔班、帕如哈·吐尔逊、吐送江·艾比布拉、努尔麦麦提·热西提、麦麦提依明·努尔麦麦提。认定主体为国家反恐怖主义工作领导机构，由公安部予以公布，认定内容是对恐怖活动人员的认定。

在这三批名单里，前两批由公安部依法认定并公布，第三批由国家反恐怖主义工作领导机构依法认定，公安部代为公布，2016 年 1 月 1 日《反恐怖主义法》生效后，至今没有明文终止公安部前两次认定的有效性。因此，在公安部不再承担对恐怖活动组织和人员的认定与公布的工作后，前两次认定仍然有效，是有效的行政认定。

三、认定标准

我国的反恐认定标准，经过了从无到有，从行政规范文件到法律性文件，再到立法文本的过程。在既有的三次认定实践中，前两次的认定标准是由公安部通过规范性文件发布的（对恐怖活动组织的认定标准和恐怖活动人员的认定标准进行了分别列举，前者为 3 项，后者为 2 项），第三次则是根据《全国人民代表大会常务委员会关于加强反恐怖工作有关问题的决定》（已失效，以下简称《决定》）确定的认定标准实施认定。《决定》第 2 条第 2、3 款规定："恐怖活动组织是指为实施恐怖活动而组成的犯罪集团。恐怖活动人员是指组织、策划、实施恐怖活动的人和恐怖活动组织的成员。"《决定》仅有 8 条，无法对反恐认定作全方位的规范。为此，自 2016 年起实施的《反恐怖主义法》对认定标准进行了优化和调整。该法第 12 条规定，国家反恐怖主义工作领导机构根据该法第 3 条的规定，认定恐怖活动组织和人员。该法第 3 条第 1～4 款对恐怖主义、恐怖活动、恐怖活动组织和人员进行了界定。

由上可以看出我国反恐认定标准的变迁过程。其制定主体从行政机关向权力机关转移，其制定方法历经从列举到概括再到"列举＋概括"的变化，体现了我国认定恐怖活动组织和人员之标准的精细化历程。[1]

四、认定程序

1. 启动认定。对此，《反恐怖主义法》预设了依职权和依申请两种模式。依据《反恐怖主义法》第 12 条、第 16 条的规定，依职权模式，主要是指国家反恐怖主义工作领导机构根据现实情形认定或者中级以上人民法院在刑事审判的过程中进行认定。对于前者，国家反恐怖主义工作领导机构在其职责权限范围内，径行开展认定即可；对于后者，法院不能主动干预，而只能是在被动提起诉讼之后，才能实施司法审查。依据《反恐怖主义法》第 13 条的规定，依申请模式，是指国务院公安部门、国家安全部门、外交部门和省级反恐怖主义工作领导机构对于需要认定恐怖活动组织和人员的，应当向国家反恐怖主义工作领导机构提出申请。

2. 审查核实。审查核实是认定机关的权力，关系政府的公信力。在审查核实环节，认定主体根据认定标准确认恐怖活动组织和人员的恐怖行为是否存在。然后，由认定部门的负责人根据审查结论作出认定，并报国家反恐怖主义工作领导机构领导人批准。审核的重点是证据：①查明作为反恐认定根据的证据是否确实充分；②证据是否与恐怖活动存在联系。

3. 公布名单。经审查核实，认定机关应统一拟定制作恐怖活动组织和人员的名单，并向外予以公布。以我国三次认定实践为例，其公开的内容主要是：对于恐怖活动组织，主要是分为简明介绍、实施的主要恐怖活动、主要人物、主要资金和人员来源、与其他国际恐怖组织的联系几个方面；对于恐怖活动人员，分为基本情况和主要犯罪情况两个方面，其中，对于主要犯罪情况进行列举式表述。

五、认定效力

反恐认定的目的是能够有效防范和打击恐怖主义，那么，反恐认定的效力也自然是围绕该目的展开的。但是，我国反恐立法却只规定了反恐认定的"冻结"效力，而没有规定反恐认定的其他效力。《反恐怖主义法》第 14 条规定："金融机构和特定非金融机构对国家反恐怖主义工作领导机构的办事机构公告的恐怖活动组织和人员的资金或者其他资产，应当立即予以冻结，并按照规定及时向国务院公安部门、国家安全部门和反洗钱行政主管部门报告。"诚然，财力是恐怖活动赖以生存的前提，只有有效地切断恐怖活动组织和人员的资金链，使其在经济上孤立无援，才能阻断它招募、训练、购买、宣传等活动的开展，以遏制其猖獗态势。及时有效的行政认定，可以形成清晰可见的恐怖活动组织和人员的名单，这样一来，国家各组成部门只需根据该名单就可以采取资金冻结措施，以切断恐怖活动组织和人员的资金链。结合《反恐怖主义法》第 14 条的立法框架，我国专门出台《涉及恐怖活动资产冻结管理办法》与其对接。该办法明确了涉恐资产冻结的程序和效力要求，并规定在行政机关公布恐怖活动组织和人员的名单后，金融机构、特定非金融机构对所列名单的资产立即采取冻结措施，从而使冻结措施与反恐认定的法律效力实现动态衔接。

六、救济与监督

《反恐怖主义法》第 15 条和第 94 条规定了对反恐认定的救济和监督。

1. 反恐认定的救济。对于反恐认定的救济，《反恐怖主义法》第 15 条第 1 款规定，被认定的恐怖活动组织和人员对认定不服的，可以通过国家反恐怖主义工作领导机构的办事机构申请复核。国家反恐怖主义工作领导机构应当及时进行复核，作出维持或者撤销认定的决定。复核决定为最终决定。

本款规定包括申请主体、复核程序、复核决定以及复核决定的效力等内容。

（1）申请主体。有权提出复核申请的主体，是被认定的恐怖活动组织和人员。

（2）复核的程序。根据本款规定，相关组织和人员对认定不服的，可以通过国家反恐怖主义工作领导机构的办事机构申请复核。办事机构接到申请后，对于符合该法规定的，及时报请国家反恐怖主义工作领导机构处理。对不服认定决定的申请，由国家反恐怖主义工作领导机构，即原决定机关进行复核。国家反恐怖主义工作领导机构应当及时进行复核。复核时，应当核实相关组织和人员是否符合该法第 3 条关于恐怖活动组织、人员的定义，是否存在被误认为恐怖活动组织和人员的情况。

（3）关于复核的决定。国家反恐怖主义工作领导机构经复核后，作出维持或者撤销认定的决定。即对事实清楚，符合法律规定的认定条件的，应当作出维持认定的决定；对确属误认等不符合该法规定的认定条件的，应作出撤销认定的决定。

（4）复核决定为最终决定。对国家反恐怖主义工作领导机构的决定不服的，不能提起行政复议或者行政诉讼，复核决定为最终决定。

2. 反恐认定的监督。对于反恐认定的监督，《反恐怖主义法》第 94 条规定了反恐怖主义工作领导机构、有关部门及其工作人员的法律责任，并规定对于滥用职权、玩忽职守、徇私舞弊或者有其他违法违纪行为的，任何单位和个人有权向有关部门检举、控告。有关部门接到检举、控告后，应当及时处理并回复检举、控告人。

需要指出的是，《反恐怖主义法》第 16 条规定，有管辖权的中级以上人民法院在审判刑事案件的过程中，可以依法认定恐怖活动组织和人员。人民法院依法认定的恐怖活动组织和人员，对认定不服的，其救济适用《刑事诉讼法》的规定，而不适用《反恐怖主义法》规定的复核程序。

第五章
反恐怖主义工作的基本原理

第一节　反恐怖主义与国家安全

一、反恐怖主义

反恐怖主义是一个与恐怖主义相对的概念，是指为了应对恐怖主义威胁或恐怖袭击而从事的各种活动。从法律意义上讲，主要指反恐怖主义的行为，但是也离不开反恐怖主义理论的指导。

（一）反恐怖主义理论

虽然目前尚不存在专门的反恐怖主义理论，但是在很多国家的反恐怖主义战略中，有着明确的关于恐怖主义根源和如何进行反恐怖主义活动的思考。了解这些理论，对于形成中国特色的反恐怖主义理论有一定启发和帮助作用。

1. 社会安全阀理论。社会安全阀理论认为恐怖主义的根源在于社会缺少正常的发泄焦虑、痛苦的途径。为了使社会矛盾和不满情绪能够得到合理释放，避免因为情绪积累而导致社会不稳定，就需要一些制度性安排，这些制度性安排就是"社会安全阀"。"社会安全阀"不仅让不满情绪合理地释放，也积极地引导不满情绪。在反恐中体现为：一方面，向公众提供真实的、正信的宗教思想，将其从极端主义宣传中解放出来；另一方面，平衡好国家认同和少数民族风俗习惯之间的关系，既坚持国家认同以维持国家统一与稳定，也尊重少数民族的民族传统与风俗习惯。

2. 正义战争论。正义战争论认为恐怖主义是一场非正义的战争，因此，必须用正义的战争来制止它。这种正义的战争不仅包括军事行动，还包括军事行动之后的各种争取人心的活动。如美国总统小布什宣布进行反恐战争时，其理论基础就是正义战争论。

3. 文化多元主义。多元文化是一种状态，强调社会的多元性和对不同文化与传统的尊重与包容。广义的文化不仅涉及民族、种族、宗教的差异，还涉及意识形态等方面的差异，几乎所有国家的恐怖主义问题都有这些方面的矛盾与冲突。

4. 民族自治理论。民族自治理论认为很多民族分裂型恐怖主义的根源是少数民族的自治权益被主体民族忽视或压制。要解决这种恐怖主义，需要通过谈判和协商，给少数民族更多的或更高的自治权，以满足其政治需求。

5. 媒体控制理论。恐怖主义的一种策略就是通过制造恐怖气氛来实现其政治目的。"让更多的人死，还要让更多的人看"，怎样"让更多的人看"，媒体起到关键的作用，恐怖主义通过媒体制造"恐怖的政治"。曾任英国首相的撒切尔夫人说过："媒体和公众是恐怖主义的氧气瓶。"而要规范媒体在反恐斗争中的报道，需要在知情权和反恐斗争的保密需求之间寻找平衡。

6. 博弈论。博弈论认为恐怖分子的选择与行动同政府的行为有关。在恐怖分子与政府的博弈中，每个行为都是因为对对手行为的预期而产生的，因此，博弈论重在解决反恐的战术问题。

（二）反恐怖主义行为

不管在何种理论指导下，具体的反恐怖主义行为都主要体现为防卫性反恐怖主义行为和进攻性反恐怖主义行为两种：

1. 防卫性反恐怖主义行为。防卫性反恐怖主义行为旨在减少潜在恐怖主义袭击目标的脆弱性，降低恐怖活动发生的概率。其既包括政府的反恐措施，也包括公众的反恐措施，在安全防范面前，是真正的"全民反恐"。如加强反恐怖主义立法、制定有效的恐怖主义防御机制等，其基本目的在于"防患于未然"。

2. 进攻性反恐怖主义行为。进攻性反恐怖主义行为包括直接打击恐怖活动组织和恐怖分子，直接针对恐怖主义的支持群体采取积极主动的措施，甚至直接打击恐怖主义的支持国等。这种反恐措施效果明显，但是可能涉及对人权的限制和对他国主权的侵犯，引发的争议也比较大。如以色列经常使用的"定点清除"就是一种比较典型的先发制人式军事反恐行动，虽然效果显著，但也广受质疑。

二、国家安全

（一）国家安全内涵的历史沿革

国家安全作为一个近代出现的哲学概念，可以追溯到 1648 年的《威斯特伐利亚和约》，以主权国家替代君主构成了新的国际秩序的基础，在古典现实主义思想体系下，"国家安全"体现了主权保持稳定的国家状态。1651 年英国哲学家霍布斯（Thomas Hobbes）在《利维坦》（Leviathan）一书中指出，公民为了免于战乱和维持和平，而服从于主权国家，并让渡了包括宣战与媾和在内的各种制定政策的权利，即国家安全的授权。作为现代意义上的学理概念，"国家安全"最早语出美国专栏作家瓦尔特·李普曼（Walter Lippmann）1943年在《美国外交政策：共和之盾》一书中对政治学者们的批评，认为在和平时期他们不情愿去讨论"国家安全的基础"；对于国家安全，李普曼给出的定义为"当一个国家不必牺牲其合法利益来避免战争，并能够在战争中受到挑战时维护合法利益，这个国家就是安全的"。1945年8月在美国参议院的听证会上，当时的美国海军部长福瑞斯特（J. Forrestal）就专门使用了国家安全的概念。1947年美国国会通过了国家安全法案（National Security Act of 1947），"国家安全"获得了更为广泛的使用。[1]

国家安全经历了从传统安全到非传统安全的变化。传统安全主要是指军事、政治、外交等方面的安全，包括一个国家的领土安全、人的生命安全以及政权的安全等，核心是军事安全。一直以来，传统安全几乎被作为"国家安全"的代名词，如美国1947年国家安全法（National Security Act of 1947）主要关注的是军事和情报领域；俄联邦总统给联邦会议的《关于国家安全》报告中指出，"国家安全可以理解为国家利益免受内外部威胁的受保护状态"，"国家安全是个人、社会和国家生死攸关的利益受到保护的状态"；日本警视厅在官方文件中指出："所谓我国的国家安全，应该理解为用军事以外的手段保卫我国的领土，国民的生命、身体和财产不受侵犯，或者指我国的基本政治制度的永存。"

随着时代的发展，"国家安全"一词的内涵和外延不断变化，呈现扩大趋势，非传统安全也被纳入其中。例如，早在1999年，代表美国两党的21世纪美国国家安全委员会就指出，"有证据表明，美国安全威胁将比以往任何时候更加分散、更加难以预测、更加难以压制。威慑将不再像过去那样发挥作用，甚至在许多情况下不起丝毫作用"。[2]非传统安全与传统安全相对应，用以指与传统安全观相对应的新安全观，是非军事、政治和外交等的新安全领域中的全球安全、国家安全和人的安全，通过互信、互利、平等、协作而形成的不受任何形式的危险威胁、侵害和误导的外在状态和形式及内在主体感受。作为一种新的安全观，非传统安全观将很多新领域纳入国家安全的范畴，如2003年，巴瑞·

---

〔1〕 参见肖军拥、谭伟民："《国家安全法》中的'国家安全'概念"，载《河南警察学院学报》2019年第6期。

〔2〕 ［美］布丽奇特·L. 娜克丝：《反恐原理》，陈庆、郭刚毅译，金城出版社、社会科学文献出版社2016年版，第249页。

布赞在其《新安全论》中提出新安全观中五个相互关联的安全领域，包括军事安全、政治安全、经济安全、社会安全和环境安全。

（二）我国国家安全观的发展

新中国成立以后至改革开放以前，由于冷战时期严峻的国际形势和国内高度政治化的社会状态，我国对国家安全的范围长期以来并没有清晰的认识。改革开放以后，中国的外部环境逐渐缓和，国家体制改革逐渐加深，对国家安全的范围也经历了一个不断深入理解的过程。1983 年国家安全部成立，"国家安全"的概念被局限在一个政府部门的职责范围内，主要指反间谍等隐蔽斗争的专门工作领域。自 19 世纪 90 年代末到 20 世纪初，国家在外交领域又提出了"互信、互利、平等、协助"的"新安全观"，但仅局限于对外安全观和国际安全观，是一种片面的非传统国家安全观。党的十六大以后，领导人和理论界拓展了国家安全的认知范围，提出了四个最需重视的安全领域即政治安全、经济安全、文化安全、信息安全，并将其区分为传统安全和非传统安全，把威胁国家安全和社会稳定的主要原因归为"敌对势力"，体现出当时的安全观所重点关注的仍是外部的、传统的安全领域。[1]

党的十八大以来，以习近平同志为总书记的党中央高瞻远瞩，科学把握国家安全形势变化新特点新趋势，继承和发扬了新中国成立以来党和国家有关维护国家安全的一系列重要理论，深入总结维护国家安全取得的经验，审时度势地提出"总体国家安全观"这一重大战略思想，从而把我党我国对国家安全的认识提升至新的高度和境界。"总体国家安全观"强调，以人民安全为宗旨，以政治安全为根本，以经济安全为基础，以军事、文化、社会安全为保障，以促进国际安全为依托，走出一条中国特色国家安全道路。贯彻落实"总体国家安全观"，必须既重视外部安全，又重视内部安全，对内求发展、求变革、求稳定、建设平安中国，对外求和平、求合作、求共赢、建设和谐世界；既重视国土安全，又重视国民安全，坚持以民为本、以人为本，坚持国家安全一切为了人民、一切依靠人民，真正夯实国家安全的群众基础；既重视传统安全，又重视非传统安全，构建集政治安全、国土安全、军事安全、经济安全、文化安全、社会安全、科技安全、信息安全、生态安全、资源安全、核安全等于一体的国家安全体系；既重视发展问题，又重视安全问题，发展是安全的基础，安全是发展的条件，富国才能强兵，强兵才能卫国；既重视自身安全，又重视共同安全，打造命运共同体，推动各方朝着互利互惠、共同安全的目标相向而行。

---

〔1〕　参见肖军拥、谭伟民："《国家安全法》中的'国家安全'概念"，载《河南警察学院学报》2019年第 6 期。

以"总体国家安全观"为指导，2015 年《国家安全法》第 2 条对"国家安全"概念作出明确界定："国家安全是指国家政权、主权、统一和领土完整、人民福祉、经济社会可持续发展和国家其他重大利益相对处于没有危险和不受内外威胁的状态，以及保障持续安全状态的能力。"该定义突破了传统安全领域，将国家安全的涵盖范围拓展至非传统安全领域，极大丰富了国家安全概念的内涵和外延。

三、反恐怖主义在国家安全中的地位

当前，我国已由传统安全为主的国家安全观走向包括传统安全与非传统安全的总体国家安全观，国家安全步入立体防护阶段。恐怖主义和国家安全并不是两个独立的、互不关涉的问题，恐怖主义问题是当今世界各国所面临的最严重的非传统安全问题之一。我国深受"暴力恐怖、宗教极端、民族分裂"三股势力之害，暴恐问题是目前对我国国家安全的最大威胁。恐怖主义不但威胁国内安全，还威胁国际安全，进而威胁总体国家安全。积极反恐在维护国家安全中具有重要的战略性地位，打击、消灭恐怖主义势力不论是在传统的国家安全领域还是非传统的国家安全领域，都具有重要意义，这不仅关系到国家的发展、民族的未来，也是推动世界和平发展必不可少的条件。

当前，恐怖主义已成为我国国内安全面临的最大威胁之一，反恐形势比以往任何时候都要严峻。2014 年 5 月 6 日，国际关系学院国际战略与安全研究中心和社会科学文献出版社联合发布中国首部国家安全蓝皮书《中国国家安全研究报告（2014）》，从国际国内诸多方面分析了我国国家安全面临的新环境和新情况，指出如果不对恐怖主义势力加以遏制，将会给我国国家安全带来沉重打击。2015 年 7 月 1 日颁布的《国家安全法》第 28 条规定，"国家反对一切形式的恐怖主义和极端主义，加强防范和处置恐怖主义的能力建设，依法开展情报、调查、防范、处置以及资金监管等工作，依法取缔恐怖活动组织和严厉惩治暴力恐怖活动"。这标志着我国正式从法律上将反恐归为国家安全维护工作的重要组成部分。

受全球一体化的影响，各国之间交往更加密切，国际社会逐渐联结成一个整体，"一荣俱荣，一损俱损"的趋势越来越明显，一国的国家安全不再是一国能够独善其身的事情，在相当程度上影响着世界各国的安全局势。尤其是恐怖主义的跨国性特点使得恐怖组织成员的全球招募性、恐怖势力的相互勾结性以及恐怖组织策划恐怖活动的境内外联动性等越发明显，恐怖势力在全球范围蔓延，成为威胁全球安全的毒瘤。因此，积极打击恐怖主义、强力反恐既是一国

维护自身安全的需要，也是维护全球安全的需要。

我国既重视自身安全也重视全球共同安全，以人民安全为宗旨，政治安全为根本，同时重视各个领域的安全，创新地走出一条中国特色的国家安全道路。作为负责任的大国，严厉打击恐怖主义，依法科学反恐，不仅是维护我国的国家安全，也是在对世界安全贡献力量。面对国际恐怖主义的挑战，任何一个国家都不可能独善其身。只有各国密切合作，才能有效打击恐怖犯罪，挤压恐怖主义生存空间，根除恐怖主义危害。国家安全不仅要重视本国安全，还要重视共同安全。针对恐怖主义威胁的全球性特征，积极推动相关国际制度的形成，通过打造命运共同体，推动各方形成互利互惠的共同安全局面。

第二节　反恐怖主义工作中的警察权力

一、警察权力的性质及表现形式

法律上的权力，一般指在某种社会关系中，一方社会主体促使另一方社会主体服从前者的一种力量。社会生活中，权力往往通过行动权与控制权来表现，权力主体总是通过有效地制约权力对象的选择自由来实现自己的意志。警察权力是一种国家权力，用于维护国家安全和社会秩序，关乎国家利益和人民权利的维护。在各种公权力中，警察权力对维护统治的作用至关重要，因其对民众的强制手段最为直接，在公权力和私权利的平衡中引发的关注也最为广泛。

（一）警察权力的性质

警察权力，是指为了维护国家安全和社会稳定，由宪法和法律赋予警察机关实施警务活动的各种权力的总称。具有以下特点：

1. 国家权力性。警察权力是一种国家权力，体现国家意志。由于国家事务的复杂性，需要对国家权力进行适当的分工。警察权力是权力分工的一种具体类型。从大的方面看，警察权力属于国家行政权力的范畴。在具体行使权力过程中，由于公安机关职能的双重性，其在行使刑事侦查权时，具有司法权力的性质。

2. 法定性。警察权力是由国家法律明确规定的，与警察机关的法定职能、警务人员的法定职责密不可分。国家以法律将警察权加以规定和明示，警察机关及其警务人员在行使警察权时，应当遵循"法无明文规定不得为"的原则，严格按照法定的目的、内容、方式和程序等进行，否则要承担相应的法律责任。具体体现为：①警察权力的内容由法律明确规定。②警察权的行使必须遵守法定程序。警察权力与警察机关的法定职能、警务人员的法定职责密切相关，警察权力只能由法定的警察机关和警务人员行使；警察机关及其警务人员在行使警察权时，必须严格按照法定的目的、内容、方式、程序等行使，不得越权和违法。

3. 强制性。警察权力相对于其他职权来说，大多是以强制方法和手段实现其权力内容的，更能反映出强制性的特点。由于警察权力以国家法律为后盾，受到国家强制力的支持，警察权力的行使代表国家，公民和组织必须服从，否则可以采取强制手段，如强制措施、紧急处置、逮捕拘留等。警察机关拥有一般行政部门所具有的许可、取缔、警告、罚款等权力，还拥有拘留、搜查、逮捕等人身强制权力。在发生紧急突发事件时，拥有紧急处置权，如交通管制、使用警械武器等权力，具有鲜明的强制性。

4. 广泛性。警察权力涉及社会生活的方方面面，与社会上各行各业都有交集，警察权力的影响力辐射到社会的政治、经济、文化以及人民生活的各个领域，广泛影响着人们的生活。因此，在恐怖主义的安全防范上，警察权力能够发挥充分的作用。

5. 单方性。警察机关进行行政管理或者刑事侦查时，行使权力的过程也是执行法律的过程，是对国家承担的法定职责和义务。警察权具有典型的单方性特点，在运用实施的过程中，往往以命令、指挥等方式实施，不以相对人同意为条件，即警察权力的行使是一种积极主动的行为，由行使主体的单方意志决定，以命令等方式实施，无需征得权力作用对象的同意。警察权力的单方性源于两点：一是警察权是由国家通过法律赋予的，警察机关行使警察权代表国家意志。因此，警察机关及其警务人员不得放弃或者转让警察职权，也无需同相对人协商。二是警察权的法定性决定了不仅相对人应当遵守和服从职权内容，警察机关也应当遵守和服从。

（二）警察权力的表现形式

在社会生活实践中，警察权力一般有如下表现形式：

1. 准立法权。此即特定的警察机关根据《宪法》和法律的规定，依照法定权限和程序，制定和发布行政规章及规范性文件的权力。根据《立法法》的相关规定，国务院各部委有权制定行政规章，公安部是中央行政机关中的警察主管部门，可以依法制定行政规章。经法律、法规授权的警察机关，也可以在授权范围内制定相关的规范性文件。

2. 命令权。命令权，是指警察机关依据法律、法规的规定，以及治安管理的需要，要求行政相对人必须进行某种行为或不得作出某种行为的权力。命令权的内容多样，从对相对人权利义务的影响来看，包括禁止性的命令，即通过发布行政命令，明确指出相对方不能从事某种行为；或作为性的命令，即通过发布行政命令，要求相对人积极作出某种行为的命令。

3. 执行权。执行权，是指警察机关为实施法律、法规或上级机关的决定、命令，依法对不履行义务的相对人采取的具体执行措施的权力。如依法执行刑事逮捕，依法执行扣押、查封、查验许可证、暂住证等。警察执行权直接体现了警察机关与相对人之间的命令服从关系。警察执行权根据执行对象的性质，分为行政执行和刑事执行。

4. 处罚权。处罚权，是指行政机关依据法定权限，对违法行为依法进行一定惩处的权力。处罚权的基础是行政违法，是针对相对人违法行为所作的处罚，依据的法律是《行政处罚法》。根据处罚适用对象和目的的不同，警察处罚权可以分为一般治安处罚和特殊治安处罚。前者指针对任何违反治安管理都可以适用的制裁权力，包括警告、罚款、拘留等；后者指警察机关对特定的、具有特殊身份或条件的违反治安管理行为人所采取的制裁行为，包括没收、吊销执照、停业整顿、暂扣证照、限期出境、驱逐出境等。行使警察处罚权的机关必须是法定的警察机关，并且只能在法定的权限范围内按照法定程序进行处罚。

5. 强制权。强制权，是指警察机关为了保障警察警务活动的顺利进行，对不履行法定义务的相对人，或违法行为人，采取强制手段迫使其履行义务或实现强制目的的权力。强制权充分体现了警察权力强制性的特点，是警察机关的一项特有权力，必须有法律的明确规定才能行使。按照强制的内容不同，强制权可分为对人身的强制权和对财产的强制权。对人身的强制权，包括拘留、逮捕、限期出境、强制传唤等；对财产的强制权，包括查封、扣押、冻结、划拨、强制销毁、强制拆除等。

二、反恐怖主义工作中警察权力的性质及表现形式

(一) 反恐怖主义工作中警察权力的性质

警察权力，无论是作为行政权力还是刑事司法权力，都是国家权力的一种，由国家性质决定，体现国家意志。反恐怖主义中的警察权力内容则兼具行政性、刑事性和一定的军事特色。行政性主要体现为对恐怖主义的安全防范和行政执法；刑事性体现为对恐怖主义犯罪的刑事侦查；军事性则主要是针对警察机关的力量建设和力量组成而言，体现为军事特色。

1. 行政性主要体现为警察权力是一种执行性权力，警察机关是行政机关的职能部门，是国家行政机关的重要组成部分。在国家行政管理中，警察权力是依据宪法和法律赋予的法定职权，主要作用是：对人员管理、危险物品管制、道路交通、公共场所秩序维护等进行行政管理，维护社会秩序和国家安全，全

面防范恐怖主义，发现恐怖主义线索和及时进行控制。

2. 刑事性主要体现为公安机关具有一定的刑事司法职能，担负预防犯罪、侦查和提交人民检察院提起公诉的任务。由于恐怖主义大多体现为恐怖活动犯罪，是一种刑法上的犯罪形式。因此，公安机关制止犯罪，对恐怖分子的犯罪事实进行侦查的过程，是一个刑事司法的过程，具有刑事性质。

3. 军事性主要体现为警察任务是维护国家安全、维护社会治安和秩序，保护公民的人身安全、人身自由和合法财产，保护公共财产，预防、制止和惩治违法犯罪活动。为了确保完成法定任务，警察力量必须足够强大。因此，警察机关大多实行半军事化管理，接受准军事化的警察业务训练。在强制力上，作为警察机关后援的警宪部队，直接实行军事化管理。

（二）反恐怖主义工作中警察权力的表现形式

我国《反恐怖主义法》中涉及公安机关的共有 70 处，涉及武警部队的共有 12 处。警察权力贯穿《反恐怖主义法》始终，涉及安全防范，对恐怖活动嫌疑的调查，反恐情报收集、分析和预警工作，恐怖事件应急处置和依法缉捕恐怖分子等。

1. 调查权。从立法设置上看，调查权是一种前置性执法权力，公安机关对管辖范围内的事项进行调查，了解事实真相，并根据调查结果决定进行行政执法还是转入刑事侦查。刑事诉讼中的立案侦查需要达到一定标准，侦查中强制措施的适用需要符合更多的条件、要求。而公安机关接到的恐怖活动嫌疑报告或者发现的恐怖活动嫌疑，往往是初步的线索，很难直接适用刑事侦查权，但倘若不采取必要措施，就难以实现对恐怖主义的全面防范和"将恐怖主义扼杀在萌芽状态"的目的。《反恐怖主义法》第五章"调查"规定了公安机关在刑事立案前采取调查恐怖活动嫌疑的必要手段，以进一步获取恐怖活动嫌疑的证据、事实。这对于监控恐怖活动嫌疑，预防和处置恐怖活动十分必要。

2. 反恐情报信息的收集、研判权。根据《反恐怖主义法》第 44、45、47 条的规定，情报信息收集上的警察权力包括：①建立基层情报信息工作力量，提高反恐怖主义情报信息工作能力。②根据国家有关规定，经过严格的批准手续，可以采取技术侦察措施，具体包括电子监听、电子监控、秘密拍照或录像、秘密获取某些物证、邮件检查等秘密的专门技术手段。③对有关情报信息进行筛查、研判、核查、监控，认为有发生恐怖事件危险，需要采取相应的安全防范、应对处置措施的，应当及时通报有关部门和单位，并可以根据情况发出预警。

3. 恐怖主义安全防范处置权。具体包括：①对可能严重危害公共安全的特殊事项展开调查；②确定防范恐怖袭击的重点目标；③对重点目标的警戒、巡逻、检查权；④查验权；⑤制止、责令停止、强行带离、收缴、查封权；⑥扣押；⑦帮教转化；⑧指导、监督权。

4. 恐怖事件处置权。具体包括：①反恐指挥权。应对处置恐怖事件时，反恐怖主义指挥机构、指挥关系和指挥权限是整个处置行动的核心和灵魂，其效果能直接影响行动进程。警察权力在恐怖事件应急处置中的指挥权，主要体现在公安机关在处置恐怖事件组织体系中的定位和在指挥长负责制中的定位两方面。②直接处置权。根据《反恐怖主义法》第 58 条的规定，公安机关对恐怖事件具有直接处置权。发现恐怖事件或者疑似恐怖事件后，应当立即进行处置，并向反恐怖主义工作领导机构报告。如果是中国人民解放军、中国人民武装警察部队发现正在实施恐怖活动的，应当立即予以控制并将案件及时移交公安机关。③刑事侦查权。对于恐怖主义犯罪，公安机关应当及时立案侦查，查明事件发生的原因、经过和结果，依法追究恐怖活动组织、人员的刑事责任。

5. 征用权。根据《反恐怖主义法》第 78 条的规定，公安机关、国家安全机关、中国人民解放军、中国人民武装警察部队因履行反恐怖主义职责的紧急需要，根据国家有关的规定，可以征用单位和个人的财产。任务完成后应当及时归还或者恢复原状，并依照规定支付相应费用；造成损失的，应当补偿。

6. 反恐中的行政处罚权。此即警察机关作为国家行政机关对反恐过程中发现的违法行为，情节轻微尚不构成犯罪的，有权依据《反恐怖主义法》进行行政处罚。

三、反恐怖主义工作中警察权力的扩张与平衡

（一）反恐怖主义工作中警察权力的扩张

随着社会的发展，恐怖主义也借助着网络等高新技术的力量迅速发展，袭击目标的平民化、恐怖分子背景的复杂化、集团化与"独狼"相结合，这些都使得恐怖主义对于社会的威胁增大，防控难度加大，传统的刑事侦查手段，尤其是事后型侦查方案已经很难满足防恐、反恐的现实需要。与一般的犯罪人不同，恐怖分子的犯罪目的具有浓重的宗教和政治色彩，旨在不计代价地扩大其活动的影响力，尤其是对于自杀式爆炸袭击等恐怖主义犯罪人，传统的刑事侦查、刑事处遇措施的特殊预防、一般预防作用微乎其微，因而难以实现保障社会安全的目的。[1]

由于恐怖主义的特殊性，必须动用强大的国家力量才足以应对。考察世界

---

[1] 参见郭理蓉、陈晋蕾："纠结的反恐刑事政策——反恐需要与人权保护：艰难的平衡"，载《刑法论丛》2018 年第 3 期。

各国的反恐策略，为了实现反恐效果，通过立法对警察权力进行一定的扩张，使得警察机构拥有更大范围的反恐职权，已是通例。例如，根据英国 2006 年《恐怖主义法案》第 23 章的规定，警察可以在没有犯罪指控的条件下拘捕恐怖犯罪嫌疑人。嫌疑人被拘留的时间不得超过 48 小时，超过 48 小时后要么被指控犯法，要么获得释放；如拘留超过 48 小时，需要法院审批；如果政府希望关押嫌疑人超过 7 天，需要再次经过法院审批。法官不需要寻找可能的原因，但必须确信"有正当理由相信进一步拘留申请所涉案人员是有必要的，或是为了通过质询或其他手段获取相关证据，或是为了保留相关证据"，而且"与涉案人员相关的调查工作没有拖延"；嫌疑人可以寻求律师帮助，也可以在法官面前进行书面或口头的沟通，但是嫌疑人和他的律师可能不被允许参加听证会。在 2006 年 8 月的英国炸机未遂案中，英国政府已经行使了这项权利，这不仅使得炸机阴谋没能得逞，同时警方也在正式指控嫌疑人之前收集了更多的证据。又如，恐怖主义给美国带来的伤害是无法计算的，而"9·11"袭击事件引起的伤亡又要远远小于该事件给美国人的精神和信仰产生的冲击。他们开始怀疑国父们 200 多年前确立的"生命权、自由权和追求幸福的权利"，因为他们面临一个新的抉择——国家安全。"9·11"恐怖袭击事件严重冲击了美利坚民族的自由观和安全观，可怕的现实让他们追求个性和自由的民族性格面临重构：国家安全的确需要得到维护；个人自由必须受到某些限制；个人自由在必要时要让位于国家安全；为了国家安全甚至可以牺牲某些人的自由。2001 年 10 月 26 日，在美国参议院的投票中，《美国爱国者法案》（全名："2001 年为团结和强化美国而提供有效措施抗击恐怖主义法案"）以 98：1 高票通过。《美国爱国者法案》所提供的额外安全是以公民的权利为代价的。[1]至此，欧美反恐和人权专家的基本共识之一是，人权对反恐而言是一种基本的限制；适度限制人权是确保国家安全的重要前提，因为开放的自由民主社会及其政治制度正面临来自恐怖主义的严重威胁，因此政府实施紧急权力和激进反恐措施限制部分人权，是"两害相权取其轻"（lesser evils）。[2]

（二）反恐怖主义工作中对警察权力的限制

法律授权的范围是警察权运行的最基本边界，也是衡量警察权力是否正当的首要外在标准。在这一前提下，不同国家的警察权力根据各国实际情况的不

---

〔1〕　参见张屹："安全与自由的悖论——解析反恐行动中的人道主义与人权问题"，载《凯里学院学报》2016 年第 4 期。

〔2〕　参见钱雪梅："反恐怖主义与人权保障的关系：基于国际政治视角的分析"，载《人权》2015 年第 1 期。

同而有所差异。尽管不同国家的警察权力的范围存在差异，但治安行政权是警察权力的基本范围。在这一范围内，"警察权力的大小是一个国家行政权力运作态势的晴雨表，和一个国家的人权保障水平联系密切"。决定警察权的配置因素大致有四点：①警察目的能否实现，这是衡量警察权力配置的重要因素；②特定时期的社会治安状况和现有公共秩序是否受到威胁；③包括法律在内的现有制度资源能否对其进行有效的制约；④警察权力的范围只存在于公共领域，并且只有在公共秩序遭到破坏时才发挥作用，其行使应止步于公民基本私权利。

但实际运作中，公共利益与个人利益之间的矛盾，是长久以来公权力与私权利冲突的一个缩影，二者的冲突也必然会反映在分属于公权力范畴的警察权与私权利范畴的公民权的层面上。警察行使公权力是为了保护一定的公共利益，但因为每个人的利益诉求不可能相同，要求警察在行使公权力的时候兼顾到每个人的具体利益是不可能的。因此，只能权衡所要保护利益的大小，衡量保护哪一方的利益才会产生更好的社会效果。所以，当我们从微观的角度，即从每一个具体的情况来看时，保护公共利益有时确实会损害一些人的个人利益，但从宏观的角度或者从长远的利益来看，这种损害是有价值的或者说是利大于弊的。公共利益与个人利益之间的这种利益评价便有可能在个案中产生警察权与公民权的冲突。在反恐形势下，警察权的强化和公民权在一定程度上的让渡就是一种现实选择，公民有理解并容忍的义务。但是，当社会秩序趋于安定，现有警察权对公民的人身、财产权的保护已经足够甚至出现"剩余"，那么警察权的配置则应依据"情势变更"予以重新调整，回归到合适的限度。[1]

反恐怖主义工作中如何实现警察反恐职权恰当行使和公民正当权利的维护，需要在博弈的过程中探寻警察权与公民权的"黄金分割点"，最终实现公民权有效保障与警察权高效运行的统一，努力达到既合理维护公民权的正当内容，又充分保障警察权必要运行的和谐臻境。以调查权为例，一方面，调查权对于警察十分重要；另一方面，警察调查关系到对公民基本权利与自由的限制与剥夺，反映国家公权力与公民私权利的平衡问题。这种平衡，需要通过情报信息收集的限制、对调查程序的遵守和调查结果转化的限制来实现。

1. 情报信息收集的限制。该限制规定应当最大限度地保障公民的合法权利。如在实施电话监听，对电脑实施秘密侵入时，应当保证在审批环节将绝大多数与恐怖主义无关的民众排除在监听和侵入之外。即便是少数涉恐人员被纳入视野，也应确保其与恐怖活动无关的个人信息不被用作任何其他用途。我国《反恐怖主义法》规定：①通过技术侦察措施获得的材料，只能用于应对、处置恐

---

〔1〕　参见陈晓济："警察权与公民权的平衡"，载《天府新论》2008 年第 1 期。

怖主义，及对恐怖主义、极端主义犯罪的司法追究，不得用于其他用途。②对履行反恐怖主义工作职责、义务过程中知悉的国家秘密、商业秘密和个人隐私予以保密。违反规定泄露国家秘密、商业秘密和个人隐私的，依法追究法律责任。《国家安全法》第83条也规定，在国家安全工作中，需要采取限制公民权利和自由的特别措施时，应当依法进行，并以维护国家安全的实际需要为限度。

2. 对调查程序的遵守。如在提取和采集人体生物识别信息或者生物样本时，操作不当会侵犯公民的合法权利，应当严格遵守相关法律规定。如执行主体只能是依法对案件行使调查或者侦查权的人员或者经授权的医务人员，范围仅限于查明案件事实或者恐怖活动嫌疑人员某些生物特征的需要，不得随意提取或者采集。采集的样本应当妥善管理，按照规定使用和处理。

3. 调查结果转化的限制。根据《反恐怖主义法》第54条的规定，公安机关经调查发现犯罪事实或者犯罪嫌疑人的，应当依照《刑事诉讼法》的规定立案侦查。《反恐怖主义法》第五章规定的有关期限届满，公安机关未立案侦查的，应当解除有关措施。

（三）反恐怖主义工作中对警察权力的监督

根据《反恐怖主义法》第94条第2款的规定，"反恐怖主义工作领导机构、有关部门及其工作人员在反恐怖主义工作中滥用职权、玩忽职守、徇私舞弊或者有其他违法违纪行为的，任何单位和个人有权向有关部门检举、控告。有关部门接到检举、控告后，应当及时处理并回复检举、控告人"。警察机关行使警察权力，直接涉及公民的基本权利，履行职责措施的运用是否适当、合法，直接影响到公民的基本人身、财产权利。检举、控告，是指公民、法人或其他组织依照法律、法规和规章等规定，以口头或书面形式，向相关部门陈述反恐怖主义工作领导机构、有关部门及其工作人员的违法违纪事实，并要求依法进行公正处理的行为。

第三节 公民权利与反恐怖主义工作

一、反恐怖主义工作的公权与私权

反恐怖主义立法及其实施中一个很重要的价值原则就是平衡公权与私权之间的关系。在严峻的反恐压力下，一定范围内公权力的扩张是各国反恐怖主义立法所采取的共同技术路径。恐怖主义犯罪的特性决定了在反恐怖主义过程中必须赋予国家更多的权力以实现全面预防、强力打击恐怖主义的目的，这势必会使公民权利和自由受到一定程度上的限制和克减。以武器使用权为例，作为一种可以直接剥夺相对人生命的权力，法律对其进行了严格的规范，根据规定，使用武器需先行警告，经警告无效的，可以使用。在反恐怖主义的特定背景下这一权力得以扩张。我国《反恐怖主义法》第 62 条规定，人民警察、人民武装警察以及其他依法配备、携带武器的应对处置人员，对在现场持枪支、刀具等凶器或者使用其他危险方法，正在或者准备实施暴力行为的人员，紧急情况下或者警告后可能导致更为严重危害后果的，可以直接使用武器。这种规定使得反恐怖主义处置中对警械武器使用的限制进一步缩小，增强了反恐怖主义效果。但同时仅仅以"紧急情况"等字句作为定义，如果缺乏细化的操作规则和程序，赋予人民警察和人民武装警察较大的自由裁量权又会使公权力有扩张的嫌疑，可能涉及对公民私权利的侵犯。

二、反恐怖主义工作中公民权利的范围

全球恐怖主义活动猖獗，世界各国的安全均面临严重威胁。为了实现反恐怖主义目的，各国从事反恐怖主义工作的公权力均不同程度地有所扩张。但无论如何扩张，均不得侵犯公民权利的核心部分，如生命权、人格尊严权、免于酷刑和不人道待遇权，以及宗教信仰自由、司法救济等不可克减的公民权利。

（一）普通公民的基本权利

1. 公民的人身权利。具体包括：①平等权。如《宪法》第 33 条规定，中华人民共和国公民在法律面前一律平等。第 4 条规定，中华人民共和国各民族一律平等。国家保障各少数民族的合法的权利和利益，禁止对任何民族的歧视和压迫，禁止破坏民族团结和制造民族分裂的行为。②公民的宗教信仰自由和民族风俗习惯。如《宪法》第 36 条规定，中华人民共和国公民有宗教信仰自由。任何国家机关、社会团体和个人不得强制公民信仰宗教或者不信仰宗教，不得歧视信仰宗教的公民和不信仰宗教的公民。《反恐怖主义法》第 6 条规定，在反恐怖主义工作中，应当尊重公民的宗教信仰自由和民族风俗习惯，禁止任何基于地域、民族、宗教等理由的歧视性做法。③人身安全。如《反恐怖主义法》第 60 条规定，应对处置恐怖事件，应当优先保护直接受到恐怖活动危害、威胁人员的人身安全。

2. 公民的财产权利。《宪法》第 13 条规定，公民的合法的私有财产不受侵犯。《反恐怖主义法》第 78 条规定，因开展反恐怖主义工作对有关单位和个人的合法权益造成损害的，应当依法给予赔偿、补偿。第 95 条规定，对依照本法规定查封、扣押、冻结、扣留、收缴的物品、资金等，经审查发现与恐怖主义

无关的，应当及时解除有关措施，予以退还。

（二）恐怖分子的权利

2003 年联合国安理会第 1456 号决议明确要求反恐行动"应遵守国际法义务，根据国际法采取相关措施，特别是遵守有关国际人道主义、人权和难民问题的国际法规范"。但从实践经验来看，对于恐怖分子权利的保障并不理想。在国际实践中，被抓捕的恐怖分子最易受到侵害的权利主要有受到公正审判的权利、诉讼权利以及接受正当囚犯待遇的权利等。例如，在"9·11"恐怖主义袭击发生后，美国政府和民众的反恐需求与酷刑禁令产生了尖锐矛盾，对恐怖主义的憎恶致使人们开始考虑酷刑的合理性、合法化，有些学者提出，对于信息情报的需求更应该重于道德或伦理上对于酷刑的指责。阿富汗战争打响后，斯瓦茨科普夫将军（Norman Schwarzkopf）被问及是否有饶恕"9·11"案件嫌犯的可能时说，"饶恕他们是上帝的权能。而我们的任务是安排他们去见上帝"。迈克尔·依格纳季耶夫提出，在反恐怖主义斗争中要坚持"以小恶治大恶"的立场，指出"要战胜邪恶，我们可能需要'以恶治恶'：无限期拘留嫌犯、高压审讯、暗杀，甚至先发制人发动战争。这些行为之所以被称为'恶'，是因为每一项都有悖于国内和国际法律，也因为它们不经过正当程序就会剥夺人的生命权利或人身自由。这些行为只有在一个条件下才是正当的——为了防止更大的邪恶"。[1]

根据国际人道主义法和人权法以及《保护人人不受酷刑、残忍、不人道或有辱人格待遇或处罚宣言》《禁止酷刑和其他残忍、不人道或有辱人格的待遇或处罚公约》《囚犯待遇最低限度标准》《执法人员行为守则》等国际法律文件以及各国宪法和刑事法律法规的有关规定，恐怖主义分子的基本权利同其他人一样，应当依法得到保障。联合国第 1456（2003）号决议所附宣言也明确指出，各国必须确保它们为打击恐怖主义而采取的任何措施都符合它们依照国际法，特别是人权法、难民法和人道主义法承担的义务。即便是在战争条件下，也有"最低人权不得克减"原则。因此，即便是恐怖分子，无论是涉及恐怖主义的一般违法，还是涉及恐怖活动犯罪的犯罪嫌疑人及被告人，也应从法律层面保证其基本的人权。我国《刑事诉讼法》第 39 条第 3 款就规定，"危害国家安全犯罪、恐怖活动犯罪案件，在侦查期间辩护律师会见在押的犯罪嫌疑人，应当经侦查机关许可。上述案件，侦查机关应当事先通知看守所"。

---

〔1〕［美］布丽奇特·L. 娜克丝：《反恐原理》，陈庆、郭刚毅译，金城出版社、社会科学文献出版社 2016 年版，第 299 页。

三、反恐怖主义工作中保障公民权利的途径与措施

在反恐怖主义工作中，强化反恐怖主义与尊重和保障人权是相辅相成的。恐怖主义危害国家安全、公共安全和公民生命财产安全。强化反恐怖主义本身就是人权保障的重要方面。《反恐怖主义法》第6条规定，反恐怖主义工作应当依法进行，尊重和保障人权，维护公民和组织的合法权益。《国家安全法》第7条规定，维护国家安全，应当遵守宪法和法律，坚持社会主义法治原则，尊重和保障人权，依法保护公民的权利和自由。

1. 法律规范了人民群众的反恐怖主义义务，鼓励广大群众积极参与反恐怖主义斗争。参与反恐怖主义斗争的人员不仅在执行或协助执行反恐怖主义工作时面临巨大危险，日后也可能因为执行或协助行为成为恐怖主义报复的对象，出现伤残、牺牲的情况。无论是基于权利义务相对等的原则，还是从反恐怖主义工作的法律保障角度出发，都应当从法律上予以一定的规范和保障。《反恐怖主义法》第75、76条对此作了明确规定，"对因履行反恐怖主义工作职责或者协助、配合有关部门开展反恐怖主义工作导致伤残或者死亡的人员，按照国家有关规定给予相应的待遇"；因报告和制止恐怖活动，在恐怖活动犯罪案件中作证，或者从事反恐怖主义工作，本人或者其近亲属的人身安全面临危险的，经本人或者其近亲属提出申请，公安机关、有关部门应当采取保护措施。

2. 公民、法人或其他组织的合法财产受法律保护，任何单位和个人不得侵犯。有关机关在履行反恐怖主义职责的过程中，可能出现国家公权力和公民私权利的冲突问题。为了维护国家安全、社会公共秩序和人民群众生命财产安全，紧急情况下可能需要对公民、法人或其他组织的财产进行紧急征用，或者为了维护公共利益，迫不得已侵害公民、法人或其他组织的合法权益。这是国家利益和个人利益的权衡，对此，《反恐怖主义法》第78条第1款规定，"公安机关、国家安全机关、中国人民解放军、中国人民武装警察部队因履行反恐怖主义职责的紧急需要，根据国家有关规定，可以征用单位和个人的财产。任务完成后应当及时归还或者恢复原状，并依照规定支付相应费用；造成损失的，应当补偿"。

3. 法律规定了侵害公民权利应承担的法律责任。侵害公民权利的法律责任在《反恐怖主义法》中主要体现于第94条第1款，"反恐怖主义工作领导机构、有关部门的工作人员在反恐怖主义工作中滥用职权、玩忽职守、徇私舞弊，或者有违反规定泄露国家秘密、商业秘密和个人隐私等行为，构成犯罪的，依法追究刑事责任；尚不构成犯罪的，依法给予处分"。

　　秩序维护与人权保障，向来是反恐策略制定、实施过程中要考虑和权衡的两个重要的价值，二者之间的平衡有时是很微妙的，兼顾二者、不偏不倚、不过不及的理想状态实际上是不可能实现的。恐怖主义的特殊性并不必然决定在反恐中安全价值就一定高于自由价值；恐怖主义袭击对社会公众生命安全的威胁也不代表基于反恐就可以随意克减和抑制公众基本人权以外的任何权利。人权保护并不完全是一个抽象的价值层面的问题，而是需要关注具体情境、结合具体情况来进行价值衡量和判断。人权不是绝对的，但是，人权保护是有底线的，无论在任何情况下，仍有一些共同的原则需要遵守。恐怖主义存在的原因复杂多样，这决定了未来相当一段时间内，恐怖主义不会销声匿迹，在反恐常态化的背景下，对公民自由权利的过多抑制并非长久之策，反而正中恐怖分子的下怀，因为"恐怖分子希望改变受袭社会的行为。恐怖分子在攻击民主国家时，他们希望袭击目标因为恐惧而减弱或放弃他们最可贵的价值：他们对民权和人权的尊重"。[1]

---

〔1〕　参见郭理蓉、陈晋蕾："纠结的反恐刑事政策——反恐需要与人权保护：艰难的平衡"，载《刑法论丛》2018年第3期。

第六章
去极端化制度

第一节　极端主义的概念及特征

一、极端主义的概念

以宗教极端为思想基础、以暴力恐怖为主要手段、以民族分裂为主要目的，是目前我国恐怖活动的基本特点。防范和制止极端主义活动，有利于从源头上遏制恐怖主义的形成和传播，是防范恐怖主义的治本之策，在我国的反恐怖主义工作中具有十分重要的意义。

极端主义的本质不在于极端主义者所信仰的内容，他们信奉的理念可以是政治的、宗教的、民族的、个人的，可以是左翼的、右翼的，也可以是基督教、伊斯兰教和佛教，还可以是环保主义、女权主义，这些信仰本身并不独自构成极端主义，而在于极端主义所推崇的手段、方法，对待异见群体的态度，这才是界定极端主义的关键。极端主义思想不具有包容性，不能容忍异己者，对异己者采用排斥、歧视、仇恨的态度；极端主义思想具有暴力性，通常会采取一切手段实现目标，包括使用各种非常规的暴力手段；极端主义不妥协和让步，绝不存在谈判和中立的空间，不允许渐进式改革，必须非黑即白、非此即彼。只有对异己者采取不宽容、歧视与仇恨的态度，倡导使用暴力达成所追求的目标的思想体系才构成极端主义思想。

因此，所谓极端主义，是指信仰某种信仰体系或价值体系达到极端和绝对的程度，以至于完全不能容忍任何相异于这种信仰体系或价值体系的观点和态度的存在。对于异己者、异见者采取完全的歧视、敌视、仇恨的态度，主张用暴力手段或者侵犯他人合法权利与自由的手段实现其主张，消灭不同的思想以及持不同思想的人群、组织或政治实体的思想主张。

二、极端主义和激进主义

极端主义（Extremism）常常和激进主义（Radicalism）混淆在一起，极端分子与激进分子也常常被混为一谈，近些年在西方还把受极端思想蛊惑而逐渐接受极端思想的过程称为激进化（Radicalization），因此，我们有必要对极端主义和激进主义进行区分。

从比较久远的文献进行追溯，极端主义和激进主义存在着本质上的区别。激进主义一词来自于激进（Radical），其词根的本意是根本的、基础的。源于这个词根的激进主义一词的本意是指要求从根本上改变某种社会政治制度或者这种制度的某个或某些部分的理论观点与行动。[1]"激进"这个术语在18世纪就已经存在，并且经常与启蒙运动以及美国和法国革命联系到一起，在19世纪被广泛传播。激进主义作为一种概念，其含义发生过多次变化。在19世纪，很多政党认为他们自己是"激进的"，他们在倡导用共和制取代皇权这个问题上是"激进的"。一些激进的观点要求社会采用民主制度，公民不论性别和财产多寡都应拥有投票权。"激进"这个词在19世纪后半叶的英国代表着"自由"。事实上，这个词曾经用于描述自由党的一翼。很多激进者，例如，19世纪和20世纪早期的倡导妇女参政者，一样是非暴力的活动家。他们公开示威游行支持妇女投票，这虽然违反了当时的法律，但在今天看来却具有合理性。事实上，19世纪很多"激进者"成了今天的启蒙家。自从马克思主义问世以后，西方所说的激进主义又多指马克思主义以及声明拥护或赞成马克思主义的各种"左翼"党派或组织的理论见解与行动。[2]一般而言，激进主义与保守主义是相对而言、相伴而生的。激进与保守是相对于现存的社会、文化、政治秩序而言的。主张维持现状的是保守，而主张打破现状的则是激进。

为了准确把握激进主义的内涵，主流理论多主张从文化与政治两个层面来阐释激进主义，即文化激进主义与政治激进主义。所谓文化层面的激进与保守，主要取决于对传统文化的价值取向，主张全盘推倒的是为激进，而文化阐释仍然固守在本土文化框架内的是为保守。所谓政治层面的激进或保守，主要看其对现实社会政治秩序的认同态度，要求根本解决、推倒重建一个新的社会秩序的是为激进，主张在现在系统内作技术性调整和修补的是为保守。[3]

这个定义反映出激进主义与极端主义存在着一些共性，例如，不接受渐进

---

[1]　汝信主编：《社会科学新辞典》，重庆出版社1988年版，第361页。
[2]　贾小叶："激进主义思潮研究述要"，载《中国文化研究》2015年第4期。
[3]　贾小叶："激进主义思潮研究述要"，载《中国文化研究》2015年第4期。

式的改良，倡导彻底的变革。但是激进主义并不一定煽动仇恨和暴力，激进主义只是倡导彻底的、快速的变革。激进主义在历史上还是推动变革的重要力量，例如，辛亥革命相对于立宪改良来说就是激进的，新民主主义革命也是激进主义的实践。激进主义的概念应该分别用两个重要的元素来描述——思想态度和动作行为：①激进者们坚信现有的状态不可接受，认为可以用从根本上不一样的方法替代现有制度，倡导巨大的政治变革；②这些改变政府和社会的激进方法可以是非暴力的、民主的，如通过诉讼和改革的方式，也可以是暴力的和非民主的，如通过镇压和革命的方式。第二个元素道出了激进主义与极端主义的重要区别——手段和方法，激进主义未必一定采取暴力和非法手段实现其主张和目标，激进主义者能够接受谈判、协调等和平方法，而极端主义者则完全不能容忍和接受不同意见；激进主义者是能够进行批判性思考的，也接受与不同观点的对话，而极端主义者则完全不接纳不同意见。保守和激进与极端主义并无绝对联系，保守和激进甚至可以同时与极端主义共存，例如，伊斯兰极端主义就被看作是在政治上极端激进但同时在文化上极端保守的一种宗教极端主义。

第二节　极端主义的种类及危害

极端主义的界定关键不在于信仰什么，而在于其信仰的方式和态度。很多信仰都有可能走向极端、产生极端主义，因此，存在着形形色色的极端主义。根据极端主义者的信仰和主张，一般可以将极端主义分为政治极端主义、宗教极端主义以及其他极端主义。在政治极端主义中，一般分为左翼极端主义、右翼极端主义和民族极端主义，宗教极端主义中包括伊斯兰极端主义、犹太极端主义、天主教极端主义以及其他多种与宗教相关的极端主义。除此之外，还存在形形色色的极端思想主张，例如，极端环保主义、极端女权主义、极端动物保护主义等，他们同样会宣扬和鼓吹用侵犯他人自由与权利的方法达成其主张。本节重点介绍当今世界上两种相伴相生、相互对峙的极端主义思想——右翼极端主义和伊斯兰宗教极端主义。

一、右翼极端主义

政治上的"左"和"右"具有相对性，与一定的国情和时代背景相关。右翼极端主义的定义并不明确，一般认为法西斯主义是右翼极端主义表现的顶点，右翼极端主义通常包括以下几种主张：极端的民族主义；极端的种族主义；排外仇外；反民主反体制、主张建立强权国家。

　　欧美右翼极端势力的主要思想是白人至上、反移民、反有色人种、反穆斯林、反犹太人、反同性恋，主要存在的右翼极端组织有三K党、光头党、基督徒身份、新纳粹、白人国家主义党、黑人隔离主义等。据美国南方贫困地区法律中心[1]2015年的统计，从1995年到2015年，美国右翼极端组织的数量呈现不断增长的态势，2011年右翼极端组织的数量达到1018个，是近年来的最高点，随后数量有所下降，2015年的数量是784个。从2004年到2014年的10年间，美国右翼极端组织的构成有所变化：三K党和新纳粹团伙的数量在2004年占比率最高，但是在随后十年间数量有所下降，其中三K党的比例从2004年的21%降低至2014年的9%；而光头党团伙的比例有所上升，从2004年的6%增加到2014年的15%；由于针对同性恋以及穆斯林的仇恨团伙增加，其他仇恨团伙的比例从8%增长到21%。从数据上看，从2011年到2014年，右翼极端组织的数量在总体上有所降低，这主要是因为三K党数量的减少，报告同时分析，尽管三K党的数量看起来少了，但事实上更多的三K党组织转入了地下。[2]此外，除了加入极右翼组织的右翼极端分子，还有很多独狼右翼极端分子，很多恐怖事件都是由没有加入任何组织，但是受到右翼极端主义思想影响的个人制造的。

　　三K党是美国最臭名昭著的右翼极端主义组织。它始于1866年，并持续至今，它的名称系"Ku Klux Klan"的缩写。三K党由南北战争中被击败的南方联邦军队的退伍老兵组成，由于南北战争的失利，这些白人失去了唯我独尊的地位，因此，产生了对黑人的憎恨，开始了旷日持久的对黑人的暴力恐怖活动。三K党运动在历史上形成过三次高潮，从二战结束至今是三K党的第三次活动高潮。三K党组织的主要成员来自美国白人的低收入阶层，同时也极力吸引农场主、制造业工人和困窘的中产阶级下层。虽然在三K党组织的成员构成中，大多数的领导者属于中产阶级，但是种族主义的支持者和信仰者依然是低收入阶层。近些年，随着美国经济结构的变化，底层白人的生活相对窘迫，黑人等有色人种的社会经济地位不断提高，外来移民增加等因素也导致底层行业竞争加剧，美国右翼极端势力不断抬头。2009年美国首位非洲裔总统奥巴马当选时，美国右翼极端势力"爱国者"组织的数量达到了顶峰。

　　欧洲极右翼势力由来已久，近十几年随着欧洲移民问题、伊斯兰极端宗教

---

[1] 南方贫困法律中心（Southern Poverty Law Center，简称SPLC），是一个美国非营利性的公民权益维护组织。该组织反对白人至上主义团体（White Supremacy），且坚持为那些遭仇恨团体（Hate Groups）迫害的受害者做法律代理，并获得了一系列成功。此外，它还监控仇恨团体、民兵（Militias）以及极端组织。

[2] THE YEAR IN HATE AND EXTREMISM，https://www.splcenter.org/fighting-hate/intelligence-report/2015/year-hate-and-extremism-0.

恐怖主义的兴起，极端右翼主义在欧洲越来越有市场，很多极右翼政党进入政府。例如，挪威的进步党、法国的"国民阵线"、瑞士和丹麦的人民党、奥地利的自由党、意大利的北方联盟"法西斯与自由"和"三色火焰"、比利时的"弗莱芒集团"、荷兰的自由党、葡萄牙的民族复兴党、希腊的"爱国阵线"和"金色黎明"等、德国的"人民联盟""共和党""国家民主党"等。这些政党都不同程度地具有种族主义、民粹主义和排外主义倾向。右翼极端主义与伊斯兰宗教极端主义好似一对双生花，二者从来都是相伴而生，攀比增长。在欧洲，穆斯林移民在经济上的相对落后，以及在政治、文化上受到的排挤和歧视，使得伊斯兰极端主义得以成长、蔓延，从而发生了一系列由伊斯兰极端组织或极端个人实施的恐怖事件。反过来，不断恶化的宗教与种族关系，穆斯林移民融入带来的社会问题、犯罪率增加也刺激了欧洲的排外情绪和种族主义，从而肥沃了右翼极端主义思想滋长的土壤。这两种极端主义思想正在分裂欧洲，加剧了欧洲社会的族群对抗和社会不稳定性。

二、伊斯兰宗教极端主义

（一）什么是宗教极端主义

关于宗教极端主义的概念，目前在学界存在着多种看法。有学者将宗教极端主义分为宗教内部的极端现象和宗教外部的以宗教为名的极端主义：①前者属于宗教范畴，后者属于政治范畴。例如，吴云贵认为存在两种宗教极端主义，"宗教极端主义是个泛称，它所指的是各种宗教内部的极端主义倾向，或假借宗教名义进行的违法犯罪活动"。②属于政治范畴的以宗教为工具的极端主义才是我们通常所讨论的极端主义。[1]有学者对后一种宗教极端主义提出了更为详尽的定义，例如，有学者认为宗教极端主义是"一些利益集团打着宗教的旗号，对宗教进行歪曲和极端化的解释，煽动宗教狂热和极端思想主张，制造在不同信教群体之间的仇视和斗争，并采取极端手段，以求摧毁一切现存社会秩序和世俗国家，并建立以神权统治为目的的一种思想和行为体系"[2]。有学者提出："极少数徒有宗教信仰者之名的人，为窃取不该属于自己的利益，不惜背离、歪曲、利用宗教，从事破坏正常社会稳定、和平发展主流、不同族群共处活动的一种思想和行为的体系。就当代我国新疆而言，宗教极端主义就是一些特殊利益群体出于一定的政治需要而歪曲、利用宗教，煽动宗教狂热和暴力恐怖活动，

---

〔1〕 吴云贵：《当代伊斯兰教法》，中国社会科学出版社 2003 年版，第 375～376 页。
〔2〕 马品彦："宗教极端主义的本质与危害"，载《新疆社会科学》2008 年第 6 期。

反对现代社会秩序和价值观念的一种意识形态。"[1]根据这些定义，在宗教极端主义中，主体是利益集团，实现政治利益是其根本目的，煽动狂热是实现其目的的手段，而宗教仅仅是作为一种煽动工具而出现的。因此，应当将宗教极端主义与宗教严格区分开，宗教极端主义不是宗教，而是披着宗教外衣的政治。所有宗教极端主义和宗教极端势力都是有其特定的政治诉求的，例如，阿富汗塔利班的政治诉求就是要在阿富汗建立普什图族统治的最"纯洁的"伊斯兰政教合一的国家；IS 的政治诉求是"消除二战结束后现代中东的国家边界，并在这一地区创立一个由基地组织运作的酋长国"。在我国新疆地区活动的"东突厥斯坦伊斯兰运动"则意图在我国新疆建立政教合一的"东突厥斯坦伊斯兰国"。这些不同的伊斯兰极端势力和极端主义思想各自有各自的政治目的，却都以伊斯兰教为煽动工具，为各自的暴力行动提供意识形态支持。因此，无论宗教极端主义如何强调宗教的纯洁性，其目的都不在于宗教，而在于夺取政权，获得政治上的利益。

那么，宗教内部的极端现象与宗教极端主义是否具有联系？在抵御和对抗极端主义思想时，该如何区分并处置宗教内部的极端现象与宗教极端主义？有学者认为宗教内部的极端现象与宗教极端主义是存在关联的，宗教内部的极端现象在一定程度上会蜕变异化为宗教极端主义，[2]伊斯兰原教旨主义就是伊斯兰教内部的一种极端现象，当代伊斯兰原教旨主义与伊斯兰极端主义有着千丝万缕的关系。

（二）原教旨主义与宗教极端主义

原教旨主义（fundamentalism），也称基要主义，并非为伊斯兰教所独有。原教旨主义指的是在宗教信仰中，当感到传统的、被人们理所当然地接受了的最高权威受到挑战时，对这种挑战毫不妥协，仍反复重申原信仰的权威性，对挑战和妥协予以坚决回击，一旦有必要，甚至用政治和军事手段进一步表明其态度。所以，原教旨主义有极强的保守性、对抗性、排他性及战斗性。原教旨主义最早出现在基督教中。20 世纪 20 年代，传统基督教受到现代科学的冲击，一些派别主动适应时代变化，提出用现代哲学、历史、科学知识重新解释传统教义，而另外一些派别则坚决拒绝这种改变，坚持《圣经》是绝对真理，字句无错误。伊斯兰原教旨主义同样是一种用刻板的、保守的、教条的方法对宗教原始教义进行解读的思想体系，伊斯兰原教旨主义的基本主张是回归原始教义、净化信仰和消除腐败。

伊斯兰原教旨主义与伊斯兰极端主义有着千丝万缕的联系，其产生和演化

---

〔1〕　李兴华："宗教极端主义研究概要"，载《西北民族研究》2002 年第 4 期。

〔2〕　金宜久主编：《当代宗教与极端主义》，中国社会科学出版社 2008 年版，第 3～4 页。

与西方霸权主义对伊斯兰世界控制权的争夺、伊斯兰世界自身现代化的适应性问题，以及伊斯兰国家内部的政治腐败等问题相关。伊斯兰世界历史上的几个辉煌帝国，如阿拉伯帝国、奥斯曼土耳其帝国，都是依靠伊斯兰教维持各民族之间的和平相处和有序统治的。第一次世界大战之后，奥斯曼土耳其帝国被西方列强瓜分解体，中东、西亚的伊斯兰世界陷入了长期的混乱和调整过程中，在这种情况下，一些人企图通过复兴伊斯兰传统信仰和伊斯兰传统教义重振伊斯兰世界的辉煌。伊斯兰原教旨主义的基本定义就是："主张按伊斯兰原初教旨变革现实社会的一种复古的神学思潮及随之而来的一场反对世俗化和西方化，全面推行伊斯兰化的运动。"[1]其基本宗旨是："反对西方化、反对世俗化、返回伊斯兰教的原初教旨、变革现存的世界秩序、推翻现存的世俗政权、建立由宗教领袖或教法学者统治的、以'沙里亚法'为基础的伊斯兰国家和秩序，最终实现'真正在人间的意志'。"[2]

伊斯兰原教旨主义产生的初衷是通过确立并恢复伊斯兰价值体系来反对西方殖民主义、世俗主义，以解决伊斯兰国家内部的社会政治和伦理问题。但随着不同价值观的对立和宗教与社会、宗教与政治的结合，伊斯兰原教旨主义的发展呈现出错综复杂的状态，出现了金宜久先生所述的"蜕变"[3]。伊斯兰原教旨主义通常可以分为温和的、激进的和极端的三种表现形式。温和的原教旨主义只是强调回归到《古兰经》的原有教旨、教义、教规上去，注重宗教的自觉自律；极端的原教旨主义带有分裂性、暴力性的思想和主张，其本质不再是宗教性质，而是戴着宗教面具的政治组织；激进的原教旨主义介于温和与极端之间，它的特点是从追求宗教升温到宗教狂热，回归复古的意识异常强烈，逐渐开始渗入社会生活，并开始干涉婚姻、家庭、教育、计划生育、法律等国家和政府的治理领域。根据金宜久先生的划分方法，这些温和的、激进的原教旨主义还可以算是宗教内部的极端现象，而极端的原教旨主义就已经是宗教极端主义了。

第三节　反极端主义策略

一、"激进化""去激进化"概述

极端主义是恐怖主义的思想基础，各国的反恐策略中都有涉及对极端主义

〔1〕　宗和初："对伊斯兰原教旨主义的基本看法"，载《西亚非洲》1993 年第 1 期。
〔2〕　赵国忠、刘靖华："伊斯兰原教旨主义及其在中东的政治前途"，载《西亚非洲》1992 年第 2 期。
〔3〕　金宜久："宗教在当代社会的蜕变"，载《世界宗教研究》2002 年第 2 期。

的治理，但是由于制度和文化以及各国极端主义威胁的源头和态势的差异，各国在打击极端主义的政策和手段上有所差别。事实上，各种极端主义思想都会给社会安全带来挑战，但是目前各国打击极端主义的政策主要是针对伊斯兰极端主义。而在英美国家，直接干涉宗教信仰或者对极端主义思想进行立法禁止的做法与其提倡"思想自由"的传统有所冲突。这些国家主要依靠针对极端个人的劝导、帮扶、教育方法进行去激进化和反激进化的工作，打击极端主义思想的传播、抵御极端主义思想对人群的感染。

英国有着悠久的多元文化传统，支持多元、强调宽容是经典的英国自由主义精神。2011 年英国的反恐战略中这样陈述："很显然，是非暴力的极端思想支持并传播了这些思想，而且通常都是在法律许可范围内。尽管那些极端分子要侵犯这种自由，但我们不会更改法律——仍然会致力于保护公民的言论自由。"2010 年美国和平研究所的报告也认为，"资助一些教派反对另一些教派，政府就会受到不当地影响宗教事务的指责"[1]。但是，这并非意味着英美对极端主义思想的传播会坐以待毙。2005 年，当两名受极端主义思想蛊惑的英国人制造了伦敦地铁爆炸案后，英国感觉到本土成长的恐怖分子带来的威胁必须要得到有效的遏制，"暴力激进化"（violent radicalization）[2]就是在这种背景下被发明出的一个新概念，并且衍生出"反激进化"（Counter-Radicalization）"去激进化"（De-radicalization）等概念，在智库和政策研究机构的支持下，一些"去激进化""反激进化"的项目被设计出来，英国开始对极端主义思想的传播进行抵御。这个概念快速地在受到恐怖主义挑战，尤其是受到伊斯兰极端主义挑战的国家中流行开来，众多西方国家，甚至沙特、马来西亚等伊斯兰国家都开始实施"去激进化"项目，以对抗和减少极端思想造成的影响，预防恐怖主义事件的发生，与此同时，学术界也出现了大量的关于"去激进化"的研究。

关于"激进化"的定义，政府和学界一直没有给出比较统一的解释，各国提出过不同的定义，例如：①丹麦安全情报局：个人逐步接受使用非民主或暴力的方法，包括恐怖主义手段，以达到特定政治目标或意识形态目标的过程。②荷兰情报与安全局：积极追求或支持一种深刻的社会变革，而这种变革可能损害社会民主和法律秩序的长久存在，有可能使用非民主的方法和手段来损害

---

[1] Lorenzo Vidino, Countering radicalization in America: lessons from Europe: United States Institute of Peace, 2010, p. 4.

[2] 国内也有很多学术文献将 radicalization 翻译为极端化，将 De-radicalization 翻译为去极端化，但是根据权威英文词典，这两个词应翻译为激进化和去激进化，如果翻译为去极端化容易与我国的宗教去极端化这个概念混淆，因此，本书中一律使用激进化与去激进化。

民主法律秩序。③美国国土安全部：逐步信仰极端主义的过程，包括愿意使用暴力、支持或协助将暴力作为一种影响社会变革的方法的过程。④瑞典安全局：激进化可以是以下任意两个进程中的一种：意识形态或宗教信仰逐步走向激进主义并意图给社会带来激进的变化的过程；个体或组织逐步走向倡导和使用暴力作为实现政治目标的过程。[1]

在以上的四种定义中，尽管表述有所不同，但是都提到了以暴力或非民主手段来实现某种政治目标或进行社会变革。学术界也提出了各种不同的解释：①激进化这个术语的出现是用于描述社会运动与国家之间的暴力形式的交互以及过程动态，激进化指不断紧张化与暴力的升级；②激进化可以被理解为导致政治暴力使用和升级的一个过程；③激进化可以被理解为一个导致暴力的激化过程；④很多研究者将暴力激进化的概念定义为在政治冲突中逐渐地倾向于使用暴力作为方法和策略的过程，从这个角度看，激进化这个词语在给定的情景下发生了变化，其定义变得更加偏激和绝对化，其目标的表达更加激进，它由对特定社会群体、社会机构和架构的敌意演化而来，它要求更多地使用暴力方法，因此，把激进化作为暴力组织之间的互动过程分析，或者作为相互有敌意的角色之间的互动效果分析也许会非常有益；⑤从功能上说，政治激进化是群体之间暴力冲突的序曲，描述性地说，激进化意味着信念、感情和行为的变化，这些变化使得人们越来越倾向于认为暴力是有必要的，而且需要牺牲才能保卫族群；⑥激进化可以被理解为策略性地使用武力来制造影响。[2]

与政府的定义相似，学术界同样认同激进化是一个过程，在这个过程中，人们逐渐倾向于接受以使用暴力作为实现目标的手段。阿列克斯·施密德认为这些定义都忽视了激进化是一个双方互动的过程这一事实，激进化应当被置于政治冲突的背景下去阐述，否则我们很难理解激进化到底是如何发生的。他对激进化给出如下的定义：激进化是一个个体或集体进程，经常发生在政治分歧的情景中，在双方冲突中常规的不同利益的政治角色之间的对话、妥协、容忍等方式被单方或双方抛弃，逐步倾向于使用对抗性战术，包括：①非暴力的压迫或高压政治；②恐怖主义以外的各种形式的政治暴力；③以恐怖主义暴力和战争罪的形式实施极端主义暴力。整个过程从位于反叛的一方来说，伴随着意识形态的社会化从主流或当前主导观点朝着更为激进化或极端主义的观点的演

---

[1] 维基百科："Radicalization"，载 https://en.wikipedia.org/wiki/Radicalization，最后访问时间：2016年10月2日。

[2] Schmid, "A. P. Radicalisation, De-Radicalisation, Counter-Radicalisation: A Conceptual Discussion and Literature Review", The International Centre for Counter-Terrorism-The Hague (ICCT, 2013), p. 6.

化，这些观点持有一种非黑即白的二元世界观，不再承认现有社会系统的合适与正当性，同时接受占主导地位的政治秩序之外的政治动员。[1]这种定义考虑到人们的激进化事实上是在政治冲突的背景下进行的，如果离开这个背景，大规模的激进化就无法解释得通。激进化是一个双方互动的过程，例如，伊斯兰宗教极端主义使得一部分欧美社会的穆斯林移民二代发生激进化，同时不断发生的恐怖主义事件也刺激了右翼极端主义的滋长，排外、仇恨穆斯林、伊斯兰恐惧症等思想在欧美国家越来越有市场，而这一切反过来又更加刺激了原本没有激进化或激进化程度不深的穆斯林，推动他们的思想进一步激进化。这也解释了为什么右翼极端主义与伊斯兰宗教极端主义会相伴而生，为什么在抵制伊斯兰宗教极端主义的同时也要抵制右翼极端主义和穆斯林恐惧症。

既然激进化是一个过程，那么去激进化和反激进化是否就是激进化过程的逆过程呢？联合国反恐实施特别行动队的恐怖主义激进化和极端主义工作组将他们的去激进化项目定义为"针对激进的个人，以使他们重新融入社会为目标，或者劝阻他们不要从事暴力活动"[2]。而去激进化和反激进化的区别在于，去激进化是针对已经发生激进化的群体，而反激进化是预防尚未被激进化感染的人群激进化。目前全球已经有三十多个国家开展了去激进化或反激进化项目。

去激进化和反激进化工作首先需要确定导致激进化的原因。导致人们激进化的原因是多方面的，既有政治、经济、文化因素，也有社会认同、社会网络因素，还存在一些个体心理因素。对于欧洲的穆斯林社区来说，较差的政治融合通常被认为是激进化的重要原因，穆斯林在政治体制中通常被忽视，并且没有重要的政策制定权。在国际政治方面，中东冲突中西方政府的外交立场，是穆斯林极端主义出现的原因。在经济方面，单独的经济贫穷并不会导致激进化，但是贫穷可以作为调节因素与其他因素共同导致激进化。在文化方面，伊斯兰恐惧症在欧洲越来越严重，欧洲的穆斯林经常遇到对他们所信仰的宗教的歧视和侮辱的情况；甚至穆斯林在就业、教育和住房等方面都受到排斥，而且人们对其传统印象已成定式并带有偏见。从社会层面上来说，社会网络影响了人们的激进化倾向，人们喜欢同与他们拥有同样价值观和信仰的人们交往。同一群体中的极端分子的态度和行为相同。社会网络动态对极端化的影响尤其表现在互联网上和监狱中，因为这两种场所都制造出了同一类群体密集相处的社会环

〔1〕 Schmid, "A. P. Radicalisation, De-Radicalisation, Counter-Radicalisation: A Conceptual Discussion and Literature Review", The International Centre for Counter-Terrorism-The Hague (ICCT, 2013), p. 18.

〔2〕 Institute for Strategic Dialogue, "Tackling Extremism: De-Radicalisation and Disengagement", *Copenhagen: Conference Report* (2012), pp. 1~2.

境。社会认同危机是导致激进化的重要因素，当人们遭遇身份认同危机时，例如，英国穆斯林不能认同自己的英国人身份，而更加认同自己的穆斯林身份时，激进化的风险就极大了。相对剥夺会引发集体行动，同样，相对剥夺也会引发人们的思想激进化，当整个穆斯林群体相对其他群体的境遇更为糟糕时，相对剥夺感就产生了。某些个别事件会突然刺激和加速激进化的进程，例如，一些有争议的社会事件、冲突事件、带有煽动性的演讲、公众人物不恰当的言辞等，都会刺激某些不良情绪的产生，从而加速激进化的进程。在个人方面，少年时期的不良经历、精神创伤和某些特定的人格容易产生激进化现象。针对以上这些因素，政府往往通过促进社会融合、改进境遇、促进沟通对话、反对歧视等手段，消除或减少导致激进化的因素，从而避免更多人思想的激进化。

去激进化、反激进化工作与反极端主义关系密切，去激进化和反激进化是打击和抵御极端主义侵蚀人们思想的重要手段，所以在完成去激进化、反激进化工作时，必须要同时遏制极端主义思想的传播与挑战极端主义思想。去激进化与反激进化工作是针对人群的防御工作，面对极端主义思潮的侵袭，对易感染群体实施预防性的教育督导措施，对已感染群体进行帮助、说服，将他们拉回到主流社会，均属于柔性的反极端主义预防措施。反极端主义工作不仅仅依赖防御性的去激进化工作，还可以使用更为主动和严厉的手段，例如，依法追究宣传极端主义的组织和个人的法律责任，依法取缔和禁止相关组织及其活动，删除或销毁相关传播资料，依法追究纵容极端主义信息传播的相关媒体或主管单位的责任等。

各国的反极端主义战略通常采用以下几种措施：①控制极端主义信息的传播，包括线上和线下的各种传播方式，与技术单位合作删除和屏蔽有害信息；②禁止极端主义者传播有害思想；③针对极端主义思想开展宣教工作，宣扬主流价值观；④与宗教组织合作，对极端主义思想歪曲宗教的说法予以批驳；⑤发现和鉴别激进化的个体，及时对激进化的个人采取帮扶、劝导措施，以防止他们进一步激进化；⑥加强对教育、医疗、社区、刑事司法等相关领域工作人员的培训，帮助他们识别激进化的特征，以尽早发现激进化个体并为其提供相应的帮助；⑦开发一些工具，依靠和动员大众，以便大众及时举报极端主义信息和激进化的个人；⑧促进社会融合，清除导致激进化的因素，例如，加强落后地区的教育、及时向落后者伸出援手、加强不同宗教之间的对话与沟通、消除偏见、反对伊斯兰恐惧症、反对右翼极端主义、推动穆斯林参与主流政治议程等。

二、典型国家或地区的去激进化和反极端主义策略

（一）英国去激进化和反极端主义策略

自二战以后，大量穆斯林移民流入英国，据英国国家统计署 2011 年的统计数据，英国的穆斯林人口达 278 万，占英国全国人口的 4%，主要分布在英格兰和威尔士，其中主要为巴基斯坦、印度和孟加拉裔。此外，英国的穆斯林群体呈现出年轻化的特征，其中半数以上年龄在 25 岁以下。[1]英国穆斯林群体的总体生活水平低，受教育水平低，失业率大大高于白人和其他族裔，加上语言、文化、宗教信仰与英国主流相异，因此，英国的穆斯林青少年具有极高的激进化风险。从 2005 年伦敦地铁爆炸案起，英国发生了一系列由本土成长的二代移民所发动的恐怖袭击，进而引发了英国政府对本土穆斯林激进化的重视。

英国的去激进化工作主要依赖于其反恐战略中的预防分支下的"疏导"（Channel）项目开展。这是一个由英国警方主导、多方参与的用于评估和发现处于恐怖主义影响风险之下的人员的项目，该项目还与安保合作伙伴以及犯罪预防与治理专家组共同工作。在苏格兰，警察部门创建了"预防性专业关心"程序，其目的与"疏导"计划相类似。当人们持有极端观点，显现出向恐怖主义发展的趋势时，这个人就会成为疏导项目计划帮助的对象。

疏导项目主要的合作伙伴有中小学、高等教育和继续教育机构、宗教信仰组织、健康与卫生机构以及刑事司法系统。在中小学，加强对在校教职人员的培训，使他们了解什么是激进化，培训他们识别孩子们的激进化特征以及告诉他们应该做些什么来帮助孩子；同时加强立法，建立相关标准以明确教师反对极端主义的义务，加强对私立学校的监控。根据英国政府的统计，参与过与基地组织相关的恐怖活动的罪犯中，有 30% 上过大学或接受过高等教育，另有 15% 接受过职业教育和继续教育，有 10% 还是在校生。因此，高等教育和职业教育机构是预防激进化的重点场所。英国反恐战略明确了高等院校和职业教育机构在预防青少年激进化、阻止恐怖组织招募工作中的义务，帮助这些院校理解激进化的风险，阻止不良分子到学校开展演讲等活动，并对其中一些高风险的院校给予长期重点的关注。政府部门会支持地方警察机构与这些高风险的院校开展合作，确保这些院校的老师和学生得到正确的教育，并禁止开展秘密宣扬极端主义思想的地下聚会。

由于恐怖主义和极端主义经常披着宗教的外衣开展活动，因此，英国政府

---

〔1〕 胡雨："英国穆斯林族裔及其社会融入：回顾与反思"，载《世界民族》2015 年第 5 期。

十分重视与宗教信仰组织开展合作，寻求与宗教组织之间的对话，并请德高望重的宗教人士走进激进化群体，向受到蛊惑的人们提供帮助。

由于有学习障碍和精神障碍的人极容易受到极端主义的蛊惑，并且这些人很有可能向医生坦白他们的真实想法，因此，与卫生健康行业开展合作是非常有必要的。政府鼓励卫生健康行业的工作人员在发现激进化人员时，及时向政府相关部门通告，以保证这些人得到及时的帮助和劝导。

在刑事司法领域内，青少年犯罪预防与青少年激进化的预防工作在很大程度上有重叠，因此，英国政府加大了对青少年犯罪预防和青少年司法领域工作人员的培训力度，帮助他们认识并识别激进化的特征和各种迹象，使得他们能够及时帮助那些有激进化风险的青少年。

监狱是发生激进化的高风险场所，由此，国家罪犯管理局设计了一个衡量罪犯激进化的行为标准，并通过该标准筛查高风险对象，同时采取各种辅助措施以及时阻止和干预在押人员的激进化。英国政府还开发了一个名为"修身"的课程（Tarbiyah），该课程可以帮助罪犯正确地理解伊斯兰教。

在社区内，政府将反恐警务、社区警务工作结合起来，通过警官及时了解和发现社区内潜在的激进化个体，以及时阻止其进一步被极端主义吞噬和对其展开帮助。在高风险社区，政府对学校一线教职员工进行培训，及时发现和劝阻有意图前往高风险地区的人们。内政部开发了一个名为"家人很重要"（Family Matter）的项目，由社区发起活动，阻止青少年前往高风险地区参战，并鼓励这些家庭的父母及时向相关部门寻求帮助。政府还在全国的清真寺、旅行代理商、港口和货币兑换处张贴了告示，警示前往伊拉克和叙利亚等地区的危险。对于从这些地方归来的人，政府会对他们的风险进行评估，如果确定是高风险人员，那么就会将他们推荐到疏导项目，由疏导项目向他们提供必要的帮助。

英国特别重视在互联网上打击极端主义及预防青少年激进化。2011 年的反恐战略就提出了网络在宣扬极端主义、青少年激进化以及恐怖主义人员招募中的重要作用。英国政府加强了与教育、互联网产业、互联网举报部门以及地方政府的合作，一方面，限制人们在公共场合接触到这些信息的可能；另一方面，尽可能地删除有害信息。政府还与图书馆、教育部门合作，确保在学校、公共图书馆等场所上网的学生、读者不能接触到有害信息。同时，英国 2006 年的恐怖主义法案中的相关条例支持了对涉恐信息的管理和删除。其中，第 1 条和第 2 条规定了参与恐怖主义和散播恐怖主义出版物都是犯罪行为；第 57 条将有恐怖主义目的而持有相关文献定为犯罪；第 58 条将在没有合理理由的情况下收集、记录和持有可能被用于恐怖主义行动的信息定为犯罪；第 3 条将那些已经通知过，但是在没有合理理由的前提下，在一定期限内仍然拒不删除那些涉恐和非法资料的，视为支持恐怖主义的行为。当信息资料已经达到了非法标准，如果其主机在英国境内的，反恐联合举报中心（CTIRU）将与皇家检察院合作发起诉讼，且反恐联合举报中心将尽可能地与工业界合作删除这些信息，例如，2014 年反恐联合举报中心共删除涉恐违法信息四千六百多条，其中 70% 涉及叙利亚与伊拉克；如果主机在国外的，反恐联合举报中心将与国际执法部门和私有领域合作，以删除这些信息。同时，政府开发了"导政察恐"（Directgov Terrorist）这个在线工具来帮助公众向互联网公司举报非法材料，如果这些材料中包含了法案条款中所规定的内容的，互联网公司将会删除这些信息。

面对恐怖主义和极端主义的侵袭，英国的多元文化政策逐渐呈现出偏向保守的趋势。在每一年的反恐战略中，对极端主义的措施不断收紧，从 2011 年的"令极端主义思想接受公开的讨论"，到 2013 年的"建议通过进一步的立法来处置那些十分小心地在反恐法律和仇恨言论的约束框架之内宣扬极端主义观点的个人和团体"，再到 2014 年的"使用内政大臣的权力来驱逐来自这些国家的极端主义思想宣传者，禁止和取缔那些为极端分子和恐怖主义意识形态提供宣传平台的组织"。尽管在是否能够戴面纱、穿宗教传统服饰方面也发生过一些争论，但是，总的来说，英国的反极端主义政策是以疏导和柔性管理为主的，尽量地尊重穆斯林社区文化和宗教传统。

（二）美国的去激进化和反极端主义策略

在 2009 年以前，美国政府一直认为，美国穆斯林并没有发生激进化的现象。2008 年，参议院国土安全委员会还发布了题为《伊斯兰暴力极端主义、互联网和本土恐怖主义威胁》的报告。报告认为，本土恐怖主义所必需的激进化过程在美国发生的可能性低于其他国家。[1]但是，早在 2005 年伦敦地铁爆炸案发生之后，就有一些美国国内的政府官员和政客提出要重视美国国内的穆斯林激进化问题。例如，联邦调查局主任罗伯特·穆勒称："今天，恐怖威胁可能来自于和基地组织没有关系的个体或团伙，且这些人均受到暴力'吉哈德'信息的激励。本土恐怖分子即使不比基地组织更危险，那么至少一样危险。"[2]众议员简·哈曼也曾说："国内激进化导致美国本土发生暴力恐怖是美国面临的最大威胁之一。"[3] 2007 年简·哈曼还向国会提交了《暴力激进化与本土恐怖主义预防法案》，并且在众议院高票通过。但是由于该提案遭到广泛的争议与质疑，最终未能在参议院通过。主要的批评观点是担心该法案会使政府滥用反恐权力，

---

〔1〕 杨忠东："美国穆斯林拒绝极端化的经验探析"，载《中国穆斯林》2015 年第 6 期。

〔2〕 David Schanzer, Charles Kurzman, Ebrahim Moosa, "Anti-Terror Lessons of Muslim-Americans", 2010. p. 9.

〔3〕 David Schanzer, Charles Kurzman, Ebrahim Moosa, "Anti-Terror Lessons of Muslim-Americans", 2010. p. 8.

还有媒体以"思想警察到来了"质疑该法案违背了美国思想自由的传统。[1]而一些民权组织也认为,执法部门应该关注的是行动而不是思想。

2009 年以后,由于前往中东参战的美国穆斯林数量不断增加,从而使美国政府意识到预防极端主义的必要性。2010 年,美国和平研究所发布了名为《如何抵御激进化——来自欧洲的经验》的报告,[2]对美国政府实施去激进化政策提出了一些建议,例如,了解激进化的过程、明确政府要针对的仅仅是暴力极端主义还是所有的极端主义思想、重视意识形态在西方穆斯林激进化过程中的作用、慎重选择合作伙伴、避免污名化穆斯林群体等。2011 年 8 月,白宫发布了《强化地方社区,预防全美暴力极端主义的战略》(以下简称《战略》)。《战略》分为三大部分:①强化联邦政府与地方政府的联系,加强联邦政府对那些容易成为激进化目标的社区的支持;②提高政府与执法部门预防暴力极端主义的专业能力;③在反对暴力极端主义宣传的同时,宣扬美国主流意识形态。针对每一个部门,《战略》分别细化为几个方向,并针对每一个方向提出了当前的措施与活动以及未来一段时间的措施与活动。

1. 强化联邦政府与地方政府的联系,加强联邦政府对那些容易成为激进化目标的社区的支持。其主要包括以下几点:①提高联邦政府与地方社区合作的深度、广度和频率,就社区对民权、反恐安全措施、国际事件和国外政策等方面的担忧展开深度的交流。去激进化的工作重点在于地方和社区,因此,联邦政府与地方的合作深度以及社区参与响应去激进化工作的程度,都对去激进化政策的实施有着重要影响。在去激进化工作中,由美国联邦检察官与地方政府共同确定应该在哪些社区开展去激进化的深度合作。并且,在地方层面上地方检察官是帮助和驱动社区参与的主要角色。另外,在 2010 年 10 月,美国政府成立了一个由司法部和国土安全部共同领导的特别任务小组,它的任务是在国家层面上协调社区参与工作。②孕育以社区为主导的预防项目,通过基于社区的方案来培养社区对抗暴力极端主义的能力;利用已有的社区问题解决模式和公共安全合作伙伴关系,来强化联邦政府与地方政府以及地方执法部门之间的合作;促进社区参与和构建良好的合作伙伴关系,给社区提供信息与培训、资源与资金,帮助他们建立与慈善机构、私有机构之间的关系。③美国政府在去暴力激进化战略中就已经形成了大量的联邦政府与地方政府和社区合作的项目,

〔1〕 WikiPedia, Violent Radicalization and Homegrown Terrorism Prevention Act of 2007, https://en. wikipedia. org/wiki/Violent_Radicalization_and_Homegrown_Terrorism_Prevention_Act_of_2007.

〔2〕 Lorenzo Vidino, Countering Radicalizationin America: lesson from Europe: United States Institute of Peace, 2010.

并建立了良好的伙伴关系，这些项目包括公共安全项目、犯罪预防项目、青少年犯罪预防项目、社区恢复项目，去激进化工作与合作伙伴关系完全可以基于已有的这些项目展开，充分利用这些资源，例如，基于已有的少年儿童上网保护项目，开展预防青少年浏览在线暴力激进化内容的工作。对教师、医生等行业的从业者进行培训，使他们意识到自己可以为去激进化工作做出贡献。

2. 提高政府与执法部门预防暴力极端主义的专业能力。其主要内容包括：①通过资助研究、分析以及建立与他国政府、学术机构、非政府组织的合作关系来提高对恐怖主义的理解。美国政府通过智库、学术机构、工业界等途径，已经建立了非常完善的对极端主义的分析和研究，并且美国还与国际合作伙伴共同交流了去极端化的最佳实践经验。国土安全部的科学技术基金赞助了一些研究极端主义的项目，从 2009 年到 2011 年，这些研究项目一共递交了 20 多份研究报告。除了研究报告外，还有大量的关于极端主义的情报分析。例如，国土安全部情报分析办公室与联邦调查局、监狱管理局和国家反恐中心合作，对每个州的矫正系统进行评估，考察他们是否具备检测出那些表现出暴力极端主义行为的个人的能力，是否能够与其他机构共享这些信息。②加强联邦政府与州、地方、部落、政府部门和执法机构关于恐怖分子招募与激进化的信息共享。例如，联邦调查局与公共安全合作伙伴共享暴力激进化信息；国土安全部开展了恐怖主义嫌犯研究和暴力激进化评估研究项目，并与地方分享；将各地的情报官员和融合中心的主任汇集在一起进行培训，以增强他们对打击暴力极端主义的理解。③基于最新的研究成果，开发和使用关于极端主义知识的标准化培训课程，推广最好的社区合作模式。《战略》认为，尽管在过去的时间里，联邦政府已经资助了很多与反恐和去激进化相关的培训，但是，其中有很多信息并不准确，而且与国家的核心价值观并不十分相符，这些错误的信息反而对去激进化政策的顺利实施有害。因此，《战略》提出，要改进联邦政府关于去激进化培训的课程，通过发布培训指导、推广最佳实践经验、与学界合作进行标准课程的研发等工作，推广标准、正确的去暴力极端主义培训。

3. 宣扬美国主流价值观，抵制暴力极端主义宣传。其中包括以下内容：①增强社区直接抵制暴力极端主义意识形态的能力。美国国家反恐中心于 2010 年创立了《社区警示简报》，为讨论政府和社区能够做什么来对抗暴力极端主义提供了平台。②加强与美国公众的沟通，使公众了解暴力极端主义的危害，以及纠正公众对暴力极端主义的错误认识，告诉公众美国政府所做的应对工作。联邦政府通过向国会递交简报、发表公共演说、媒体采访等方式向公众宣传暴力极端主义的危害，帮助公众认识暴力极端主义。③利用新技术清除暴力极端主义的在线危害。网络极端化宣传在不断增长，这种宣传方式直接绕过了社区和家长，因此，《战略》建议，建立专门的阻止网络激进化宣传的策略。

（三）俄罗斯的反极端主义策略

俄罗斯自 20 世纪 90 年代起就受到各类极端主义的威胁，其中，主要的危害是民族（种族）极端主义和宗教极端主义。在 20 世纪 90 年代初期，俄罗斯还很少发生恐怖主义事件。根据马里兰大学的全球恐怖主义数据库，1991 年俄罗斯仅发生 2 起恐怖主义事件，随后，随着车臣反政府武装的崛起，车臣恐怖分子制造了大量的恐怖袭击。例如，1995 年 6 月 14 日，车臣反政府武装头目巴萨耶夫在布杰诺夫斯克制造恐怖事件，绑架了 1500 多名人质，最终造成 105 名人质和 25 名军警的死亡。从 1991 年到 2012 年，俄罗斯境内共发生了 1895 起恐怖事件，其中 2000 年和 2010 年是恐怖活动的两个高峰时段。2001 年，自第二次车臣战争之后，俄罗斯开始构建反极端主义的战略体系和相关法律。

在俄罗斯的《宪法》中，已经明确规定了禁止从事煽动社会、种族、民族或宗教仇恨和敌视的宣传和鼓动活动与禁止宣传社会、种族、民族、宗教或语言的优越性的条例。2002 年，俄罗斯又通过了《俄罗斯反极端主义活动法》，该法律明确了极端主义活动、极端主义组织、极端主义标志等概念，明确了反极端主义的组织基础，以及应对各类极端主义组织活动、极端主义信息资料传播所可以采取的法律手段，明确了政府、企业、个人反极端主义的责任。除了立法以外，俄罗斯的一系列国家战略都将反极端主义列入其中。例如，《俄联邦反恐构想》分析了俄罗斯恐怖主义产生与扩散的原因，将极端主义在国内外以及互联网上的传播与扩散列为主要因素；2009 年出台的《2020 年前俄罗斯国家安全战略》，将完善反恐怖主义与反极端主义的立法列入保障国家安全的远景政策方向；2014 年的《2025 年前俄联邦抵制极端主义战略》，定义了极端主义、极端主义思想等重要概念，分析了极端主义产生的原因，提出了综合治理极端主义的方法策略。俄罗斯还制定了三部规划性文件，即《2001～2005 年在俄罗斯社会中形成宽容意识与预防极端主义的方针》《2008～2012 年俄联邦信息反恐综合计划》《2013～2018 年俄联邦抵制恐怖主义思想综合计划》，以辅助战略的实施。

与其他国家的方法相似，俄罗斯应对极端主义同样是从立法打击和综合治理两个方面入手。俄罗斯的《反极端主义法》是打击极端主义组织活动和极端主义思想传播的主要法律，授予执法机关预防、警告、严重警告以及取缔从事极端主义活动的组织和团体的权力；《反极端主义法》还禁止媒体传播极端主义材料和实施极端主义活动，禁止大众通信网络传播极端主义信息，禁止生产、存储和传播极端主义材料，禁止境外极端主义组织入境活动。此外，俄罗斯的《刑法》《信息、信息技术与信息防护法》《行政处罚法》《信仰自由与宗教团体法》等，都从各自的角度对极端主义犯罪，极端主义信息的在线传播，煽动民族分裂、宗教团体从事极端主义活动进行打击。

在进行立法打击的同时，俄罗斯非常重视通过综合治理手段铲除滋生极端主义的土壤，防止极端主义的传播与蔓延。综合治理方面主要的措施有如下几个方面：

1. 开展反对极端主义的舆论宣传，引导青年认同俄罗斯文化价值观。通过媒体的广泛宣传、制作各类宣传材料、在线传播广告、组织形形色色的教育活动，加强俄罗斯文化传统、精神和道德与爱国主义价值观的宣传，以强化青年的国家认同和俄罗斯文化认同，强化俄联邦各民族历史上是同一民族的思想。出台国家政策支持预防极端主义现象的电视节目与文化产品的制作。2008 年 ~ 2010 年，俄媒体平均每年向公众发布近 4 万份反恐资料，向互联网发放 5000 多份资料；媒体对联邦主体反恐委员会和行动指挥部、国家权力机关、议员、社会组织、宗教团体、反恐专家进行了 2 万多次采访，并在外国媒体发表 500 多篇报道；反恐委员会主导出版了近 5000 种书籍；组织观看反恐电视节目与电影、新闻、论坛、汇演、竞赛和展览共计 1500 多次。2010 年 ~ 2012 年，联邦与联邦主体媒体报道了 25 万篇反恐类文章，制作了 2000 多部视频作品（电影、纪录片、社会广告视频等）。

2. 重视教育领域的预防工作，加强对青少年的教育与引导。在教育机构开设爱国主义、友善行为文化、民族与宗教友谊等课程，强化青少年抵御极端主义思想的能力；将俄罗斯传统文化价值的教学写入教学计划和教科书；在记者传媒专业教育标准中加入报道反极端主义的教育方案；确保高校积极开展大学生预防极端主义的工作；在教育机构中开展社会学调查，监控青年人的越轨行为，分析青年亚文化活动，查明极端主义思想的传播情况；通过组织活动、提供设施等方式来促进儿童、未成年人、青少年参与各类娱乐活动和文体活动，发挥他们的潜能，提高他们的文化素质。截至 2012 年，俄联邦 21 个主体已经完成了两年期的"宗教文化与世俗伦理学"课程，其中包括东正教、伊斯兰教、佛教、犹太教的宗教文化与世俗伦理基础教育，并使这一课程在全俄推广。从 2012 年 10 月开始，全俄罗斯的中学开设了反恐怖主义与极端主义基础课程。

3. 促进民族、宗教间的相互尊重与和谐相处，加强宗教管理。监测俄联邦种族、民族与宗教的关系及社会政治形势，防止产生冲突或者激化冲突。通过举办各类活动，促进民族和宗教之间的交流与互信，例如，组织一系列以民族团结为主题的"宽容联欢节"。保障公民信仰自由，保障民族平等，保障宗教信仰得到尊重。提高俄罗斯宗教学校的权威，并由国家资助建立监控系统，对出国学习宗教的俄罗斯公民实施监控。成立伊斯兰文化、科学与教育基金会，为伊斯兰教自主防范极端主义的传播提供有效平台。俄罗斯穆斯林宗教管理局还出版了多种杂志和电视节目，宣扬传统伊斯兰信仰，抵制宗教极端主义对宗教的歪曲，同时还在互联网上同时用多种语言在线出版。

4. 动员社会各界共同抵制极端主义。抵制极端主义需要全民行动。俄罗斯充分动员了媒体、教育机构、宗教机构、工人组织、老战士和青年组织团体，以及文艺界、科学界、民族宗教的权威人士，邀请他们以主动揭露、积极参与宣传教育的方式参与打击极端主义。2010 年～2012 年，各类反极端主义的讲座在学校举行了大约 2 万次，针对各类易受极端主义感染的脆弱人群的讲座大约举办了 24 万次。俄罗斯不断加大对学术界开展各类恐怖主义、极端主义研究的资助，建立了各类打击恐怖主义和极端主义的研究中心。此外，俄罗斯政府还动员全民举报、及时发现和清除极端主义的活动。

5. 严格出入境管理，积极开展国际合作。完善相关的移民政策，打击有组织的非法出入境活动。强化边境管控，建立不受欢迎的外国公民信息系统，防止极端主义分子入境活动。完善移民融合的社会与文化方案，促进移民融入社会。积极与国外情报和执法机关开展反极端主义合作。建立双边或多边协议，打击在线极端主义传播。[1]

（四）澳大利亚的去激进化和反极端主义策略

澳大利亚在 2015 年颁布的反恐战略中指出，限制恐怖主义威胁的根本是限制暴力极端主义意识形态的传播和影响。该战略强调地方与社区的作用，尤其是家人和朋友比外部力量更能够阻止激进化的发生。澳大利亚政府建立了网站（islamate. org. au）和电子刊物（The Point Magazine）来弘扬宗教正信，建立主流宗教领袖、社区领导人和青少年之间的沟通渠道，以免青少年受到极端主义的蛊惑。澳大利亚政府强调了网络和社区在反对极端主义工作中的重要性，努力促进与社区、私人企业和国际伙伴的合作，努力打击在线极端主义宣传，并通过制定相关政策，授权社区和社会团体一同抵制极端主义思想。

此外，澳大利亚反恐战略强调，要从两个方面防止人们的激进化。一方面，鉴别出促使人们走向激进化的因素，尽最大努力去清除这些因素。例如，有研究表明，社会隔离、渴望成就感或归属感、长期待业、犯罪、对政治不满等都是激进化的驱动因素，那么，政府就需要通过提升社区凝聚力和参与程度减小上述驱动因素的影响，具体如提供教育、帮助社区居民找工作、预防犯罪、提倡工作场所多元化以及协助家庭和社区组织等。另一方面，政府通过帮助具有

---

〔1〕 参见戴艳梅、郑迪、唐春华：“恐怖主义思想防范体系构建：俄罗斯的实践与启示”，载《云南师范大学学报（哲学社会科学版）》2016 年第 3 期。

激进化风险或者已经处于激进化进程中的人来阻止他们进一步激进化，帮助他们回归主流社会，主要的手段包括指导和辅导、咨询、教育和就业扶持以及拓展和领导力项目。政府还鼓励家庭成员向政府求助，以帮助家庭中走在激进化道路上的亲人回归。

同时，澳大利亚政府加强了对从中东回流的参战者的管理。根据其表现，可以对其海外犯罪进行起诉、驱逐出境或剥夺其公民权；愿意改过自新的，可以让其参与社区的反暴力极端主义项目和其他恐怖主义预防项目。通过严格的出入境管理和边检措施，限制暴力极端主义的宣传分子入境，同时阻止国内人员出国参战。

三、我国的反极端主义策略

宗教极端主义对我国新疆地区的渗透由来已久。自改革开放以后，党和政府恢复了宗教民族政策，对宗教界的冤假错案进行了平反。一些被政府处理过的宗教极端分子和分裂分子也被平反释放，并在人大、政协担任了职务。新疆宗教极端势力的重要人物阿不力克木·买合苏木就是在此时被释放的。被释放后，他私下举办经文班，培养了800余名弟子，这些人成为新疆第一批宗教极端分子。宗教极端思想自改革开放后的第一个十年在新疆萌芽滋生，并在20世纪90年代蔓延和泛滥，导致当时新疆的恐怖活动达到高峰。"9·11"事件以后，随着国际反恐合作的加强以及我国反恐力度的加大，恐怖主义活动得到了抑制。但是，在意识形态领域，宗教极端势力的攻势却开始加强，新疆某些地区特别是南疆的宗教极端主义升温。这一阶段，宗教极端势力主要通过以下几个方面对意识形态进行渗透：①宣扬信仰极端化，以伊斯兰原教旨主义对教民的生活习俗进行渗透，将清真概念泛化，强化宗教意识，制造民族与宗教隔阂，抵制世俗化的生活；②通过地下讲经场所煽动和欺骗青少年；③歪曲历史，鼓吹民族独立，利用社会经济政治发展中的问题，挑拨激化矛盾；④与国际宗教极端势力合流，利用互联网加大对青少年思想的渗透。

我国已经通过立法来打击极端主义。其具体表现在以下方面：①《反恐怖主义法》第4条第2款规定，国家反对一切形式的以歪曲宗教教义或者其他方法煽动仇恨、煽动歧视、鼓吹暴力等极端主义，消除恐怖主义的思想基础；②规定了4种宣扬极端主义的违法行为以及10种利用极端主义危害公共安全、扰乱公共秩序、侵犯人身财产、妨害社会管理的违法行为；③明确了公安机关和有关部门处置极端主义的责任和现场处置措施；④明确了单位和个人举报极端主义物品、资料和信息的义务。此外，《反恐怖主义法》还系统地规定了去极端化教育改造的制度和措施，其教育对象包括参加极端主义活动但尚未构成犯罪的人员、在押服刑人员以及刑满释放的人员；《刑法修正案（九）》还增设了4条与极端主义犯罪相关的法条："宣扬恐怖主义、极端主义、煽动实施恐怖活动罪""利用极端主义破坏法律实施罪""强制穿戴恐怖主义、极端主义服饰、标志罪""非法持有宣扬恐怖主义、极端主义物品罪"。

反极端主义是一项长期的任务，需要综合治理，全社会共同动员。除立法打击外，在宗教极端主义思想严重泛滥的新疆地区，新疆维吾尔自治区政府还开展了以去宗教极端化为重点的反宗教极端主义全面综合治理工作。2010年，新疆维吾尔自治区提出以现代文化为引领，抵制和消除宗教极端思想的影响。同年，提出了"一反两讲"的口号，即反暴力、讲法治、讲秩序。2011年10月，新疆维吾尔自治区展开部署，要依法加强对宗教事务的管理，抵制和消除宗教极端思想的影响，并安排有关部门牵头，就宗教极端思想渗透的情况展开调研。2012年1月，时任新疆维吾尔自治区党委书记的张春贤同志，在与和田地区、皮山县党政领导座谈时首提"去极端化"目标。2013年5月，新疆维吾尔自治区形成了一份遏制宗教极端思想渗透的工作意见，区分了民族习俗、正常宗教与宗教极端思想的界限，明确了宗教极端主义的多种表现形式。这份意见成为各地去极端化的主要参照依据。为了预防、遏制和消除极端主义，教育疏导受蒙蔽的、受到极端主义侵害的群众，铲除恐怖主义、极端主义犯罪的土壤，2017年3月29日新疆维吾尔自治区第十二届人民代表大会常务委员会第二十八次会议通过《新疆维吾尔自治区去极端化条例》，该条例于2017年4月1日施行。这是新疆首部关于去极端化方面的地方性法规，也是依法治疆、建设法治新疆的一项重要立法。该条例将去极端化工作纳入法治化、规范化和日常化的管理轨道，为深入推进去极端化工作提供了有力保障。2018年10月9日根据新疆维吾尔自治区第十三届人民代表大会常务委员会第五次会议《关于修改〈新疆维吾尔自治区去极端化条例〉的决定》，对《新疆维吾尔自治区去极端化条例》进行了修订。

新疆的反极端主义工作主要是从宗教、文化、教育、法制几个方面抓起，积极加强干部、教师队伍的管理和培训，团结包括少数民族知识分子、权威宗教人士以及各民族在内的社会各界力量，共同抵制宗教极端主义。新疆维吾尔自治区政府提出，治理宗教极端主义，要"正信挤压、文化对冲、法治约束"三管齐下，即"正信挤压突出的是正本清源、澄清模糊认识，用正确的教义启发信教群众的内心自觉，文化对冲突出的是思想引领和氛围营造，法治约束突出的是规范和打击"。2014年的新疆"两会"上又提出了用好"五把钥匙"的思路，"一把钥匙开一把锁"。极端思想的产生与社会政治经济条件有密切的关系，治理宗教极端主义必须从基层抓起。新疆维吾尔自治区政府在 2014 年开展了"访民情、惠民生、聚民心"的"访惠聚"行动，动员各级干部扎根基层，了解民情，解决人民生活中的切实困难，从而推动基层工作，改善民生，汇聚民心，铲除极端思想生长的土壤。

（一）加强宗教管理，以正信挤压极端

习近平主席在 2016 年全国宗教工作会议中指出，宗教问题始终是我们党治国理政必须处理好的重大问题，宗教工作在党和国家工作的全局中具有特殊重要性，关系中国特色社会主义事业的发展，关系党同人民群众的血肉联系，关系社会和谐、民族团结，关系国家安全和祖国统一。

宗教极端化是造成新疆地区极端主义泛滥的主要原因。宗教极端化的现象早有苗头。20 世纪 90 年代后，南疆一些地区开始受到伊斯兰原教旨主义的渗透，原本能歌善舞、衣着鲜艳的维吾尔族群众受到伊斯兰原教旨主义思想的蛊惑，开始穿着黑袍，年轻人留大胡子，强迫妻女蒙面，禁止歌舞，并且指责或威胁生活较为世俗化的教民，再到后来发展为干涉义务教育、婚姻，抵制法律和政府管理。

新疆的去极端化政策强化了对宗教事务的规范和管理，出台了《关于进一步依法治理非法宗教活动、遏制宗教极端思想渗透工作的若干指导意见（试行）》，区分了民族习俗、正常宗教与宗教极端思想的界限，明确了宗教极端主义的多种表现形式。文件为基层干部做好管理工作提供了依据。2014 年 11 月 30 日国务院新修订了《宗教事务条例》，以保护合法、制止非法、遏制极端、抵御渗透、打击犯罪为原则加强了对宗教的依法管理，禁止传播宗教极端思想和宗教狂热，明确了宗教活动的法律边界。

通过"正信挤压"，对已经受到宗教极端思想侵蚀的人员进行教育。教育主要采取"滴灌式"的疏导方式，细水长流、耐心坚定地开展去极端化教育。教育疏导的重点对象有三种人员：①在押人员，包括监狱中的服刑人员；②受宗教极端思想影响的群体；③易发生暴恐案件的重点乡村的群众。去极端化教育首先就是要用正确的宗教教义去纠正宗教极端思想，请精通宗教知识的去极端化专家和干部与监狱服刑人员进行交谈，通过讲宗教、辩经、谈心的方法，用宗教正信破除宗教极端思想，使他们认识到宗教极端思想的危害和目的。

制作和出版各类弘扬宗教正信、抵制宗教极端思想的出版物和电视节目（包括在线出版物和节目）。自治区民委（宗教局）依据《古兰经》和《圣训》，针对宗教极端势力散布的歪理邪说，编写了《伊斯兰教倡导和平、宽容》等专题"卧尔兹"，对"圣战殉教进天堂"等谬论有针对性地进行批驳。会同新闻出版部门，制定面向信教群众和宗教人士的民族宗教政策，编写基础知识普及读本，有选择性地出版伊斯兰教经书、典籍和常识性、礼仪性通俗读物，发行相关视听产品，发放到基层，以满足信教群众的正常需求。自治区伊协通过远程教育平台，对全区宗教界进行了揭批暴恐的视频讲话，并制作成《作恶者必下火狱》"卧尔兹"光盘12万张，下发至全疆各地。

习近平主席在2016年全国宗教工作会议上强调，"宗教团体是党和政府团结、联系宗教界人士和广大信教群众的桥梁和纽带，要为他们开展工作提供必要的支持和帮助，尊重和发挥他们在宗教内部事务中的作用，努力建设政治上可信、作风上民主、工作上高效的高素质领导班子。要坚持政治上靠得住、宗教上有造诣、品德上能服众、关键时起作用的标准，支持宗教界搞好人才队伍建设。要坚决抵御境外极端势力利用宗教进行渗透，防范宗教极端思想侵害。"新疆维吾尔自治区各级政府定期举办讲座，强化宗教人士对宗教知识、法律知识、民族政策的理解，强化宗教人士的爱国主义思想。通过评选"五好"宗教人士（爱国爱教好，解经讲经好，民族团结好，文明教风好，发挥作用好），鼓励宗教人士成为政治上靠得住、学识上有造诣、品德上能服众、关键时刻起作用的爱国爱教的宗教人。

邀请宗教界权威人士开办讲座，或借助电视、网络等媒体举办访谈类节目，加强民族团结，维护社会稳定，同时结合宗教教义教规，利用通俗易懂的语言宣传国家法律法规、民族宗教政策，使广大群众深入理解宗教极端主义的危害和"去极端化工作"。基层政府则可以邀请本地区德高望重的宗教人士向广大群众揭露和批评宗教极端分子对宗教教义的歪曲，用伊斯兰教主张的爱国、和平、团结、中道、宽容、善行等观点抵御极端思想，共同建设团结、友爱、和平的和谐社会。例如，喀什地区实施了以百名民族理论专家和百名"草根宣讲员"为主的"双百"工程；昌吉州以维吾尔语、哈萨克语、国家通用语言三种语言进行身边人说身边事的"草根化"宣讲；和田地区、阿克苏地区开展各类宣讲6515场次，受教育群众达185万人次。[1]

（二）以现代文化引领，强化五个认同

文化的核心是价值观和价值体系。而现代文化的内涵是：现代知识、现代科学技术、现代生产方式、现代生活方式、现代思维方式和现代思想、现代精神、现代信仰、现代宗教观念、现代艺术，它们共同熔铸了一种现代价值观。所谓现代文化引领，就是要用现代公民社会的科学、多元、创新、宽容、开放的价值观对抗宗教极端思想中的封闭、保守、狭隘、一元、极端、非此即彼的

---

[1] "努力发挥宗教人士在'去极端化'工作中的作用"，载 http://news. hexun. com/2015 - 03 - 01/173630399. html，最后访问时间：2015年3月1日。

价值观。

1. 弘扬中国文化，强化五个认同，促进民族团结。在 2014 年 5 月 28 日至 29 日召开的第二次中央新疆工作座谈会上，习近平主席指出，"要在各族群众中牢固树立正确的祖国观、民族观，弘扬社会主义核心价值体系和社会主义核心价值观，增强各族群众对伟大祖国的认同、对中华民族的认同、对中华文化的认同、对中国共产党的认同、对中国特色社会主义道路的认同"。其中，对中华民族、中国文化的认同是根本。我国是一个统一的多民族国家，各民族共同缔造了伟大的祖国，共同捍卫了祖国的统一。中华民族是一个命运共同体，各民族都要增强中华民族共同体意识，强化中华民族一员的意识，牢固树立各民族水乳交融、唇齿相依、休戚相关、荣辱与共的观念和中华民族利益高于一切的思想，始终把中华民族的共同利益摆在首位。中华文化是各民族优秀文化的集中体现。新疆是一个多民族、多宗教、多元文化的地区，解决好文化认同问题极为重要和关键，文化认同既是政治认同、民族认同、国家认同的重要基础，也是民族团结之根、民族和睦之魂。

2. 弘扬少数民族传统文化。我国新疆各个少数民族都有着灿烂悠久、丰富多彩的民族文化，新疆少数民族能歌善舞，在音乐、舞蹈、美术、文学等艺术领域创造了大量的文化瑰宝。宗教极端势力却四处散布着诸如"唱歌失声""弹琴手残""跳舞是效仿撒旦"等谬论，阻止开展"麦西来甫"等民间文化艺术体育活动，甚至阻止音乐、传统歌舞、绘画、雕塑等社会文化活动，逐步侵蚀新疆少数民族优秀传统文化，割裂新疆一体多元的文化格局，刻意制造新疆少数民族文化的认同危机。只有发掘和弘扬各个少数民族传统文化，恢复各民族丰富多彩的文化生活，才能够有力地抵制伊斯兰原教旨主义和极端宗教思想对民风民俗的腐蚀。

3. 建设各类文化基础设施，积极制作各类文化产品，组织各类文化活动。引导群众坚持和追求世俗化、现代化的生活方式，引导宗教与社会主义社会相适应，与现代社会相适应。政府投资建设各类文化、体育场所基础设施，编排和举办各类文化娱乐活动，开展文化下乡活动，把优秀文艺作品送达"最后一公里"，把现代文化的种子播到"最远一家人"，丰富群众的文化娱乐生活。例如，阿克苏地区先后投入 5.7 亿多元建立阿克苏博物馆、体育馆、乡村青少年宫、艺校教学楼、歌舞团排演厅等城乡文化设施；投入 2000 多万元建设 1106 户（个）"农家书屋"，达到所辖行政村"农家书屋"全覆盖的目标；投入 650 万元新增农村大喇叭 1.2 万余只，实现了每个自然村至少拥有 2 只以上大喇叭；投入 3000 余万元建成了 74 个乡镇综合文化站，基本形成了地、县、乡、村四级公共文化服务体系。又如，新疆维吾尔自治区举办"去极端化"戏剧周，伊犁州、阿克苏地区、喀什地区、和田地区组织编排参演了各类话剧，用真实感人的戏剧讲述民族团结、社会发展，反对宗教极端思想。

（三）加强基础教育，做好青少年思想防范

校园是极端势力重点争夺的战场。青少年是祖国的未来，只有牢牢把握住青少年的教育，才能在反对极端主义这场长久的战役中获得最终胜利。

1. 提高入学率，强化义务教育。习近平主席在第二次中央新疆工作座谈会上指出："要坚持教育优先，培养优秀人才，全面提高入学率，让适龄的孩子们学习在学校、生活在学校、成长在学校。要吸引更多优秀人才投身教育，国家的教育经费要多往新疆投。"在南疆部分地区存在着义务教育入学率低的问题，这其中的原因有很多，有的是因为义务教育基本设施不到位，有的是因为部分家庭经济落后、家长目光短浅，还有一部分原因是家长受宗教极端思想的影响，不允许孩子接受公立教育等。青少年接受不到正常的教育，就很容易成为知识文化以及经济上的落后群体，更容易被极端势力所吸引和欺骗。[1]针对南疆部分地区入学率低，尤其是少数民族学生入学率低的状况，新疆政府大力加强基础教育，加大基础教育投资，在偏远地区建立寄宿学校，提供全免费教育，加大对贫困学生的资助。同时，地方干部挨家挨户上门做工作，将义务教育落实到位。经过努力，2014年新疆维吾尔自治区小学毕业升入初中阶段的升学率达到98.90%，初中毕业升入高中阶段的升学率达到90.74%。而南疆的喀什地区，2014年初中毕业升入普通高中的升学率为48.24%，阿克苏地区初中毕业升入高中的升学率为55.27%，和田地区2013年高中阶段教育入学率为51.26%，其中，职高入学率为23.3%。[2]目前，高中阶段的入学率仍然较低，新疆政府计划在"十三五"期间，基本普及15年教育，实现幼儿园至高中阶段的义务教育，以基本实现教育现代化。

2. 强化双语教学，促进民族间的交流互通。习近平主席在第二次新疆工作会议上强调："要加强民族交往交流交融，部署和开展多种形式的共建工作，推进'双语'教育，推动建立各民族相互嵌入式的社会结构和社区环境，有序扩大新疆少数民族群众到内地接受教育、就业、居住的规模，促进各族群众在共同生产生活和工作学习中加深了解、增进感情。"语言是文化的载体，是文化的写照，语言与文化密不可分，加强双语教学有助于帮助青少年形成对中华文化的认同，有利于民族间的沟通与团结。双语教学既保留传承了少数民族的民族

---

〔1〕 蒋夫尔："和田教育重生记"，载《中国教育报》2016年4月5日，第1版。

〔2〕 麦买提·乌斯曼："维吾尔族传统文化在抵制宗教极端思想中的作用"，载《云南民族大学学报（哲学社会科学版）》2016年第3期。

语言文化，也促进了少数民族学生了解和学习国家通用语言文化，确保少数民族学生能够在祖国各地融入中华民族大家庭，拓宽就业渠道，提升就业能力，方便工作和生活。同时，双语教学也让汉族同胞学会说少数民族语言，了解少数民族文化，促进少数民族地区各民族间的思想交流，增进民族间的感情。

双语教育要从幼儿抓起。目前，新疆已经实现将幼儿园教育纳入义务教育，从幼儿园到初中全面实现免费双语教育，同时加大双语教师的培训力度，实施《国家支援新疆汉语教师工作方案》和《新疆中小学少数民族双语教师培训工程》，启动了新建双语幼儿园园长培训计划。自治区又出台《关于进一步提高中小学双语教育质量的意见》，提出强化常规管理，规范办学与教学行为，提高双语教育质量，严格执行课程设置方案，加强监测评价，在推进双语教育的同时加强少数民族语言教学工作。据《新疆双语教育质量监测报告 2015（小学阶段）》显示，随着双语教育工作的不断深入推进，学生接受双语教育的比例逐年上升，全疆六年级双语班学生比例上升到了 65.9%，南疆四地州六年级双语班学生比例上升到了 57.2%，2014 年南疆学生国家通用语言合格率达到近 4 年最高，南疆四地州学生国家通用语言合格率提升了 5.7 个百分点。[1]尽管政府已经出台了大量推动双语教学的政策，投入了大量的资源，但是，由于基础薄弱、师资缺乏等问题的存在，真正实现优质的全面双语教学仍需时日。[2]在促进学校双语教学的同时，新疆维吾尔自治区政府也加强了对教师、干部的双语培训，鼓励汉族教师干部学习少数民族语言，并为教师干部学习少数民族语言提供各种条件与资源。

3. 培训教师，提高教师道德责任感，强化语言能力和民族宗教知识。新疆维吾尔自治区党委教育教师工作会议指出，教师既对社会有示范带动作用，又可以通过教育引导学生，"小手拉大手"，从而影响家长，带动家庭，辐射社会。新疆维吾尔自治区内有 40 多万教职工，470 多万在校生，全疆教育系统师生员工总数占全疆总人口的 1/4，几乎可以联系到每个家庭。加强师德教育是首要任务，在 2015 年新疆维吾尔自治区党委教育教师工作会议上，时任新疆维吾尔自治区党委书记的张春贤同志提出，教师应做"四好老师"，即做有历史责任感的好老师、做为人师表的好老师、做立德树人的好老师、做专业过硬的好老师。同时，各级教育管理部门加强对教师的民族宗教政策以及去极端化知识的培训，

---

〔1〕 张雪红："双语教育成民族团结强大助推器"，载 http://news. iyaxin. com/content/2016 - 06/21/content_10089498. htm，最后访问时间：2016 年 6 月 21 日。

〔2〕 "广东援疆：打破双语教育新局面创造发展条件"，载 http://xj. people. com. cn/n2/2016/1013/c186332 - 29137029. html，最后访问时间：2016 年 10 月 13 日。

加强对教师的双语语言能力的培训，为教师培训和师范教育提供了各种便利条件和优惠政策。

4. 形式多样，将反宗教极端主义教育融入学校。在学校深入开展"去极端化"宣讲，挑选政治觉悟高、业务能力强的教师和学生组成宣讲志愿者队伍，通过讲述身边人、身边事，教育、引导学生远离非法宗教活动。各个地方教育局编写适合本地方的宣扬民族团结、爱国主义、中华文明、反宗教极端主义的教材，免费发放给中小学生。组织学生与家长共同观看反宗教极端主义的教育片。学校积极与社区、"访惠聚"工作组联系，建立重点家庭学生档案，制定具体的帮教措施，建立综合研判信息制度，正确评估和掌握当前宗教渗透的形势，争取工作的主动权。各中学组建校园信息安全员队伍，及时了解并掌握学校师生的思想动态，对苗头性、倾向性问题，做到早预防、早发现、早解决，严禁宗教活动、宗教行为、宗教言论、宗教服饰、宗教思想、宗教信仰进校园。

在高等学校的教育中，着重培养学生的国家意识、公民意识、中华民族共同体意识，教育学生相互尊重、互相欣赏、和睦相处。经常性开展有针对性的主题宣讲，深度解读国家、自治区在经济、社会、民族、宗教各方面的政策，深入分析区内外的形势变化，深刻揭露宗教极端势力的谎言谬论，从深层次解决学生的思想疑惑和模糊认识，降低宗教极端势力对学生的危害。创新校园文化，压缩宗教极端思想的传播空间，主动用社会主义核心价值观占领校园主流媒体及新媒体阵地。鼓励和支持高校教师加强社会科学研究，构筑高校抵御宗教极端思想渗透的"防火墙"。

（四）抓基层治理，抓干部队伍建设

在反宗教极端主义工作中，基层是关键，干部是关键。新疆地区的宗教极端主义不是短期之内形成的，宗教极端主义的发展与基层治理失效、基层干部失语不无关联。从2014年3月开始，新疆地区开展了为期3年的"访民情、惠民生、聚民心"活动，这正是着眼于基层治理、解决基层问题的应对之策。"访惠聚"活动动员了全疆区、地、县三级机关20多万名干部分三批深入到全疆所有的村队、社区中去，与各族百姓同吃同住同劳动，实现基层全覆盖、干部全覆盖、任务全覆盖。在这个过程中，既能够历练干部，解决民生问题，又能凝聚人心，加强基层党组织建设，从而为实现新疆社会稳定和长治久安奠定坚实的基础。习近平主席在第二次中央新疆工作座谈会中强调，"干部是民族关系中最重要的因素"。"访惠聚"活动让全疆20多万名干部深入一线基层，在复杂的环境中接受考验，经受磨砺，让干部在服务群众和维护稳定的第一线接受锻炼，转变作风，打造一支在政治上坚强有力，经得起风浪考验的高素质干部队伍。针对软弱涣散的基层党组织，各地"访惠聚"活动工作组深入基层了解情况，找到其症结所在，确定整改目标，并以身示范，帮助村"两委"解决如何决策、如何作为，如何充分发挥示范作用的问题，帮助基层组织选好配强"两委"班子，扩大入党积极分子、后备干部和群众骨干队伍，逐步推动软弱涣散的基层党组织工作制度化、规范化。自此，不少地方软弱涣散的基层党组织都得到了有效整顿，基层基础得以夯实。

对比各国的反极端主义策略，既有共性也有不同。治理极端主义需要标本兼治、综合施策是各国的共识，既要有打击手段治标，也必须有长期的治本之策。极端主义是分裂族群、分裂国家和社会的主张，打击极端主义必须强化国家认同、倡导民族团结、反对歧视，这是中外反极端主义策略的共同点。治理极端主义的关键在于基层，英美国家强调的是社区的力量、地方的力量和家庭的力量，而我国强调的是要加强基层的治理和基层干部的能力与责任感。青年是极端主义思想争夺的重要阵地，各国的反极端主义策略无一不重视青年，重视在教育系统中加强抵制极端主义思想的措施。各国对于宗教在人们走向极端主义的过程中所产生的作用认识不同，各国政府对于如何与宗教团体合作，打击极端主义的看法也不一致。英美对于个人走向极端主义过程的研究更重视个人化的因素，将个人的心理、性格、成长经历都作为重要因素，这与他们国家受到宗教极端主义的威胁更多的是来自于零星爆发的"独狼"行动相关。各个国家的政体、国情、文化、极端主义的威胁来源不同，因此，各国的反极端主义策略也具有各自的特点。我们在学习参考他国经验时，必须结合本国的具体国情分析，因地制宜，从实际出发。英美等国十分重视对极端个人的研究，重视研究他们接受并走向极端主义的心理过程，从而为教育辅导工作提供了更多的科学支持，我国在这一方面的工作仍然需要加强。

下　编

分　论

第七章

安全防范

第一节 安全防范概述

一、安全防范的概念

恐怖活动犯罪之所以成为当今人类社会所面临的最为严重的犯罪，主要是因为实施恐怖活动的组织或者个人，只需要付出最低廉的代价，就能够造成最为严重的损害后果。这种影响和后果都是灾难性的，是无法挽回和弥补的。因此，采取必要而积极的预防性措施，对恐怖活动的发生防患于未然，就成为减少社会损失的关键。

《反恐怖主义法》中的安全防范，是指为预防恐怖主义思想的产生，防止发生恐怖活动或受到恐怖活动的威胁，预先制定法律、规章制度、预防措施，以及贯彻执行这些法律法规和实施预防措施的行为。这已在世界各国达成一致的认识，成为有效应对恐怖主义的基本做法。例如，《联合国全球反恐战略》中的"防止和打击恐怖主义的措施"就指出，"特别是不让恐怖分子获得发动攻击的手段，不让他们接近目标，不让攻击产生预期影响"。我国的《反恐怖主义法》也将安全防范作为反恐怖主义最重要的内容之一，并在第三章中予以专门规定。

二、安全防范的原则

在我国的反恐怖主义工作中，安全防范的实施应坚持下列原则：

（一）责任原则

这里的责任原则有着双重含义：①要以法律的形式，明确规定安全防范责任承担的主体，以及各不同主体分别承担的相应责任。安全防范不仅涉及多元社会主体，而且防范的领域宽泛，防范手段多样，防范措施具体。如果不能明确责任承担的主体和安全防范措施的具体内容，安全防范的目标就难以实现。②必须明确规定安全防范主体不履行安全防范责任或未适当履行安全防范责任时所应当承担的法律后果。只有明确了安全防范的主体、责任内容，以及不履行职责时所应当承担的后果，才能保障安全防范措施切实发挥作用，达到防患恐怖主义思想传播和恐怖活动发生于未然的目的。

（二）专群结合的原则

我国《反恐怖主义法》第5条明确规定："反恐怖主义工作坚持专门工作与群众路线相结合，防范为主、惩防结合和先发制敌、保持主动的原则。"专群结合原则在反恐怖主义安全防范工作中，有着特殊重要的含义。恐怖主义思想的传播与恐怖活动的准备，都发生在日常的社会生活中。多元社会主体在社会生活中的广泛存在，是我们发现、防范和打击恐怖主义的力量之源，也是我们提高安全防范能力和安全防范水平的现实需要。构建多元化的安全防范主体，是我们进行有效安全防范的前提；充分发挥各种不同的社会主体在社会活动中的安全防范作用，也是使安全防范措施取得实际效果的关键。

因此，在反恐怖主义安全防范工作中，既要重视专门机关发挥专业特长，利用专业手段有效阻止恐怖主义思想的传播，预防恐怖活动的发生，又要积极动员，挖掘和发挥多元社会主体在社会活动中的作用，真正做到使恐怖主义思想和恐怖分子无藏身之地。

（三）比例平衡原则

由于反恐怖主义安全防范涉及的社会主体多元、领域宽泛、手段多样，容易发生与其他社会利益的冲撞，影响甚至损害其他社会利益或多元主体的利益，因此，必须在设立和实施安全防范措施的过程中，依照比例平衡的原则，在切实维护国家安全利益、社会公共利益的同时，防止给其他社会主体利益带来不必要的侵害，依法维护其他社会主体的合法利益。

为了有效防止在实施安全防范工作的过程中，由于安全防范实施主体的行为过当，可能给多元社会主体利益带来的损害，我国《反恐怖主义法》在明确安全防范实施主体具体责任的同时，对安全防范实施主体资格的取得、实施行为的具体内容和方式，以及可能产生的损害的补偿等，都作出了具体的规定。我国《网络安全法》第58条也规定，因维护国家安全和社会公共秩序，处置重大突发社会安全事件的需要，可以在特定区域对网络通信采取限制等临时措施，但同时规定，该项措施的应用，必须经过国务院的决定或批准。这都是比例平衡原则的要求。

三、安全防范的主体

依照《反恐怖主义法》的规定，在我国依法履行反恐安全防范工作责任的主体主要包括各级人民政府、有关部门、单位、基层自治组织以及公民。

（一）各级人民政府统一协调领导

各级人民政府在安全防范工作中承担着"主导"的责任。反恐怖主义是一个庞大而复杂的系统工程，安全防范作为其中的一个重要组成部分，无论是在国家层面上进行总体设计、制度安排，还是在各地方进行具体措施的实施，都少不了中央和地方各级政府的引领和组织。只有在国家统一设立的反恐怖主义工作领导机构强有力的推动、引领、协调之下，才能有效整合安全防范的多元社会主体，使其依法履行自身的职责。我国《反恐怖主义法》第7条明确规定："国家设立反恐怖主义工作领导机构，统一领导和指挥全国反恐怖主义工作。设区的市级以上地方人民政府设立反恐怖主义工作领导机构，县级人民政府根据需要设立反恐怖主义工作领导机构，在上级反恐怖主义工作领导机构的领导和指挥下，负责本地区反恐怖主义工作。"

（二）有关职能部门依法履行监管责任

由于安全防范工作是在恐怖活动发生之前所进行的安全预防或防备，各有关主体落实安全防范措施的好坏直接关系到安全防范措施的效果，因此，相关职能部门应当依法履行自己职责范围内的监管职责。

在我国的反恐怖主义工作体系中，涉及安全防范监管职责的机关主要有：公安机关、国家安全机关、国家教育行政管理部门、国家金融管理部门、人力资源和社会保障管理部门、电信网信管理部门、国家审计、财政、税务管理部门、卫生和计划生育管理部门等。这些部门在履行自身社会管理和行业管理职责的过程中，还必须积极履行在国家反恐怖主义安全防范工作中的监管职责。

（三）单位的配合、协助及安全防范措施的实施义务

在现代国家的社会管理中，世界各国均规定了企业事业等实体社会组织的责任。在反恐怖主义工作中，更是少不了单位的参与。而单位在安全防范工作中的角色定位，应是经法律特别规定（授权），在进行自身专业（或专项）业务或生产经营活动时所承担的安全防范责任。也有人将其称为"第三方义务"。

单位承担"第三方义务"必须经过法律授权。要明确单位在安全防范工作中所承担的重要职责，即必须履行相应的安全防范责任，为此，法律赋予其一定的权力（不是权利）。例如，单位依照法律规定所承担的发现、阻止违法行为的义务；将发现的他人涉恐信息提供给政府相关的反恐怖主义专门部门；拒绝

向涉恐的相关人员提供服务；在法定情形出现时限制他人财产权利和人身自由。这里需要特别强调的是，单位作为履行安全防范责任的主体，既必须严格履行相应的安全防范责任，又必须注意在法律授予的权力范围内履行安全防范义务，不得越权或过度行使权力而侵害有关单位和公民的合法权益。

（四）基层自治组织的协助职责

村民委员会、居民委员会是依照我国《宪法》规定建立的基层自治组织。在安全防范工作中，基层自治组织作为产生于人民群众、最密切联系群众、最普遍设立的基层组织，在广泛动员全体民众积极投身安全防范工作的过程中，发挥着不可替代的作用。动员和规范基层自治组织参与安全防范工作，不仅可以最广泛地发动和组织人民群众参与反恐怖主义工作，实现安全防范的目的，还可以提升基层自治组织在安全防范工作中的组织能力和水平，进一步加强基层自治组织的自身建设。

（五）公民个人的参与、协助、配合的权利和义务

动员和组织全体民众参与安全防范工作，是世界各国的成功经验和普遍做法，也是安全防范工作取得成效的关键。公民参与安全防范工作，既是一种权利，也是必须履行的义务。所谓权利，是指国家有责任教育和指导公民获得基本的防范恐怖活动，保护自身安全与利益的能力。所谓义务，是指公民在日常生产生活中，对其所发现的恐怖活动有报告、配合有关职能部门调查以及应用自身掌握的知识和技能协助相关组织进行阻止和打击恐怖活动的责任。

四、安全防范的制度与主要措施

在多年的反恐怖斗争实践中，我国对可能发生的恐怖活动采取了一系列的安全防范措施，对可能涉及恐怖活动的领域、场所、行业等，作出了专门的安全防范制度性规定，并取得了良好的效果。在《反恐怖主义法》颁布之际，我国将已取得的成功经验和做法加以归纳总结，同时就近年来，对在社会经济、科技发展的过程中所产生的一些新领域和薄弱环节进一步作出了补充和完善。目前，我国反恐怖主义安全防范工作主要包括以下四个方面的内容：①禁止极端主义，从源头抓起，防范恐怖主义思想的渗透传播；②基础防范工作，广泛动员不同社会行业、部门，发挥其专业优势，协力安全防范工作；③保护重点目标，对重点行业、重点物资、重点领域加强管控，不容恐怖组织和恐怖分子获得发动攻击的机会，阻止他们接近目标，从而避免其通过攻击产生预期影响；④管控国（边）境与防范境外风险，极端主义思想跨越国界进行渗透蔓延早已是不争的事实，恐怖主义活动也日益呈现出"全球化"的色彩，尤其是发生在

我国的恐怖活动，明显带有境外策划指挥、境内行动的特征，而境外针对中国公民、企业或中国机构的恐怖袭击也难以避免，因此，反恐怖主义安全防范工作不仅要将国（边）境纳入管控范围加以防范，而且必须与国际社会联手，加大国际合作的力度，进行联合反恐。

我国反恐怖主义安全防范措施具体包括 11 项内容：安全防范宣传教育；网络安全管理和处置措施；物流领域安全管理；公共服务行业实名制；危险物品安全管理和处置措施；反恐怖主义融资；城乡规划和技防、物防；处置极端主义活动及其人员；重点目标管理；边防出入境管理；境外利益保护。这 11 项安全防范措施，不仅涉及的范围广，即人、地、物、信息、资金、交通等各要素、各环节均有涉及，而且涵盖领域宽，既有人防方面的要求与物防的管控措施，还有技防方面的规范。11 项措施较为完善地涵盖了我国反恐怖主义安全防范工作所涉及的各个领域，通过落实责任主体，规范手段程序，明确法律责任等措施，构成了严密的反恐怖主义安全防范之网。

第二节　宣传教育

反恐怖主义宣传教育是反恐怖主义安全防范措施中最重要的基础防范措施。其对于实现"主动反恐、先发制敌"起着至关重要的作用，也是动员全民参与反恐怖主义的前提。《反恐怖主义法》第 17 条对宣传教育作了专门的规定："各级人民政府和有关部门应当组织开展反恐怖主义宣传教育，提高公民的反恐怖主义意识。教育、人力资源行政主管部门和学校、有关职业培训机构应当将恐怖活动预防、应急知识纳入教育、教学、培训的内容。新闻、广播、电视、文化、宗教、互联网等有关单位，应当有针对性地面向社会进行反恐怖主义宣传教育。村民委员会、居民委员会应当协助人民政府以及有关部门，加强反恐怖主义宣传教育。"

一、宣传教育的必要性

将"宣传教育"作为安全防范措施的第一条，有着极为深刻的含义。在全国严厉打击暴力恐怖犯罪活动的大背景下，走进社区、走近群众，让反恐宣传在最基层的社区"开花、结果"已经迫在眉睫。宣传教育是争取公众的理解和配合、获得社会舆论的关注和支持、提升全社会对安全防范的认知水平和对具体防范措施以及防范技能的应用能力而采取的首要的安全防范措施，也是被国际社会和我国反恐怖主义的斗争实践反复证明了的行之有效的措施。

（一）增强全民认知水平，培养反恐防恐的自觉意识

恐怖主义犯罪之所以成为危害人类的最为严重的犯罪，除了因为其犯罪目标的非特定性，犯罪手段的残忍性，造成社会损失严重以外，还由于其犯罪背后往往有着极端主义、恐怖主义的理论根源和思想作支撑。恐怖主义犯罪所依赖的思想理论根源，往往有着极大的诱惑性和隐蔽性，如果不加以揭露，群众会很容易受到迷惑。例如，在国际社会引起普遍关注和造成极大影响的"伊斯兰国"，就是以歪曲伊斯兰教教义、宣传极端思想为手段，大量招募信徒，为其充当"殉道者"。近来在我国境内发生的暴力恐怖活动，其绝大多数的参与者都是受到宗教极端主义和恐怖主义宣传蛊惑之后，参与实施恐怖活动的。因此，必须使用"宣传教育"这一特殊武器，使其成为揭露敌人与动员和组织全民参与反恐怖主义行动的有力支持。通过广泛的宣传教育，使民众认清宗教极端主义和恐怖主义的本质，提高民众防恐警觉性和反恐自觉性，是安全防范措施中的治本之策。

（二）动员民众广泛参与反恐怖主义工作

通过宣传教育，广泛发动民众参与反恐怖主义斗争，尤其是进行反恐怖主义安全防范。参与反恐怖主义斗争，首先是公民应当享有的一项权利。因此，国家、政府不仅有义务采取措施来保障民众生命财产的安全，也有义务通过宣传教育，让民众了解真相，使其理解《反恐怖主义法》所规定的安全防范的相关措施，学会基本的安全防范技能，从而在恐怖活动发生的危急情况下能够采取自救、互助措施。

公众接受安全防范的宣传教育，自觉配合各级政府和职能部门、责任单位采取安全防范措施，自觉参与反恐怖主义行动，提高全社会反恐怖主义安全防范的水平，也是公民的一项义务。通过安全防范教育，动员公众以社会主人翁的身份参与对恐怖主义的安全防范，不仅可以营造全民反恐防恐的良好氛围，还可以极大地发挥社会公众作为信息源、安全源的作用。通过公众的社会实践，发现安全防范措施的漏洞，检验专业防范及情报信息的真伪。对于具有特殊身份（如金融机构工作人员等）和特殊专业技能的人员（如网络经营服务技术人员等）而言，其还必须依法履行自身特殊的协助配合义务。只有通过宣传教育，将公众广泛地发动和组织起来，安全防范的措施才能得到有效的实施。

（三）通过长期教育反复训练，使民众掌握安全防范的基本技能和方法

反恐怖主义斗争形势的根本好转，一定程度上取决于我们"专群结合、防范为主、惩防结合、先发制敌、保持主动"原则的实现程度。而要实现这一原则，既有赖于国家专门机关反恐怖主义水平的提高，更有赖于全民的国家安全意识、安全防范水平和综合安全素质的提高。要做到这一点，安全防范的教育

训练就必须是经常性的、切合实际的、不断根据新情况和新问题及时更新的。要特别指出的是，安全教育的实践性极强，除了要教育公众知悉国家在安全防范方面的法律规定，理解和接受安全防范措施以外，还要高度重视对公众安全防范措施和技能的教育养成。因此，只有理论上的宣传教育是不够的，要适时地更新宣传教育的内容，提升训练方法，让公众不仅了解、理解安全防范的内容，而且还会运用安全防范措施来保护自身安全和利益，配合各级政府和职能部门的安全防范行动。

二、宣传教育的内容

（一）反恐怖主义基本知识的宣传教育

1. 科学文化知识普及宣传教育。恐怖活动常以宗教极端思想为指导。宗教极端思想是当代世界政治生活中的一颗毒瘤，它利用各种形式宣扬宗教，煽动宗教狂热和民族仇恨，教唆和指挥信徒实施暴力恐怖活动，破坏社会稳定，企图达到其罪恶的政治目的。宗教极端主义的本质是反社会、反人类、反科学、反文明，它是人类社会中一股邪恶的反动势力，是全世界和平与发展的共同敌人。在一些经济欠发达、人民受教育程度不高、社会发育程度较低的地区，要揭露恐怖主义组织利用宗教进行的极端主义宣传和蛊惑，就必须大力加强科学知识的教育和文化的普及，以现代文化为引领，提升民众（包括宗教信徒）的受教育程度和科学文化水平，使其摒弃愚昧落后的思想观念，提高对社会事物分析和认识的能力，具备对宗教极端主义和暴力恐怖宣传蛊惑的警觉。

2. 宗教知识和党的宗教政策宣传教育。马克思主义认为，宗教作为一种人类发展进程中的社会历史现象将长期存在。要提高公众的警觉，避免其虔诚的宗教感情被恐怖主义组织所利用，还必须注意发挥宗教领域中广大爱国人士的作用。一方面，通过爱国宗教人士弘扬正信，挤压宗教极端主义思想活动的空间，揭露宗教极端主义思想反人类、反宗教正信的实质；另一方面，要广泛地宣传党的宗教政策，揭露谎言，澄清事实，教育广大信教群众依法依规进行宗教活动，规范地享受国家宪法所赋予的宗教信仰自由权利。

3. 党的民族政策与民族团结宣传教育。民族平等是我国民族政策的基石，民族团结是解决我国民族问题的重要原则，实现各民族共同繁荣发展是我国民族政策的根本立场。人类发展的历史和现实都证明，于国家和社会而言，民族团结友爱，则政通人和、百业兴旺；民族冲突纷争，则社会动荡、人民遭殃。自新中国成立以来，中华各民族在中国共产党的领导下，紧密团结在一起，和衷共济，和睦相处，和谐发展，共同推进改革开放和社会主义事业，并取得了辉煌成就。各民族团结友爱是中华民族的力量源泉和希望所在，只有各民族同心同德，携手共进，才能形成中华民族的强大凝聚力和牢固向心力；也只有各民族之间相互信任、广泛交流、相互包容和支持，才能够实现共同发展和共同富裕；各民族只有和睦发展，亲如一家，才能充分发挥中华民族的整体优势和创造活力。自觉维护各民族团结友爱、相互信任与包容的社会生态，是我们反对民族分裂主义、宗教极端主义和暴力恐怖主义最有力的安全防范措施。

4. 法律法规宣传教育。依法治国是我国一项重要的宪法原则。我国社会主义法律体系已经建立，各项法律法规正处在不断完善的过程中。在反恐怖主义斗争的过程中，要深刻认识到依法维护社会稳定的重要性，大力普及法律知识，教育全民知法守法，确立法治思维，用法律武器与宗教极端主义、暴力恐怖主义和民族分裂主义作斗争，依法维护自身权利和利益，切实维护国家法治的统一、尊严和权威。

（二）反恐防恐知识教育与技能训练

在全民反恐的过程中，面对恐怖主义的反人类反社会性、攻击目标的不特定性以及采用手段的极端残忍性等特点，仅仅使社会公众具备对恐怖主义的认识和警觉是远远不够的，还必须将公众组织起来，向其传授相关的预防恐怖主义和针对恐怖活动进行斗争的方法、手段、技能技巧，培养民众在恐怖活动发生时，能够自我防卫、自我救助和相互救助的意识和能力，以及在预防恐怖活动和恐怖活动发生时，能够尽可能配合专业反恐力量打击恐怖主义的能力。在当前的反恐怖主义斗争中，民众由于参与意识和应急知识技能的缺乏，在恐怖活动发生时，就会过度惊慌失措，而一旦恐怖事件结束后便放松警惕，这种现象已经成为我国当前反恐怖主义斗争的常态和薄弱环节。

1. 宣传开展"抓防范、护民安、防突发、反极端"等群众性公开活动。以强化反恐防范、为人民群众营造安全环境为重点，主动联系群众，走访防范重点行业、重点目标单位，深入了解掌握反恐防范工作的现状以及存在的问题和隐患，认真听取群众对防范工作的意见和建议，积极督促、指导、协调、帮助社区委员会制定切合实际的防范标准，落实防范责任，严密防范措施，有效防止重点目标、重点部位发生恐怖袭击或涉恐案件，确保事关国计民生的设施的安全，确保人民生命财产的安全。

2. 继续开展"反恐法制宣传进社区、进乡村、进校园"活动。在当前全国严厉打击暴恐犯罪的大背景下，做好社区反恐宣传、赢得社区群众的广泛支持和理解、普及反恐知识显得尤为重要。首先，公安机关可以向社区群众表演或播放反恐宣传相关节目，反恐特警队员可以进行反恐技能展示。其次，与群众互动，进行反恐知识问答，发放反恐宣传手册、海报以及其他社区警务宣传资料，定期召开反恐怖法制讲座，向群众普及应对各类恐怖袭击的基本常识，从而有效提高群众自身的应急避险能力及反恐法律素养，树立"我为群众把家看，群众为我把门关，警民互帮都平安"的思想意识。

3. 着力开展"进警营、展技能"活动。通过在社区对群众进行反恐宣传教育，降低其被极端组织、涉恐人员、宗教极端思想蛊惑、煽动、拉拢的可能性。同时，以加强警民互动，增强反恐信心为重点，适时组织群众代表走进警营，参观反恐应急处置力量特种装备，观摩反恐处置演习演练。通过组织开展"零距离"警民互动活动，充分展示反恐队伍"冲得上、打得赢"的良好形象，消除反恐工作在群众心中的神秘感，增进群众对反恐工作的了解和支持，增强其对公安反恐队伍的信赖以及对反恐斗争胜利的信心。

培养反恐怖主义意识与掌握反恐自救互救技能不是一朝一夕的事，因为人们行为习惯的养成是一个反复练习、形成定式的过程。况且，恐怖主义组织为达到制造恐怖氛围的目的，会不断地变换手段和方法。在反恐斗争中，要根据具体情形，适时地调整反恐怖主义行为和方式。因此，通过各种途径和形式加强对民众反恐、防恐的知识教育以及技能的训练培养，就成了安全防范宣传教育中一项十分重要而紧迫的内容。不仅要重视对民众的反恐防恐知识的宣传，提高普通民众的反恐意识，充实反恐应急知识，更要通过定期组织和不定期组织相结合的方式，带领民众参与各类反恐应急的演练，学习和掌握恐怖活动发生时的自救、互救技能，从而在全民参与反恐的前提下，实现对民众自身权利和社会利益的最大保护。

三、宣传教育的责任主体及具体方法

依照《反恐怖主义法》第17条的规定，反恐怖安全防范宣传教育的责任主要是由政府部门、相关行业、单位以及基层自治组织来承担的。

（一）宣传教育的责任主体

1. 各级政府及其相关部门。①各级人民政府。各级人民政府是承担安全防范宣传教育责任的主要主体，这是由各级政府的职责所决定的。《地方各级人民代表大会和地方各级人民政府组织法》规定，地方各级人民政府负有管理本行政区域内各项行政事务的职责。反恐怖主义是以保障国家安全和社会稳定，保障人民生命财产权利为主要目的的，在地方行政事务中居于最重要的地位。而宣传教育在动员民众主动参与反恐怖主义斗争，实现全民反恐与主动反恐的过程中具有关键作用。所以，各级人民政府在所辖范围内履行反恐怖主义职责时，必须高度重视宣传教育，将其作为自己的重要职责和动员辖区民众参与反恐斗

争的主要手段，积极主动地组织辖区内的反恐怖主义的宣传教育工作。②各级政府教育行政管理部门。各级教育行政管理部门是各级政府中承担教育行政管理职能的机构，对辖区内的普通教育中的自学前教育阶段到高等教育阶段和部分职业教育，承担着组织、管理、监督的职责。要动员全民参与反恐怖主义斗争，实现民众主动反恐、防恐的目标，在学校教育的各阶段中，加强安全防范教育是必不可少的。各级教育行政管理部门应根据我国普通教育在各阶段的不同现实情况，详细规划并组织研究，确定与各阶段相适应的安全防范教育内容，组织编写相关教材资料，申请配备相应的教育训练设备设施，以便帮助各级各类学校完成宣传教育的任务。③各级政府人力资源行政管理部门。各级政府的人力资源行政管理部门是职业培训的管理机构，承担着辖区内的就业培训和其他职业培训的组织、管理和监督职责。其在职业培训的过程中，通过监督职业培训机构，并纳入安全防范宣传教育的内容，使受训人员掌握应对恐怖活动的预防和应急知识，增强抵御宗教极端思想渗透的警觉性。

2. 承担教育培训职责的单位。各级各类学校和职业教育培训机构是教育培训职责的具体承担者，在履行自身文化启蒙、知识传授和技能培训职责的过程中，将反恐怖主义宣传教育纳入教育培训的内容，是《反恐怖主义法》赋予其的社会职责和义务。进行安全防范宣传教育，可以使受教育培训的主体掌握现代科学文化，树立正确的国家观、民族观和祖国认同意识，从而自觉抵御宗教极端思想的渗透，掌握恐怖活动预防、应急自救和互救的相关知识技能。

3. 履行宣传职责和从事文化行业的相关单位。①新闻、广播、电视、传媒文化、互联网作为重要的公共传媒，是社会信息传播的主要渠道，并在动员广大民众主动参与反恐怖主义斗争方面，发挥着不可替代的作用。通过新闻、广播、电视等大众传媒进行有针对性的反恐怖主义安全防范宣传教育，更易为不同年龄、不同民族、不同行业职业、不同文化层次的民众所接受，能更好地发挥其受众广泛、形式多样、时间灵活等特点。②在反恐怖主义宣传教育中，我国的宗教管理部门、宗教活动场所以及宗教教职人员，因其特殊的社会角色而承担着特殊的使命。广大爱国宗教人士在依法履行自身宗教教职的同时，还负有宣传正信正教、抵御外来宗教干预、防止宗教极端渗透、教育信教群众依法进行宗教活动的义务。因此，要通过不同方式教育和引导信教群众学习、掌握预防恐怖活动和应急自救互救的相关知识，使其能够在恐怖活动发生时进行自我保护。

4. 基层群众自治组织。在我国，城镇居民委员会、农村村民委员会是最基层的群众自治组织，也是社会组织结构中最普遍设立、最贴近各族人民群众的自治组织。它们负有办理本基层自治区域范围内（村、居）的公共事务和公益事业、协助维护社会治安的职责。充分发挥城乡基层自治组织在反恐怖主义宣传教育工作中的作用，是我们发动和组织群众参与反恐怖主义斗争，加强安全防范的基本途径。由于极端思想不断地在民众中间渗透以及恐怖组织在民众之中秘密组织恐怖活动，因此，城乡基层自治组织应动员最广大人民群众参与到反恐怖主义斗争中来，在我们及时发现、有效预防并精准打击恐怖主义的工作中，使其能够发挥基础和关键作用。依照《反恐怖主义法》第 17 条第 4 款的规定，基层群众自治组织有义务协助政府及相关部门开展反恐怖主义宣传教育。

（二）宣传教育的具体方法

反恐怖主义宣传教育的目的是广泛地动员全社会成员积极参与反恐怖主义斗争，提升防范宗教极端思想渗透的警觉，掌握发现、预防和应对恐怖主义的自救互救能力。故在宣传教育的方式和手段上，应不拘一格，以追求目的的实现为标准。只有把暴力恐怖主义反人类、反社会、反文明的本质这样深刻的道理具体化、形象化，用老百姓能够看懂、可以接受、易于学习的方式，把暴力恐怖活动及其所带来的现实危害以及把预防和应对恐怖主义活动的方法和技能生动形象地展现出来，才能够达到我们进行反恐怖主义宣传教育所追求的效果。

传统的宣传教育途径，如文字、图像、讲座、文艺演出等形式，仍不失为大众所能够普遍接受的宣传教育方式。但在现代信息技术飞速发展的时代背景下，利用现在的新媒体，特别是网络空间，通过组织网上案例讨论、网上知识竞赛、网上征文、网上访谈、手机短信征集等活动，吸引网民与群众积极参与到反恐怖主义宣传教育活动中来，引导和教育青少年树立正确的世界观，培养分辨是非曲直的能力，提升对宗教极端思想渗透的警觉，掌握对恐怖主义活动的发现、预防和应急能力，就显得更加重要。

在国内外反恐怖主义宣传教育实践中，有一些方式和做法是值得借鉴和推广的。例如，通过警民结合的方式，由公安民警对已经发生的恐怖主义案件进行模拟重现，通过案例分析讲解、群众参与讨论的方式，进行反恐怖主义宣传教育，使群众易于接受且印象深刻。通过发放防范恐怖袭击的公民手册的形式进行《反恐怖主义法》的教育宣传，涉及内容全面，群众乐于接受。2014 年由国家反恐办编制的《公民防范恐怖袭击手册》在北京、新疆、上海、广东、河南等地同步免费发放，该手册从 42 个方面介绍了公民反恐、防恐的基本常识，受到了群众的普遍欢迎。发动和组织志愿者，并使其深入群众开展反恐怖主义宣传教育工作，也不失为一种好的宣传教育方式。志愿者往往更容易接近、亲近群众，也能够更好地了解群众的需求，尤其是在反恐怖主义活动应急技能培训的过程中，志愿者的讲解示范能够对民众掌握应急自救互救技能产生积极的作用。

总之，通过各种方式进行反恐怖主义宣传教育，就是要提高群众的安全防范意识，使其具备基本的识别恐怖袭击意图的能力，并掌握基本的预防和应对恐怖袭击的常识和技能，特别是在遭遇突发恐怖袭击时，能最大限度地保障自己的生命安全，实施自救互救，以期实现反恐怖主义安全防范的目的。

第三节　网络领域安全防范

一、网络领域安全防范的必要性

互联网是近年来在全球范围内发展速度最快、成果应用范围最广的一项科学技术成果。互联网强大的信息传播功能大大缩短了世界各地间的距离，不仅极大地促进了社会生产，也丰富了人们的生活。网络空间甚至被称作是继陆、海、空、太空之后，人类的第五大疆域。由于其具有的信息海量、即时、互动、开放、隐蔽、融合以及全球性等特点，就像其他任何技术所具有的双重性一样，越来越多的恐怖组织超越传统，尝试利用高科技带来恐怖效应，于是互联网领域就成为国际范围内恐怖主义组织和恐怖分子实施恐怖活动的重要领域，网络安全面临严重威胁。恐怖主义组织和恐怖分子利用互联网实施的恐怖活动主要表现为两类：①利用互联网技术的信息传播功能实施恐怖活动；②对直接影响人们生活方方面面的互联网关键技术设施本身进行攻击。

（一）恐怖主义组织利用网络技术平台进行的恐怖主义活动

恐怖主义组织利用网络技术平台的信息传播功能进行恐怖活动是当前网络恐怖活动的主要形式。他们利用网络的便利条件，获取和发送各种信息，交流经验，利用网络的开放性和隐蔽性，从事各种恐怖活动。例如，通过社交软件、网络通信工具传播涉恐信息、恐怖音（视）频；组织、勾连、策划实施暴力恐怖活动；通过电子商务平台采购危爆物品、易制毒、制爆化学品等恐怖活动工具；通过云盘、网盘存储、传播恐怖音（视）频、制爆技术手段和暴恐行动方案等。

1. 发动、组织、勾连、策划实施暴力恐怖活动。在国际社会的强力打压之下，互联网的开放性，覆盖面的广泛性，尤其是上网不受时间、地域限制的方便、快捷和隐蔽性等特点，决定了恐怖主义组织必将互联网作为其最安全的发动和联络途径。他们利用互联网进行跨越国境的内外勾连，进行暴力恐怖犯罪的策划和人员的招募活动，甚至通过网络进行具体行动的指挥。在互联网日益发达的今天，网络还使得恐怖组织的"组织"状态发生了根本的变化，由以往的"纵向立体层次"变为今天的"网络扁平"状态。恐怖组织的成员构成变得不再具有确定性，他们大多以网络虚拟身份出现，成员之间根本谈不上熟知，甚至在现实社会中从未谋面。在开放的网络中，他们进行跨越时空的信息交流，并以网络为媒介，结合成新的组织形态。这极大地增加了预防和打击恐怖活动的不确定因素，会使得打击恐怖组织的传统手段失去效果。[1]

2. 利用网络提供的社交软件、网络通信工具传播涉恐信息、恐怖音（视）频。恐怖主义组织利用其所掌握的网络、视频技术，进行恐怖主义活动信息的传递，尤其是一些国际恐怖主义组织，网罗专门的技术力量，精心制作暴力恐怖音（视）频，使其挑唆、煽动民族仇视、宗教对立的言论和实施暴力恐怖活动的场面更加具体、形象，以求获得更大的宣传效果。暴力恐怖音（视）频已经成为境内外恐怖主义组织发动恐怖犯罪行动的最主要工具。近年来，在我国境内发生的恐怖袭击案件中，绝大多数行为人都是观看了由境外恐怖主义组织制作并通过网络传入境内的宗教极端思想和暴力恐怖活动的音（视）频之后，在宗教极端思想的影响、蛊惑之下，或组织、参与"伊吉拉特"并非法出境参加"圣战"，或出境受阻之后就地实施"圣战"。例如，2013 年 10 月 28 日发生在北京天安门广场金水桥的暴力恐怖袭击案件，以及 2014 年 3 月 1 日发生在云南昆明火车站的暴力恐怖袭击案件，都是犯罪分子在暴恐音（视）频的煽动、挑唆之下，所组织并实施的自杀式恐怖袭击。

3. 通过电子商务平台采购危爆物品，易制毒、制爆化学品等恐怖活动物资，或利用互联网筹集资金。电子商务和网络营销是以信息技术为基础的高级应用，是互联网时代商品交易方式的一场革命。各种商品与服务，通过电子方式而不是面对面的方式来完成交易。电子商务和网络营销大大提高了贸易过程中的效率，改变了传统的交易方式，再造了整个流通环节。这种新型物流交易方式很快就得到了恐怖主义组织的青睐，他们利用这一交易方式的开放性和隐蔽性的特点，在电子商务和网络营销技术平台上，购买制爆物品，制造实施恐怖活动所需要的爆炸物，甚至购买易制毒化学品，通过制造毒品进行贩卖，来筹集恐怖活动的资金。此外，他们也利用互联网平台出售相关商品，进行恐怖活动融资。

4. 通过云盘、网盘存储的方式传播制爆技术手段和暴恐行动方案。互联网覆盖面的广泛，交流信息的迅速，以及其不受时间、地域限制的开放等特点，都给恐怖势力在相对隐蔽的环境下交换犯罪信息，传播、学习和获得犯罪方法、

---

[1] 参见李娟："网络语境下恐怖犯罪活动组织形式及防范：网络语境下共同犯罪组织形式的异化与防范"，载《新疆社会科学》2010 年第 5 期。

手段提供了极为方便的途径和渠道。通过互联网，国际恐怖组织或恐怖分子所掌握的爆炸物品的制作方法与新型的犯罪手段、方式，均轻易地跨越国（边）境，以极快的速度在全球范围内传播开来。而互联网集多种信息载体为一身的特性，通过文、图、声、像等综合利用，使恐怖主义犯罪的方式、手段的传播和学习，消除了文化程度、技术水平的差异，甚至语言的障碍，变得更加形象、清晰，使恐怖分子得以更加容易地学习和把握。由此，恐怖组织犯罪成员之间进行犯罪方式、手段传播的风险和成本得以大大降低，这就会从某种程度上刺激暴力恐怖犯罪在全球范围内的蔓延。

（二）对互联网关键基础设施实施恐怖袭击

互联网基础设施安全面临的挑战是互联网面临的主要挑战之一。恐怖主义搭上了网络发展的"快车"，企图将互联网作为"武器"，利用黑客攻击、病毒侵入、远程操控、木马植入等手段，攻击党政军部门、电信、移动等重点单位的互联网中枢系统或服务器终端，意图制造大规模的基础设施瘫痪，挑起网络战争。在互联网技术被广泛应用、人类对互联网技术高度依赖的背景下，恐怖主义组织把这种支撑现代化社会的系统作为攻击目标，跨网入侵"物理隔离"防线，瘫痪网络，恶意篡改电力调配指令，窃取金融交易信息，甚至攻击卫星。这些信息基础设施的安全隐患，一旦出现问题，就可能导致交通中断、金融紊乱、电力瘫痪、公共保障设施停滞等严重问题，具有极大的破坏性和杀伤力。

二、网络领域安全防范的基本内容

恐怖主义组织和恐怖分子针对互联网实施的恐怖活动主要表现在两个方面：一是利用互联网技术的信息传播功能实施恐怖活动；二是对互联网的关键基础设施进行攻击。那么，在网络领域进行的安全防范，相对应的包括两个方面：网络信息安全的防范和网络关键信息基础设施运营的安全防范。为此，《反恐怖主义法》对网络领域安全防范的义务作了明确的规定，而2016年11月7日第十二届全国人大常委会第二十四次会议通过的《网络安全法》（于2017年6月1日起实施）对我国《反恐怖主义法》的网络领域安全防范的义务作了进一步具体详尽的规定。

（一）网络运营者的支持和协助责任

《反恐怖主义法》第18条规定："电信业务经营者、互联网服务提供者应当为公安机关、国家安全机关依法进行防范、调查恐怖活动提供技术接口和解密等技术支持和协助。"

在互联网技术发展的过程中，起初参与网络应用技术开发和运用的主要是电信业务经营单位和提供互联网服务的单位。网络基础设施设备的所有者和经营者常常是同一主体，通过提供公共网络基础设施、数据传输、信息服务等业务，开展网络经营活动。但随着互联网技术应用的日益广泛，参与者的身份逐渐多元化，其所有权、经营权、管理权逐步发生分离。因此，在当下社会，我们将网络基础设施所有者、网络设施及数据信息管理者和提供网络服务的主体，统称为"网络运营者"。

所谓技术接口，是指能够连接不同应用系统从而交换信息的通道，它是监控和获取互联网上的信息的重要技术手段。所谓解密，是指对于通过互联网传播的加密信息，通过电信业务经营者、互联网服务提供者运用密码或其他技术手段，协助公安机关和国家安全机关获得其所需要的与反恐怖主义工作相关的信息。虽然几乎所有的网络应用类型都采用了密码技术，并且这本身也是保护网络信息安全的重要手段，但在反恐怖主义工作中，加密技术也加大了公安机关、国家安全机关防范和打击网络恐怖主义的工作难度。在世界范围内，起初一些国家只是要求电信业务经营者和互联网服务的提供者备份密码，将其交由政府指定的部门进行托管，但现在大多数国家已经放弃了"托管"的管理机制，转为规定在执法过程中的协助解密义务。

网络运营者应当为公安机关、国家安全机关维护国家安全，依法调查、防范、打击恐怖主义犯罪提供技术接口、解密等技术支持和协助。对拒不提供技术支持和协助的，将依法追究责任。

（二）网络运营者的安全防范责任

《反恐怖主义法》第19条第1款规定："电信业务经营者、互联网服务提供者应当依照法律、行政法规规定，落实网络安全、信息内容监督制度和安全技术防范措施，防止含有恐怖主义、极端主义内容的信息传播；发现含有恐怖主义、极端主义内容的信息的，应当立即停止传输，保存相关记录，删除相关信息，并向公安机关或者有关部门报告。"

为保障网络安全、稳定运行，有效应对网络安全事件，防范网络恐怖活动，网络运营者必须按照相关行业的组织章程，遵守行业组织的网络安全行为规范，提高网络安全的保护水平，促进行业健康发展；必须采取技术和其他必要措施，执行国家法律、行政法规规定的国家强制标准，履行网络安全保护义务，接受政府和社会的监督。这都是我国网络运营者应当承担的责任，其具体内容包括以下方面：

1. 制定内部安全管理制度和操作规程，确定网络安全负责人，将网络安全责任落实到具体负责人。

2. 采取技术性措施，有效防范恐怖主义组织或恐怖分子所采取的计算机病毒、网络攻击、网络侵入等危害网络安全的行为。

3. 采用网络日志来检测、记录网络运营状况，实施网络安全技术措施，并将网络安全日志保存6个月以上。

4. 采取数据分类、重要数据备份和加密等措施，保障网络数据安全。

5. 在网络运营中禁止传输以下信息：①反对我国《宪法》所确定的基本原则的；②危害国家安全，泄露国家秘密，颠覆国家政权，破坏国家统一的；③损害国家荣誉和利益的；④煽动民族仇恨、民族歧视，破坏民族团结的；⑤破坏国家民族政策，宣扬封建迷信的；⑥散布谣言，扰乱社会秩序，破坏社会稳定的；⑦散布淫秽、色情、赌博、暴力、凶杀、恐怖或者教唆犯罪的；⑧侮辱或者诽谤他人，侵害他人合法权益的；⑨含有法律、行政法规禁止的其他内容的信息。如在网络传输信息中，发现上述信息的，应立即停止传输，保存记录，删除信息，并向主管部门报告。

6. 禁止网络运营者设置恶意程序；发现网络产品、服务存在安全缺陷、漏洞等风险时，立即采取补救措施，同时按规定及时告知用户，并向有关主管部门报告；按照规定或约定，持续提供网络安全的维护。

7. 禁止网络运营者为不提供真实身份信息的用户提供网络服务。

8. 制定网络安全事件应急预案，并在发生危害网络安全的事件时，立即启动预案；采取相应的补救措施，及时处置安全风险。关键信息基础设施运营者还应当对其网络的安全性和可能存在的风险进行每年至少一次的风险评估，并将上述情况按规定向主管部门报告。

9. 涉及网络关键信息基础设施的网络运营者还应当设置专门的安全管理机构和经过安全背景审查的关键岗位人员；定期对从业人员进行网络安全教育、技术培训和技能考核；对重要系统和数据库进行容灾备份；对制定的网络安全应急预案组织定期演练。

10. 对境内运营中收集和产生的个人信息和重要数据，因业务需要确需向境外提供的，应依法进行安全评估。

（三）国家及网电管理职能部门安全防范责任

《反恐怖主义法》第19条第2款规定："网信、电信、公安、国家安全等主管部门对含有恐怖主义、极端主义内容的信息，应当按照职责分工，及时责令有关单位停止传输、删除相关信息，或者关闭相关网站、关停相关服务。有关单位应当立即执行，并保存相关记录，协助进行调查。对互联网上跨境传输的含有恐怖主义、极端主义内容的信息，电信主管部门应当采取技术措施，阻断传播。"

1. 国务院及各级人民政府的职责。其具体内容包括以下方面：①对网络安全防范加大统筹规划，扶持重点网络安全技术产业和项目，支持网络安全技术的研究开发和应用，推广安全可靠的网络产品和服务，支持相关主体参与国家网络安全技术创新项目。②推进网络安全社会化服务体系建设，鼓励开展网络安全认证、检测和风险评估等安全服务。③鼓励开发网络数据安全保护和利用技术；支持创新网络安全管理方式，利用网络新技术，提升网络安全保护水平。④组织开展经常性的网络安全宣传教育；支持企业、高等院校、职业教育培训机构开展网络安全相关教育培训，培养网络安全人才，促进网络安全人才交流。⑤对涉及国家安全、国计民生、公共利益的关键信息基础设施，在网络安全等级保护制度的基础上，实行重点保护。⑥省级以上人民政府依权限和程序，根据网络安全风险的特点和可能造成的危害，可采取要求有关部门、机构、人员及时收集、报告相关信息，加强对网络安全风险的监测；组织对网络安全风险进行评估预测；向社会发布网络安全风险预警及避免危害的措施等。⑦对发生的网络安全事件，立即启动应急预案，对网络安全事件进行调查和评估；要求网络运营者采取必要措施消除安全隐患；及时向社会发布与公众有关的警示信息。⑧省级以上人民政府有关部门在履行网络安全监督管理职责的过程中，发现网络存在较大安全风险或发生安全事件的，按照规定的权限和程序，约谈该网络运营者的法定代表人，要求其采取措施进行整改，消除隐患。⑨为维护国家安全和社会公共秩序，处置重大突发事件，经国务院决定或批准，可以在特定区域对网络通信采取限制等临时措施。

2. 网络电信主管部门的责任。其具体内容包括以下方面：①依法履行网络信息安全监督管理职责。按照职责分工，编制并组织实施关键信息基础设施安全规划，指导和监督关键信息基础设施运营安全保护工作。②监督并保证关键信息基础设施建设实现其性能，并保证安全技术措施同步规划、同步建设、同步使用。③协调有关部门，建立健全网络安全风险评估和应急工作机制，制定网络安全事件应急预案并组织定期演练。④收到任何社会组织或者公民个人关于危害网络安全行为的举报时，应当及时依法处理；不属于本部门职责范围内的，应当及时移送有权处理的部门。⑤对关键信息基础设施安全风险进行抽查检测，必要时委托相关机构对网络存在的安全风险进行评估；定期组织关键信息基础设施运营者进行网络安全应急演练；促进有关部门、关键信息基础设施运营者，以及网络安全研究机构、网络安全服务机构之间的网络安全信息共享；对网络安全事件的应急处置和网络功能的恢复等，提供技术支持和协助。⑥发现违法发布或传输恐怖主义信息的，要求运营者立即停止传输，采取消除等处置措施，并保存记录；对来源于境外的违法发布、传输的恐怖主义信息，通知有关机关采取必要的技术措施加以阻断传播。

3. 其他部门的网络安全防范责任。其具体内容包括以下方面：

（1）公安机关计算机管理监察机构发现网络运营者、网站地址、目录或者服务器传播下列信息的，应通知有关单位立即关闭或删除，责令电信管理部门采取技术措施阻断传播；情节严重的，由发证机关吊销经营许可证；对非经营性互联网服务提供者，由备案机关责令关闭网站；对构成犯罪的，由公安机关、国家安全机关进行侦查，依法追究刑事责任：①传输煽动抗拒和破坏宪法和法律、行政法规实施的；②煽动颠覆国家政权，推翻社会主义制度的；③煽动分裂国家、破坏国家统一的；④煽动民族仇恨、民族歧视，破坏民族团结的；⑤捏造或者歪曲事实，散布谣言，扰乱社会秩序的；⑥宣扬封建迷信、淫秽、色情、赌博、暴力、凶杀、恐怖、教唆犯罪的；⑦公然侮辱他人或者捏造事实诽谤他人的；⑧其他宪法和法律、行政法规禁止内容的信息。

（2）对境外机构、组织、个人从事攻击、侵入、干扰、破坏等危害国家关键信息基础设施的活动，造成严重后果的，公安部门和有关部门可以决定对该机构、组织、个人采取冻结财产或其他必要的制裁措施。

（四）公民、法人的网络安全防范责任

1. 国家保护公民、法人和其他组织享有依法享用网络的权利，享受网络接入的普及，有权要求网络运营者提高网络服务水平，提供安全、便利的网络服务，保障网络信息依法有序自由流动。同时，公民、法人和其他组织均有依法使用网络的义务。任何个人或组织不得危害网络安全，不得利用网络从事危害国家安全、荣誉和利益，煽动颠覆国家政权、推翻社会主义制度，煽动分裂国家、破坏国家统一，宣扬恐怖主义、极端主义，宣扬民族仇恨、民族歧视，传播暴力、淫秽色情信息，编造、传播虚假信息扰乱经济秩序和社会秩序，以及侵害他人名誉、隐私、知识产权和其他合法权益等活动。

2. 任何个人和组织均有权利和责任，将危害网络安全的行为向网信、电信、公安等部门举报。

3. 任何个人和组织作为用户，在参与和使用网络时，必须提供真实的身份信息。网络领域作为人类科学技术创新和运用的新领域，有着广泛的发展空间。在反恐怖主义工作中，对网络技术的运用和管控，是我们与恐怖主义斗争的重要战场。因此，在反恐怖安全防范中，网络领域的安全防范工作就显得极其重要。随着网络技术的不断发展和创新、运用，我们的防范措施也将与时俱进。

第四节　物流及相关行业安全查验制度

一、安全查验制度的必要性

所谓"物流"，是指原材料、产品等从开采、开发、生产之后为起点，直到消费、使用这个终点的有效流动的全过程，包括了运输、仓储、装卸、加工、整理、配送等环节形成的整个供应链。所谓"物流运营单位"，是指以货物运输为业的铁路、公路、水上、航空等行业单位，以及邮政、快递等专业物流服务单位。

我国是世界范围内人口最多，近三十年来发展速度最快的国家。这使得我国不仅成为并保持了世界第二经济体的地位，而且也是对外贸易、投资的大国。人流、物流、资金流、信息流、服务流成为我国今天改革开放的主流，也是经济保持中高速发展，进行产业结构调整，发展动能转换的强大动力。而这一人、财、物的流动，也给国际恐怖主义和境外分裂势力的恐怖破坏活动以可乘之机。

进行恐怖活动，总是要以一定的物质、资金做基础的。利用物流等途径筹集、运输恐怖活动物资，在当前已成为恐怖分子实施恐怖活动的重要渠道。在人流、物流、资金流、信息流等成为常态的当下，设立物流及相关行业的安全查验制度，能够有效阻止恐怖主义组织和恐怖分子利用物质、资金和信息实施恐怖活动。这不仅可以实现对恐怖活动的事先预防，还可以通过查验记载，进行事后的回溯、追踪、总结，发现和堵塞物流领域可能存在的漏洞，这对于防范和应对恐怖活动有着十分重要的意义。在国际恐怖主义活动猖獗的今天，物流及相关行业的安全查验制度已经成为防范恐怖主义措施中不可或缺的一项重要制度。

二、安全查验制度的基本内容

我国《反恐怖主义法》第 20 条规定："铁路、公路、水上、航空的货运和邮政、快递等物流运营单位应当实行安全查验制度，对客户身份进行查验，依照规定对运输、寄递物品进行安全检查或者开封验视。对禁止运输、寄递，存在重大安全隐患，或者客户拒绝安全查验的物品，不得运输、寄递。前款规定的物流运营单位，应当实行运输、寄递客户身份、物品信息登记制度。"第 21 条规定："电信、互联网、金融、住宿、长途客运、机动车租赁等业务经营者、服务提供者，应当对客户身份进行查验。对身份不明或者拒绝身份查验的，不得提供服务。"由此可见，我国的反恐怖主义安全防范在物流及相关领域的安全查验主要体现为两方面的内容：①实行安全查验制度；②实行信息登记制度。而落实这两方面安全防范措施的责任主体主要是物流运营单位。

在我国，传统的物流运营单位，例如，铁路、公路、水上航运、航空运输企业等在物流运营中依然发挥着重要的作用，而随着近年来电子商务、网络营销的迅速发展，快递、寄送企业已成为不可小觑的现代物流大军。为保证这些传统和新兴领域的运营安全，我国加大了制度建设的力度，从行业领域和专业管理的角度，对安全检验做出了相应的规定。在铁路运输领域，安全查验制度的内容主要规定在我国的《铁路法》和《铁路安全管理条例》中；公路运输主要有《道路交通安全法》和《道路运输条例》；对民航运输业制定了《民用航空法》《中国民用航空货物国内运输规则》和《中国民用航空货物国际运输规则》，以及《中国民用航空旅客、行李国内运输规则》等。对邮政寄递和飞速发展的快递业，我国也制定了相关的法律法规，如《邮政法》《邮政业寄递安全监督管理办法》《快递市场管理办法》等。多行业领域、多视角的制度建设，形成了我国物流领域的安全防范之网。

（一）履行安全查验职责的主体

在安全防范工作中，履行物流及相关行业安全查验职责的主要主体，并不是国家管理机关，而是以营利为目的的相关行业、企业。这些行业、企业直接接收进入物流环节的物资、物品，直接与物资、物品的所有人、寄递人或接收人发生联系，这也就决定了这些行业、企业处在物流领域反恐怖斗争的最前线。要发现、阻断恐怖主义组织或恐怖分子发动恐怖袭击依靠的物质基础，就必须从物流环节的源头做起。物流运营单位也就必须在自身的营运活动中，承担起进行安全查验这一反恐怖主义的社会责任。依照我国《反恐怖主义法》以及相关法律、法规、规章的规定，物流及相关行业承担安全查验责任的主体主要有铁路运输企业、公路运输企业、航空运输企业、邮政企业、快递企业等。作为物流运营单位的管理部门，负有安全检查的监管责任。

（二）安全检查制度的主要内容

1. 安全检查制度。安全检查包括对人的安全检查以及对物的安全检查。对人的安全检查主要是指具有安全检查权的主体，依照法律的规定，对进入运输环节的旅客所进行的安全检查。我国铁路运输和航空运输的相关法律都明确规定了运输企业的安全检查责任以及被检查的对象依法接受检查的义务。我国法律明确规定，禁止运输单位运输拒绝进行安全检查的旅客。对物的安全检查，包括对运输货物、旅客托运行李的安全检查和对旅客随身携带物品的安全检查。对运输货物的安全检查要求，在铁路运输中，托运人要如实填报托运货物的品名、数量、性质、重量等，履行安全检查责任的单位及责任人员要对照托运人填写的托运单，核对货物的品名、数量、性质、重量等。在公路运输中，对法律、行政法规规定必须办理有关手续后方可运输的货物，货物运营者应当查验有关手续。在航空运输中，公共航空运输企业必须按规定对承运的货物进行安全检查或采取其他保障安全的措施，尤其是对收运后 24 小时内装机运输的货物，规定一律实行开箱检查或者通过安检仪器检测。对旅客随身携带的行李所进行的安全检查，《铁路安全管理条例》和《中国民用航空旅客、行李国内运输规则》也都对此作了明确的规定。在航空运输中，更是规定了承运人可以会同旅客对其行李进行检查的权利：必要时，可以会同有关部门进行检查，如果旅客拒绝接受检查，承运人有权拒绝运输。

2. 收寄验视制度。我国《邮政法》《邮政业寄递安全监督管理办法》《快递市场管理办法》分别对寄递物品的安全检查作出了以下规定：①要求客户详细填写寄递详情单，包括收寄件人姓名、地址、寄递物品名称、性质、数量、重量等；②寄递企业核对上述信息，并准确注明寄递物品的重量、资费等信息；③当面验视寄递物品；④如寄递物品依照规定应当由客户提供有关书面凭证的，应当要求客户提供相关凭证的原件并核对无误。

3. 禁运禁寄制度。关于禁止运输、寄递，我国《反恐怖主义法》第 85 条第 2 项明确规定，对禁止运输、寄递，存在重大安全隐患，或者客户拒绝安全查验的物品，不得运输、寄递。依照此规定，禁止寄递货运的物品有两种情形：①绝对禁止运输或寄递的；②相对禁止运输或寄递的。

所谓绝对禁止运输或寄递的物品，是指依照国家法律、法规或规章的相关规定，客、货运营单位不得收运、寄递的物品。依照我国现行铁路、公路、水运、邮政和快递业的不同规定，绝对禁止运输或寄递的物品，在种类和范围上是有所不同的。我国《铁路禁止携带物品目录》规定了十类物品：①枪支、子弹类；②爆炸物品类；③管制器具类；④易燃易爆物品类；⑤毒害品类；⑥腐蚀性物品类；⑦放射性物品类；⑧传染病病原体类；⑨其他危害列车运行安全的物品类；⑩国家法律、行政法规、规章规定的其他禁止携带、运输的物品。我国《快递市场管理办法》第 29 条则规定，下列物品是禁止寄递的：①法律、行政法规禁止流通的物品；②危害国家安全和政治稳定以及淫秽出版物、宣传品、印刷品等；③武器、弹药、麻醉药物、生化制品、传染性物品和爆炸性、易燃性、腐蚀性、放射性、毒性等危险物品；④妨害公共卫生的物品；⑤流通的各种货币；⑥法律、行政法规和国家规定禁止寄递的其他物品。我国《民用航空安全保卫条例》第 32 条、《邮政法》第 37 条等也分别对禁止运输、携带、寄递的物品作出了规定。

相对禁止寄递的物品，是指依法应当进行安全查验，但携带、寄递、托运人拒绝按照安全查验制度的规定，配合履行安全查验手续的物品。

（三）信息登记制度

信息登记制度是在当前人流、物流、资金流、信息流空前活跃的形势下，为实现社会安全管理而设置的一项重要的制度。通过实行信息登记制度，不仅可以在信息运用高度发达的今天，为我们信息管理的系统提供信息数据，更有利于在安全防范工作中，通过对相关信息的共享，实现对安全管理的相关物品和人员的识别，流通渠道的回溯以及追查。依照我国《反恐怖主义法》以及相关法律、法规、规章的规定，我国安全防范的信息登记主要有以下几类：

1. 物流查验登记。在物流查验登记制度的执行中，不仅要登记运输、寄递的物品的详尽信息，还必须对托运、寄递者的身份信息进行详尽的登记。进一步地，如托运、寄递者为法人的，不仅要对该法人的身份信息进行查验登记，还要对具体托运或寄递该物品的个人身份信息进行详尽的登记。

2. 人员身份查验登记。实行人员身份查验登记制度，是要求人们在参与、从事社会活动时，应当使用真实的个人信息。在进入特定的公共服务领域参与活动时，必须以自己的真实身份进行登记，以备查验。目前，我国需要使用身份证登记参与的特定公共服务领域主要包括以下方面：①在电信领域，国家工信部制定了《电话用户真实身份信息登记规定》，对电信业务和电话的开通实行实名制；②在互联网领域，全国人大常委会制定的《关于加强网络信息保护的决定》与国务院制定的《互联网信息服务管理办法》，从法律上明确了互联网用户真实身份信息登记制度、网络信息服务提供者实名制管理制度和对互联网经营服务场所消费者的上网实名登记核对制度；③在金融领域，我国的《个人存款账户实名制规定》和《反洗钱法》都明确了金融机构需要建立个人客户身份识别制度，客户真实有效的身份证件成为办理相关业务进行核实并登记的法定证件；④在旅馆业的管理中，按照国务院 2011 年修订的《旅馆业治安管理办法》的规定，旅客住宿必须出示身份证件，经查验并按规定项目进行登记后方可住宿；对具备住宿条件和功能的洗浴场所等的管理，规定其也应核查、查验真实身份；⑤在客运领域，对乘坐火车、轮船、飞机等长途客运工具的，已经实现了实名制要求；等等。近年来，针对反恐怖主义安全防范工作中的问题，交通部于 2014 年出台了《出租汽车经营服务管理规定》(2016 年修改为《巡游出租汽车经营服务管理规定》)，要求机动车租赁等行业，对在特殊时间、特殊地域乘坐出租车的客户，也要进行实名查验制登记；对于租赁车辆的，则必须以出具本人真实有效的身份证件作为前提条件。针对境内外恐怖主义组织和恐怖分子通过公开渠道购销危险物品，用来实施暴力恐怖活动的情况，我国还在散装汽油和散装天然气买卖等多个领域实行了购买实名制；加强了对网络营销渠道用户入网实名登记的管理，建立了对网络营销渠道实名登记的巡查制度。实名制的全面推行，既大大压缩了违法犯罪活动的空间，也提升了社会综合治理能力，更成为区分遵纪守法的群众与试图隐藏身份的恐怖分子的"试金石"。

第五节　危险物品安全防范

一、危险物品安全防范的种类与必要性

（一）危险物品的种类

在公共安全领域所称的危险物品主要是指："具有杀伤、爆炸、易燃、毒害、腐蚀、放射性等性质，在生产、储存、销售、运输、使用和销毁的过程中，容易造成人身伤亡和财产损毁或可能危害公共安全而需要特别防护或管制的物品。"依照危险物品的性质及其产生危险的不同，一般将常见的危险品划分成以下六类：

1. 枪支弹药。

2. 管制器具。管制器具一般是指能够对公共安全和社会治安秩序构成威胁，对人身或合法权益构成危害，需要强制管控的器具。其主要包括管制刀具、弩、冷兵器，使用火药为能源的射钉器、射网器、发令器、开门器以及电击器、催泪器等。

3. 危险化学品。危险化学品，是指具有毒害、腐蚀、爆炸、燃烧、助燃等性质，对人身、财产、环境具有较大危害的化学类物品。为了更好地管控危险化学品，交通运输部、生态环境部、工业和信息化部、应急管理部发布《内河禁运危险化学品目录（2019版）》。

4. 民用爆炸物品。民用爆炸物品，是指列入民用爆炸物品名单表，用于非军事目的的各类火药、炸药及其制品和雷管、导火索等点火起爆器材。

5. 核与放射物品。"核"，主要是指核材料、核设备、核设施以及以核材料制成的物品。依照我国《核安全法》第2条第3款的规定，核材料管制的范围主要是：①铀－235材料及其制品；②铀－233材料及其制品；③钚－239材料及其制品；④法律、行政法规规定的其他需要管制的核材料。

放射性物品，是指含有放射性元素，在衰变过程中能从原子核中放射出肉眼看不见的、具有穿透性的射线，其活度和比活度均高于国家规定的豁免值的

物品，如放射性同位素与射线装置、放射性废弃物和放射性药品等。

6. 传染病病原体。传染病病原体，主要是指能够引起传染病的病毒、传染病菌种、细菌、寄生虫等。

（二）危险物品安全防范的必要性

在我国境内，近年来发生的暴力恐怖袭击案件的主要表现形式是，利用管制刀具、自制炸药及民用爆炸物等物品，实施刀斧砍杀、爆炸袭击、纵火焚烧、车辆冲撞碾压等恐怖活动。由于武器装备的强大杀伤力，以此为工具进行的武装袭击，必然造成更为严重的损害后果，这也从另一方面证明了我国对枪支弹药等武器装备实行严格管理的积极意义。

为防止恐怖主义组织和恐怖分子利用危险物品实施恐怖活动，世界各国纷纷颁布法律或条令，对危险物品从源头开始进行管控，这已成为反恐怖安全防范的重要举措。联合国各成员国也先后签署了《核材料实物保护公约》《制止恐怖主义爆炸的国际公约》《制止核恐怖行为国际公约》等公约，对危险物品在国际范围内的生产、流转、使用等环节，要求缔约国进行管控。还有一些区域性的组织，例如，由中国和其他国家主导建立的上海合作组织，各成员国就共同签署了《上海合作组织反恐怖主义公约》，对成员国在反恐怖主义过程中的危险物品进行管控，要求成员国通过国内立法，切实落实签署的国际公约。美国、英国、俄罗斯等国家，对涉恐危险物品更是从生产、储存、运输、销售、使用等各环节，规定了严格的管控措施。

我国《反恐怖主义法》对此也专门作了规定，如该法第 22 条规定："生产和进口单位应当依照规定对枪支等武器、弹药、管制器具、危险化学品、民用爆炸物品、核与放射物品作出电子追踪标识，对民用爆炸物品添加安检示踪标识物。运输单位应当依照规定对运营中的危险化学品、民用爆炸物品、核与放射物品的运输工具通过定位系统实行监控。有关单位应当依照规定对传染病病原体等物质实行严格的监督管理，严密防范传染病病原体等物质扩散或者流入非法渠道。对管制器具、危险化学品、民用爆炸物品，国务院有关主管部门或者省级人民政府根据需要，在特定区域、特定时间，可以决定对生产、进出口、运输、销售、使用、报废实施管制，可以禁止使用现金、实物进行交易或者对交易活动作出其他限制。"第 23 条规定："发生枪支等武器、弹药、危险化学品、民用爆炸物品、核与放射物品、传染病病原体等物质被盗、被抢、丢失或者其他流失的情形，案发单位应当立即采取必要的控制措施，并立即向公安机关报告，同时依照规定向有关主管部门报告。公安机关接到报告后，应当及时展开调查。有关主管部门应当配合公安机关开展工作。任何单位和个人不得非法制作、生产、储存、运输、进出口、销售、提供、购买、使用、持有、报废、销毁前款规定的物品。公安机关发现的，应当予以扣押；其他主管部门发现的，应当予以扣押，并立即通报公安机关；其他单位、个人发现的，应当立即向公安机关报告。"

二、危险物品安全防范的具体内容

我国对危险物品的管理，已经初步形成了一个较为完整的法律体系。根据危险物品的性质，可能产生的危害结果，在生产流通的不同环节，以及管理归口的不同，依照《反恐怖主义法》，以及相关危险物品管理的法律、法规、规章，实施分类管理。

（一）对枪支等武器、弹药的管理

依照我国《枪支管理法》的规定，对枪支实行严格管制，任何单位或个人都不得违反法律规定，持有、制造（或变造、自行装配）、买卖、运输、出租、出借枪支。枪支的生产、配备、配置、制造、销售都实行许可证制度；在生产环节制作电子追踪标识，实施统一编号，便于在枪支的运输使用环节实行电子追踪管理；对于公务用枪，应由省级以上人民政府公安机关审批并根据公务用枪的配发范围发给持枪证，配置相应的枪支弹药；配备民用枪支，也必须经过相关主管部门严格审查批准，国家对民用枪支的生产实行配额管理，民用枪支的生产、配售，也实行严格的许可证制度。另外，枪支所使用的各种弹药以及零部件，也由公安机关实行严格的管理。

枪支弹药的运输需要向目的地的公安机关申领运输许可证，并使用安全可靠的封闭式的运输设备，由专人押运，途中如停留、住宿的，必须报告当地的公安机关。对无枪支弹药运输许可证而运输枪支弹药的，一经发现，公安机关即有权扣留该运输的枪支弹药。

具有持枪资格的人，携带枪支外出时，必须同时携带持枪证，否则，公安机关有权对其予以扣留；对禁止携带枪支的场所和活动，任何个人和组织都应当严格遵守。具有持枪资格并配备了持枪证的人员，一旦遇到枪支弹药被盗、被抢或者丢失的情况，要立即报告公安机关，避免发生严重后果。

对枪支弹药不符合国家技术标准，不能安全使用的，应当按照规定交回需报废的枪支弹药以及持枪证，需要销毁的，在登记造册，报主管部门领导批准后，在公安机关指定的冶金工厂依法回炉销毁。

我国对枪支弹药的严格管理制度，极大地减少了恐怖活动发生时，枪支弹药致人伤亡的概率，凸显了这一管理制度在我国反恐怖主义安全防范中的科学合理性。

（二）对管制器具的管控

对管制器具的管控包括对管制器具的生产、经销、购买、佩戴与携带、使用等环节进行的管控。

生产管制刀具的企业，必须经县（市）以上的主管机关批准，并报公安机关备案；管制刀具未经主管部门批准的，不得经销。经批准享有经销权的企业经销管制刀具的，对购买者应实行实名登记制度。任何公民，无特殊理由，未经主管部门特别批准，不得携带管制刀具进入公共场所，不得携带管制刀具参加集会、游行、示威。违反上述规定的，公安机关有权按照我国《治安管理处罚法》的规定，予以处罚。构成犯罪的，依法追究刑事责任。

由于在管制器具中"弩"所具有的特性以及杀伤力，在1999年公安部就会同国家工商管理局下发《关于加强弩管理的通知》，2010年公安部又发布了《关于进一步加强弩治安管理的通知》，加强了关于"弩"的生产、经销的管理，严格实行许可制度。

（三）危险化学品的管控

由于易制爆危险化学品和剧毒危险化学品具有容易获取，造成的危险和损害大以及用其制作爆炸品实施爆炸或投毒方法较为简单等特点，更是让恐怖主义组织和恐怖分子十分青睐。鉴于危险化学品在恐怖活动中具有上述特性，我国十分重视对危险化学品的管控。2017公安部公布《易制爆危险化学品名录（2017年版）》，2019年交通运输部、生态环境部、工业和信息化部、应急管理部发布《内河禁运危险化学品目录（2019版）》，明确了危险化学品的范围。此外，我国《危险化学品安全管理条例》于2002年制定，并分别于2011年、2013年进行了修改，其对生产、储存、使用、经营、运输危险化学品制度，都作了十分详尽的规定。

1. 实行许可制度，即危险化学品在生产环节、经销和购买环节、运输环节、使用环节等，都必须经过申请、审批（许可），才能够获得相应资格。

2. 登记制度，即实行危险化学品登记管理，从而为危险化学品安全管理以及危险化学品事故预防和应急救援提供技术、信息支持。危险化学品登记机构应当定期向工业和信息化、环境保护、公安、卫生、交通运输、铁路、质量监督检验检疫等部门提供危险化学品登记的有关信息和资料。

3. 明确危险化学品的管理责任，并责令相关部门落实。例如：①规定安全生产监督管理部门负责危险化学品的安全监督管理综合工作，组织确定、公布、调整危险化学品目录，对新建、改建、扩建生产、储存危险化学品（包括使用长输管道输送危险化学品）的建设项目进行安全条件审查，核发危险化学品安全生产许可证、危险化学品安全使用许可证和危险化学品经营许可证，并负责危险化学品登记工作；②公安机关负责危险化学品的公共安全管理，核发剧毒化学品购买许可证、剧毒化学品道路运输通行证，并负责危险化学品运输车辆的道路交通安全管理；③质量监督检验检疫部门负责核发危险化学品及其包装物、容器生产企业的工业产品生产许可证，并依法对其产品质量实施监督，负责对进出口危险化学品及其包装实施检验；④环境保护主管部门负责废弃危险化学品处置的监督管理，组织危险化学品的环境危害性鉴定和环境风险程度评估，确定实施重点环境管理的危险化学品，并负责危险化学品环境管理登记和新化学物质环境管理登记与危险化学品事故现场的应急环境监测；⑤交通运输主管部门负责危险化学品道路运输、水路运输的许可以及运输工具的安全管理，对危险化学品水路运输安全实施监督，并负责危险化学品道路运输企业、水路运输企业驾驶人员、船员、装卸管理人员、押运人员、申报人员、集装箱装箱现场检查员的资格认定；铁路主管部门负责危险化学品铁路运输的安全管理，负责危险化学品铁路运输承运人、托运人的资质审批及其运输工具的安全管理；民用航空主管部门负责危险化学品航空运输以及航空运输企业及其运输工具的安全管理；⑥卫生主管部门负责危险化学品毒性鉴定的管理，负责组织、协调危险化学品事故受伤人员的医疗卫生救援工作；⑦工商行政管理部门依据有关部门的许可证件，核发危险化学品生产、储存、经营、运输企业营业执照，查处危险化学品经营企业违法采购危险化学品的行为；⑧邮政管理部门负责依法查处寄递危险化学品的行为。

（四）民用爆炸物品的管控

爆炸物品是近年来国际、国内恐怖主义组织和恐怖分子进行恐怖活动时使用最多的恐怖袭击工具。2006 年 5 月，国务院颁布了《民用爆炸物品安全管理条例》，随后，中国国防科学技术工业委员会和公安部颁布了《民用爆炸物品品名表》，对民用爆炸物品进行严格管理。2014 年 7 月，国务院根据我国维护国家安全和反恐怖主义安全防范工作的实际，对《民用爆炸物品安全管理条例》实施了修改。按照修改后的《民用爆炸物品安全管理条例》的相关规定，对民用爆炸物品的生产、销售、购买、进出口、运输、爆破作业和储存以及硝酸铵的销售、购买，实行许可证制度。《民用爆炸物品安全生产许可证》《民用爆炸物品销售许可证》《民用爆炸物品购买许可证》《民用爆炸物品运输许可证》《爆破作业单位许可证》等是民用爆炸物品生产、销售、购买、运输和爆破作业的依据。未经许可，任何单位或者个人都不得生产、销售、购买、运输民用爆炸物品，不得从事爆破作业；同时也严禁转让、出借、转借、抵押、赠送、私藏或者非法持有民用爆炸物品。

民用爆炸物品行业主管部门、公安机关、工商行政管理部门按照职责分工，负责组织查处非法生产、销售、购买、储存、运输、邮寄、使用民用爆炸物品的行为。

国家对民用爆炸物品管理实行登记制度，民用爆炸物品生产企业、销售企业和爆破作业单位应当按照规定，如实将本单位生产、销售、购买、运输、储存、使用民用爆炸物品的品种、数量和流向信息输入计算机系统，进行登记，并向当地人民政府民用爆炸物品行业主管部门和公安机关备案；国家建立民用爆炸物品信息管理系统，对民用爆炸物品实行标识管理，监控民用爆炸物品流向。购买民用爆炸物品的单位购买民用爆炸物品时，除提供相应的许可证以外，还应提供经办人的身份证明，并自民用爆炸物品买卖成交之日起 3 日内，将购买的品种、数量向所在地公安机关备案；储存民用爆炸物品的，应当建立出入库检查、登记制度，收存和发放民用爆炸物品时，必须进行登记，做到账目清楚，账物相符；爆破作业单位不再使用民用爆炸物品时，应当将剩余的民用爆炸物品登记造册，报所在地公安机关组织监督销毁。

（五）核与放射物品的管控

核物质以其在裂变时产生的巨大能量为人类所利用，对其合理利用能够给人类带来文明的曙光，而一旦被恐怖主义组织或恐怖分子所掌握，必将因其巨大的威力而给人类文明带来毁灭性的灾难。为保证核材料的安全与合法利用，防止核材料被用于非法目的尤其是恐怖活动，我国对核材料实行严格的管控。第十二届全国人民代表大会常务委员会第二十九次会议于 2017 年 9 月 1 日通过《中华人民共和国核安全法》（自 2018 年 1 月 1 日起施行）。按照《核安全法》的规定，从事核事业必须遵循确保安全的方针。核安全工作必须坚持安全第一、预防为主、责任明确、严格管理、纵深防御、独立监管、全面保障的原则。

对于放射性物品的管理，主要依据是我国 2003 年全国人大常委会公布实施的《放射性污染防治法》和 2009 年国务院颁布的《放射性物品运输安全管理条例》。为防止放射性污染，我国对放射性物品实施"安全第一，严格管理"的方针。依照法律规定，我国的放射性物品分为三类：一类放射性物品，是指 I 类放射源、高水平放射性废物、乏燃料等释放到环境后，对人体健康和环境产生重大辐射影响的放射性物品；二类放射性物品，是指 II 类和 III 类放射源、中等水平放射性废物等释放到环境后，对人体健康和环境产生一般辐射影响的放射性物品；三类放射性物品，是指 IV 类和 V 类放射源、低水平放射性废物、放射性药品等释放到环境后，对人体健康和环境产生较小辐射影响的放射性物品。我国立法对各类放射性物品的运输，包括运输容器的设计、制造、使用、运输等环节，作出了专门的规定：用于放射性物品运输的容器的设计必须获得放射性物品运输容器设计批准书；从事放射性物品运输容器制造的单位，应当申请领取放射性物品运输容器制造许可证；放射性物品运输容器使用单位应当对其使用的放射性物品运输容器定期进行保养和维护，建立保养和维护档案，并每两年进行一次安全性能评价，将评价结果报国务院核安全监管部门备案；托运一类放射性物品的，托运人应当委托有资质的辐射监测机构对其表面污染和辐射水平实施监测，并出具辐射监测报告；承运放射性物品的，应当取得国家规定的运输资质。

为了进一步加强对放射性物品运输安全的监督管理，国家环境保护部于2016年又专门发布了《放射性物品运输安全监督管理办法》。该办法第3、4条规定，国务院核安全监管部门负责对全国放射性物品运输的核与辐射安全实施监督管理；省、自治区、直辖市环境保护主管部门负责对本行政区域内放射性物品运输的核与辐射安全实施监督管理。

（六）传染病病原体的管控

近年来，随着科学技术的迅猛发展，生物技术运用成为新兴工业的重要支撑。如同任何科学技术的发展应用都是"双刃剑"一样，生物技术的运用使得传染病病原体以其隐蔽性强、危害性大、传播速度快、难以控制与消除等特点，成为一种新型的危险物品，其制造恐怖的效果甚至超越了传统的危险物品。也正因如此，传染病病原体成为国际恐怖主义组织和恐怖分子制造恐怖事件的新工具。在美国，从2001年9月18日开始，有人把含有炭疽杆菌的信件寄给数个新闻媒体办公室以及两名民主党参议员。这个事件导致5人死亡，17人被感染。这被称为是美国继"9·11"事件之后受到的第二轮恐怖袭击。为此，美国专门制定了《防止恐怖主义利用生物武器法》，规定任何人明知生物制剂或毒素等特定的管制物品，而未按规定进行登记，擅自持有、使用或转移给未登记人员的行为，都会直接被视为犯罪行为。世界多国在防范恐怖主义袭击的工作中，也纷纷将传染病病原体或生物武器划入危险物品范畴，并进行严格管理。

我国《反恐怖主义法》将传染病病原体等物质作为危险物品管理，强调"有关单位应当依照规定对传染病病原体等物质实行严格的监督管理，严密防范传染病病原体等物质扩散或者流入非法渠道"。依照《传染病防治法》第22条的规定，这里的有关单位是指，疾病预防控制机构、医疗机构的实验室和从事病原微生物实验的单位。这些单位应当符合国家规定的条件和技术标准，建立严格的监督管理制度，对传染病病原体样本按照规定的措施实行严格监督管理，以防传染病病原体的病原微生物扩散。

1. 严格管理与审批制度。疾病预防控制机构、医疗机构的实验室和从事病原微生物实验的单位对传染病菌种、毒种和传染病检测样本的采集、保藏、携带、运输和使用，实行分类管理，建立健全严格的管理制度；对可能导致甲类传染病传播的以及国务院卫生行政部门规定的菌种、毒种和传染病检测样本，确需采集、保藏、携带、运输和使用的，必须经过省级以上人民政府卫生行政部门批准。

2. 严格消毒制度。对被传染病病原体污染的污水、污物、场所和物品，有关单位和个人必须在疾病预防控制机构的指导下或者按照其提出的卫生要求，进行严格消毒处理；拒绝消毒处理的，由当地卫生行政部门或疾病预防控制机构进行强制消毒处理。

3. 报告和通报制度。疾病预防控制机构、医疗机构和采供血机构及其执行职务的人员，发现《传染病防治法》规定的传染病疫情或者发现其他传染病暴发、流行以及突发原因不明的传染病时，应当遵循疫情报告属地管理原则，按照国务院规定的或者国务院卫生行政部门规定的内容、程序、方式和时限报告；军队医疗机构向社会公众提供医疗服务，发现上述规定的传染病疫情时，应当按照国务院卫生行政部门的规定报告；任何单位和个人发现传染病病人或者疑似传染病病人时，应当及时向附近的疾病预防控制机构或者医疗机构报告；港口、机场、铁路疾病预防控制机构以及国境卫生检疫机关发现甲类传染病病人、病原携带者、疑似传染病病人时，应当按照国家有关规定立即向国境口岸所在地的疾病预防控制机构或者所在地县级以上地方人民政府卫生行政部门报告并互相通报；疾病预防控制机构应当主动收集、分析、调查、核实传染病疫情信息；接到甲类、乙类传染病疫情报告或者发现传染病暴发、流行时，应当立即报告当地卫生行政部门，由当地卫生行政部门立即报告当地人民政府，同时报告上级卫生行政部门和国务院卫生行政部门。

4. 监测预警制度。疾病预防控制机构应当设立或者指定专门的部门、人员负责传染病疫情信息管理工作，及时对疫情报告进行核实、分析；县级以上地方人民政府卫生行政部门应当及时向本行政区域内的疾病预防控制机构和医疗机构通报传染病疫情以及监测、预警的相关信息；接到通报的疾病预防控制机构和医疗机构应当及时告知本单位的有关人员；国务院卫生行政部门应当及时向国务院其他有关部门和各省、自治区、直辖市人民政府卫生行政部门通报全国传染病疫情以及监测、预警的相关信息；毗邻的以及相关的地方人民政府卫生行政部门，应当及时互相通报本行政区域的传染病疫情以及监测、预警的相关信息。

5. 疫情公布制度。《传染病防治法》第 38 条明确规定，国家建立传染病疫情信息公布制度，及时、准确地公布传染病疫情。国务院卫生行政部门定期公布全国传染病疫情信息；省、自治区、直辖市人民政府卫生行政部门定期公布本行政区域的传染病疫情信息；传染病暴发、流行时，国务院卫生行政部门负责向社会公布传染病疫情信息，并可以授权省、自治区、直辖市人民政府卫生行政部门向社会公布本行政区域的传染病疫情信息。

6. 疫情控制责任。医疗机构发现甲类传染病时，应当及时采取下列措施：①对病人、病原携带者，予以隔离治疗，隔离期限根据医学检查结果确定；②对疑似病人，确诊前在指定场所单独隔离治疗；③对医疗机构内的病人、病原携带者、疑似病人的密切接触者，在指定场所进行医学观察和采取其他必要的预防措施，以控制传播。对本单位内被传染病病原体污染的场所、物品以及医疗废物，必须依照法律、法规的规定实施消毒和无害化处置。

7. 强制隔离制度。对依法应予以隔离的病人、病原携带者、疑似病人的密切接触者，拒绝隔离治疗或者隔离期未满擅自脱离隔离治疗的，可以由公安机关协助医疗机构采取强制隔离治疗措施。

8. 其他应急措施。因涉恐的传染病病原体扩散，导致传染病暴发、流行时，县级以上地方人民政府应当立即组织力量，按照预防、控制预案进行防治，切断传染病的传播途径，必要时，报经上一级人民政府决定，可以采取下列紧急措施并予以公告：①限制或者停止集市、影剧院演出或者其他人群聚集的活动；②停工、停业、停课；③封闭或者封存被传染病病原体污染的公共饮用水源、食品以及相关物品；控制或者扑杀染疫野生动物、家畜家禽；④封闭可能造成传染病扩散的场所。上级人民政府接到下级人民政府关于采取紧急措施的报告时，应当即时做出决定。紧急措施的解除，由原决定机关决定并宣布。

第六节　涉恐资金的安全防范

一、涉恐资金安全防范的必要性

恐怖融资，是指下列行为之一：①恐怖组织、恐怖分子募集、占有、使用资金或者其他形式的财产；②以资金或者其他形式的财产协助恐怖组织、恐怖分子以及恐怖主义、恐怖活动犯罪；③为恐怖主义和实施恐怖活动犯罪占有、使用以及募集资金或者其他形式财产；④为恐怖组织、恐怖分子占有、使用以及募集资金或者其他形式的财产。涉恐资金安全防范，主要是指依法对恐怖组织、恐怖分子以任何形式募集资金，或者任何组织、个人，故意为恐怖主义组织或恐怖分子实施恐怖活动提供资金支持或物质帮助活动而进行的阻止和打击。

恐怖主义组织或恐怖分子进行暴力恐怖活动，必须具备一定的物质基础和条件。涉恐融资即涉及为恐怖活动进行资金筹集。切断恐怖主义组织和恐怖分子获得资助的渠道，即从源头上制约了恐怖主义组织和恐怖分子的行动，甚至有望将恐怖活动扼杀在计划酝酿阶段。因此，阻断恐怖融资就成了预防现代恐怖主义的有效手段。正因如此，联合国安理会在已经通过的 1267 号决议、1333号决议的基础上，再次通过了 1373 号决议，即《制止向恐怖主义提供资助的国际公约》，要求所有国家防止和制止资助恐怖主义的行为，将提供或者筹集资金用于恐怖主义的行为规定为犯罪，冻结恐怖活动组织或人员的资金，禁止为恐怖活动组织或者人员提供金融服务；各成员国必须在本国刑法中，将资助恐怖主义活动定为刑事犯罪；成员国必须和其他国家合作，就该公约中所述的事项相互提供司法协助；成员国必须规定金融机构在发现和报告资助恐怖活动方面应发挥作用。

金融行动特别工作组（FATF）是制定国际反洗钱、反恐融资标准和监督标准实施的政府间组织，于 1989 年 7 月建立，秘书处设在经合组织（OECD）巴黎总部内。2005 年 1 月，FATF 全体成员以电子投票的方式一致同意接纳中国为观察员。2007 年 6 月 28 日，FATF 在巴黎召开的第十八届三次全会上经过讨论，一致同意接纳中国为正式成员。[1]该组织目前由 37 个司法管辖区和 2 个地区组织组成，代表全球大部分主要金融中心。其任务包括三方面：①制定和推广反洗钱和反恐融资领域的标准建议，促进全球性反洗钱网络的建立；②监督该组织成员对反洗钱和反恐融资建议的执行情况；③研究和总结洗钱和恐怖融资的趋势、方法和技术以及相应的打击措施。FATF 于 1990 年 2 月发布年度报告，提出了《关于洗钱问题的 40 项建议》；2001 年 10 月，FATF 在《关于洗钱问题的40 项建议》的基础上，针对打击恐怖融资，提出了 8 条特别建议，并于 2004 年10 月 22 日又通过了关于打击通过现钞运送进行洗钱的一项特别建议。这 9 项特别建议与《关于洗钱问题的 40 项建议》合称 "40 + 9 项建议"。"40 + 9 项建议" 是国际反洗钱和反恐融资领域中最著名的指导性文件，目前已经得到 130多个国家和地区以及国际货币基金组织和世界银行等国际组织的认可，成为反洗钱和反恐融资领域的国际标准和准则。

由此可见，国际社会对打击恐怖融资的重视程度和积极态度。世界各国也纷纷在国内立法中，将打击和防范恐怖融资作为重要内容。例如，2002 年 6 月，欧盟通过了《打击恐怖主义框架协定》，其中第 3 条规定了与恐怖主义有关的违法行为，主要包括恐怖主义的预备行为和帮助恐怖主义的行为，如为恐怖组织提供资金支持等。德国在美国 "9·11" 恐怖袭击发生后紧急召开的内阁会议上，提出了一揽子安全立法，不仅将参与恐怖组织的行为犯罪化，还将对恐怖

---

〔1〕　参见李文法："FATF 关注重点及对我反洗钱工作的启示"，载《西部金融》2009 年第 1 期。

组织的各种帮助行为（如资助行为）犯罪化。新加坡也将打击向恐怖主义提供资助的行为纳入法治化轨道，为深入持久地开展反恐斗争提供了法律保障。澳大利亚议会甚至专门制定了《2002 年禁止资助恐怖主义法》，在政府公报上列出了恐怖分子和恐怖组织的名单，并要求恐怖组织、恐怖分子财产的持有者必须对上述财产予以冻结。2005 年 11 月 3 日，澳大利亚议会又通过了《2005 年反恐怖主义法》，其中第九编"金融交易报告"，为防止恐怖融资行为而对可能涉恐的资金往来进行严格的控制和约束。英国《2010 年涉恐资产冻结法》根据冻结措施所具有的期限性、非终局性、冻结对象的广泛性等特征，对涉恐资金冻结的相关措施作了专门的系统规定。

我国也早在 2001 年的《刑法修正案（三）》中，专门增设了"资助恐怖活动罪"这一罪名。2015 年又通过《刑法修正案（九）》将其修改为"帮助恐怖活动罪"，并将恐怖活动犯罪作为洗钱罪的上游犯罪。2016 年 1 月 1 日生效的《反恐怖主义法》在对恐怖主义的防范规定中，也将涉恐资金防范作为重要内容，并予以高度重视。《反恐怖主义法》第 24 条规定："国务院反洗钱行政主管部门、国务院有关部门、机构依法对金融机构和特定非金融机构履行反恐怖主义融资义务的情况进行监督管理。国务院反洗钱行政主管部门发现涉嫌恐怖主义融资的，可以依法进行调查，采取临时冻结措施。"第 25 条规定："审计、财政、税务等部门在依照法律、行政法规的规定对有关单位实施监督检查的过程中，发现资金流入流出涉嫌恐怖主义融资的，应当及时通报公安机关。"第 26 条规定："海关在对进出境人员携带现金和无记名有价证券实施监管的过程中，发现涉嫌恐怖主义融资的，应当立即通报国务院反洗钱行政主管部门和有管辖权的公安机关。"

二、我国涉恐资金安全防范的具体内容

（一）履行涉恐资金安全防范义务的主体及其职责

在我国，依法履行涉恐资金安全防范义务的主体主要是金融机构和应当履行反洗钱义务的特定非金融机构。金融机构，是指依法设立的从事金融业务的政策性银行、商业银行、信用合作社、邮政储汇机构、信托投资公司、证券公司、期货经纪公司、保险公司以及国务院反洗钱行政主管部门确定并公布的从事金融业务的其他机构。依照我国《反洗钱法》的规定，应当履行反洗钱义务的特定非金融机构的范围，由国务院反洗钱行政主管部门会同国务院有关部门制定。而按照金融行动特别工作组（FATF）《关于洗钱问题的 40 项建议》的规定，应接受反洗钱监管的"非金融机构"包括了以吸收公众存款、借贷、金融

租赁、汇款服务、支付业务管理、财务担保、代客金融交易、证券发行、货币
兑换等为主要业务的机构。金融机构和特定非金融机构履行涉恐资金安全防范
职责主要包括：

1. 制定并完善涉恐资金安全防范的规章制度。这一职责主要由我国的中央
银行担任。2003 年我国的中央银行——中国人民银行针对金融管理和涉恐资金
监管的需要，出台了《人民币大额和可疑支付交易报告管理办法》（已失效）和
《金融机构大额和可疑外汇资金交易报告管理办法》（已失效），2006 年制定并
公布了《金融机构大额交易和可疑交易报告管理办法》（已失效），2003 年发布
的《人民币大额和可疑支付交易报告管理办法》和《金融机构大额和可疑外汇
资金交易报告管理办法》同时废止；2007 年制定了《金融机构报告涉嫌恐怖融
资的可疑交易管理办法》（已失效）这一专项防范恐怖融资的部门规章，2016
年对《金融机构大额交易和可疑交易报告管理办法》进行修订，2006 年的《金
融机构大额交易和可疑交易报告管理办法》和《金融机构报告涉嫌恐怖融资的
可疑交易管理办法》同时废止；2003 年还制定了《金融机构反洗钱规定》
（2006 年修订，2003 年的版本同时废止），2014 年又与公安部、国家安全部一起
发布了《涉及恐怖活动资产冻结管理办法》。这些规章的制定，与我国《反洗钱
法》《刑法》《反恐怖主义法》等，共同构架起了我国反恐怖融资安全防范的法
律体系。

2. 履行职责的主要方式。①客户身份识别。客户身份识别是指金融机构和
特定非金融机构在办理金融业务时，按照法律的规定，需核对相关自然人的居
民身份证，通过中国人民银行建立的联网对公民身份信息系统进行核查、确认。
必要时，还可以向公安、工商行政管理等部门核实客户的有关身份信息。客户
由他人代为办理业务的，金融机构和特定非金融机构应当同时对代理人和被代
理人的身份证件或者其他身份证明文件进行核对并登记。与客户建立人身保险、
信托等业务关系，合同的受益人不是客户本人的，金融机构和特定非金融机构
还应当对受益人的身份证件或者其他身份证明文件进行核对并登记。对相关资
料至少保留 5 年。任何单位和个人在与金融机构和特定非金融机构建立业务关
系或者要求金融机构和特定非金融机构为其提供一次性金融服务时，都应当提
供真实有效的身份证件或者其他身份证明文件。金融机构和特定非金融机构在
开展预防和打击恐怖融资工作时，按照其业务需要和制度规定，对客户身份进
行识别，并保存客户身份资料和交易记录，同时还应当依法履行为客户保密的
义务。②大额交易和可疑交易报告。金融机构和特定非金融机构在办理金融业
务的过程中，办理的单笔交易或者在规定期限内的累计交易超过规定的，应当
及时向反洗钱信息中心报告。金融机构和特定非金融机构怀疑客户、资金、交

易或者试图进行的交易与恐怖主义、恐怖活动犯罪以及恐怖组织、恐怖分子、从事恐怖融资活动的人相关联的，无论所涉及资金的金额或者财产价值的大小，都应当提交涉嫌恐怖融资的可疑交易报告。例如，怀疑客户为恐怖组织、恐怖分子以及为恐怖活动犯罪募集或者企图募集资金或者其他形式财产的；怀疑客户为恐怖组织、恐怖分子、从事恐怖融资活动的人以及为恐怖活动犯罪提供或者企图提供资金或者其他形式财产的；怀疑客户为恐怖组织、恐怖分子保存、管理、运作或者企图保存、管理、运作资金或者其他形式财产的；怀疑客户或者其交易对手是恐怖组织、恐怖分子以及从事恐怖融资活动人员的；怀疑资金或者其他形式财产来源于或者将来源于恐怖组织、恐怖分子、从事恐怖融资活动人员的；怀疑资金或者其他形式财产用于或者将用于恐怖融资、恐怖活动犯罪及其他恐怖主义目的，或者怀疑资金或者其他形式财产被恐怖组织、恐怖分子、从事恐怖融资活动人员使用的；金融机构和特定非金融机构及其工作人员有合理理由怀疑资金、其他形式财产、交易、客户与恐怖主义、恐怖活动犯罪、恐怖组织、恐怖分子、从事恐怖融资活动人员有关的其他情形的。中国人民银行设立的中国反洗钱监测分析中心负责接收、分析涉嫌恐怖融资的可疑交易报告。③金融机构和特定非金融机构还应当按照反洗钱预防、监控制度的要求，开展反洗钱培训和宣传工作。

（二）履行涉恐资金安全防范监督责任的机构

1. 国务院反洗钱行政主管部门与国务院有关部门、机构。依照法律的规定，国务院反洗钱行政主管部门负责全国的反洗钱监督管理工作。国务院有关部门、机构在各自的职责范围内履行反洗钱监督管理职责。如发现可疑线索，需要调查核实的，可向金融机构发起反洗钱调查，金融机构应当予以配合，如实提供有关文件和资料。

2. 中国人民银行设立的中国反洗钱监测分析中心在接收、分析涉嫌恐怖融资的可疑交易报告过程中，履行监督义务。

3. 依照《反恐怖主义法》的规定，审计、财政、税务等部门在依法对有关单位实施监督检查，并发现资金流入流出涉嫌恐怖主义融资的，应当及时通报公安机关。

4. 海关在对进出境人员携带现金和无记名有价证券实施监管的过程中，发现涉嫌恐怖主义融资的，应当立即通报国务院反洗钱行政主管部门和有管辖权的公安机关。

5. 公安机关接到审计、财政、税务、海关等部门或其他社会组织、个人的报告，对可能涉及恐怖融资的案件进行审查立案和侦查，并履行监督义务。

第七节　城乡规划及技防、物防

一、城乡规划

《反恐怖主义法》第 27 条第 1 款规定："地方各级人民政府制定、组织实施城乡规划，应当符合反恐怖主义工作的需要。"

目前，我国正处于城镇化的加速发展阶段，但城乡公共安全管理能力的发展明显落后于社会发展的速度，各类公共安全问题不断出现，已成为妨碍经济与社会健康发展的潜在因素。近年来，我国一些地方开始注意到上述问题的重要性，提出了打造"安全城市"的目标，将公共安全规划作为城市规划中的重要组成部分。城市公共安全规划是依据风险理论对城市发展趋势进行研究并对人类自身活动的安全作出时间和空间的安排，其涉及的主要内容包括城市工业危险源、重要机构和城市公共场所、城市公共基础设施、城市自然灾害、城市道路交通、恐怖袭击与破坏、公共卫生事件安全应急救援力量及应急救援设备设施等方面。城市公共安全规划编制要点包括对可能发生的公共安全事故灾害进行风险分析、确定规划目标、实施风险减缓对策措施、建立事故应急救援系统、建立公共安全信息管理系统、制定公共安全规划的实施办法等。

农村同城市相比，社会公共资源相对匮乏，社会治理包括公共安全防范等方面相对薄弱。党的十八大以来，我国大力推动新型城镇化建设，城乡一体化进程逐步加快。城乡一体化是中国现代化和城市化发展的一个新阶段，其基本目标就是要把工业与农业、城市与乡村、城镇居民与农村村民作为一个整体，统筹谋划、综合研究，通过体制改革和政策调整，促进城乡在规划建设、产业发展、市场信息、政策措施、生态环境保护、社会事业发展方面的一体化，改变我国长期以来形成的城乡二元经济结构，使整个城乡经济社会全面、协调、可持续发展。因此，各地在制定公共安全规划时，应通盘考虑城市与农村，努力构建城乡一体化公共安全体系。

二、反恐怖主义的技防、物防

《反恐怖主义法》第 27 条第 2 款规定："地方各级人民政府应当根据需要，组织、督促有关建设单位在主要道路、交通枢纽、城市公共区域的重点部位，配备、安装公共安全视频图像信息系统等防范恐怖袭击的技防、物防设备、设施。"

当前，国际范围内的恐怖活动出现一些新的变化与特点，尤其是在信息社会、网络时代的背景下，恐怖组织和恐怖分子越来越重视对现代科技手段的运用，无论是组织策划方式还是作案手段，都有更加隐蔽化、智能化、分散化等趋势，防范和打击难度更大，远非传统恐怖活动可比。因此，各国在加强各方面反恐措施的同时，特别强调"科技反恐"，科技手段在反恐行动中得到广泛应用。例如，利用信息技术（包括大数据技术），加强反恐情报收集，密切跟踪高危人员，准确截获恐怖活动信息；建立实时监控预警系统，加强重点区域与重要目标的监控保护；改进对突发恐怖事件的现场处置，提高案件侦破能力等。

我国在治安管理和犯罪治理实践中，一直强调"人防、物防、技防"的有机结合，在充分发挥人力资源在犯罪防控中的能动作用的同时，有效利用各种物质资源和科技手段，构建立体化的治安防控体系。"技防"，即技术防范，是指利用现代科学技术手段来提高安全防范能力，以预防违法犯罪行为和安全事故的防范措施。随着现代科技的迅猛发展，技术防范在安全防范体系中的地位和作用越来越重要。实践当中，常见的技术防范设施主要有：安装报警装置，防止犯罪分子进入特定场所作案；安装保险装置，包括电子门锁、带有指纹识别功能的保险柜等，加大犯罪分子作案的难度；安装门禁系统，阻止不法分子或者暴恐分子进入特定场所；安装监控装置，采用录音、录像、闭路电视等设施和计算机技术，对重要场所、部位、物品进行监视和控制。

"物防"，即物力防范，是指通过基础防范设施建设及其运用，预防违法犯罪行为和安全事故。"物防"主要是在犯罪目标、犯罪空间环境和可能发生治安灾害事故的部位安装防护设施，加大违法犯罪人员作案的难度，使之不易实施违法犯罪活动。同时，对一些容易发生火灾、爆炸、泄漏等治安灾害事故的重点、要害部门加设防护设施，控制和消除危险因素和危害后果。常见的"物防"措施包括：在要害单位、场所修筑并加高、加固围墙，设置防护网，安装照明设备；加固门、窗等出入口，安装"三铁"，即铁门、铁窗、铁护栏，确保要害部门的门窗安全可靠；为防范暴恐袭击而设置隔离防撞设施等。

相对"技防"而言，"物防"措施技术含量较低，在安全防范体系中属于较低的层次，但属于基础性的防范措施，不能忽视。在反恐实践中，必须重视各种安全防范措施、设施的综合运用，把人防、物防、技防结合起来，三者并重，使之相互配合，这样才能收到最佳的反恐效果。《反恐怖主义法》明确提及的技防、物防措施有公共安全视频图像信息系统，实践中常用的措施还有隔离防撞、紧急报警、安检防爆等设备、设施。

（一）公共安全视频图像信息系统

公共安全视频图像信息系统，也就是视频监控系统。视频监控技术于 20 世纪 70 年代兴起，历经模拟监控时代、数字监控时代、网络监控时代三个阶段，不断发展壮大。传统的监控系统大多以满足实时监看和事后取证的需求为主，而反恐防恐的核心却是"预警防范处置"，这是以被动记录和事后查证为主的传统监控系统无法实现的。目前的视频监控系统已经具有视频图像采集、人像比对、车牌识别等多重功能。反恐视频监控系统的发展趋势，是将视频监控、报警系统、门禁系统、对讲系统、广播系统、停车场系统等多个子系统统一接入一个动态的综合管理大型平台，并配备先进的智能视频分析服务器联动后端报警平台，通过对实时视频进行综合分析并及时预警，有效预防暴恐袭击。

（二）隔离防撞

在我国的一些恐怖袭击事件中，有的暴恐分子利用驾驶汽车高速冲撞的方式发动袭击行为。例如，2013 年发生在北京天安门的"10·28"驾车冲撞致人伤亡案，犯罪分子乌斯曼·艾山等 3 人驾乘吉普车闯入长安街便道，沿途快速行驶故意冲撞人群，造成 2 人死亡，40 人受伤，之后又驾车撞向金水桥护栏。2014 年 5 月 22 日，乌鲁木齐文化宫早市发生暴恐袭击，暴徒驾车碾压人群，并引爆车上炸弹，造成 39 名无辜群众遇难，94 人受伤。为防止此类恐怖袭击事件再次发生，保卫公众安全，有必要在火车站、客运站、医院、学校、商业中心、广场等人员密集场所设置隔离防撞设施。

（三）紧急报警系统

紧急报警系统是运用有线、无线、磁控、声控、红外、激光等科学技术，防止犯罪分子进入特定区域和及时发现、辅助抓获作案人员的专用设备。报警系统会自动探测发生在布防监测区域内的侵入行为，发出报警信号，并提示值班人员发生侵入的区域部位。报警系统是预防恐怖活动的重要设施，一旦发生突发事件，就能通过声光报警信号在安保控制中心准确显示出事地点，便于迅速采取应急措施。近年来，紧急报警系统同网络技术日益融合，技术不断升级，实践中研发出了"一键应急报警系统"，即搭建一套应急接警管理平台，给社区警务室、学校、金融系统单位、加油站、商场、超市、车站等人员密集的场所装上一键式联网报警器，将这些分散的报警器产生的应急报警警情通过各种传输方式传到应急接警管理平台中心，并由应急接警中心对警情进行及时的处理。一旦发生警情可以做到快速响应、联网援助、就近出警，从而有效防控犯罪、遏制恐怖活动的发生。

（四）安检防爆设备

安检防爆设备，是指用于机场、海关、车站等场所，为预防和制止爆炸、枪击、行凶等案件发生，从而对货物、人身、场地和携带物品进行安全检查的设备的总称。按照体积和应用领域，可分为大、中、小型设备。大型安检设备主要用于货物的检查，如海关、机场、铁路所需要的集装箱、车辆检测等；中型设备目前主要用于客运中对行李和人身的检测；小型设备主要是一些便于移动和携带的手持式设备。从产品类别看，主要包括安检、防爆处置和防恐设备三类，其中安检设备包括 X 光安检机、安检门、手持金属探测仪、通过式金属探测门、液体检测仪、爆炸物探测器、金属探测器（门）等，防爆处置设备包括防爆罐、防爆毯、机械手、爆炸物现场勘察箱、危险物品储物罐以及一些辅助设施等，防恐设备包括便携式频率干扰仪、毒气探测仪等。此外，还有炸药探测自动检查设备、排爆机器人、危险液体探测仪等新型安检防爆设备。

在恐怖活动威胁日益加大的今天，开发利用更加先进和有效的安检防爆设备是必然趋势，安检防爆产品的应用领域也越来越广泛。鉴于暴力恐怖案件更容易发生在人员密集场所，除了火车站、地铁站和机场等，一些地方如体育场馆、文化场馆、会议中心、旅游景点、长途汽车站甚至快速公交车站等公共场所，也开始实行安检制度，以防范恐怖袭击和其他暴力犯罪事件的发生。从发展趋势看，安检设备正在向智能化方向发展，同时，安检系统逐步走向与其他安防系统集成的方向，包括监控系统、报警系统和应急联动系统，从而促进安检系统更好地发挥其功效。

（五）反恐新技术

除了上述"技防"措施，近年来还出现了一些新的反恐技术，如生物认证技术。该技术已从传统指纹、虹膜认证，发展到面相、声音，乃至掌纹、耳型、颅骨、字体、体态、DNA，甚至包括指型、静脉、体味、打字习惯等认证方式。其中，语音识别技术发展迅速，涵盖了声纹识别、内容识别、语种识别、语音标准识别，在反恐行动中有着重要的应用价值。美国中央情报局就曾使用语音识别系统对原"基地"组织头目拉登的录音进行鉴识。每一次拉登的音像信息被公布，美国情报部门都会通过语音鉴识技术来辨别其真伪，2010 年，正是拉登的信使艾哈迈德在一次电话通信中被情报部门锁定，致使拉登的行踪暴露。

面部识别技术近年也有了突破性进展，最新的面部识别系统采用最新数字技术，识别面部结构多达 256 个数据，将对象坐标数据与库存数据比对，辨认只需 1/10 秒，错误率仅为千分之一。这对于有效识别恐怖分子、防范恐怖活动提供了有力的技术支持。实践中，恐怖分子常常利用假护照、假身份证混入境内，因此，利用生物识别技术加强对入境人员的甄别，已成为减少和防止恐怖事件的重要措施。

信息安全技术应用广泛。鉴于网络恐怖主义日趋猖獗，网络空间正在成为反恐的主战场之一，一些国家正在加紧进行信息安全技术的研发，如电脑袭击的快速识别技术，以及对攻击源进行定位和锁定的技术，以便在遭受网络恐怖袭击时，能够迅速采取相关措施，保护信息系统的安全。此外，反恐部门还运用大数据、云计算技术，着力提升情报感知、研判、分析能力，从海量的人流、物流、信息流、资金流中及时发现涉恐线索，做到预警在先、预防在前、敌动我知、先发制敌，将恐怖活动消灭在萌芽状态。

第八节　矫正处置制度

矫正处置制度，具体包括《反恐怖主义法》第28条规定的对宣扬、利用极端主义行为的处置；第29条规定的对被教唆、胁迫、引诱参与恐怖活动、极端主义活动，或者参与恐怖活动、极端主义活动情节轻微，尚不构成犯罪的人员的帮教，以及对服刑的恐怖活动罪犯和极端主义罪犯的管理、教育、矫正等工作；第30条规定的对实行恐怖活动犯罪和极端主义犯罪被判处徒刑以上刑罚的刑满释放人员的社会危险性评估与安置教育建议等内容。

一、对宣扬、利用极端主义行为的处置

在当今世界，极端民族主义与宗教极端主义都是极具破坏性的政治与社会力量，在大量的暴力恐怖活动的背后，都能看到极端民族主义或宗教极端主义的身影。在我国，目前最活跃、最具威胁的"东突"恐怖主义势力，与宗教极端主义势力、民族分裂主义势力是密不可分的。民族分裂主义是其根本，宗教极端主义是其精神旗帜，暴力恐怖则是其活动方式。在当前以至未来相当一段时期内，宗教极端主义都是我国面临的最危险的反社会势力之一。

关于新疆地区宗教极端主义势力的特征，主要有：①极端的非理性。在人生观上，全面否定现实生活的价值和意义，推崇偏狭、扭曲的人生价值，将不惜毁灭自我、滥杀无辜视为"圣战"，并作为其人生的最高追求。②强烈的排他性。在意识形态方面，绝对排斥一切其他文化和信仰，容不得任何不同思想和主张，甚至与不赞同极端思想的广大穆斯林、本民族人民为敌。在政治制度方面，全面反对现行的社会制度，认为只有由宗教极端势力掌权的社会制度才是合理的制度。在生活方式方面，坚持所谓的"神圣性"而反对世俗性，拒绝社会进步和现代化生活方式。他们罔顾维吾尔族世俗文化与伊斯兰教信仰并行不悖的历史传统，竭力鼓吹社会生活的伊斯兰化。③极大的迷惑性。宗教极端势力总是表现出对民族、宗教未来的"关切"和"忧患"，总是打着"纯洁"宗

教信仰的幌子，抓住社会现实中的一些不良现象进行煽动和蛊惑。[1]

宗教极端主义是危害、破坏民族团结与社会稳定的毒瘤，是催生暴力恐怖犯罪的温床。只有遏制宗教极端主义思想的蔓延，摧毁"三股势力"的思想根基，才能取得反恐怖、反分裂斗争的最终胜利，实现边疆地区的长治久安。《反恐怖主义法》在总结各地"去极端化"方面的有效经验的基础上，以国家立法的形式，对去极端化问题作了专门规定，特别是对宣扬、利用极端主义行为的现场处置作了明确规定，"公安机关和有关部门对宣扬极端主义，利用极端主义危害公共安全、扰乱公共秩序、侵犯人身财产、妨害社会管理的，应当及时予以制止，依法追究法律责任。公安机关发现极端主义活动的，应当责令立即停止，将有关人员强行带离现场并登记身份信息，对有关物品、资料予以收缴，对非法活动场所予以查封。任何单位和个人发现宣扬极端主义的物品、资料、信息的，应当立即向公安机关报告"。

二、帮教与监管

与恐怖活动、极端主义活动作斗争，不仅需要强化打击的手段和力度，还需要对这类人员坚持区别对待、分化瓦解，最大化地实现教育转化，使其顺利回归社会。从这个角度出发，对参与恐怖活动、极端主义活动的人员加强帮教和刑罚执行力度，是反恐怖主义安全防范工作中的重要一环。其中，对于受恐怖主义、极端主义毒害不深，人身危险性不大，情节轻微，尚不构成犯罪的人员，需要通过社会各个方面的共同努力，对其进行帮教，使其更快更好地摆脱恐怖主义、极端主义的毒害。而对于监狱服刑人员，也应根据恐怖活动、极端主义犯罪的特点，加强管理，有针对性地进行教育、矫正，避免此类罪犯对其他服刑人员的影响以及此类罪犯彼此之间的"交叉感染"，提高教育转化的成功率。

（一）帮教

《反恐怖主义法》第29条第1款对帮教制度进行了规定。社会帮教制度产生于20世纪80年代，在监狱学领域，社会帮教，原指监狱人民警察利用监狱以外的社会力量对罪犯进行教育改造的辅助教育活动。如我国《监狱法》第61条规定："教育改造罪犯，实行因人施教、分类教育、以理服人的原则，采取集体教育与个别教育相结合、狱内教育与社会教育相结合的方法。"社会帮教是通过

---

[1]　参见马进："现代文化战略是'去极端化'的治本之策"，载《中国民族报》2014年1月10日，第5版。

对社会教育资源的整合，来实现教育改造的个别化、社会化和科学化，是监管改造机关普遍采用的一种行之有效的基本教育手段。随着实践与理论的发展，社会帮教出现了所谓的"向前延伸"与"向后延伸"的现象。"向前延伸"，是指对违法和轻微犯罪人员实行的帮教，即预防帮教；"向后延伸"，是指对刑满释放人员实行的帮教，即安置帮教。

这里规定的"帮教"，不是行政处罚，也不是刑事处罚，而是一项具有针对性的教育转化违法行为人、预防违法犯罪的措施。我国《反恐怖主义法》规定的帮教制度主要有以下两个方面的内容：

1. 帮教的对象：一是被教唆、胁迫、引诱参与恐怖活动、极端主义活动的人员；二是参与恐怖活动、极端主义活动情节轻微，尚不构成犯罪的人员。这两类人员，主观恶性较小，受恐怖主义和极端主义的毒害尚浅，对恐怖主义和极端主义亦不持有顽固的态度。但是，如果不及时帮助教育，前述人员日后则可能升级成为实施具有严重危害的恐怖主义、极端主义犯罪的人员；此外，在某种意义上，"被教唆、胁迫、引诱参与恐怖活动、极端活动的人员"也是恐怖主义、极端主义的被害者。因此，对这两类人员进行帮教、挽救，具有重要的意义。但需要注意的是，即使是"被教唆、胁迫、引诱参与恐怖活动、极端活动的人员"，适用帮教的前提也应是"尚不构成犯罪"，如果构成犯罪的，应依法追究刑事责任，而不适用帮教的规定。

2. 帮教的主体是公安机关、有关部门、村民委员会、居民委员会、所在单位、就读学校、家庭和监护人等。"有关部门"，主要是对上述人员负有教育、帮扶职责的部门，如教育部门、民政部门、司法部门、宗教管理部门等。至于帮教的内容及期限，《反恐怖主义法》并没有作出规定，需要各个省级政府根据本地的实际情况制定相应的实施细则。但需要强调的是，在帮教过程中，公安机关负有组织的重要职责。由于被帮教人员已经参与了恐怖活动、极端主义活动，在性质上属于违法的行为，由公安机关组织帮教，是公安机关的一项重要的基层基础工作，系职责所在，同时对被帮教人员也能起到一定的约束、威慑作用，有利于取得好的社会和法律效果。为此，公安机关应当根据帮教对象的不同情况和特点，组织适当的机构和人员进行帮教，做到因人施教，讲求实效。同时，公安机关还要相应地对社会各方力量实施的帮助教育进行监督，保证帮教取得切实的效果，防止出现失控漏管等现象。

（二）监管

《反恐怖主义法》第29条第2款主要确立了恐怖活动罪犯与极端主义罪犯改造中的分级处遇制度。所谓分级处遇，是指监狱对服刑人员分类调查，对其改造表现、服刑时间和剩余刑期、犯罪性质及恶习程度等因素进行综合分析、评价之后，依据处遇方式和处遇内容宽严分级原则，确定对服刑人员的处遇方案。分级处遇要求监狱在狱政管理、教育和劳动等对服刑人员实施管理和矫正的各个方面，按照不同级别分别对服刑人员给予不同的处遇方式和处遇内容。

分管分押是分级处遇制度的一个重要体现。分管分押是指对被关押的犯罪嫌疑人及罪犯，根据其不同的诉讼阶段、犯罪类型、性别、年龄、健康状况等因素，针对在押人员不同的特点分别进行关押和管理。不同的恐怖分子和极端主义分子所处的刑事阶段可能不同，人身危险性也不同，教育改造的难度也不同。分管分押制度的实施有利于保障在押人员的合法权益，保障刑事诉讼活动的顺利进行，促进对犯罪分子的改造，对交叉感染也能起到一定的预防作用。

需要注意的是，这里的"个别看押"属于一种关押方式，与禁闭具有不同的性质。监狱法等法律法规中规定的禁闭，属于一种惩戒措施，对罪犯实行禁闭的期限为 7～15 天。监狱、看守所对恐怖活动罪犯和极端主义罪犯采取个别关押的措施，应当根据教育改造和维护监管秩序的需要慎重把握，只能对服刑期间积极宣扬恐怖主义、极端主义造成恶劣影响以及严重扰乱监管秩序的恐怖活动罪犯和极端主义罪犯加以适用。同时，监狱和看守所也需要适度把握个别看押时间的长度，对于被个别关押的人员有悔改表现，愿意遵守监狱、看守所监管秩序，或者有其他需要变更的情形的，也可以依法变更对其的关押方式。

三、社会危险性评估与安置教育

对犯罪人人身危险性的预测是反恐怖安全防范工作中一个非常重要的课题。对犯罪人人身危险性的预测，西方国家称为"人格调查"，是指由专门机构的专门人士对犯罪人的人身危险性进行调查评估。我国《社区矫正实施办法》也规定了我国的人格调查制度，称为"社会调查评估"。因此，在对刑满释放前的恐怖活动罪犯和极端主义罪犯进行社会危险性评估时应当注意明确我国的人格调查的内容。人格调查的内容包括：被告人或者罪犯的居所情况、家庭和社会关系、一贯表现、犯罪行为的后果和影响、居住地村（居）民委员会和被害人意见、拟禁止的事项，以及恐怖分子被判处的刑罚种类、犯罪情况、悔罪表现、个性特征和生活环境等情况。

对于曾实施恐怖活动或极端主义行为的刑满释放人员，经过人格调查，认为刑满释放后仍具有恐怖主义和极端主义倾向的，有必要采取一定的教育管控措施。对此类人员，根据具体情况可以实施安置教育措施。

《反恐怖主义法》第 30 条对安置教育的适用对象，决定程序，救济途径，实施、解除与监督等问题作了细致的规定。

（一）安置教育的适用对象

安置教育的适用对象是因恐怖活动犯罪和极端主义犯罪被判处徒刑以上刑罚的，经评估仍具有社会危险性的刑满释放人员。安置教育的适用对象是刑满释放但仍具有恐怖主义和极端主义倾向的人员，其目的是加强对这部分人的教育矫正并有效维护社会秩序，而不是惩治已然的罪行。安置教育制度的增设，是对我国刑事法律制度的创新和发展，对更好地实施"去极端化"工程具有积极意义。在以往的实践中，一些入狱服刑的恐怖分子和极端分子，受极端思想毒害深，思想顽固不化，教育转化难度极大，如果刑满后被直接推向社会，没有任何监督帮教措施的跟进，很容易再次实施极端主义行为，危及社会安全，安置教育制度则有利于解决这一问题。

（二）安置教育的决定程序

安置教育具有刑事法律义务的性质，对相关人员的权利会进行一定程度的限制，如禁止从事特定活动、禁止进入特定区域及禁止接触特定的人等，故法律规定了严格的适用与决定程序，要经过社会危险性评估、监所提出建议、中级人民法院作出决定等一系列程序。首先，要对相关人员进行社会危险性评估，评估的结果是决定是否对其采取安置教育措施的主要依据。监狱、看守所应当在恐怖活动罪犯和极端主义罪犯刑满释放前，根据其犯罪性质、情节、社会危害程度，服刑期间的表现，释放后对所居住社区的影响等进行社会危险性评估。进行社会危险性评估，应当听取有关基层组织和原办案机关的意见。经评估具有社会危险性的，监狱、看守所应当向罪犯服刑地的中级人民法院提出安置教育建议，并将建议书副本抄送同级人民检察院。罪犯服刑地的中级人民法院对于确有社会危险性的，应当在罪犯刑满释放前作出责令其在刑满释放后接受安置教育的决定。决定书副本应当抄送同级人民检察院。

（三）安置教育的救济途径

安置教育是带有强制性的处遇措施，涉及对刑满释放人员自由的限制。因此，法律规定了一定的救济途径，即被决定安置教育的人员对决定不服的，可以向上一级人民法院申请复议。

（四）安置教育的实施

安置教育由省级人民政府组织实施。公安机关、司法行政机关等执行机构应当对接受安置教育的人员采取一定的教育管控措施。民族、宗教事务部门应当对接受安置教育的人员进行民族、宗教政策、知识教育，做好教育转化工作。教育、人力资源社会保障及民政部门应当组织对接受安置教育的人员开展文化知识、劳动技能教育培训，提供社会保障和就业服务，使其回归正常生产、生活。

（五）安置教育的解除

安置教育机构应当每年对被安置教育人员进行评估，对于确有悔改表现，不再危害社会的，应当及时提出解除安置教育的意见，报决定安置教育的中级人民法院作出决定。被安置教育人员有权申请解除安置教育。

（六）安置教育的监督

人民检察院对安置教育的决定和执行进行监督。这是法律赋予人民检察院的一项重要职权，以防止和及时纠正在安置教育决定和执行环节出现的错误和违法行为，进而能够正确应用法律，保障被安置教育人员的合法权利，保证安置教育措施的正确实施。

第九节　重点目标的安全防范

一、重点目标安全防范的必要性

为了达到最大限度地制造社会恐慌的目的，恐怖分子往往会选择一些具有重要价值、重大社会影响或容易造成重大人员伤亡和财产损失的目标加以袭击。这些目标包括重大基础设施、重要公共场所、重要人物等，其统称为重点目标。

重点目标又可分为军事目标、政治目标、经济目标和社会目标。军事目标包括军事基地，军用仓库，军用机场、港口、码头，营区、训练场、试验场，军用通信、侦察、导航、观测台站，导弹、卫星发射基地等；政治目标包括政府、议会、司法机构的办公场所，国家和政府领导人，具有重要政治意义的标志性建筑等；经济目标包括重要能源基地、货运通道、大型水电工程、大型厂矿企业、战略物资库等；社会目标包括交通主干道，桥梁，港口，机场，车站，地铁，公共交通工具，城市的水、电、气、油、通信网络供应系统，公众聚集场所，公共文化娱乐体育场所，学校，医院，商场，超市，集市，商业街区，旅游景区等。针对上述目标发动袭击行为，往往会造成重大人员伤亡或财产损失，或者对国家的军事、经济、政治利益造成重大损害，进而引发公众的心理震荡，造成恶劣的社会影响。因此，必须加强对重点目标的保护，避免给恐怖分子可乘之机。

从国外的情况来看，人流密集的公共场所一直是恐怖袭击的重要目标。针对公共交通设施发动的恐怖袭击，如 2004 年 3 月西班牙马德里地铁爆炸案和 2005 年英国伦敦地铁和公交车"7·7"连环爆炸案。2013 年，"青年党"在肯尼亚首都内罗毕制造了一起恐怖袭击，袭击发生在一大型商场——西门购物中心。2015 年 4 月 2 日，肯尼亚再遭重大恐怖袭击，这次袭击发生在加里萨市一所大学校园内。2015 年 11 月 13 日晚，在法国巴黎发生了一系列恐怖袭击事件，主要目标则是剧院、体育场等场所。2017 年 5 月 22 日，英国曼彻斯特体育馆发生针对正在进行的音乐会的暴恐袭击，造成重大人员伤亡。

面对日益增大的恐怖袭击威胁，各国普遍加强了对重点目标的保护。如英国情报部门列出了 350 处有可能受到恐怖袭击的重点目标，并予以特别保护。这些目标大都是对英国国家安全和经济发展具有重要意义的建筑和设施。在列出的 350 处重点目标中，包括英国境内的 15 座核电厂、国家主要电网、石化工厂、通信中心、核武器研究中心、核潜艇基地等关键设施。在美国，"9·11"事件之后政府加大了对关键基础设施的保护力度，并确认了 17 类国家重点基础设施和关键资源需要保护，即农业和商品，银行与金融，化学，商业设施，通信，水坝，国防工业基地，应急服务部门，能源，政府设施，信息技术，国家纪念性和标志性建筑，核反应堆，核原料和废料，邮政和投递，公众健康和保健交通系统，供水。美国各联邦机构制订了关键基础设施和重要资产保护计划，通过跨部门合作、设立国家基础设施保护中心、增加相关经费等途径来加强对关键基础设施及重要资源的保护。美国还于 2004 年出台了《铁路反恐安全条例》，2006 年发布了《国家基础设施保护计划》，确定了优先重点保护的易受恐怖袭击并亟需保护的重要基础设施，包括铁路、公路及航运系统，并引入风险管理方法，对交通设施面临的威胁和脆弱性进行评估，确定保护重点，并对安保效果进行评估。

俄罗斯将恐怖袭击的重点目标分为五大类予以特别保护，分别是强制性机构、政府性目标、民用性目标、能引起社会重大恐慌的目标以及其他目标。其中强制性机构主要是指恐怖袭击目标中的警察、军队机构；政府性目标主要是政府性机构，包含俄罗斯各级政府机构以及外国政府驻俄机构；民用性目标主要包括教育机构、媒体、非政府组织、通信设施以及公共设施等；能引起社会重大恐慌的目标主要包括商业性目标、机场及航班、食物、水源、公民自身、宗教设施、游客和除飞机以外的运输工具。2009 年，俄罗斯总统签署了《预防铁路恐怖袭击综合治理方案》，重点完善铁路系统反恐措施；莫斯科出台了《破坏莫斯科地铁使用规则责任法》。

从我国近年发生的恐怖活动看，袭击目标以党政机关和公共场所居多。实施暴恐犯罪的恐怖分子大多寻求最大的宣传效能，制造社会恐慌，以达到他们期望的心理影响作用，因而往往将作案目标选在具有政治象征意义的军警、政府部门，或者人群稠密且疏于防范之地；选择袭击的人群多为无辜群众，或者将目标选为政府官员、乡镇干部、爱国宗教人士、警察、军人等单个或小群活动的人群。当然，在不同的时期，恐怖活动的袭击目标侧重点可能有所变化。以暴恐案件多发的新疆为例，2013 年以前，暴恐案件多以派出所、公安局或其他政府机构为目标，2013 年以后，恐怖袭击更多以商业街、早市、农贸市场、火车站等为目标，这些地区人员较为密集，流动性比较大，难以防范。

军警、政府部门等，由于对象和范围特定，且有一定的防御力量，被反恐专家称为"硬目标"；相对而言，公共场所由于空间比较开放、对象不特定、人流密集且防卫能力薄弱，被称为"软目标"。由于一些针对"硬目标"的袭击事件发生后，相关机构必然会加强防范，恐怖分子袭击"硬目标"的难度大大增加，于是他们把袭击目标转向难以防范且人流密集的"软目标"，所造成的伤亡往往更加惨重。为了更好地预防恐怖活动的发生，最大限度地减少恐怖活动可能带来的损失，应该吸取以往恐怖袭击事件的教训，并借鉴国外的有效经验和做法，不断完善相关立法和制度，明确有关部门及人员的职责，构筑更为严密的针对重点目标的保护网络，这是反恐怖主义工作中极其重要的内容。

二、确定防范恐怖袭击重点目标

依据《反恐怖主义法》第 31 条的规定，公安机关应当会同有关部门，以"遭受恐怖袭击的可能性较大以及遭受恐怖袭击可能造成重大的人身伤亡、财产损失或者社会影响"为依据，确定防范恐怖袭击的重点目标。究竟哪些目标属于防范恐怖袭击的重点目标？在《突发事件应对法》《企业事业单位内部治安保卫条例》等有关法律、法规中，将公共供水、燃气、电力、轨道交通、寄递物流、商贸会展、传媒通信、宾馆饭店、旅游娱乐、医疗卫生、公共汽车（电车）、长途客运、核、生、化等关系城市民生、国家安全和公共安全的重点行业，以及党政军首脑机关等作为重要目标。在中共中央办公厅、国务院办公厅印发的《关于加强社会治安防控体系建设的意见》中，也提及须加强保护的重点目标的范围，这对于确定防范恐怖袭击的重点目标具有指导意义。该意见提出："加强公共交通安保工作，强化人防、物防、技防建设和日常管理，完善和落实安检制度，加强对公交车站、地铁站、机场、火车站、码头、口岸、高铁沿线等重点部位的安全保卫，严防针对公共交通工具的暴力恐怖袭击和个人极端案（事）件。完善幼儿园、学校、金融机构、商业场所、医院等重点场所安全防范机制，强化重点场所及周边治安综合治理，确保秩序良好。"概言之，该意见所列的重点目标，主要包括两大类：①公共交通工具及公交车站、地铁站、机场、火车站、码头、口岸、高铁沿线等重点交通设施；②幼儿园、学校、金融机构、商业场所、医院等重点场所。这两类目标都具有人流密集或者人员集中的特点，若发生恐怖活动袭击极易造成重大人身伤亡。

《反恐怖主义法》虽然未明确列举重点目标的范围，但对重点目标的性质有一个原则性的界定，即"遭受恐怖袭击的可能性较大以及遭受恐怖袭击可能造成重大的人身伤亡、财产损失或者社会影响的单位、场所、活动、设施等"。结合反恐怖现实需要及前述法律、法规、有关文件的规定，常见的重点目标主要有：

1. 大型群众性活动和重大活动。根据 2007 年国务院颁行的《大型群众性活动安全管理条例》，大型群众性活动，是指法人或者其他组织面向社会公众举办的每场次预计参加人数达到 1000 人以上的活动，包括体育比赛活动，演唱会、音乐会等文艺演出活动，展览、展销等活动，游园、灯会、庙会、花会、焰火晚会等活动，人才招聘会、现场开奖的彩票销售等活动。重大活动，一般是指各级政府举办的涉及政治、经济、科技、文化、体育、宗教等领域的具有重大社会影响的活动。大型群众性活动和重大活动，都具有参加人数多、涉及面广、关注度高、临时性强等特点，是安全保卫工作的重中之重。

2. 车站、码头、机场、口岸、公共交通工具、幼儿园、学校、医院、市场、商场、广场以及餐饮、住宿、旅游、娱乐场所。此类目标人员密集，人流量大，且空间较为开放，管控难度大，是恐怖袭击的重点，也是安全防范的重点。2014 年，公安部印发了《关于进一步加强火车站等人员密集场所安全防范工作的意见》，对火车站等人员密集场所的安全防范工作提出了具体要求。

3. 食品、药品、水、能源资源、金融、广播电视、电信、互联网、交通运输等行业有关的单位、设施、重要网络和信息系统。这些行业及设施关系国计民生、公共安全或国家安全，必须加强安保工作。

4. 爆炸性、易燃性、毒害性、放射性、腐蚀性、传染病病原体以及制爆原料等危险品，核材料、核设施、枪支、弹药、管制器具的生产、储存、运输、进出口、销售、购买、使用单位。这些危险物品一直是政府管控的重点，如果管控不力，落入恐怖分子手里，会成为其发动恐怖袭击的工具，后果不堪设想，必须采取最为严格的管理措施。

5. 重要基础设施和重要建筑物、建设工程。例如，加油站、变电站、炼化厂等能源设施。在新的安全形势下，国内重要的能源基础设施遭受暴恐分子袭击的风险在不断增加，必须强化安全防范工作。

6. 国家规定的警卫对象。其包括党和国家领导人、来访重要外宾、党和国家的重要会议、重大政治活动等。对不同对象的警卫级别与规格、具体警卫措施，有关部门制定有专门的管理规定。

7. 监狱和看守所。监狱是国家的监禁刑执行机构，看守所是法定的关押犯罪嫌疑人的场所（包括罪犯在被交付执行刑罚前，剩余刑期在 3 个月以下的），监所安全事关司法秩序和社会稳定，是国家的重点警戒对象。

8. 重要国家机关和国防科技工业重要产品的研制、生产、储存单位。重要国家机关，如党中央、国务院、全国人大常委会、最高人民法院、最高人民检察院等办公地。国防科技工业重要产品的研制、生产、储存单位，如导弹、火箭、军用飞机等的研制、生产单位等。上述对象都事关国家安全，必须加以严密保护。

9. 驻外外交机构，特别是驻战乱或者恐怖袭击多发国家、地区的外交机构。根据 2009 年通过的《驻外外交人员法》，驻外外交机构，是指中华人民共和国驻外国的使馆、领馆以及常驻联合国等政府间国际组织的代表团等代表机构。这些年来，我国驻外外交机构已发生多起遭袭事件，尤其是在一些社会动荡、恐怖活动猖獗的国家，我国派驻的外交机构更要加强安全防范工作。

10. 其他可能受恐怖活动威胁的重大目标。这是一个兜底性规定，是指上述对象之外的、有必要加以重点保护的重要目标。

公安部门和有关部门在确定重点目标后，应报本级反恐怖主义工作领导机构备案。"有关部门"应是指对重点目标负有管理、监督等职责的相关政府部门，如交通、旅游、教育、体育等行政主管部门。对确定的重点目标需备案，主要有三个方面的考虑：①保证能将应列为重点目标的单位、场所、活动、设施及时、准确地列入；②可以使本级反恐怖主义工作领导机构对本辖区的防范恐怖袭击的重点目标的相关信息做到心中有数，更好地履行反恐怖主义工作的职责；③可以使本级反恐怖主义工作领导机构在制定反恐怖主义工作预案时，充分考虑重点目标的实际情况，使预案更有针对性和实用性。

三、重点目标的管理单位的职责

重点目标的管理单位处于防范恐怖袭击的前沿阵地。根据《反恐怖主义法》关于安全防范的一系列规定，需要重点目标管理单位切实履行防范职责，落实法律法规规定的各项职责义务。对每个重点目标的管理单位而言，防范恐怖袭击与日常的工作、生产、经营一样，都是单位应当认真妥善安排的工作。因此，每个重点目标管理单位都是自身安全的责任主体，而且这种主体地位和作用是公安机关、反恐怖主义工作领导机构等有关部门无法替代的。为促进重点目标的管理单位严格落实责任，扎实做好反恐防恐工作，重点目标的管理单位应当根据《反恐怖主义法》第 32 条的规定，做好以下几方面的工作：

1. 重点目标的管理单位应当制定防范和应对处置恐怖活动的预案、措施，定期进行培训和演练。预案、措施一般应包括以下内容：①明确组织机构和人员，确保能有效开展防范和应对处置工作；②明确预警、报警程序；③明确应急处置和疏散群众的组织程序和措施；④明确初步应对处置恐怖袭击的程序和措施；⑤明确通信联络、安全防护救助的程序和措施；⑥其他必要的措施。培训的基本内容主要应包括：①反恐怖主义法律法规、安全管理制度和保障安全的操作规程；②本单位、本岗位的危险性和防范、处置措施；③有关物防、技防设备、设施的性能、作用和使用方法；④预警、报警、初步处置恐怖袭击和自救逃生的知识和技能；⑤组织、引导在场群众疏散的知识和技能。而培训的对象主要应包括：各级、各岗位的安全责任人，反恐怖主义物防、技防设备、设施的操作人员，专职和义务反恐怖主义安保人员，重点岗位工作人员等。此外，重点目标管理单位还应当根据本单位制定的防范和应对处置恐怖活动的预案和措施，定期进行演练，确保恐怖袭击发生时，这些预案和措施能够有条不紊地得到落实。

2. 重点目标的管理单位应当建立反恐怖主义工作专项经费保障制度，配备、更新防范和处置设备、设施。"专项经费"，是指专门用于重点目标防范和应对处置恐怖活动，开展反恐怖主义工作的经费，具体数额需要综合考虑经济能力和落实防范恐怖活动安全管理责任的实际需要等因素来确定。"设备、设施"，是指防范和应对处置恐怖活动所必需的报警、通信联络、初步应对处置、自救逃生、紧急疏散等方面的设备、设施。

3. 重点目标的管理单位应当指定相关机构或者落实责任人员，明确岗位职责。将单位的日常管理、安全生产、应急工作结合起来，建立分工明确、各负其责、操作性强的防范责任体系。细化责任制度，明确反恐防范的具体职责；细化、明确责任落实方式和问责流程。

4. 重点目标的管理单位应当实行风险评估，实时监测安全威胁，完善内部安全管理。"风险评估"，是指根据恐怖主义活动的整体形势，本单位的性质、所处的地理位置，生产、经营活动等具体情况，以及公安机关等有关部门提供的情报信息等方面的情况，对本单位遭受恐怖袭击的风险进行评估。这种风险评估可以由重点目标管理单位自行进行，也可以在反恐怖主义工作领导机构、公安机关、有关部门的指导下进行。"实时监测安全威胁"，是指重点目标管理单位，通过技防设备、专人值班巡查等方式，有针对性地实时监测可能发生的安全威胁，并根据情况，不断调整和完善内部安全管理制度。

5. 重点目标的管理单位应当定期向公安机关和有关部门报告防范措施落实的情况。如此，既有利于督促重点目标管理单位切实履行职责，也有利于公安机关和有关部门及时掌握情况，对重点目标管理单位的防范工作查缺补漏。

6. 重点目标的管理单位应当根据城乡规划、相关标准和实际需要，对重点目标同步设计、同步建设、同步运行符合《反恐怖主义法》第27条规定的技防、物防设备、设施。"三同步"原则主要是考虑到只有坚持"三同步"，才能保证相关技防、物防设备、设施在兼容性、匹配度、覆盖面等方面，与相关基础设施完全配套，并能保证实时投入使用，不留安全死角和"断档期"。同时，按照"三同步"要求做好技防、物防设备、设施的配备工作，比事后改建、改造省时、省力、省费用。

7. 重点目标的管理单位应当建立公共安全视频图像信息系统值班监看、信息保存使用、运行维护等管理制度，保障相关系统正常运行。采集的视频图像信息保存期限不得少于90日。

8. 对重点目标以外的涉及公共安全的其他单位、场所、活动、设施，其主管部门和管理单位应当依照法律、行政法规的规定，建立健全安全管理制度，落实安全责任。恐怖分子为实施恐怖袭击往往处心积虑、无孔不入，重点目标管理单位加强安全防范只是解决了重点防范问题，这对于整个反恐防范工作来说是不够的。因此，重点目标以外的涉及公共安全的其他单位、场所、活动和设施的主管部门和管理单位，应根据《突发事件应对法》《消防法》等法律、行政法规的规定，建立健全安全管理制度，落实安全责任。

四、安全背景审查制度

安全背景审查，是指通过对重要岗位工作人员的一贯表现、亲属及主要社会关系、接触的群体以及对有关恐怖主义、极端主义事件的倾向性态度等方面的情况，综合判断其是否同情、支持恐怖主义、极端主义，或受恐怖主义影响，甚至具有恐怖主义、极端主义倾向和危险。

从境外的反恐经验看，恐怖分子与袭击目标的内部人员相互勾结实施恐怖袭击的情况时有发生，有的恐怖组织为实施恐怖袭击，处心积虑、想方设法渗透到袭击目标内部并择机实施恐怖袭击，这些情况往往会对重点目标的安全造成极其严重的威胁。因此，加强对重点目标内部人员，特别是其重要岗位人员的安全背景审查，是确保重点目标安全，防范其遭受恐怖袭击的重要一环。审查可以通过谈话、查阅相关资料、发函请有关部门协助提供有关情况等多种方式进行。对有不适合当前工作岗位情形的人员，应当调整工作岗位，并将有关情况通报公安机关。

在实践中，要特别注意处理好安全背景审查与尊重公民的宗教信仰自由和民族风俗习惯的关系，防止简单粗暴地基于地域、民族、宗教等理由而采取歧视性做法。这些做法往往会产生新的社会矛盾甚至激化矛盾，给恐怖分子等敌对势力煽动恐怖活动或者实施破坏行为提供口实与借口，影响反恐怖主义工作的顺利开展。

五、重点目标人员、物品和交通工具的安全检查

在日益严峻的反恐形势面前，必须高度重视对重点目标的安全管理工作，国外国内都加强了这方面的工作。"9·11"事件发生后，美国机场的安检程序日益升级，全身扫描仪以及搜身检查的安检程序应用普遍。依照美国机场安检管理的规定，若X射线全身扫描显示乘客有异状或乘客拒绝接受扫描，将由同性安检人员执行严格的轻拍搜身检查，这种检查甚至涉及大腿和腹股沟等隐私部位，以确定在这些地方是否藏有违禁品。2015年我国因安检不严而引发事故的反面经验教训开始出现。如因台州机场存在安全漏洞，2015年7月26日凌晨，一位浙江台州籍乘客竟将汽油携至ZH9648航班上两度纵火，幸被机组人员及时处置，事故仅造成2人轻伤。可以想象，这些安全漏洞一旦为恐怖分子利用将会带来怎样的灾难。因此，自2015年8月起，国内机场安检也开始升级。

为避免出现上述安全漏洞，《反恐怖主义法》第34条明确规定，大型活动承办单位以及重点目标的管理单位应当依照规定，对进入大型活动场所、机场、火车站、码头、城市轨道交通站、公路长途客运站、口岸等重点目标的人员、物品和交通工具进行安全检查。发现枪支、弹药、爆炸物、管制刀具等违禁品和管制物品的，应当予以扣留并立即向公安机关报告，以便公安机关及时掌握情况、排除隐患，并做相应处理；发现涉嫌违法犯罪人员的，应当立即向公安机关报告，以便公安机关依法采取相应措施。

六、相关主管部门的管理职责

根据《反恐怖主义法》第35条的规定，对航空器、列车、船舶、城市轨道车辆、公共电汽车等公共交通运输工具，营运单位应当依照规定配备安保人员和相应设备、设施，加强安全检查和保卫工作。具体如何配备，配备什么样的人员、设备、设施，需要根据有关规定，结合公共交通工具的具体情况和反恐怖工作的需要确定。如根据《铁路法》《民用航空法》的相关规定，在列车、航空器上配备专门的乘警。

根据《反恐怖主义法》第36条第1款的规定，公安机关和有关部门应当掌握重点目标的基础信息和重要动态，指导、监督重点目标的管理单位履行防范恐怖袭击的各项职责。"基础信息"主要包括重点目标的业务性质、业务范围、

工作人员情况、建筑物分布，内部格局、易燃易爆等危险物资和重要物资的存储数量、存放地点，紧急救援和疏散通道的位置，以及重点目标管理单位落实防范恐怖袭击的各项职责情况等方面的信息。"重要动态"是指重点目标及其周边发生的、与围绕重点目标开展反恐怖主义工作相关的重要情况变化，既包括上述基础信息变化的重要动态，也包括其他方面的重要变化。如业务往来对象的重要变化，周边居民或者宾馆入住人员的重要变化，是否举办重要业务活动等。公安机关和有关部门掌握这些基础信息和重要动态后，要及时进行分析研判和风险评估，并指导、监督重点目标管理单位有针对性地部署防范工作。

根据《反恐怖主义法》第 36 条第 2 款的规定，公安机关、中国人民武装警察部队应当依照有关规定对重点目标进行警戒、巡逻、检查。这里的"有关规定"，既包括《人民警察法》和《人民武装警察法》的有关规定，也包括有关防范恐怖活动的工作规定和要求。前者主要是进行警戒、巡逻、检查的法律依据，后者主要是开展警戒、巡逻、检查的具体工作部署和任务要求。《人民警察法》规定了人民警察负有预防、制止和惩治违法犯罪活动的职责，并规定了与这一职责相应的职权。《人民武装警察法》规定了武装警察部队执行安全保卫任务时具有武装警戒、武装巡逻的职权，及在执行安全保卫和巡逻任务时具有对有关物品和人员进行检查的职权。实践中，公安机关的人民警察和武警应当根据上述规定和要求，按照职责分工，有序开展对重点目标的警戒、巡逻和检查任务，既要防止超越权限，又要防止推卸责任。

第十节 航空管制

一、航空管制的必要性

"恐怖主义"一词正式被联合国和国际民航组织公开使用是在"9·11"事件后，但针对民航业的恐怖活动却是由来已久。自 20 世纪 30 年代于秘鲁发生首次劫机事件后，国际上暴力劫持航空飞机和破坏民航设施的事件频繁发生，肆虐全球。2001 年 9 月 11 日更是发生了震惊世界的"9·11"事件，造成 3000 多名金融界精英死亡，直接经济损失达 400 多亿美元，达到了航空恐怖主义犯罪的顶峰。2016 年 3 月 22 日，比利时首都布鲁塞尔的机场发生一系列重特大暴恐事件，死伤上百人。由此可见，航空安全当前面临的最大威胁仍然是恐怖主义。

近年来我国也发生过几起针对民航班机的恐怖袭击未遂事件。如 2008 年奥运会前夕的"3·7"事件，恐怖组织诱骗 19 岁新疆少女将汽油带上飞机，企图在乌鲁木齐飞往北京的客机上制造空难；2012 年 6 月 29 日，由新疆和田飞往乌鲁木齐的航班发生劫机事件，6 名歹徒暴力劫持民航飞机，被机组人员和乘客制服。这给予了我们重大警示，即中国民航正面临着恐怖主义威胁的汹涌暗流。

在各种交通运输工具中，航空器易被作为恐怖袭击的对象或者工具。这主要是因为：①航空器起飞后一般处于孤立无援的状态，方便恐怖袭击的实施；②航空器一旦成为恐怖袭击的对象或者工具，往往会造成更为严重的后果，能满足恐怖分子的破坏欲望；③航空安全更受社会关注，针对航空器实施犯罪，更容易达到恐怖分子制造社会影响的目的。而总结近年来全球发生的航空恐怖活动犯罪，主要有以下几种方式：①利用低空飞行物或无人机对地面设施、人员实施恐怖袭击。②利用肩扛式地对空导弹等武器在地面袭击飞行中的航空器。③利用航空器做武器冲击目标，飞机一旦被恐怖分子劫持，就会成为一个飞行炸弹，随时可能冲击地面目标或高端建筑，危害后果不堪设想。④使用航空器非法释放、排放生化、核等危险危害物质危害公共安全。⑤利用航空领域实施核恐怖主义威胁，特别是利用核生化等大规模杀伤性武器实施恐怖活动。⑥利用电子、网络在航空领域实施恐怖犯罪活动。[1]

二、航空恐怖活动犯罪的法律规制

(一) 国际公约法律规制

在航空恐怖活动犯罪于全球蔓延的同时，世界各国为了有效地打击这些犯罪，在国际民用航空组织（ICAO）、国际航空运输协会（IATA）的主持下，各国政府积极推动，相继召开了一系列的国际航空法外交大会，专门制定了有关防止和惩处危害国际民航安全的国际公约，积极推动了反航空恐怖活动犯罪的立法和国际合作，在全球掀起了打击航空恐怖活动犯罪的高潮。从现有的国际公约看，旨在预防、禁止和惩治危害国际航空安全犯罪的国际法律文件主要有以下四个：

1.《关于在航空器内犯罪和其他某些行为的公约》（以下简称《东京公约》）。1963 年在东京举行了国际航空法会议，签订了第一个打击危害国际航空安全非法行为的公约。该公约第 1 条规定，劫持航空器的行为是针对航空器内发生的各种犯罪或其他行为中的一种。公约第 11 条规定，非法劫持航空器的行为包括航空器内某人非法地用暴力或暴力威胁对飞行中的航空器进行干扰、劫持或非法控制这三种行为类型。发生劫持航空器的行为后，缔约国有义务采取

---

[1]　参见李恒："《反恐怖主义法》视域下的航空反恐警务工作探究"，载《行政与法》2016 年第 10 期。

一切适当措施恢复或维护机长对航空器的控制，航空器降落地的缔约国应准许机上乘客和机组人员尽快继续其旅行，并将航空器和所载货物交还给合法所有人。目前已有 180 多个国家加入该公约，我国于 1978 年 11 月 14 日交存加入书，1979 年 2 月 12 日该公约对我国生效。

2.《关于制止非法劫持航空器的公约》（简称《海牙公约》）。因《东京公约》未对航空恐怖主义犯罪规定较为明确的惩治措施，1970 年国际民用航空组织通过了《海牙公约》。公约规定，劫持航空器犯罪是指任何人在飞行中的航空器内使用暴力或暴力威胁或任何其他方式劫持或控制该航空器，或企图从事上述行为，或对从事或企图从事上述行为的人予以协助的行为。主要表现为不改变航向就杀人或实施恐怖爆炸行为。《海牙公约》明确要求缔约国对本公约规定的罪行给予严厉惩罚。目前，已有 180 多个国家加入该公约，我国于 1980 年 9 月 10 日加入该公约，同年 10 月 10 日该公约对我国正式生效。

3.《关于制止危害民用航空安全的非法行为的公约》（简称《蒙特利尔公约》）。该公约的目的在于通过国际合作，惩治从地面破坏航空运输安全的恐怖犯罪行为。该公约规定，任何人如果非法地故意从事下列行为便构成犯罪：①对飞行中的航空器内的人实施了危害该航空器安全的暴力行为。②破坏使用中的航空器使其不能飞行或危及其飞行安全，或用任何方法在使用中的航空器内放置一种将会破坏该航空器安全飞行的装置物质。③破坏航行设备或妨碍其工作，或传递虚假情报以危害飞行中的航空器安全。目前，已有 180 多个国家加入该公约，我国于 1980 年 9 月 10 日加入该公约，该公约于同年 10 月 10 日对我国生效。

4.《制止与国际民用航空有关的非法行为的公约》（简称《北京公约》）。2010 年在全球生效的《北京公约》主要规定了以下几种犯罪类型：①利用航空器造成死亡、人身伤害，或对财产、环境的严重破坏。"任何人如果利用使用中的航空器旨在造成死亡、严重人身伤害，或对财产、环境的严重破坏，该人即构成犯罪。"②从使用中的航空器内释放或排放任何生物武器、化学武器和核武器或炸药性、放射性或类似物质而其方式造成或可能造成死亡、严重人身伤害或对财产或环境的严重破坏。③涵盖了滥用航空器作为武器进行恐怖袭击，利用生化核武器进行恐怖袭击，在航空器上运输生化核武器及采用"威胁"手段进行恐怖犯罪等新的犯罪行为类型。

（二）国内法律规制

1.《刑法》。《刑法》专门针对涉及航空领域的犯罪设立了相关罪名、犯罪行为和刑罚标准：①破坏航空器罪，指破坏航空器足以使航空器发生倾覆、毁坏危险的。②破坏交通设施罪，指破坏机场、航道、灯塔、标志或者进行其他破坏活动,足以使航空器发生倾覆、毁坏危险的。③劫持航空器罪,指以暴力、胁迫或者其他方法劫持航空器的,特别是致人重伤、死亡或使航空器遭受严重破坏的。④暴力危及飞行安全罪,指对飞行中的航空器上的人员使用暴力,危及飞行安全的。

2.《民用航空法》。该法的规定包括:以暴力、胁迫或者其他方法劫持航空器的;对飞行中的民用航空器上的人员使用暴力、危及飞行安全的;聚众扰乱民用机场秩序的;隐匿携带炸药、雷管或者其他危险品乘坐民用航空器,或者以非危险物品品名托运危险品的;故意传递虚假情报,扰乱正常飞行秩序,使公私财产遭受重大损失的;等等。该法是我国涉及民航的最高专门法律,已经施行了 25 年,该法在维护航空安全、防范和打击各类航空犯罪、航空恐怖活动犯罪等方面都收到良好效果。2013 年,最高人民检察院下发了《关于依法严厉打击编造、故意传播虚假恐怖信息威胁民航飞行安全犯罪活动的通知》,对打击传播虚假暴恐信息危害航空安全的行为进行了严格规范。[1]

三、《反恐怖主义法》关于航空恐怖活动犯罪的规制

《反恐怖主义法》相关条文针对航空器反恐怖主义防控措施进行了专门的规定,第 37 条规定:"飞行管制、民用航空、公安等主管部门应当按照职责分工,加强空域、航空器和飞行活动管理,严密防范针对航空器或者利用飞行活动实施的恐怖活动。"

1. 根据《民用航空法》《飞行基本规则》等法律和规则的有关规定,本条中的"飞行管制主管部门",是指国务院、中央军事委员会负责空中交通管制的机构;"民用航空主管部门",是指国务院民用航空主管部门及其下属的地区管理机构。实际工作中,飞行管制、民用航空、公安等主管部门应当按照法律和有关规定划分的职责分工,加强对空域、航空器和飞行安全的管理,严密防范恐怖活动犯罪。

2. "针对航空器实施的恐怖活动",主要是指通过破坏航空器、在航空器内实施暴力等手段,劫持航空器或者制造空难的犯罪活动。"利用飞行活动实施的恐怖活动",主要是指使用航空器或者非法控制、劫持航空器后,用于投放爆炸物、冲撞地面建筑物等恐怖袭击的犯罪活动。随着科技的进步,低空无人机的成本和售价越来越低,使用也越来越普遍,不少企业开始用它从事商业活动,如做广告、送快递等。基于这种形势,为防止低空无人机为恐怖

---

[1]　参见李恒:"《反恐怖主义法》视域下的航空反恐警务工作探究",载《行政与法》2016 年第 10 期。

分子所用，有必要对利用低空无人机实施恐怖袭击的行为加以防范。本条规定的"利用飞行活动实施的恐怖活动"，即包括利用无人机实施恐怖袭击这种新的犯罪形式。

第十一节　国（边）境管控与境外安全防范制度

一、国（边）境管控制度

国（边）境管控制度，包括《反恐怖主义法》第 38 条规定的国（边）境安全防范，第 39 条规定的出入境人员安全防范，以及第 40 条规定的出入境人员、物品检查制度。

（一）国（边）境管控制度的必要性

在全球化背景下，恐怖活动的跨国性、国际性趋势日益明显，这给各国反恐行动增加了难度。如果国边境管控不严，很容易为恐怖分子敞开方便之门。2015 年法国发生多起恐怖袭击案件，尤其是 1 月 7 日发生的《查理周刊》总部枪击案、11 月 13 日发生的巴黎市中心连环恐怖袭击事件，都造成大量人员伤亡，震惊世界。有专家分析，恐怖分子之所以会在法国屡屡得手，同法国边境管控不力，人员跨境流动过于自由有一定关系。

在我国，恐怖活动的滋生蔓延，同境外极端主义势力的渗透有着密切关系。中国历年发生的恐怖活动均有一个显著特点，那就是境内外相互勾结和呼应。虽然暴恐袭击发生在境内，但是多数恐怖分子都与境外的恐怖组织有关联，在境内发生的暴恐袭击的背后，大多有境外恐怖势力的影子。恐怖主义的枝和叶虽然生长在境内，但是根在境外。近年来，境外势力利用宗教极端思想蛊惑人心，煽动境内人员参加"迁徙圣战"的案件频频发生。一些来自新疆地区的恐怖分子经由土耳其、吉尔吉斯斯坦、印度尼西亚、马来西亚、泰国等多种渠道加入"伊斯兰国"组织。2014 年 3 月 1 日发生的昆明火车站暴恐袭击案，就是一起受极端思想蛊惑的人员试图偷渡出境受阻，转而在国内就地发动"圣战"的典型案件。中国公安部有关官员在 2015 年 1 月 21 日访问马来西亚并与该国官员会谈时曾透露说，有 300 多名中国人以马来西亚为中转站前往第三国，再进入叙利亚或者伊拉克参加"伊斯兰国"组织。还有一些恐怖分子在境外接受恐怖组织的训练后，企图回到中国发展组织，发动恐怖袭击活动。因此，加强国边境的管理和控制，阻断极端分子和恐怖分子的跨境流动，对于防范恐怖活动意义重大。

（二）国（边）境管控制度的具体内容

1. 各级人民政府和军事机关应当在重点国（边）境地段和口岸设置拦阻隔离网、视频图像采集和防越境报警设施。"重点国（边）境地段和口岸"，是指面临较为重大和现实的恐怖主义威胁，被涉恐人员作为偷越出境、入境地点的国（边）境地段和口岸。考虑到我国国（边）境漫长、口岸众多，不同地点面临的情况不同，法律只作出原则性规定，具体哪些属于重点国（边）境地段和口岸，需要根据实践情况和反恐怖主义工作的需要确定。之所以如此，是因为建设隔离网、视频图像采集和防越境报警设施等需要一定的资金投入，全部安装耗资巨大，无必要也不可能，在重点地段和口岸安装防越境设施，更有针对性。

2. 公安机关和中国人民解放军应当严密组织国（边）境巡逻，依照规定对抵离国（边）境前沿、进出国（边）境管理区和国（边）境通道、口岸的人员、交通运输工具、物品，以及沿海沿边地区的船舶进行查验。防止非法越境，需要充分发挥人防与物防、技防相结合的作用，形成边境立体防控体系。

3. 出入境证件签发机关、出入境边防检查机关对恐怖活动人员和恐怖活动嫌疑人员，有权决定不准其出境入境、不予签发出境入境证件或者宣布其出境入境证件作废。"恐怖活动人员"既包括由国家反恐怖主义工作领导机构依法认定并公告的人员，也包括人民法院在审判刑事案件过程中依法认定的人员。"恐怖活动嫌疑人员"主要是基于有关主管部门在出入境证件发放、边防检查中，防范恐怖活动人员出入国（边）境，以维护证件管理和边防检查秩序的考虑，因此，与《刑事诉讼法》规定的公安机关发现恐怖活动犯罪事实，依法立案侦查的犯罪嫌疑人在范围上是不完全相同的。公安机关立案侦查的恐怖活动犯罪嫌疑人，以及正在审查起诉和审判程序当中的被告人，自然属于这里的恐怖活动嫌疑人员。同时，根据《反恐怖主义法》第五章的规定，公安机关接到恐怖活动嫌疑的报告或者发现恐怖活动嫌疑，需要调查核实的，应当迅速进行调查。公安机关在调查期间可以依法采取相应的措施，其中包括责令恐怖活动嫌疑人员未经批准不得离开所居住的市、县或指定的处所；将护照等出入境证件交公安机关保存等。因此，《反恐怖主义法》第五章规定的正处于公安机关调查当中的嫌疑人员也属于《反恐怖主义法》第39条中的"恐怖活动嫌疑人员"。同时也包括出入境证件签发机关、出入境边防检查机关发现其行为举止、随带物品等与恐怖活动相关，有恐怖活动嫌疑的人员。除上述情形外，对于申请入境的人员中，有相应的情报、信息等能够确定属于恐怖活动人员或者恐怖活动嫌疑人员的，也可以决定不准其入境、不予签发入境证件或者宣布其入境证件作废。

需要注意的是：①针对恐怖活动人员和恐怖活动嫌疑人员规定的对其出入

境的管控措施，不排除依法对相关人员采取其他措施，如依照《反恐怖主义法》第40条的规定，对恐怖活动嫌疑人依法扣留，并移送公安机关或者国家安全机关等。②对依法采取出入境管控措施的恐怖活动嫌疑人员，如果有关部门经过调查等，已经排除了恐怖活动嫌疑的，以及国家反恐怖主义工作领导机构依照《反恐怖主义法》第15条的规定经过复核，撤销原认定的人员，出入境证件签发机关、出入境边防检查机关应当依照规定及时取消对相关人员的出入境限制，以保障其合法权益。

4. 海关、出入境边防检查机关发现恐怖活动嫌疑人员或者涉嫌恐怖活动物品的，应当依法扣留，并立即移送公安机关或者国家安全机关。"涉嫌恐怖活动物品"，既包括可能用于恐怖活动的物品，也包括用来宣扬恐怖主义、极端主义的物品。扣留是海关和边防检查机关依法采取的一种临时性强制措施，以保证安全、及时地将有关人员、物品移送公安机关、国家安全机关。后者在接到移送的恐怖活动嫌疑人员和涉嫌恐怖活动物品后，应立即依法调查核实，涉嫌犯罪的，应当立案侦查，经查排除犯罪嫌疑的，应当及时解除相关措施，终结相关程序。

二、境外安全防范制度

境外安全防范制度包括《反恐怖主义法》第41条规定的境外投资合作、旅游等安全风险评估制度，以及第42条规定的驻外安全防范制度和应对处置预案制度两部分内容。

（一）境外安全防范的必要性

采取有效的境外风险防范措施，加强对我国境外利益的保护，是一个刻不容缓的重大问题。习近平同志在中央外事工作会议上强调："要切实维护我国海外利益，不断提高保障能力和水平，加强保护力度。"党的十八大报告中也指出，落实外交为民理念，维护我国海外合法权益。改革开放以来，随着中国经济的迅猛发展以及全球化进程的加速，我国的境外利益不断拓展。境外利益也称为海外利益，即"境外的国家利益"，是国家利益的海外延伸。一国的海外利益主要包括：海外公民、侨民的人身及财产安全；国家在境外的政治、经济及军事利益，驻外机构及驻外公司、企业的安全；对外交通运输线及运输工具安全；等等。到2012年年底，中国已成为全世界最大的能源进口国。2013年开始，我国成为全球第一贸易大国。近十年来，中国是海外投资增长最快的国家。越来越多的中国企业走出国门，到世界各地投资、承包工程、开展劳务合作等。2014年中国海外直接投资增长14.1%，达1029亿美元。目前，有3万多家中资企业遍布世界五大洲。据中国商务部统计，截至 2014 年底，中国在海外的劳工人数超过 100 万人。中国也成为世界上最大的留学生派出国，不但有高校学生，而且包括越来越多的中小学生。中国还是国际旅游市场增长最快的国家。2012年的出境旅游人次超过 8300 万，2013 年突破 9000 万人次，2014 年达到 1.15 亿人次，2015 年达到 1.2 亿人次，2016 年达到 1.22 亿人次，2017 年达到 1.3 亿人次，2018 年达到 1.49 亿人次，中国出境人员已经成为世界第一大旅游客源。此外，中国是世界上侨民最多的国家，数量已经超过 5000 万，散布于全球各地，在必要的时候也需要给予帮助。

在境外利益日益扩展的同时，我国面临的境外安全风险也在不断增加。境外安全风险主要包括：①政治风险，是指驻在国的政局变化、战争、武装冲突、恐怖袭击或绑架、社会动乱、民族宗教冲突、治安犯罪等。②经济风险，是指经济危机、金融市场动荡、主权债务危机、通货膨胀等宏观经济形势变化。③自然风险，是指地震、海啸、火山、飓风、洪水、泥石流等自然灾害及重大流行性疾病。

近年来，境外安全形势日趋严峻复杂，各种突发事件时有发生，中企海外利益遭袭的警报不断，涉及中国公民和企业的安全事件，特别是中国公民在境外遭遇绑架、暗杀、抢劫、暴力攻击、谋杀等恶性事件也频频发生。例如，2008 年 10 月 18 日，在苏丹工作的中石油公司的 9 名工作人员被绑架，其中 5人最终遇害；2015 年 11 月 18 日，中国公民樊京辉被"伊斯兰国"极端组织绑架并残忍杀害；2015 年 11 月 20 日，在马里首都巴马科发生的恐怖袭击事件中，中国中铁建公司的 3 名管理干部不幸遇害。

（二）境外安全防范的具体内容

1. 政府相关部门在保护境外利益方面的责任。根据《反恐怖主义法》第 41条的规定，国务院外交、公安、国家安全、发展改革、工业和信息化、商务、旅游等主管部门应当建立境外投资合作、旅游等安全风险评估制度，对中国在境外的公民以及驻外机构、设施、财产加强安全保护，防范和应对恐怖袭击。安全风险评估是指对境外人员、利益所面临的恐怖威胁，保护对象所处的环境，恐怖活动可能造成的影响，以及上述各项因素综合作用所带来的风险发生的可能性及后果进行评估。上述法条中提及的有关部门，在各自的职责范围内，承担着境外利益保护方面的责任，同时，又需要彼此配合，通力协作，尤其是在面临突发事件的情况下，相关部门的密切合作更为重要。

近年来，有关部门在境外利益保护方面的制度也日趋完善。以外交部门为例，2006 年，我国外交部设立了领事保护处；2007 年，设立了领事保护中心；2014 年，建立了外交部全球领事保护与服务应急呼叫中心。呼叫中心的 12308

热线是一条主要面向海外中国公民和企业的 24 小时领事保护热线。仅 2015 年，我国在全球范围内妥善处理了近 6 万起涉及中国公民权益与安危的领事保护案件。商务部也于 2010 年制定发布了《对外投资合作境外安全风险预警和信息通报制度》，以指导对外投资合作企业了解和掌握国际安全形势的变化，并采取有效的措施积极防范和妥善应对各类境外安全风险。鉴于国际恐怖势力活动日益猖獗，我国境外中资企业机构和人员的安全受到严重威胁，商务部、外交部、发改委、公安部等七部委于 2010 年联合发布了《境外中资企业机构和人员安全管理规定》。2010 年，商务部还组织编写了《境外中资企业机构和人员安全管理指南》。2013 年，商务部、外交部等六部门联合发布了《对外投资合作境外安全事件应急响应和处置规定》。在商务部于 2014 年通过的《境外投资管理办法》中，强调商务部会同有关部门为企业境外投资提供权益保障、投资促进、风险预警等服务。

2. 驻外机构和企业加强内部安全防范。我国很多驻外机构的风险防范意识淡薄，这是导致安全事件频发的原因之一。尤其是一些中资企业的海外分公司的安保措施不到位，费用投入极低，一旦遇到突发袭击，往往损失惨重。针对此种情况，《反恐怖主义法》第 42 条规定，驻外机构应当建立健全安全防范制度和应对处置预案，加强对有关人员、设施、财产的安全保护。有关驻外机构和企业应当严格落实《反恐怖主义法》的要求，高度重视安全防范工作，对派出人员应在出国前开展境外安全教育和应急培训，努力提高其安全防范的意识和能力；应当制定境外安全管理制度，严格落实境外安全管理责任制，建立境外安全突发事件应急处置机制；对外投资合作企业在开展投资合作前，须聘请专业安全机构进行安全风险评估，保障境外安全投入。通过细化境外安保方案与健全各种安全保卫措施，增强安全防护能力，以最大限度地降低境外安全风险。

安全防范制度的建立需要注意硬件和软件两个方面。硬件方面主要是安保人员及其队伍应配备相应的安全防范设备、设施等。软件方面主要是确认有效的安全防范运行体制机制，如安全责任制、科学预警机制、员工安全教育培训机制等。应急处置预案是为应对恐怖袭击事件所制定的实施方案，应具有针对性强、可行性高、方案系统详尽的特点，以便于处置工作有章可循。

第八章

情报信息

第一节 概 述

一、反恐怖主义情报信息的特点

通常所说的"情报信息",是指情报信息人员通过各种途径或手段所获得的秘密情况、消息和资料等,一般具有下列特点:①知识性。情报信息是对客观情况的反映,包含对客观事物的认识,反映客观事物的状态、特点和规律。②传递性。情报信息是关于情况的报告,必须通过一定的载体,及时、安全地传递到情报信息使用部门,才能发挥作用,体现价值。③价值性。搜集情报信息的目的是指导改造客观事物的工作。情报信息必须有一定的社会使用价值,并且必须有利于认识客观事物,有助于解决实际工作中的问题。没有使用价值的情报信息,不能称为情报信息。

反恐怖主义情报信息,是指反恐怖主义部门需要在反恐怖主义工作中掌握、了解的有关恐怖组织、恐怖分子及恐怖活动等各方面的情况和信息。反恐怖主义情报信息除了具有情报信息的一般特点外,还具有下列特点:[1]

1. 时效性。恐怖活动的发生往往出乎意料,只有这样,恐怖分子才有可能对毫无安全保卫的目标造成巨大的破坏和损失。恐怖活动突然发生之后,持续的时间一般较短。因此,关于恐怖活动的情报信息具有很强的时效性。高度的时效性意味着反恐情报信息部门在收集和加工情报信息的过程中存在着时间上的约束,即反恐情报信息部门必须在尽可能短的时间内给决策者提供准确、可靠、及时的情报信息。

2. 综合性。恐怖主义与反恐力量之间的较量不仅是非均衡的武力之间的

---

[1] 参见梅建明:"论反恐情报的特征与作用",载《江西公安专科学校学报》2009 年第 1 期。

斗争，更是心理上的对抗，同时，恐怖主义也会利用武力诱发经济上的连锁反应，制造政治影响。所以，恐怖主义与反恐怖主义之间的角力涉及武力、心理、经济、政治等多个层面。正因为如此，与冷战时代的国家安全情报信息或者普通刑事犯罪的情报信息相比，从情报信息建设的要求来看，反恐情报信息涉及国家和社会生活的许多层面，是一种全面的、综合性程度较高的情报信息。

3. 隐蔽性。恐怖主义会根据周围环境的不同来调整自身的组织结构、战略、战术。恐怖分子既可以消失在崇山峻岭之间，也可能藏匿于街区闹市之中。如果说具有全面综合性的反恐情报信息如同一片汪洋大海的话，那么，恐怖主义的超常隐蔽性使得反恐情报信息这一汪洋大海看上去总是平静如常。但是，在平静的海面之下却潜藏着汹涌的暗流。反恐情报信息的目标之一就是要透过平静的外表，预见异动的暗流。

4. 弱关联性。普通刑事犯罪分子在实施犯罪活动之前，常常表现出较明显的犯罪意图，有较多的犯罪前期征兆。与普通刑事犯罪分子不同，职业恐怖分子总是努力把自己打扮成奉公守法的公民，以尽力避免在枝节性事情上引起警察的注意。所以，反恐情报信息尽管以大量的信息为基础，但是，这些信息之间的关联性往往十分微弱。如果没有强大的技术手段，没有经验丰富、能力较强的情报信息分析人员，要在大量反恐信息中发现其中的关联性，提炼出有效的反恐情报信息，那将是一件异常困难的事情。

5. 孤立性。恐怖分子和恐怖组织隐身于合法的社会组织结构之中，不容易被发现。因此，即使警察部门收集了关于这些个人和组织的信息，这些信息也可能会被淹没在大量无关紧要的其他信息之中。即使有真正的关键性信息，也只是孤立地散落在信息海洋的不同地方。用逻辑的链条把这些看似孤立的信息节点连成一串有效的情报信息，正是反恐情报信息分析人员的艰巨任务。

二、反恐怖主义情报信息的类别

反恐怖主义情报信息主要包括：恐怖组织和恐怖分子组织、策划、实施恐怖活动的情况；恐怖组织的历史背景、组织结构、活动方式和特点、资金来源、支持力量等方面的情况；有可能实施恐怖活动的极端组织、极端分子的情况等。按照其内容，主要有两类。

（一）动向性情报信息

动向性情报信息，又称动态性情报信息，主要是指关于恐怖组织、恐怖分子的活动动向、阴谋计划、活动目标、状态、危害等不断发生变化的情况。其具体内容包括：①情况发生的具体时间；②情况发生的具体地点；③情况涉及的组织或人员；④情况发生的具体原因；⑤情况发生的具体过程；⑥情况发生的具体结果。

（二）资料性情报信息

资料性情报信息，又称静态性情报信息，主要是指关于恐怖组织、恐怖分子的相对稳定的基本情况。

1. 人员资料。其包括：①基本情况，包括姓名、性别、年龄、籍贯、简历、社会关系、家庭住址、服务单位、职业、职务、电话、证件号码、生理特征、心理特征、生活习惯、作案习惯等；②历史活动情况。

2. 组织资料。其包括：①基本情况，包括领导机构及成员、组织结构、运行机制、内部规章纪律以及产生、发展、演变的原因和活动的条件、基础等；②历史活动情况。

此外，还可以根据情报信息的载体形态、获取方式和使用价值等，将反恐怖主义情报信息分为文字情报信息、音像情报信息、实物情报信息，人力情报信息、技术情报信息、研究情报信息，战略情报信息、战术情报信息、谋略情报信息等。

三、反恐怖主义情报信息工作的必要性

《孙子兵法·谋攻》云："知己知彼，百战不殆；不知彼而知己，一胜一负；不知彼不知己，每战必殆。"[1]这是对情报信息工作最简明扼要的表述，切中要害。2016年11月29日，时任国务委员、国家反恐怖主义工作领导小组组长、公安部部长郭声琨同志在全国反恐怖主义工作视频会议上强调："要整合各类情报信息资源，健全完善研判核查机制，着力提升预测预警预防能力。"

反恐怖主义情报信息工作，是指反恐怖主义部门依据法律赋予的职权，运用各种手段，及时获取有关恐怖组织、恐怖分子、恐怖活动及其嫌疑的情况、信息、线索和动向，为反恐怖主义防范、侦察、处置工作提供服务的专门工作，是集搜集、传输、研判、反馈以及网络建设等为一体的系统工程，是反恐怖主义工作的重要组成部分。情报信息是夺取反恐怖主义斗争胜利的制胜法宝，是掌握反恐怖主义斗争主动权的根本性举措；没有情报信息，反恐怖主义斗争将陷入被动，甚至会造成无可挽回的损失。国际、国内反恐怖主义斗争的经验教

---

〔1〕（春秋）孙武：《孙子兵法大全集》，新世界出版社2011年版，第249页。

训和工作实践充分表明，要打赢反恐怖主义这场战争，必须以战略思维和战略眼光，把情报信息工作置于反恐维稳的首要位置。

1. 情报信息是反恐怖主义斗争的前提和基础。反恐怖主义斗争是同各种恐怖组织、恐怖分子及其他敌对势力、敌对分子的生死较量，而决定胜负的最基本前提就是情报信息工作。只有及时获取恐怖组织、恐怖分子的阴谋计划、活动动向及其他相关情况，才能在斗争中立于不败之地，才能抓住战机，主动进攻，先发制敌，把恐怖活动粉碎在预谋阶段。

2. 情报信息是反恐怖主义侦察、处置、防范工作的中心环节。反恐怖主义斗争的基本目标和根本要求是防止恐怖活动危害的发生，因此，反恐怖主义部门要运用各种秘密的、公开的手段和措施，提前发现和掌握有关恐怖组织、恐怖分子的阴谋计划、活动动向及其他相关情况，只有这样，才能有针对性地进行反恐怖主义的侦察、处置、防范工作。情报信息工作贯穿于反恐怖主义工作的始终，情报信息为反恐怖主义的侦察、处置、防范工作指明方向和划定重点范围，同时，通过反恐怖主义的侦察、处置、防范工作，可以进一步获取更多、更深层次的情报信息线索，为后续工作的开展提供指导。

3. 情报信息是摧毁恐怖组织、抓捕恐怖分子的根本保证。恐怖组织有着严密的组织结构、运行机制和资金运作网络。具体而言，情报信息具有以下重要意义：①资金来源渠道对于恐怖组织的生存发展和恐怖活动的实施至关重要，因此，通过掌握准确的情报信息进而切断恐怖组织的资金来源，摧毁恐怖组织的资金运作网络，可大大削弱恐怖组织的活动能力，从而打掉恐怖组织存在的物质基础，起到"釜底抽薪"的重要作用；②及时掌握恐怖组织武器装备供应方面的情报信息并切断其来源渠道，进而削弱和制约恐怖组织的活动能力，特别是其大规模杀伤性的破坏能力；③通过内线侦察和技术侦察，发现并掌握恐怖分子特别是恐怖组织头目、重要骨干的行踪，是抓捕、围捕行动成功实施的关键。

四、反恐怖主义情报信息工作的要求

反恐怖主义情报信息工作的基本任务在于提前发现恐怖组织和恐怖分子活动的踪迹，严密掌握其动态，及时发出防范恐怖活动的预警警报，指明防范恐怖活动的重点及方向，提供打击恐怖活动的最佳时机和证据。在工作中，应着力做好以下几点：

1. 内容要求。鉴于恐怖活动十分隐蔽、危害较大，反恐怖主义情报信息应主要是预警性情报信息、内幕性情报信息和为处置恐怖事件提供服务的具体情报信息。

2. 搜集要求。其主要包括下述几个方面：主动搜集与被动搜集相结合，以主动搜集为主；重点搜集与一般搜集相结合，以重点搜集为主；内线搜集与外围搜集相结合，以内线搜集为主；秘密搜集与公开搜集相结合，以秘密搜集为主。

3. 传输要求。包括快速、准确、直接、保密。对已获取的情报信息，必须在第一时间及时传输到上级部门或反恐怖主义决策指挥中心，尽量减少中间的层次和延误；尽可能保障情报信息的准确性，并绝对保守情报信息的秘密。《反恐怖主义法》第 48 条规定，反恐怖主义工作领导机构、有关部门和单位、个人应当对履行反恐怖主义工作职责、义务过程中知悉的国家秘密、商业秘密和个人隐私予以保密。

4. 处理要求。具体而言，是指高度集中，精确研判，科学预测，及时通报，长期积累，交流共享等。

第二节　情报信息工作的组织体系

《反恐怖主义法》第 43 条对我国反恐怖主义情报信息制度的组织体系作出了明确规定，即"国家反恐怖主义工作领导机构建立国家反恐怖主义情报中心，实行跨部门、跨地区情报信息工作机制，统筹反恐怖主义情报信息工作。有关部门应当加强反恐怖主义情报信息搜集工作，对搜集的有关线索、人员、行动类情报信息，应当依照规定及时统一归口报送国家反恐怖主义情报中心。地方反恐怖主义工作领导机构应当建立跨部门情报信息工作机制，组织开展反恐怖主义情报信息工作，对重要的情报信息，应当及时向上级反恐怖主义工作领导机构报告，对涉及其他地方的紧急情报信息，应当及时通报相关地方"。该条明确规定了我国各级、各类反恐怖主义情报信息主体以及各主体之间的关系，同时也明确了各情报信息主体的主要职责。组织体系是保证反恐情报得以发挥作用的关键性要素。一个合理完善的情报管理体制，能够优化情报力量的配置，提高情报效率。《反恐怖主义法》立足我国反恐怖主义的现状，构建了一套立体化的指挥系统，全面发挥情报信息在反恐怖主义斗争中的综合效能。根据该条的规定，我国的反恐怖主义情报信息制度的组织体系可以分为情报信息主体及主要职责、情报信息共享机制两方面的内容。

一、情报信息主体及主要职能

1. 根据《反恐怖主义法》第 43 条第 1 款的规定，在国家层面，我国建立国家反恐怖主义情报中心。作为最高层面的反恐怖主义情报信息机构，该中心的性质是一个协调跨部门、跨地区的情报部门，整合不同部门、不同地区的情报信息，统筹全国反恐怖主义情报信息的综合性情报机构。其主要职能是，协调各情报信息部门的工作，汇总各情报主体上报的各类重要情报，统筹各级、各类反恐怖主义情报信息部门的工作，以实现情报信息的有序流通和依法适用。

2. 根据《反恐怖主义法》第43条第2款的规定，有关部门将搜集到的反恐怖主义情报依照规定及时统一归口报送国家反恐怖主义情报中心，并由国家反恐怖主义情报中心将上述情报信息进行统一汇总。可见，"有关部门"也是我国《反恐怖主义法》所规定的情报信息主体。"有关部门"，是指可能搜集到反恐怖主义情报信息的一切部门，包括国家安全机关和人民检察院、人民法院、司法行政机关以及其他有关国家机关，如交通、民政、卫生等部门，中国人民解放军、中国人民武装警察部队和民兵组织、村民委员会、居民委员会、企业事业单位、社会组织等也包括在内。

3. 根据《反恐怖主义法》第43条第3款的规定，在各级地方层面，由地方反恐怖主义工作领导机构建立跨部门的情报信息工作机制，也就是说，在地方各级反恐怖主义领导小组之下，建立一个与国家反恐怖主义情报中心相对应的情报信息机构，主要负责协调本地区内各情报部门的工作，统筹本地区内所有情报部门搜集到和筛选出的反恐怖主义情报。因此，其职责主要有：①整合和研判情报，为本级反恐怖主义执法部门提供情报支援，引导或辅助本级反恐怖主义行动的实施；②将上述情报进行筛选和整理之后，对重要的情报信息，向上级反恐怖主义工作领导机构报告；③将涉及其他地方的紧急情报信息，及时通报相关地方。

二、情报信息共享机制

根据《反恐怖主义法》第43条的规定，我国的反恐怖主义情报组织体系主要包括垂直共享和平行共享两个层面，具体包括三种情况：

1. 建立了各平行反恐怖主义情报部门之间的情报信息共享机制。《反恐怖主义法》第43条第3款规定，地方反恐怖主义情报信息机构之间，对涉及其他地方的紧急情报信息，应当及时通报相关地方。这说明各级地方反恐怖主义情报机构应当将其搜集、发现的涉及其他地方的紧急情报信息，依据相关办法通报给相关地方的情报信息机构。在区域反恐怖主义交流方面，公安、其他情报部门之间应加强相互间情报工作的沟通和交流，学习和分享反恐怖主义情报工作方面先进地区的成功经验和做法，努力通过会商等形式共建涉恐人员数据库及有关反恐怖主义工作的多重数据库，真正做到及时、准确地发现涉恐人员的行动轨迹。

2. 建立了各平行反恐怖主义情报部门与国家反恐怖主义情报中心的沟通机制。其主要分为两类：①《反恐怖主义法》第 43 条第 2 款规定，有关部门应当加强反恐怖主义情报信息搜集工作，对搜集的有关线索、人员、行动类情报信息，依照规定及时统一归口报送国家反恐怖主义情报中心。②该法第 43 条第 3 款规定，地方反恐怖主义情报信息机构在反恐怖主义情报信息工作中，对重要的情报信息，及时向上级反恐怖主义工作领导机构报告，从而实现其他部门、业务与"情报主导警务"战略相互辅助，相互促进，实现垂直共享和平行共享。除此之外，《反恐怖主义法》第 46 条也规定，有关部门对于在《反恐怖主义法》第三章规定的安全防范工作中获取的信息，应当根据国家反恐怖主义情报中心的要求，及时提供。

3. 建立了各系统内部的反恐怖主义情报快速集中机制。无论是各平行反恐怖主义情报部门之间的情报交流共享机制，还是各平行反恐怖主义情报部门与国家反恐怖主义情报中心的沟通机制，都需要各个反恐怖主义情报信息的机构内部，首先对其所搜集到的情报进行初步筛选、整理，以形成一个内容明确、真实可靠的初步成果。在此基础上，才能进一步进行跨地区、跨部门的情报信息交流与共享。因此，反恐怖主义情报信息机构内部要打破情报共享的壁垒，在情报搜集、分析等方面，各反恐怖主义实战部门，如情报、治安、反恐、网安等部门，应构建高效的情报交流机制，确保在重大突发事件发生时能够快速联动，做出准确、翔实的反恐怖主义情报产品以供决策。

就目前的反恐怖主义实践而言，我国现在负责收集和分析反恐怖主义情报的核心部门，主要有公安部的反恐怖主义局，国家安全部的反恐怖主义情报部门以及中央军事机关的反恐怖主义情报部门。这三个情报部门之间应该建立固定的情报交流机制，及时将情报输入反恐怖主义数据库。该数据库要与航空公司、执法部门、边境口岸和海外使领馆共享。以反恐怖主义数据库为基础和枢纽进行情报交流，可以实现各反恐怖主义情报部门之间情报资源的快速共享，提高反恐怖主义情报的利用效率。有价值的情报分析结果只有到了最高决策层才能发挥它的价值，也才能为决策层制定决策、发出预警、部署警力提供依据。[1]

---

〔1〕　参见李恒："新形势下我国反恐情报问题研究"，载《云南警官学院学报》2014 年第 6 期。

第三节　情报信息工作的运行机制

一、反恐怖主义情报信息的搜集

反恐怖主义情报信息搜集，是指通过公开与秘密渠道发现、采集、汇总有关情报信息线索的行为。随着情报信息技术的发展，人类社会已经步入情报信息化时代。每个组织、个人、政府都成为情报信息网络中的一个节点。各种恐怖势力的活动必然产生多种情报信息线索，只要及时发现、搜集有关情报信息，就能追踪有关违法犯罪行为。

1. 由于恐怖组织的组织结构严密，恐怖分子的联络和活动隐蔽，以及恐怖分子具有较强的反侦察意识和技能，搜集反恐怖主义情报信息与搜集其他方面的情报信息相比，面临更大的困难。因此，必须发挥秘密力量和外线侦查、电子侦听、电信侦控、电子监控、秘密拍照或录像、密取、邮检、网络侦查等技术侦察手段的主渠道作用，同时辅以公开、半公开的搜集手段。其主要内容包括：①秘密力量是搜集情报信息不可替代的力量。秘密力量在社会各个部位、层次和方面的活动较为隐蔽，能够了解和掌握社会中的各种动向；秘密力量能够深入工作对象的内部或身边，了解和掌握工作对象的内幕情况和阴谋活动计划。因此，可使用秘密力量，对重点对象和重点阵地进行秘密侦察、监视和控制，发现和掌握有关情况。使用秘密力量的办法主要有教育争取、条件录取、抓把柄、逆用、派遣打入、派员卧底、金钱收买等。②《反恐怖主义法》第45条规定："公安机关、国家安全机关、军事机关在其职责范围内，因反恐怖主义情报信息工作的需要，根据国家有关规定，经过严格的批准手续，可以采取技术侦察措施。依照前款规定获取的材料，只能用于反恐怖主义应对处置和对恐怖活动犯罪、极端主义犯罪的侦查、起诉和审判，不得用于其他用途。"《刑事诉讼法》第150条第1款规定："公安机关在立案后，对于危害国家安全犯罪、恐怖活动犯罪、黑社会性质的组织犯罪、重大毒品犯罪或者其他严重危害社会的犯罪案件，根据侦查犯罪的需要，经过严格的批准手续，可以采取技术侦查措施。"《刑事诉讼法》第152条第1款规定，"采取技术侦查措施，必须严格按照批准的措施种类、适用对象和期限执行"。

2. 坚持群众路线，夯实基础情报信息。《反恐怖主义法》第44条规定："公安机关、国家安全机关和有关部门应当依靠群众，加强基层基础工作，建立基层情报信息工作力量，提高反恐怖主义情报信息工作能力。"为此，应做到：

①加强走访、巡查等日常工作，依托群防群治组织及时更新基础警务情报信息，保证基本情报信息的实时性和真实性。②积极建立警民互动情报信息平台，通过警民微信群、QQ 群，警务 APP，提高安全情报信息的互动和即时性。③促进出租屋情报信息社会化采集，既通过房屋中介、物业和楼管收集租赁情报信息，也鼓励业主主动上报租住人员和租房用途情报信息，并将居住证办理与房屋租赁关联起来，减少监管漏洞。④加强与社区居委会的合作，认真落实高危人员情报信息采集；强化阵地控制，落实重点人员动向；加强情报信息网络布建，将触角深入到社会深层。

3. 经常收集网络、媒体的有关新闻报道，跟踪各地涉恐局面变化。恐怖组织的网络消费、社交、邮件数据和音视频，反映了其活动轨迹。要依法把网页、微博、QQ、社交 APP 数据等纳入监督范围，注意收集互联网、移动网、物联网、社交媒体等有关情报信息数据。延伸警务通功能，提高警务移动终端的人、车、地、物、网等情报信息的采集能力。在执法办案中，要确保生物检材情报信息的完备与准确。在深化道路和重点场所高清监控网络化建设的基础上，推进小区、单位自建视频监控并接入公安监控视频网络，消除监控死角。提高视频监控的整合程度，实现"网、场、屋、人、车"等的实时采集和智能识别。落实旅店、出租房屋、网吧、洗浴中心、娱乐场所、民宿等入住人员实名制登记和登记管理系统安装，并及时向公安机关上传数据。[1]

二、反恐怖主义情报信息的研判

情报信息研判，是指通过比较、分析、综合、判断、整理等措施，对搜集到的情报信息资料进行加工，使之规范化、有序化和科学化，成为可供直接使用的情报信息并提供给有关使用单位的过程。反恐怖情报信息的处理是根据反恐怖斗争的目的和要求，对从各个情报信息渠道搜集来的原始情报信息进行加工、整理和研判，向决策和使用单位提供服务的过程。

由于恐怖活动对国家安全和社会公共安全的严重危害性，反恐怖主义部门获取关于恐怖组织、恐怖分子及恐怖活动的情报信息后，必须立刻进行分析研判，并作出处理意见。但是，由于反恐怖主义情报信息搜集的难度和特点，在情报信息研判初期，往往只掌握为数不多的有限情报信息，而且还可能是不完整、不清楚的情报信息。因此，情报信息处理部门必须迅速依据现有的情报信息资料进行分析研究，判断情报信息的准确性、时效性和可信度，并对恐怖活

---

〔1〕　参见张文学、张剑："大数据与反恐怖信息工作"，载《云南警官学院学报》2016 年第 2 期。

动发生的可能性作出预测。

（一）情报信息研判机制

1. 建立甄别型情报信息收集机制。情报信息线索主要有两种类型：①显性情报信息，含义比较直观、清楚，具有直接利用的价值；②隐性情报信息，需要经过破译、甄别和分析判定，才能显现可以利用的价值。在反恐怖主义情报信息工作中，显性情报信息与隐性情报信息、虚假情报信息混杂在一起，处于隐蔽、半隐蔽状态，应多方面印证、对比，排除干扰，筛选出真实内容。

2. 建立突出特征的情报信息分类机制。合理确定分类标准和范畴是情报信息研判的基础工作之一。原始情报信息大多比较零碎、杂乱，与本质相差较远，为了有效比较情报信息数据，应对原始情报信息进行科学化、标准化分类。类别的划分既要符合统计工作要求，也应符合警务工作习惯，更要反映事件的本质。首先，要抓住问题的主要特征，按照情报信息涉及的主要问题确定归类，对于属性不明的问题，须认真考证后划归到最接近的种类。其次，要合理界定事件外延，以方便统计环节工作的开展。外延过大，会增加许多次要情报信息，掩盖事件本质；外延过小，容易导致分类困难，增加线索丢失的可能性。

3. 选择符合实际的分析方法。规范的分析方法有助于提高效率，及时发现问题。首先，要运用统计方法，进行定性定量分析。通过合理分析时间、地点、事件的逻辑关系，形成符合真实情况的逻辑线条。其次，利用大数据分析时空活动序列，智能化关联多维数据。大数据融合了多种算法，能更有效地建立分析模型，建立多因子行为模型。最后，把分析结果与实际进行逻辑推演，进一步比较结论的合理程度。

4. 利用综合情报信息平台，挖掘新类型情报信息的价值。基础情报信息数据已经逐步成为公安工作的重要基础。要把非警务和警务数据纳入综合情报信息平台，统合治安防范、行政管理、案件侦办等子模块数据。在住宿、交通、社交网络、出租屋、特种物品等情报信息的基础上，增加文字、图片、矢量图等类型的数据。在提升各自业务数据完整性的基础上，实现模块内和模块间数据的检索、非线性对比。

5. 建立高效的反馈机制。情报信息研判必须放到实际工作中评估。反恐部门须适时回顾情报信息研判效果，研究研判结果是否促进了对涉恐因素的管控，有无调整的需要及如何调整等。[1]

---

〔1〕 参见张文学："公安信息化建设中派出所情报信息研判探析——从昆明市某派出所信息研判谈起"，载《云南警官学院学报》2010年第2期。

（二）情报信息研判要求

恐怖活动有其自身的规律可循，但干扰因素多，具体内容复杂。坚持以科学理论为指导，以实际情况为依据，多角度、多层面地研判、运用情报信息，才是研判工作的价值所在。为此，应坚持以下要求：

1. 高度集中，统一处理。鉴于恐怖活动跨地域、跨国界的特点，关于反恐怖主义斗争的情报信息和线索必须马上集中到反恐怖主义部门，各级反恐怖主义部门关于反恐怖主义的情报信息和线索必须及时报告上级业务部门，国家反恐怖主义情报信息中心负责集中处理全国的反恐怖主义情报信息。在情报信息统一的基础上，反恐怖主义斗争才能实行统一指挥、统一侦察、统一处置、统一防范。

2. 系统分析，精确研判。从各个渠道搜集和报告的原始情报信息，受搜集人员的意识、水平以及客观环境等诸多因素的影响和制约，往往真假并存，具有零散性、表象性，缺乏系统性和整体性。对有关恐怖活动的情报信息，必须从情报信息的来源渠道、反映内容、嫌疑对象的主观意向、作案的客观条件以及同原有情报信息的比对等方面，系统分析情报信息的可信性、可靠性、准确性。根据分析，及时对情报信息反映的情况作出以下基本判断：是否有恐怖活动的嫌疑，是否有恐怖活动在预谋策划中，是否将有恐怖活动发生等。对反映恐怖组织、恐怖分子活动或可能发生恐怖活动的情报信息，无论其多么支离破碎、多么含糊，反恐怖主义部门均必须对其十分敏感，并予以高度重视。"宁可信其有，不可信其无"，是情报信息分析人员处理情报信息的基本出发点。有时，在大量看似无用的情报信息中，可能隐藏着反映恐怖组织、恐怖分子活动情况的蛛丝马迹。情报信息处理人员必须保持高度的责任心和敏感性，善于挖掘、发现、分析和归纳，及时将有用的情报信息线索予以整理分析，以及时发现恐怖活动的苗头、迹象，并逐步勾画出恐怖组织和恐怖分子的完整情况。

在进行情报信息研判时，应坚持以下几点：①坚持联系的观点。恐怖活动的关联性和多样性决定了反恐怖主义的复杂性。研判既要注意政治、经济、民族、宗教问题的影响，也要注意违法犯罪的影响；既要把多个公安业务情报信息平台上的情报信息关联起来，也要把在日常走访、群防群治工作、人口管理中获取的情报信息关联起来，全面、综合地开展研判。②把握正确方向。恐怖活动在初期表现得十分模糊，如果缺乏方向性，研判就很容易被杂乱的情报信息所干扰。所以，应从国内外形势出发，全面收集影响经济、社会、民族、宗教等安全的动态情报信息，重点分析安全热点、乱点、影响因素和发展方向。③坚持辩证、客观、科学的要求。研判是一项探索性、科学性、实践性很强的工作，研判结论对警务措施的影响很大。因此，必须坚持科学态度，辩证、客观地区分主次矛盾，合理选择分析方法，坚持逻辑分析与经验判断相结合，避免方法不当而导致结论错误。④坚持常态化、动态化。情报信息价值稍纵即逝，时效性极强。在保证情报信息鲜活的基础上，处理好专题研判和日常研判的关系。加强线索管理，提高主动发现重大事件的能力。事前要及时发现，及时预警；事中要揭示关键因素，推测事态的发展方向和影响程度，提出预防措施建议；事后要总结经验教训，更好地改进情报信息研判。⑤推进数据标准化工作。算法、表述、编码的统一、规范，有利于消除情报信息孤岛和碎片情报信息的缺陷。随着非结构数据应用范围的扩大，多格式、非线性数据的标准化处理将更加复杂。反恐怖主义机构要统一内部数据标准，并将其他政府部门、组织共享的非标准数据转化为内部格式。按照数据类型、格式等要素，制定数据入库标准。在抽取、转换多源异构数据的基础上，利用云技术，整合数据，初步实现标准化基础数据。[1]

3. 注重积累，系统储备。国际反恐怖主义实践证明，反恐怖主义的侦察、处置和防范都必须建立在丰富、完整、准确的情报信息资料的基础上。分类存储和快速提取情报信息的能力往往是决定反恐怖主义斗争胜负的重要因素。所以，对反恐怖主义情报信息进行长期积累，系统、完整地存储恐怖组织、恐怖分子、恐怖活动工具、恐怖活动方式以及可能涉及恐怖活动的一切资料，是反恐怖主义情报信息基础工作。利用计算机和网络建立完整、准确的数据库是反恐怖主义情报信息长期采用的主要方式，是能够提供更有效的监控以及分析恐怖分子动向和可能的活动计划的工具。数据库的内容应包括：已经认定的恐怖组织、恐怖分子的基本情况；涉嫌或可能从事恐怖活动的组织的基本情况，包括信仰、观点、宗旨、目的、活动规律等；涉嫌或可能从事恐怖活动的人员的基本情况，特别是照片、指纹、体貌特征及证件号码等；恐怖活动可能使用的武器弹药、爆炸物品的基本情况；曾经发生过的恐怖活动的基本情况等。

（三）情报信息研判种类

1. 按照分析的内容划分，情报信息研判包括：①政情影响分析。其主要分析社会、政治形势对恐怖活动的影响，包括国内外重大突发事件、政府举措等引起的社会反应、舆论等。②经济影响分析。其主要是分析经济形势、经济政策的预期影响，经济指标（失业率、居民收入分配差异、物价水平、衣食住行变化、失业失学、低保医保等困难人群的保障等）的变化，物流情况，网络经济发展，涉财违法犯罪及涉案人员等情况。③安全防范分析。其主要涉及社会治安形势，群防群治建设，刑事案件情况，轻微违法人员、重点人员、精神疾病患者情况等

---

[1] 参见张文学："公安信息化建设中派出所治安信息研制探析——从昆明市某派出所信息研判谈起"，载《云南警官学院学报》2010年第2期。

分析。

2. 按照情报信息的来划分，情报信息研判包括：①内部资料研判。其主要分析公安机关内部情报信息的资源，包括巡逻执勤记录、110警情、各业务警种情报信息平台资源。情报信息平台分析应依托自动报警系统，以及时发现重大案件苗头，并形成电脑自动报警为主、人工研判为辅的机制。加强线索挖掘，提高效率和针对性，把警用情报信息转化为关联统计情报信息。②外部情报信息研判。其主要是指采集政府部门、媒体发布的公开情报信息，分析社情民意，防止涉恐因素发酵。

3. 按照分析技术方法划分，情报信息研判包括：①图表分析研判。图表能直观反映人、物、时、地和行为的关系。图表分析包括人物关系图和时间流程图。人物关系图以人物为核心，延伸分析其他因素。时间流程图则按照时间顺序，排列各时段的人、事、案等情况，推测事情的发展。②趋势外推研判。是指从已知的情报信息统计数据，建立案件指标，建构数学模型，推测数据在未来的变化及所代表的辖区治安形势的发展。该法只适合社会条件稳定下的短期预警分析。③预测分析研判。定性、定量分析案件发生的可能性和发生后的可控性。定性分析侧重于对案件性质的发展研究，定量分析则要分析数据变化的水平、误差，从而更精确地确定事件的发展水平。[1]

（四）情报信息研判步骤

1. 确定分析方向和研判的方法。各阶段的安全问题反映在事件、纠纷的发案率上，并与国内政治经济形势、社会管理、国计民生状况等紧密联系。不同时期的安全热点不同，所以应及时调整研判方向，才能更好地完成防控任务。恐怖活动属于专题性问题，要多借鉴历史上或其他地区的成功经验，以定性、图表分析为主，着重回溯分析其发生的原因，探索所分析问题的发展情况。此外，对涉恐人员应开展三维动态人体识别和人脸识别，利用步态、人脸等特征提高对嫌疑人员的分辨水平。

2. 审核、执行、反馈修正。研判人员要根据反馈的使用情况，及时修正，直到大部分情况符合实际。在审核研判结论后，适时调整工作重心，调整警力部署。

三、反恐怖主义情报信息的通报与预警

"9·11"事件后，国际恐怖主义的活动范围跨越国界，"国际"与"国内"

---

[1] 参见张文学："公安信息化建设中派出所治安信息研制探析——从昆明市某派出所信息研判谈起"，载《云南警官学院学报》2010年第2期。

恐怖主义的区别逐渐消失。恐怖活动影响和危害的范围呈现国际化、区域化的趋势，其深层次的根源在于国际社会一体化进程的加快，人员和资金的跨国流动愈加容易。因此，恐怖组织在情报信息收集、人员培训、筹措资金和袭击行动的具体实施等方面，正向国际化转型，并且其背景趋于复杂化。

（一）情报信息平台系统的建立

1. 反恐怖主义基础数据库系统。该系统主要存储、处理涉恐情报信息线索和情报信息，内容主要包括基本信息、人员信息和动态轨迹信息。该系统包括违法犯罪记录、活动轨迹记录、关系人通联记录、暂住人口登记记录、交通驾驶违法记录、驾驶员登记记录、车辆交易记录、房屋交易记录、银行资金交易记录、出入境记录、上网记录、旅馆业登记住宿记录等。利用反恐怖主义基础数据库对上述信息进行临时存储，并通过身份证号码或护照号码比对后自动生成。该系统有利于对重点涉恐人员、重点关注群体实施长期动态监控。

2. 反恐怖主义资料平台系统。该系统主要存储、处理国内外发生的各类恐怖事件、恐怖组织成员、反恐工作机制和反恐工作文件。其主要包括以下内容：①对恐怖事件信息的处理和分析，为各级反恐部门和有关单位提供即时的境内外恐怖活动的最新情况，提出当前预警性的恐怖活动动向和容易遭受恐怖袭击的主要目标。②对恐怖组织信息的积累和分析，为有关部门提供即时检索和分析依据，为情报信息研判奠定基础。③对恐怖工作资料（包括反恐队伍、反恐法律实施、反恐应急防范、反恐情报信息侦察、反恐问题研究等）的积累和分析，及时为有关部门提供各种数据和信息，有利于对反恐工作的指导。

3. 反恐怖主义情报信息预警系统。其主要包括以下内容：①情报信息的采集、核查与录入系统，即在对情报信息线索进行研判的基础上，为了核实或采集相关线索，反恐部门采取"一案一报"的办法，及时向有关单位、部门通报有关反恐怖主义情报信息的信息采集或核查要求，要求其在规定时间内提供采集或核查的信息或情况。②建立反恐等级防范预警平台，即在对情报信息分析研判的基础上，由各级反恐办通过预警系统发布实施反恐等级防范预案的指令。防范预警平台分为控制、警戒和封锁三个等级。根据防范预警平台提前推送指挥员、参战人数、携带装备、保障车辆、通讯编号以及防范方位和防范措施等建议。[1]

恐怖组织、恐怖分子的活动往往没有时间、地域的限制，而反恐怖主义活动往往由不同地方、不同部门甚至不同国家来开展。所以，有效的反恐怖主义需要由各地方、各部门以及不同国家形成一个有机整体。这一整体形成的首要

---

[1] 李恒："网络反恐视域下的警务工作探究"，载《广西警官高等专科学校学报》2016年第3期。

条件是实现反恐怖主义情报信息的交流和共享。首先，在不同地区和部门之间，建立灵敏、迅捷的情报信息交流机制，及时互换情报信息，加强信息交流，做到反恐怖主义情报信息的资源共享。其次，加强国际反恐怖主义合作，与有关国家和组织及时交换国际恐怖分子活动的情报信息资料，充分利用国际刑警组织的电脑网络和情报信息资料，开展国际反恐怖主义合作和情报信息交流。

（二）及时预警

1. 预警机制的构建。《反恐怖主义法》第47条规定："国家反恐怖主义情报信息中心、地方反恐怖主义工作领导机构以及公安机关等有关部门应当对有关情报信息进行筛查、研判、核查、监控，认为有发生恐怖事件危险，需要采取相应的安全防范、应对处置措施的，应当及时通报有关部门和单位，并可以根据情况发出预警。有关部门和单位应当根据通报做好安全防范、应对处置工作。"

由此，可以将恐怖活动威胁预警分为四个等级，依次为"轻度""较严重""严重""极严重"。其中，"严重"和"极严重"预示着恐怖犯罪活动随时要发生。该恐怖活动威胁预警用四种颜色表示恐怖威胁的不同层级，分别是蓝色、黄色、橙色以及红色：①蓝色代表面对真实的但仍不确定的威胁时，应提高安全级别，采取局部的、影响公众正常活动的最低限度的干扰措施，但仍要做好在今后几天内切换到黄色级别的准备。②黄色代表采取一系列的措施应对恐怖分子的行动所带来的似是而非的危险，包括采取影响公众正常活动的中等干扰措施，但是要做好在任何可能的地方突然切换到橙色的准备。③橙色代表采取措施应对一个或多个恐怖分子的行动中被证实的恐怖风险，包括采取保护公共机构的措施以及提出适于救援和应急的手段，授权批准采取破坏社会经济活动的措施。④红色代表通告大规模恐怖袭击风险的到来，或相应地，利用非常规的手段以及大破坏的形式准备适于救援和应急的手段，授权批准采取对公共生活产生高度破坏性的措施。[1]

2. 对恐怖行为的预警。首先，在恐怖事件发生前，省反恐办、省厅反恐怖主义工作总队及其地市州的反恐支队，应当立即做好一切应对恐怖事件的危害结果的准备，尽量减少恐怖袭击对社会民众的恐怖威慑效应。其次，一旦恐怖事件发生，反恐怖主义工作部门应迅速抓获嫌疑人员，以减少恐怖事件所造成的各种破坏和影响。最后，恐怖事件发生后，反恐工作部门应当及时控制恐怖事件所造成的社会混乱和负面影响。

3. 对情报信息的预警。搜集恐怖组织犯罪前的活动轨迹及其行为表现，包

---

〔1〕　参见李恒："网络反恐视域下的警务工作探究"，载《广西警官高等专科学校学报》2016年第3期。

括恐怖组织的人员规模、犯罪工具、计划实施地点、训练基地、犯罪的组织形式以及准备何时、在何地、实施什么样的恐怖活动等信息。通过不同地市州的反恐支队的联合协作，可以共同分享这些情报信息，并能够及时发现恐怖行为，节约有效时间来预测恐怖分子成员的行动方向和方案等。实际上，在反恐情报信息中，恐怖组织在实施恐怖事件前，一定会调用或周转大量资金、武器等必备资源，调动组织内的人员力量，例如，在市场交易、交通运输和金融机构转账提现的过程中，都会留下蛛丝马迹。反恐怖主义情报信息工作的集中体现，是及时向上级业务部门和负责反恐怖主义决策的领导中心提供有关恐怖组织、恐怖分子、恐怖活动动向的准确报告，以及关于恐怖活动的预测性报告。在集中所有恐怖活动情报信息并进行科学分析预测的基础上，要及时将各方面情报信息所反映出的恐怖活动线索、苗头、动向和预测，报告给领导决策机构，使其能够正确决策，统一指挥反恐怖主义行动。要及时通报有关地区和有关侦察、情报信息部门，使其能够有目标地开展侦察控制工作，并获取更深一步的情报信息；要及时通报有关部门和单位，使其能够有针对性地采取防范和保卫措施，预防恐怖活动的发生或减少恐怖活动造成的损失。[1]

随着科技的进步，应利用大数据预测恐怖活动，以实现从事后处置向案前干预转化。对涉恐组织、人员的案前监视，可以在一定程度上夺取涉恐案件处置的主动权。首先，建立对恐怖犯罪重点人员自动对比的数据库。由网络、视频监控系统自动实时比对数据库数据，并发出警报。涉恐犯罪集团在恐怖袭击中有本组织的活动印记，结合这些目标建立因子模型，用于街面视频巡查自动对比碰撞，以筛查嫌疑目标。其次，开展对网络涉恐行为的自动预警。恐怖组织的网络行为有着自身的特点。加强对特定组织、行为的监控，跟踪其招募、煽动、筹资等网络行动，以及时发出自动预警。经过处理上报和通报的情报信息，必须客观真实、准确可靠，能够为领导决策和部署工作提供正确的依据。

第四节　情报信息的保密制度

保密是反恐怖主义工作的重要组成部分，既涉及国家安全和利益，也涉及情报信息人员的安全与搜集手段秘密。在反恐怖主义情报信息的搜集、传递、处理、储存等各个环节上，都必须严格保守秘密，尤其是对情报信息来源、搜集手段的保密，这是情报信息工作的生命线，是保障情报信息人员安全，保证情报信息来源渠道畅通的关键所在。

---

[1]　参见李恒："新形势下我国反恐情报问题研究"，载《云南警官学院学报》2014 年第 6 期。

公安机关和国家安全机关侦查获取的涉恐情报信息具有高度的机密性，不能被无关组织、个人所知晓。《反恐怖主义法》第48条规定："反恐怖主义工作领导机构、有关部门和单位、个人应当对履行反恐怖主义工作职责、义务过程中知悉的国家秘密、商业秘密和个人隐私予以保密。违反规定泄露国家秘密、商业秘密和个人隐私的，依法追究法律责任。"

反恐怖主义情报信息属于国家秘密，具有严格的保密要求。《保守国家秘密法》是反恐怖主义情报信息保密工作的法律依据。《保守国家秘密法》第2条规定，国家秘密是关系国家安全和利益，依照法定程序确定，在一定时间内只限一定范围的人员知悉的事项。因此，反恐怖主义情报信息只能依法被有关人员知晓，严禁扩大知晓范围。

一、保密主体

反恐怖主义情报信息的获取、保管、使用，必须由有关国家机关及其工作人员实施，即只有被授权的工作人员才能接触这些秘密。《保守国家秘密法》第7条规定："机关、单位应当实行保密工作责任制，健全保密管理制度，完善保密防护措施，开展保密宣传教育，加强保密检查。"第42条规定，保密行政管理部门对机关、单位的保密工作负有指导和监督职责。因此，机关、单位是贯彻保密法律法规的主体。有关国家机关是反恐怖主义情报信息的责任主体。工作人员基于单位授权行使职务行为。此外，其他组织、公民若获知有关涉密情报信息的，也应承担有关的保密责任，成为保密责任主体。在此，主要讨论组织的保密责任。

保密主体对涉恐情报信息要依法确定保密范围、保密期限、保密级别和保密制度。同时，要认真执行有关保密的管理规定，履行主体责任，确保不发生泄密事件。组织机构可划分为保密行政管理部门、机关单位保密工作机构和其他授权的组织机构。反恐怖主义情报信息的保密主体主要为后两者。反恐怖主义工作专业性强，主要由公安机关和国家安全机关开展有关执法活动，并承担相应的情报信息保密工作。从情报信息获取到破获恐怖组织活动，是一个紧密联系的过程，涉及多个相关部门，并且各部门负责本部门的保密工作。

（一）情报信息收集部门

有关经济、政治、文化、宗教、舆情、安全等方面的人力情报信息和技术信息是涉恐情报信息的基础来源。情报信息收集部门，是指公安机关、国家安全机关内设的基础信息采集职能部门以及技术侦查、网络监管等专业部门。其他政府部门、企事业单位有义务将在日常工作中发现的有关信息线索报告公安机关、国家安全机关。收集部门在采集信息时，应当认真履行保密职责，完整移交基础材料，且不能把信息扩散给无关人员。

（二）情报信息使用部门

《保守国家秘密法》第6条第1款规定，国家机关和涉及国家秘密的单位管理本机关和本单位的保密工作。公安机关、国家安全机关、司法机关、应急处突单位以及政府党委有关部门是涉恐信息的主要使用者，各部门掌握了大量涉恐敏感信息和情报信息，因此，必须按照"积极防范"和"谁主管谁负责"的保密原则，高标准制定、落实保密工作要求。所有接触保密信息的工作人员，不论职位高低，都应当严格遵守保密规定。要把涉密人员控制在最小范围，任何工作人员不得接触与自身业务无关的保密信息。此外，要严格执行保密文件、传递介质、网络、社交媒体的使用规定，杜绝使用过程中的泄密漏洞。《刑事诉讼法》第152条第2~4款规定，侦查人员对采取技术侦查措施过程中知悉的国家秘密、商业秘密和个人隐私，应当保密；对采取技术侦查措施获取的与案件无关的材料，必须及时销毁；采取技术侦查措施获取的材料，只能用于对犯罪的侦查、起诉和审判，不得用于其他用途；公安机关依法采取技术侦查措施，有关单位和个人应当配合，并对有关情况予以保密。《刑事诉讼法》第154条规定，依照规定采取侦查措施收集的材料在刑事诉讼中可以作为证据使用；如果使用该证据可能危及有关人员的人身安全，或者可能产生其他严重后果的，应当采取不暴露有关人员身份、技术方法等保护措施。

（三）情报信息保管部门

随着案件办结，使用过的办案纸质材料和电子信息应当专门保管储存，有待日后使用的材料也应同样保管。涉密材料要按规定完整地移交到保管部门，严禁在原部门保留副本。公安机关、国家安全机关等的档案部门承担涉恐信息的归档保管职责。档案部门要按照保密文件的要求，做好入库登记，分类保管，确保纸质文件和电子材料完好。同时，严格借阅手续，只有经过领导批准才能使用涉恐情报信息材料。

二、保密对象

（一）保密对象的内容

与普通刑事犯罪不同，恐怖活动多为团伙性犯罪，并且有着复杂的国内国际背景。为有效打击恐怖活动，除了采取有效的斗争策略外，加强信息安全，屏蔽泄密渠道也是反恐怖主义斗争的要求。公安机关、国家安全机关以及某些政府部门所掌握的有关材料都是重要机密，保密对象则是反恐怖主义工作中涉及的国家秘密。《保守国家秘密法》第9条列举了国家秘密的有关类别，其中，"维护国家安全活动和追查刑事犯罪中的秘密事项"与反恐怖主义工作直接相关。

恐怖组织的人员、组织结构、活动特点等有关核心情报信息是防控恐怖活动的重要内容。执法机关办理案件的有关材料是个案情况的直接体现，内容尤其深入，具有重要价值。涉恐的外围信息有助于发现恐怖活动，能提高核心信息的利用价值。它们都应当纳入保密范围。以上材料是反恐怖主义工作的具体情报信息，不能被无关人员获知。

（二）情报信息载体

1. 加强情报信息载体保密管理。随着网络的发展，信息载体从以纸张为主发展到以纸张为主，云盘、U盘、光盘等电子存储设备共存的局面。信息载体的多样化虽然方便了信息存储，提高了存储记录效率，却也带来了容易被仿制、非法修改等弊端。随着保管时间的推移，纸张记录的信息会模糊；电子介质保存的信息会难以读取；云盘会不利于保密信息的存储；等等。这些问题都给信息的保管安全造成了不同程度的影响。为了减少信息流失的负面影响，保管单位的档案部门应当配备达标的档案库房；电子介质存储信息要备份存储；电子存储设备应当与互联网物理隔离，并安装电子屏蔽装置。同时，归档材料的借阅必须依规定进行，严禁任何人违规使用保密信息或外泄有关内容。

2. 落实办公设备保密。保密材料是行政工作中的对象，其使用、保管与行政流程基本相同。保密材料的产生、下发、复制、归档都需要使用办公设备。随着办公条件的智能化发展，复印机、打印机、电脑、手机等都是处理文件材料的基础。反恐怖主义工作涉及国内外的复杂因素，为了确保保密材料的安全，信息保管、使用部门的办公设备都应按照保密管理的规定操作；设备来源必须经过保密部门核实；设备维修应当由专门部门专人进行；涉密设备必须专人专用，只处理涉密文件。

三、责任后果

情报信息安全是国家安全的重要组成部分。情报信息安全得不到保障，国家的国防、政治、经济等情况将被敌对势力所觊觎、渗透甚至入侵。在信息化时代，情报信息安全已经不再停留在纸质材料安全的层面，网络信息安全也已经成为其重要的组成部分。涉恐情报信息影响面广，因此，信息安全的要求更加突出。通过法律手段消除泄密现象，打击窃密行为，是我国法制化建设的一个具体体现。

恐怖活动既有恐怖袭击，也有组织活动、宣传活动、支持活动。我国的恐怖组织人员到国外参与基地组织、伊斯兰国的恐怖活动，在境外学习了战斗技能后，其返流回国的安全威胁日益突出。因此，涉恐信息的内容不再单纯局限于刑事犯罪范畴，而是包括社会文化、政治经济以及军事行动等全方位信息。涉恐情报信息作为国家秘密的一部分，应当加以高度重视，严格管理。涉恐信息内容复杂程度的提高，要求有关部门和工作人员进一步提高信息安全意识和法律意识，清楚知晓法律后果，时刻用法律法规来规范自己的行为。

《保守国家秘密法》第48条第1款规定了有关失窃密的情节：①非法获取、持有国家秘密载体的；②买卖、转送或者私自销毁国家秘密载体的；③通过普通邮政、快递等无保密措施的渠道传递国家秘密载体的；④邮寄、托运国家秘密载体出境，或者未经有关主管部门批准，携带、传递国家秘密载体出境的；⑤非法复制、记录、存储国家秘密的；⑥在私人交往和通信中涉及国家秘密的；⑦在互联网及其他公共信息网络或者未采取保密措施的有线和无线通信中传递国家秘密的；⑧将涉密计算机、涉密存储设备接入互联网及其他公共信息网络的；⑨在未采取防护措施的情况下，在涉密信息系统与互联网及其他公共信息网络之间进行信息交换的；⑩使用非涉密计算机、非涉密存储设备存储、处理国家秘密信息的；⑪擅自卸载、修改涉密信息系统的安全技术程序、管理程序的；⑫将未经安全技术处理的退出使用的涉密计算机、涉密存储设备赠送、出售、丢弃或者改作其他用途的。这些情节基本涵盖了有关问题。

随着网络依赖的增加，泄密的通道也在增加，在4G网的条件下，数据的迅速传递给信息安全提出了新的考验。《保守国家秘密法》对使用电脑、网络、电子信息载体泄密，在通信中记录、传递、谈论国家秘密的情况加以规定，为国家依法开展保密工作提供了法律支撑。此外，《保守国家秘密法》第49条、第50条分别规定了机关、单位、互联网服务商发生泄密时的处罚规定。

在专门法规定失窃密处罚的同时，《刑法》明确了涉及披露、窃取国家秘密的处罚罪名和具体处罚措施。第111条规定了"为境外窃取、刺探、收买、非法提供国家秘密、情报信息罪"；第282条规定了"非法获取国家秘密罪，非法持有国家绝密、机密文件、资料、物品罪"；第287条之一规定了"非法利用信息网络罪"；第287条之二规定了"帮助信息网络犯罪活动罪"；第308条之一规定了"泄露不应公开的案件信息罪，故意泄露国家秘密罪，披露、报道不应公开的案件信息罪"，对司法工作人员泄露依法不公开审理的案件中不应当公开的信息进行了规定；第398条规定了"故意泄露国家秘密罪、过失泄露国家秘密罪"，对国家机关工作人员违反《保守国家秘密法》的规定，故意或者过失泄露国家秘密的行为进行了规定；第431条和第432条分别规定了涉及军事机密的失窃密情节。这些法律条款为有效开展信息安全保卫提供了法律武器，促使全体社会成员知法守法。

第九章

调 查

第一节　概　述

我国《反恐怖主义法》将"先发制敌、保持主动"确立为反恐怖主义工作的基本原则，而先发制敌的最有效手段莫过于在恐怖袭击发生前及时调查并发现恐怖活动的迹象和人员行踪。这就离不开反恐怖主义调查措施，其中，引起关注的问题主要集中在"调查"一章。该章从整体上规定了针对恐怖活动，我国公安机关需要调查核实的，应迅速进行调查，并且规范了公安机关在调查过程中的各项权力，同时赋予了被调查人员一定的权利。其中最大的亮点就是将反恐怖主义与保障人权联系起来，即在打击恐怖主义的同时，不得侵犯个人人权，从而最大限度地平衡了保障社会安全与保障人权之间的关系。

恐怖活动犯罪与一般犯罪的一个明显区别是恐怖活动的危害后果特别严重，既遂的恐怖袭击，除了直接造成人员大量伤亡、财产重大损失外，更会对民众造成沉重的心理阴影，并造成社会秩序的混乱。即使是一起未遂的恐怖袭击，也会使民众产生恐慌，影响正常的工作和生活。因此，相对于事后的打击、处置和救援，将恐怖活动摧毁在预谋阶段和行动之前，防患于未然，仍然是反恐怖主义工作的首要任务。为了完成这一任务，应尽早地发现恐怖活动线索、恐怖活动嫌疑人员，所以，各国的反恐怖主义立法都根据本国反恐怖主义工作的实践需要，适当放宽各种调查措施的法定条件，以提高反恐怖主义调查工作的有效性。具体来说，包括以下几个方面：①适当降低调查措施的启动条件。例如，美国的立法对逮捕、拘留等人身控制措施以及搜查、监听等调查措施放宽了证据要求，并且在涉恐案件中，通常不需任何证据材料而只凭执法人员的主观怀疑就可启动调查程序。②放宽了对司法令状的限制。为减少程序环节对取证效率的影响，很多国家的立法放宽了侦查取证措施令状的限制规定。例如，英国 2000 年《反恐怖主义法》规定，允许警察对涉恐嫌疑人员实施无令状逮捕。③加强对恐怖活动嫌疑人员的控制。英国 2005 年《预防恐怖主义法》赋予内政大臣对恐怖嫌疑人员使用"控制令"的权力，以约束包括英国和外国公民在内的恐怖嫌疑人员等。

针对我国过去的反恐怖主义工作实践中存在刑事立案前调查措施不明确，难以对恐怖活动嫌疑人员予以有效控制等突出问题，同时借鉴各国的反恐怖主义立法经验，我国《反恐怖主义法》第五章"调查"规定了三方面内容：①明确了调查措施，包括盘问、检查、传唤、询问、采集人体生物识别信息、提取生物样本、留存签名、查询账户信息、采取约束措施等。其中，采集人体生物识别信息、提取生物样本、留存签名、采取约束措施等是本法新增加的措施。②基于人权保障，设定了相关调查措施的实施程序。考虑到相关调查措施会不可避免地对相关人员的合法权益造成影响乃至侵害，为防止有关措施被滥用，体现法治和人权保障原则，本章相关条文均设定了相应的批准程序和时限。③规定了调查措施与刑事诉讼的衔接，以便最终将恐怖分子定罪处罚。需要明确的是，本章规定的调查措施均是刑事立案前的调查，不同于《刑事诉讼法》规定的侦查措施。

第二节　调查的基本内容

一、调查的启动

《反恐怖主义法》第49条规定："公安机关接到恐怖活动嫌疑的报告或者发现恐怖活动的嫌疑，需要调查核实的，应当迅速进行调查。"根据《刑事诉讼法》的规定，经审查认为有犯罪事实需要追究刑事责任的，应当立案侦查。对于犯罪行为，一般应当在立案后开展侦查活动。但为了尽早发现恐怖活动的线索，有必要授权公安机关在立案前开展相关调查工作，确定是否存在恐怖活动的嫌疑，乃至恐怖活动犯罪事实，从而将恐怖活动消灭在预谋阶段、实施之前，最大限度地减少恐怖活动的危害。有鉴于此，《反恐怖主义法》第49条特别授权公安机关在立案侦查前，可以对恐怖活动嫌疑采取调查措施，同时规定了与立案侦查相比要求较低的调查启动条件。部分反恐怖主义前沿的省市公安机关也将此称为"立线侦查"。

1. "接到恐怖活动嫌疑的报告"，主要是指有关单位和个人根据法律规定，发现恐怖活动嫌疑或者恐怖活动嫌疑人员并向公安机关报告的情形。例如，审计、财政、税务等部门在对有关单位实施监督检查的过程中，发现资金流入流出涉嫌恐怖主义融资，向公安机关通报的；大型活动承办单位以及重点目标的管理单位对有关人员、物品进行安全检查时，发现恐怖活动嫌疑，报告公安机关的；海关、出入境边防检查机关发现恐怖活动嫌疑人员或者涉嫌恐怖活动物品，移交公安机关的；其他单位和个人发现恐怖活动嫌疑向公安机关报告；等等。

2. "发现恐怖活动嫌疑"，主要是指公安机关在依法履行打击违法犯罪，维护社会治安、交通秩序等工作职责中，发现可能存在的恐怖活动迹象、线索。

3. "需要调查核实"，主要是指报告或者发现的恐怖活动迹象、线索，需要通过进一步的检查、查询等调查手段予以查明、核实的情形。

需要注意的是，虽然《反恐怖主义法》第49条没有规定公安机关启动调查的批准程序，但是在调查中采取相关措施的，应当依照《反恐怖主义法》规定的条件和程序进行，不得违反适用条件和法定程序或者采用非法手段实施。

相较于西方国家，我国目前并没有制定专门的关于反恐怖主义侦查程序的法律。反恐怖主义侦查所依据的诉讼规则，诸如侦查适用主体、适用期限、批准程序、证据要求、救济保障程序等方面，与一般刑事案件并无显著不同。反恐怖主义实务中，这些因素都可能会迟滞、影响侦查措施作用的发挥，例如，我国信息网络预警系统在收集、获取恐怖活动信息情报的功能上还有不足；重点人员DNA、指纹等个人信息资料系统尚不完整，直接影响侦查活动中人身辨别的进度；出入境个人信息管理系统也不时地为狡猾的嫌疑分子所利用，在防范"可疑人员钻孔"机制上还有待完善；银行、证券等金融系统中的信息化建设和查询机制还存有漏洞；等等。这些因素严重影响着反恐怖主义证据收集能力的发挥和侦查效益的提高。[1]

二、一般调查措施

《反恐怖主义法》第50条规定："公安机关调查恐怖活动嫌疑，可以依照有关法律规定对嫌疑人员进行盘问、检查、传唤，可以提取或者采集肖像、指纹、虹膜图像等人体生物识别信息和血液、尿液、脱落细胞等生物样本，并留存其签名。公安机关调查恐怖活动嫌疑，可以通知了解有关情况的人员到公安机关或者其他地点接受询问。"第52条规定："公安机关调查恐怖活动嫌疑，经县级以上公安机关负责人批准，可以查询嫌疑人员的存款、汇款、债券、股票、基金份额等财产，可以采取查封、扣押、冻结措施。查封、扣押、冻结的期限不

---

〔1〕　参见赵磊："反恐背景下我国恐怖主义犯罪侦查取证程序的改革进路"，载《华北电力大学学报（社会科学版）》2016年第3期。

得超过 2 个月，情况复杂的，可以经上一级公安机关负责人批准延长 1 个月。"

（一）盘问、检查、传唤

盘问、检查、传唤是公安机关针对嫌疑人员开展进一步调查的必要措施。考虑到《人民警察法》《治安管理处罚法》分别对盘问、检查、传唤的程序、条件作了具体规定，为保持与相关法律的衔接，应依照有关法律规定开展盘问、检查、传唤。

1. 盘问、检查。根据《人民警察法》第 9 条第 1 款的规定，公安机关的人民警察在执行维护社会治安秩序等执法执勤活动中，对有违法犯罪嫌疑的人员，如随身携带作案工具，或者被害人指认其实施了违法犯罪行为等，经出示相应证件，可以当场盘问、检查；经盘问、检查，不能排除违法犯罪嫌疑，且符合继续盘问条件的，经批准，人民警察可以将嫌疑人员带至公安机关继续盘问。需要注意的是，恐怖活动嫌疑人员往往高度危险，并可能随身携带毒害性、爆炸性等危险物质。人民警察在对有关嫌疑人员进行盘问、检查时，应当严格按照《公安机关人民警察盘查规范》的要求进行。人民警察在盘查的过程中，应当保证人数优势，并随时保持高度警惕，注意被盘查人的身份、体貌、衣着、行为、携带物品等方面的可疑之处，随时做好应对突发情况的准备。发现毒害性、爆炸性等危险物质时，应当立即组织疏散人员，设置隔离带，封锁现场，及时报告，由专业人员进行处置。

2. 传唤。根据《治安管理处罚法》第 82 条、第 83 条第 1 款的规定，需要传唤违反治安管理行为人接受调查的，经公安机关办案部门负责人批准，使用传唤证传唤。对现场发现的违反治安管理行为人，人民警察经出示工作证件，可以口头传唤。对无正当理由不接受传唤或者逃避传唤的人，可以强制传唤。传唤后询问查证的时间一般不得超过 8 个小时；对于情况复杂，可能适用行政拘留处罚的，询问查证的时间不得超过 24 个小时。

（二）提取、采集人体生物识别信息和生物样本以及留存签名

在执法实践中，必要时提取、采集嫌疑人员的人体生物识别信息和生物样本，是调查经常使用的措施。提取、采集的肖像、指纹、虹膜图像等人体生物识别信息和血液、尿液、脱落细胞等生物样本，经比对、化验、鉴定等，可以迅速识别有关嫌疑人员的身份，甚至直接锁定恐怖活动人员，便于进一步开展相关调查工作。但是，除刑事侦查之外，采集生物样本这一调查措施在此前尚无法律依据。《反恐怖主义法》结合反恐怖主义工作的实践需要，授权公安机关在反恐怖主义调查工作中，可以采集有关嫌疑人员的生物样本，从而为公安机关在调查恐怖活动嫌疑的过程中提取、采集嫌疑人员的人体生物识别信息和生物样本提供了必要的法律依据。

《反恐怖主义法》规定的可以采集的生物样本，基本涵盖了目前识别技术所可以采用的生物检材信息，以便于调查工作的开展。规定提取"虹膜图像"，主要是考虑到随着技术发展，虹膜识别技术已经较为成熟，该技术利用虹膜的唯一性和稳定性进行身份识别，比肖像、指纹等的生物识别技术更快速、稳定、安全，且识别精度较高；规定采集"脱落细胞"，主要是将有关嫌疑人员的脱落细胞采集后用于 DNA 检验，以确定人员身份或者与其他证据材料相互印证。除了《反恐怖主义法》所规定的可提取、采集的人体生物识别信息和生物样本外，实践中还有唾液、毛发等其他多种生物样本；同时随着生物识别技术的发展，可能还会发现其他的人体生物识别信息，由于在法律中不能一一列举，因此规定了"等"。

在调查恐怖活动嫌疑时，对相关的人体识别信息和生物样本均可以予以提取、采集。需要指出的是，在采集生物样本后，应当留存有关嫌疑人员的签名，一方面，增加生物样本提取、采集过程的法律效力，另一方面，留存签名能供相关调查工作作比对之用。应当注意的是，在提取、采集的过程中，不当操作会侵犯公民的合法权益，执法人员应注意遵守有关法律规定和操作规范，规范提取、采集的程序和方式，避免不当操作。同时，所提取、采集的人体生物识别信息和生物样本应当严格限于调查恐怖活动嫌疑、侦查犯罪之用。

（三）询问

《反恐怖主义法》授权公安机关在调查恐怖活动嫌疑中，可以通知了解有关情况的人员到公安机关或者其他地点接受询问，以便于通过询问进一步掌握有关恐怖活动的线索等。

1. "了解有关情况的人员"，即知悉与恐怖活动或者恐怖活动嫌疑相关的线索、事实的人员。例如，恐怖活动现场的目击者，在安全检查时发现恐怖活动嫌疑人员的工作人员等。考虑到恐怖活动人员的高度危险性，为防止干扰，保证有关人员如实地提供证言及保障其人身安全，《反恐怖主义法》规定，应通知有关人员到公安机关或者其他地点接受询问。

2. "其他地点"，可以是有关人员所在的单位、住处或者其提出的地点，以及其他适合的地点。该地点首先要能够保证有关人员的人身安全，必要时可以采取相应的防护措施。

3. 《反恐怖主义法》未对询问有关人员提出更为具体的工作要求，但是，为保护有关人员的合法权益，保证其自愿、如实地提供情况，公安机关应当遵守以下要求：①询问某一人员时，不得有其他有关人员在场，以防止相互影响，保证所提供情况的真实性，也有利于保守案情秘密，保障调查活动顺利进行。②通知有关人员接受询问时，应当出具相关法律文书，并以书面形式通知。

③询问未成年人的，应当通知其法定代理人到场；必要时，可以通知其成年家属，或所在学校、单位、居住地基层组织或者未成年人保护组织的代表到场。④严禁使用暴力、威胁等非法方法进行询问。

（四）查封、扣押、冻结措施

《刑事诉讼法》规定，侦查机关根据侦查犯罪的需要，可以查询、冻结犯罪嫌疑人的存款、汇款、债券、股票、基金份额等财产；可以查封、扣押在侦查活动中发现的可用以证明犯罪嫌疑人有罪或者无罪的各种财物、文件。《行政强制法》规定，行政机关在行政管理过程中，可以查封场所、设施或者财物，扣押财物，冻结存款、汇款。但根据《刑事诉讼法》的规定，在刑事立案前，公安机关不得采取查封、扣押、冻结措施。

考虑到恐怖活动日趋组织化，资助恐怖活动的资金运作手法更加复杂、隐秘，为查明有关恐怖活动的情况，防止涉恐财产、资金被转移、销毁，或者再次用于实施恐怖活动，有必要授权公安机关在刑事立案前为调查恐怖活动嫌疑，可以采取查封、扣押、冻结等措施。这也是各国的通行做法，例如，英国2010年《涉恐资产冻结法》规定，对于已经确定或者被怀疑是曾经或者即将与恐怖活动有关的特定人，可以由财政部作出冻结其相关资产的决定。因此，《反恐怖主义法》第52条规定，公安机关为调查恐怖活动嫌疑的需要，可以采取查询、查封、扣押、冻结措施。

查询、查封、扣押、冻结措施直接影响公民的财产权益，有必要以法律形式规范。《商业银行法》第30条明确规定，对个人、单位存款，商业银行有权拒绝任何单位或者个人查询、冻结、扣划，但法律另有规定的除外。《邮政法》第3条第2款明确规定，除法律另有规定外，任何组织或者个人不得检查、扣留邮件、汇款。《反恐怖主义法》第52条授权公安机关采取上述措施，就是《商业银行法》和《邮政法》规定的"法律另有规定"，为在调查恐怖活动嫌疑的工作中采取查询、查封、扣押、冻结措施提供了法律依据。需要注意的是，为规范上述措施的实施，《反恐怖主义法》第52条规定了相应的审批程序，即由县级以上公安机关负责人批准。同时，规定了查封、扣押、冻结的时限，即一般不得超过2个月，情况复杂的，可以经上一级公安机关负责人批准延长1个月。这里的"情况复杂"，主要是指恐怖活动嫌疑涉及的人员众多、环节较多，在短时间内难以查明相关事实的情形。

根据反恐怖主义工作实践的需要，参照《公安机关办理刑事案件适用查封、冻结措施有关规定》，公安机关可以请银行业金融机构、特定非金融机构、邮政部门、证券公司、证券登记结算机构、证券投资基金管理公司、保险公司、信托公司等单位协助办理查询、冻结。查询、冻结的对象包括存款、汇款、证券交易结算资金、期货保证金等资金，债券、股票、基金份额和国务院依法认定的其他证券，以及股权、保单权益和其他投资权益等财产。此外，查封的对象主要包括与恐怖活动嫌疑相关的土地、房屋等不动产，以及涉案车辆、船舶、航空器和大型机器、设备等特定动产。扣押的对象主要包括与恐怖活动嫌疑相关的财物、文件。

需要指出的是，虽然《反恐怖主义法》未规定采取查询、查封、扣押、冻结措施的具体实施程序，但为防止上述措施被滥用，在实践中应当规范使用相关措施：①查封、扣押、冻结的范围应当严格限定在与恐怖活动嫌疑相关的财物、文件、财产等，其他任何与恐怖活动嫌疑无关的财物、文件、财产，都不得对其予以查封、扣押、冻结，不得随意扩大相关措施的适用范围。②实施查封、扣押时，应当出具相关决定文书，会同被查封、扣押的当事人查点清楚相关财物、文件，并开列清单备查。③办理查询、查封、扣押、冻结往往需要有关单位的协助。例如，办理查封通常需要事先到国土资源、房地产管理部门查询有关事项，并请其办理查封手续。民警在请有关单位协助办理时，应当经县级以上公安机关负责人批准后，出具相关书面文书。④被查封、扣押的财物、文件，公安机关应当妥善保管。对相关财物、文件，应当及时登记；对容易损坏的财物、文件，应当采取拍照、录像、绘图等方法加以固定、保全，以备将来在刑事诉讼中作为证据使用。⑤符合法律规定的解除条件的，应当及时解除查封、扣押、冻结，即有关期限届满，公安机关未立案侦查的，应当解除相关措施。同时，还应当依据《反恐怖主义法》第95条的规定，对依照该法规定查封、扣押、冻结的物品、资金等，经审查发现与恐怖主义无关的，应当及时解除有关措施，予以退还。

三、特殊调查措施

恐怖活动犯罪技术化、网络化、隐秘化、暴力化之发展趋势和严酷现实，对调查侦查措施的科技化水平提出了更高要求。特殊调查措施，也称特殊侦查措施，是指法律授予反恐怖主义侦查机关特别调查权限，将网络技术、电子技术、生物技术、信息技术等新兴科技纳入调查侦查领域的措施，包括通讯监控、强制信息披露、网络数据截留等。

就我国当前立法而言，电子监听监控、秘录密取、诱惑侦查等特殊调查的侦查措施的适用程序并未在《刑事诉讼法》中予以更严格、严谨、完善的规定。这种状况容易造成两方面的问题：①难以及时、快速地获得授权，需等待上级领导的批准或命令，因此极易丧失难得的战机；②实施这些侦查措施时，欠缺必要的外在程序控制，即没有具体条件要求、侦查措施存续时间、事中或事后监督审查、事后申诉权利、权利救济程序等具体内容，既易造成滥权、侵权之现象，也易引发权利不能得到有效救济之局面。

因此，有必要采用令状方式对其加以程序规制。具体可以借鉴其他国家的成熟做法，即按照各种特别侦查措施之不同特点，从各种措施运用的实际情况出发，对具体令状设置不同的时限、效力范围、证据要求、需要到达的行为可疑程度，如此既便于及时发挥其取证作用，又不失对其进行程序控制，避免以主观判断代替客观证据。[1]

特殊调查，是指为了发现和揭露恐怖活动犯罪，享有法律规定的使用特殊调查权的有关机关对一些具有严重社会危害性的犯罪，依法采取的、隐蔽的、积极主动的收集犯罪证据的活动。特殊调查的首要特征是其秘密性，除此之外，特殊调查还有主动性、侵害性、程序性等特征。特殊调查之所以能够发挥如此强大的功效，首先要归功于特殊调查主体的身份和调查方式的隐蔽性。调查人员隐匿自己的真实身份，在被调查对象毫不知情的情况下开展调查工作，并在一定时期内不会将调查结果告知相对人，调查内容或调查结果都会被采取严格的保密措施，甚至在调查机关内部都不予公开。特殊调查的主动性，是指在犯罪嫌疑人处于恐怖活动犯罪预备阶段或实行行为着手以后对犯罪嫌疑人主动采取的调查措施，反映出调查工作从"从案到人"向"从人到案"模式的转变。特殊调查的手段的隐匿性和启动方式的主动性，使其难免在调查过程中对公民的隐私权、住宅权、通信自由等合法权利造成实质性的侵害，从而使特殊调查有了侵害性的特点。特殊调查的上述特征在发现恐怖活动犯罪线索、扩大犯罪证据来源、实现打击预防犯罪等方面具有无可比拟的功能。

《刑事诉讼法》第 153 条第 1 款规定，公安机关负责人可以决定由有关人员隐匿身份实施侦查，具体包括技术侦查、秘密侦查和控制下交付三种，这样就为开展特殊侦查提供了法律依据。同时，《反恐怖主义法》第 18 条对电信业务经营者、互联网服务提供者提出了明确要求，即应当为公安机关、国家安全机关依法进行防范、调查恐怖活动提供技术接口和解密等技术支持和协助；对拒不提供相关支持和协助的，公安机关、国家安全机关有权将相关设备、境内用户数据予以留存。

1. 特殊调查的必要性。由于恐怖活动犯罪的特殊性，其在调查手段和措施的运用上也应区别于普通的刑事案件。而且恐怖分子往往是有计划、有组织地

---

〔1〕 参见赵磊："反恐背景下我国恐怖主义犯罪侦查取证程序的改革进路"，载《华北电力大学学报（社会科学版）》2016 年第 3 期。

实施恐怖活动，具有很强的反侦查能力和抗抓捕能力，使用常规调查手段难以奏效。因此，对恐怖主义这种非常犯罪采取非常措施，不但合理，而且很有必要。在刑事追诉的过程中，应用技术侦查措施能够充分发挥其各方面的技术以及科技优势，从而可以快速侦破恐怖活动犯罪案件，提高追诉效率。所以，技术侦查措施的应用，可以说是扩大了侦查机关的侦查权限。适度扩张侦查机关的权力，以满足高效率的诉讼诉求，对打击恐怖活动犯罪具有重要意义。

2. 特殊调查情报内容选取。进行特殊调查的目的就是及时针对恐怖活动犯罪的情况作出防控策略。特殊调查要注重对以下信息的获取：恐怖组织的基本信息（恐怖组织的名称、恐怖组织内部的规章制度、恐怖组织的领导关系结构、恐怖组织中成员的结构）；恐怖组织的主要恐怖活动（包括发案时间、地点、侵害对象、侵害方式、侵害结果、相关的犯罪工具和犯罪证据等）；恐怖组织人员的信息（受教育程度、生活习惯、个人爱好、具有的技能、从事的职业、武器装备、家庭状况及亲友关系网等）；恐怖组织领导者的家庭成分和成长履历等及与其政治理念之间的联系；恐怖组织活动的地理信息（恐怖组织指挥部的具体位置、恐怖组织的藏匿处所、恐怖组织的训练基地、恐怖组织的武器弹药储存仓库、恐怖分子用于逃跑的紧急出口、秘密通道等）；恐怖组织活动的通信信息（对恐怖主义之间通过无线电通信、网络邮件通信、有线电话通信、传真通信、邮件通信以及其他特殊的通讯方式必须进行全面的监测和记录）。

四、调查协助义务制度

《反恐怖主义法》第51条规定："公安机关调查恐怖活动嫌疑，有权向有关单位和个人收集、调取相关信息和材料。有关单位和个人应当如实提供。"根据本条规定，公安机关调查恐怖活动嫌疑时，有权向有关单位和个人收集、调取相关信息和材料。这是根据调查恐怖活动嫌疑、查明恐怖活动事实、发现恐怖活动人员的需要，赋予公安机关必要的收集、调取相关信息和材料的权力。

1. "相关信息和材料"，既包括与恐怖活动嫌疑相关的物品、书面材料、视听资料、电子信息等，也包括有关主管部门、单位在根据《反恐怖主义法》规定履行安全职责时留存的相关信息数据。例如，电信业务经营者、互联网服务提供者留存的相关信息，货运和物流运营单位登记的运输、寄递客户身份、物品信息，金融机构和特定非金融机构留存的相关账户、资金流入流出信息等。

2. "有关单位和个人应当如实提供"，是指有关单位和个人在公安机关依法向其收集、调取相关信息和材料时，有义务向公安机关客观、真实地提供有关信息和材料。但是，这样的规定可能会影响到对有关组织或人员的职业信息、商业秘密或个人隐私的保护，因此这种提供涉恐线索、情报、证据的法律义务之强制力度必须控制在合理的限度内。特别是那些有关涉及商业秘密或个人隐私的信息，必须是专案专用，并实行严格的保密制度。

五、预防性约束措施

预防、发现恐怖活动的一个重要方法就是掌握恐怖活动嫌疑人员的行踪，从而控制其活动范围，从根本上消除其实施恐怖活动的外部条件。随着恐怖活动的范围日益扩大、手段日益恶劣，各国在反恐怖主义立法中普遍针对恐怖活动嫌疑人员采取特殊的约束管控措施。例如，英国2005年《预防恐怖主义法》赋予内政大臣对具有合理怀疑的恐怖嫌疑人员可以使用"控制令"的权力，经法院批准后执行。"控制令"包括禁止嫌疑人员享有特定服务或者使用特定设施、设备，限制与指定人交流，使用电子监视器对其监视，禁止外出等，有效期为12个月，并可以延期。

《反恐怖主义法》第53条同样是关于对恐怖活动嫌疑人员采取约束措施的规定。本条共3款，第1款是关于采取约束措施的种类和程序的规定；第2款是关于是否遵守约束措施的监督的规定；第3款是关于约束措施的期限和解除的规定。

（一）约束措施的适用条件和程序

根据《反恐怖主义法》第53条第1款的规定，经县级以上公安机关负责人批准，公安机关可以根据恐怖活动嫌疑人员的危险程度，责令其遵守一项或者多项约束措施。

1. "恐怖活动嫌疑人员"，是指根据其着装、行为方式，以及随身携带或者住处的物品，判断其具有恐怖活动嫌疑，但还没有进一步掌握其涉嫌犯罪的证据的人员。这一嫌疑不同于犯罪嫌疑，如果已经发现其身边或者住处存在犯罪证据，或者有人指认犯罪的，则属于有犯罪嫌疑。

2. "危险程度"，主要是结合嫌疑人员的认知能力、行为倾向、外在暴力倾向等因素综合予以考虑。例如，嫌疑人员如果已被极端主义、恐怖主义思想"洗脑"，言语和外在行为都表现出极端暴力倾向的，则该嫌疑人员的危险程度就相对较高，应当对其采取较为严格的约束措施。

3. 关于嫌疑人员必须遵守哪几项约束措施，由公安机关根据法律规定，从预防恐怖活动发生、维护社会秩序的需要等方面综合予以考虑，根据个案具体裁量决定。

（二）约束措施的种类

根据《反恐怖主义法》第53条第1款的规定，针对恐怖活动嫌疑人员的约束措施主要包括以下几个方面。

1. 未经公安机关批准不得离开所居住的市、县或者指定的处所。这一约束措施实际上包含两个层次：①未经批准不得离开所居住的市、县。该措施的约束程度相对较轻，主要适用于危险程度相对较低的嫌疑人员。嫌疑人员在约束期间内，可以在所居住的市、县的范围内活动。这里的"市"，是指直辖市、设区的市的城市城区和县级市辖区，在设区的同一市内跨区活动的，不属于离开所居住的市。②未经批准不得离开指定的处所。该措施的约束程度相对较重，嫌疑人员活动的范围较小。这主要是考虑到一些恐怖活动嫌疑人员暴力性较强，可能实施暴力行为，造成一定的社会危害，因此，将其活动范围限定在指定的处所内，降低其危险性。这里的"指定的处所"，一般是指恐怖活动嫌疑人员在公安机关所在的市、县内学习、生活、工作的合法住所。对于恐怖活动嫌疑人员在公安机关所在的市、县没有固定住处的，可以在公安机关所在的市、县内指定的居所执行。这一规定意味着，法律授权公安机关可以对恐怖活动嫌疑人员依法指定居所居住。

2. 不得参加大型群众性活动或者从事特定的活动。①禁止恐怖活动嫌疑人员参加大型群众性活动，主要是考虑到一些恐怖活动嫌疑人员危险性大，而大型群众性活动人数多、范围广，为防止其参与而造成更大的危害和社会恐慌，专门规定"不得参加大型群众性活动"这一约束措施。②不得从事特定的活动，一般是指禁止其从事可能与恐怖活动相关，或者为其实施恐怖活动提供便利的活动。例如，禁止其从事接触爆炸性、毒害性等危险物品的活动，禁止其从事客运、航运等职业，禁止其从事教育工作等。

3. 未经公安机关批准不得乘坐公共交通工具或者进入特定的场所。①为防止恐怖活动嫌疑人员利用公共交通工具实施恐怖活动，制造社会恐慌，可以依据本规定禁止其乘坐公共交通工具。②特定的场所，主要是指根据恐怖活动嫌疑人员的行为倾向、心理状态等，可能会对正常的生产、生活或者学习造成不利影响，甚至直接实施侵害的场所。例如，禁止恐怖活动嫌疑人员进入学校以及大型商场、车站等人流密集型场所。

4. 不得与特定的人员会见或者通信。这里的"特定的人员"，一般是指与恐怖活动嫌疑相关的其他人员，即可能了解、知悉恐怖活动嫌疑有关情况的人员，以及存在恐怖主义、极端主义倾向的人员，或者有恐怖主义、极端主义犯罪前科的人员。这一约束措施主要是为了防止恐怖活动嫌疑人员与这些人员会见、通信，可能进一步强化其恐怖主义、极端主义思想，进而实施恐怖活动，或者可能串通毁灭证据，或者威胁、恐吓、打击报复相关人员等，从而影响调查活动的进行。

5. 定期向公安机关报告活动情况。这一约束措施主要是为了保证调查恐怖活动嫌疑的公安机关能够及时掌握有关嫌疑人员的行踪，便于管控，同时可以根据其报告的活动情况，进一步开展相关调查工作。这里的"定期"，主要由执行约束措施的公安机关根据具体情况裁量确定。

6. 将护照等出入境证件、身份证件、驾驶证件交公安机关保存。随着经济社会的发展，交通日益发达，国家之间的交流日趋频繁，恐怖活动嫌疑人员脱逃的手段和工具也日益增多，特别是恐怖活动国际化趋势日益明显，外国人到我国境内组织、实施恐怖活动，或者我国公民实施恐怖活动后逃往境外等情况时有发生。为防止这些恐怖活动嫌疑人员脱逃、逃避调查，保证调查工作顺利进行，有必要采取一定措施剥夺其逃脱约束的通行、交通等条件。因此，可以责令恐怖活动嫌疑人员将护照等出入境证件、身份证件、驾驶证件交公安机关保存。这里的出入境证件，是指出入我国国（边）境时需要的证件，包括护照、海员证、签证等能够证明其身份以及允许进出我国的证件。驾驶证件，是指交通运输管理部门颁发的允许驾驶机动车、船的驾驶证等证件。

（三）对是否遵守约束措施的监督

根据《反恐怖主义法》第53条第2款的规定，公安机关可以采取电子监控、不定期检查等方式对恐怖活动嫌疑人员遵守约束措施的情况进行监督。

随着社会的发展，通信、网络等科学技术的进步为更有效地监督恐怖活动嫌疑人员执行约束措施的情况提供了便利。例如，一些国家为更好地保证有关嫌疑人员遵守规定，采用电子手镯等监控方式，通过电子定位对他们遵守法律的情况进行监视。我国在执行社区矫正的过程中，有些地方也尝试了这种方法，取得了良好效果。

为了保证调查恐怖活动嫌疑工作的顺利开展，更有效地监督恐怖活动嫌疑人员遵守法律规定的情况，《反恐怖主义法》第53条第2款同样规定了与约束措施相应的监督执行措施。这里的电子监控，是指在被约束人员身上或者住处安装电子定位装置等对其行踪进行监视。不定期检查，是指公安机关对其行踪和遵守有关规定的情况进行随机的检查和监视，既可以随时到执行处所进行检查，也可以通过电话等进行随机抽查。

（四）约束措施的期限和解除

根据《反恐怖主义法》第53条第3款的规定，采取约束措施的期限不得超过3个月。对不需要继续采取约束措施的，应当及时解除。执行过程中，已经排除有关人员嫌疑的或者虽未排除嫌疑但约束措施期限届满的，则应当及时解除约束措施。如果查明恐怖活动嫌疑人员已经涉嫌犯罪的，则可以依法采取拘留等刑事强制措施。

六、调查后果

《反恐怖主义法》第54条规定："公安机关经调查，发现犯罪事实或者犯罪嫌疑人的，应当依照《刑事诉讼法》的规定立案侦查。本章规定的有关期限届满，公安机关未立案侦查的，应当解除有关措施。"

《反恐怖主义法》第54条是关于公安机关调查恐怖活动嫌疑的程序与刑事诉讼程序衔接的规定，也是调查结果的运用。①公安机关经过对恐怖活动嫌疑的调查，发现犯罪事实或者犯罪嫌疑人的，应当予以立案侦查。立案侦查后，可以依照《刑事诉讼法》采取相应的强制措施、侦查措施。②有关调查措施的期限届满，如查封期限已到2个月，约束措施期限已到3个月，公安机关未立案侦查的，应当解除有关措施。

需要注意的是，《反恐怖主义法》第54条未明确规定公安机关在调查恐怖活动嫌疑的过程中所取得的有关信息、材料能否作为刑事诉讼中的证据使用的问题。鉴于该法明确了调查涉恐活动嫌疑的措施，并相应地规定了法定程序和条件，根据《刑事诉讼法》第54条规定的精神，公安机关在调查恐怖活动嫌疑的过程中，依法收集的物证、书证、视听资料、电子数据等证据材料，应当可以作为刑事诉讼中的证据使用。

通过对《反恐怖主义法》"调查"制度的详细解读，《反恐怖主义法》中一些条款对犯罪嫌疑人的人权进行了相应的保障，这种保障无疑是我国立法及司法的一种进步。在未来的发展过程中，我国相关法律规范还将逐步完善，通过制定禁止刑讯逼供、限制权力滥用的相关明确立法与完善申请控告制度，重视调查程序的合法性以及建立相关赔偿机制，加强对我国恐怖活动犯罪中人权的保障。只有犯罪嫌疑人的人权获得了基本的保障，才能证明我国打击恐怖活动犯罪的能力得到了进一步的加强。[1]

---

[1]　参见张小海："恐怖主义犯罪调查程序与人权保障研究"，载《北京政法职业学院学报》2016年第2期。

第十章

应对处置

第一节　应对处置预案

一、反恐怖主义应对处置预案的内容

《反恐怖主义法》第55条规定："国家建立健全恐怖事件应对处置预案体系。国家反恐怖主义工作领导机构应当针对恐怖事件的规律、特点和可能造成的社会危害，分级、分类制定国家应对处置预案，具体规定恐怖事件应对处置的组织指挥体系和恐怖事件安全防范、应对处置程序以及事后社会秩序恢复等内容。有关部门、地方反恐怖主义工作领导机构应当制定相应的应对处置预案。"

反恐怖主义应对处置预案，是指针对潜在的或可能发生的恐怖事件，按照类别和影响程度而事先制定的应急处置方案。其主要包括恐怖事件应对处置的组织指挥体系和恐怖事件安全防范、应对处置程序以及事后社会秩序恢复等内容。我国应当建立纵向与横向相结合的反恐预案。

1. 纵向反恐怖主义预案制定体系。在纵向上，《反恐怖主义法》规定，国家建立健全恐怖事件应对处置预案体系，国家反恐怖主义工作领导机构应当针对恐怖事件的规律、特点和可能造成的社会危害，分级、分类制定国家应对处置预案；有关部门、地方反恐怖主义工作领导机构应当制定相应的应对处置预案。

2. 横向反恐怖主义预案制定体系。在横向上，《反恐怖主义法》第32条与第42条规定了重点目标的管理单位与驻外机构在制定反恐怖主义应急预案上的职责。其中，重点目标管理单位的职责是制定防范和应对处置恐怖活动的预案、措施，定期组织培训和演练；驻外机构应当建立健全安全防范制度和应对处置预案，加强对有关人员、设施、财产的安全保护。

二、反恐怖主义应对处置预案的制定原则

预案的制定是在严格调查研究的基础上形成的。调查研究应全面覆盖恐怖事件的诸要素，如国际、国内各种矛盾的发展可能引发的恐怖主义动向，在哪些方面、哪些地区易发恐怖案件，今后可能会发生哪些类型的恐怖行为，各种恐怖行为的情报资料与线索情况等。可以说，制定预案是一种防患于未然的积极态度，在我国反恐怖主义工作压力颇大的当下，有其深刻的内涵与作用。反恐怖主义应对处置预案的制定应当遵循以下三个原则：

1. 科学性。预案的内容要符合当地的社会状况、城市建筑和交通布局。对于本地的潜在恐怖势力以及可能的恐怖袭击目标也应当有大致的判断，做好相应的防范措施。

2. 全面性。预案应当包括多种预防和应急处置措施，特别是事后救援需要多个部门的协作，因此，预案应当涵括整个流程所需要的程序和人员力量。考虑到城市恐怖活动可能带来的极大破坏和恐慌，需要制定备选方案，一旦原来的方案难以实施，就可以选择其他方法进行救援处置。

3. 实时性。预案制定后并非一成不变，相关部门应当根据国家有关部门的规定、反恐形势和本地实际的变化，以1年或者2年为一个周期，对预案进行修改和完善。特别是对反恐演练中所出现的问题进行总结，将其经验写入预案，使得预案具有可操作性。

三、我国反恐怖主义应对处置预案制定的实践情况

"9·11"事件之前，我国政府制定了一些城市突发事件应急处置方案，但没有专门针对恐怖事件的应急处置预案。"9·11"事件给我国的安全部门敲响了警钟。我国在短短的几年里，迅速制定了从国家到地方再到某些行业的反恐怖主义应对处置预案，初步建立了反恐怖主义应对处置预案体系。

反恐怖主义预案对于预防恐怖袭击和应急处置是至关重要的。虽然恐怖袭击防不胜防，但是在遭受恐怖袭击时，事前充分的预案和演练准备可以最大限度地降低损伤。因此，合理的应对处置预案是正确处置恐怖事件的关键，一切处置工作都应紧紧围绕预案展开。因此，应该把制定预案作为整个处置工作的核心来认识。预案应充分发挥集体智慧，征求各有关部门和有关人员的意见，经决策层充分讨论并通过后，必须严格执行。一旦发生恐怖事件，应对处置指挥者不必事事请示，决策层只需对一些突发的重大问题作出决策，而处置人员只需要根据实际情况，按照预案内容采取相应措施予以快速处置即可。

第二节　事中应对处置机制

一、应对处置指挥机构

反恐怖主义应对处置如同一个人的活动。在人的正常活动中，身体是根据大脑发出的信号来行动的。在反恐怖主义应对处置中，同样有一个头脑式的机构作为指挥机构，负责根据所得信息来作出决策，给参与处置的各单位发送信号，使各作战单位、机构能够高效、协调地进行反恐工作。

（一）应对处置指挥机构的概念

反恐怖主义工作中的应对处置指挥机构，是指为有效预防和应对恐怖事件，减少或避免恐怖事件所造成的或可能造成的危害，消除其对社会产生的负面影响，而建立起来的以指挥长负责制为核心，其他团体、单位和公众共同参与的，全面领导恐怖事件应急处置工作的机构体系。应对处置指挥机构具有以下特征：

1. 集权性。反恐怖主义行动瞬息万变，为保证各单位的有序行动，反恐怖主义应对处置必须通过集权性体系来实施。通过指挥机构的集权，各单位可以职权明确、各司其职、相互配合，进行统一领导、统一指挥、统一行动的应对处置。

2. 双重身份性。作为反恐怖主义应对处置大脑的指挥机构本身就是反恐怖主义体系的一员，只是在情况紧急的恐怖事件中，为保证处置的正常进行而被依法定为应对处置指挥机构。

（二）应对处置指挥机构的构成

《反恐怖主义法》第56条规定：“应对处置恐怖事件，各级反恐怖主义工作领导机构应当成立由有关部门参加的指挥机构，实行指挥长负责制。反恐怖主义工作领导机构负责人可以担任指挥长，也可以确定公安机关负责人或者反恐怖主义工作领导机构的其他成员单位负责人担任指挥长。跨省、自治区、直辖市发生的恐怖事件或者特别重大恐怖事件的应对处置，由国家反恐怖主义工作领导机构负责指挥；在省、自治区、直辖市范围内发生的涉及多个行政区域的恐怖事件或者重大恐怖事件的应对处置，由省级反恐怖主义工作领导机构负责指挥。”因此，反恐怖主义应对处置指挥机构共由两部分构成：

1. 指挥长。根据《反恐怖主义法》的规定，我国实行的是指挥长负责制。所谓指挥长，是指在反恐怖主义应对处置中负责指挥全局的领导人。恐怖事件发生后，发生地的反恐怖主义工作领导机构应当立即启动恐怖事件应对处置预案，确定指挥长。在应对处置中，一般情况下该指挥长根据不同情况可确定为反恐怖主义工作领导机构负责人、公安机关负责人或反恐怖主义工作领导机构的其他成员单位负责人；在跨区域的恐怖活动中，为保障指挥的有效性，法律规定指挥长为共同上级单位，跨省、自治区、直辖市的指挥长为国家反恐怖主义工作领导机构，而跨省内多个行政区的恐怖活动的指挥长由省级反恐怖主义工作领导机构担任。如果在恐怖事件的处置中发生了重大问题，如玩忽职守、不作为等，造成了公民或单位的严重损失，必须追究指挥长的行政甚至刑事责任。

2. 其他成员单位。除指挥长外，其他成员单位包含了公安机关、国家安全机关和有关部门，如中国人民解放军、中国人民武装警察部队、民兵组织等。这些单位在指挥长的指挥下负责具体的处置工作，如营救和救治受害人员、设置临时警戒线、通信管制等。

（三）应对处置指挥机构的作用

从国内外反恐怖主义斗争的实践来看，要有效应对隐秘诡诈、突然发难以及手段多样的恐怖活动，就必须建立一个反应灵敏、统筹得当、运作高效的指挥机制。缺乏这个机制或是机制不健全、不科学，都必然影响处置行动的效能，甚至导致多头指挥、混乱指挥。例如，2004 年的俄罗斯别斯兰事件，由于指挥机制不健全，处置行动缺乏统一指挥，导致处置现场一片混乱，发生了本可避免的人质伤亡。[1]根据法律的规定和反恐怖主义实践，应对处置指挥机构的作用有以下几个方面：

1. 居中协调。在恐怖事件的应对处置中，参与主体是多样的，既有公安机关，又有中国人民解放军、中国人民武装警察部队、民兵组织、人民检察院、人民法院、司法行政机关等，甚至还有部分群众。要实现有效的应对处置，则指挥机构必须负责各成员单位的共同行动指挥。通过得当的指挥，各成员单位的行动可以避免多头指挥或功能重复的情况出现，使得人、财、物能有效流动，以便集中力量打击恐怖活动重点区域，最终形成有效联动。

2. 有效决策。指挥机构可以将各单位在恐怖活动中搜集到的资料进行汇总，以便从全局对应对处置的走向进行把握。

3. 高效协同。就如同人的四肢和各个器官在大脑的统一指挥下可以进行各种活动一样，指挥机构在统一领导、指挥下，可以合理有效地开展打击、控制、救援、救护等现场应对处置工作。

---

〔1〕 参见王迎春："反恐应急指挥机制建设的主要问题"，载《中国人民公安大学学报（社会科学版）》2008 年第 4 期。

二、反恐怖主义协同行动机制

《反恐怖主义法》第 57 条规定："恐怖事件发生后，发生地反恐怖主义工作领导机构应当立即启动恐怖事件应对处置预案，确定指挥长。有关部门和中国人民解放军、中国人民武装警察部队、民兵组织，按照反恐怖主义工作领导机构和指挥长的统一领导、指挥，协同开展打击、控制、救援、救护等现场应对处置工作。上级反恐怖主义工作领导机构可以对应对处置工作进行指导，必要时调动有关反恐怖主义力量进行支援。需要进入紧急状态的，由全国人民代表大会常务委员会或者国务院依照宪法和其他有关法律规定的权限和程序决定。"

（一）协同行动机制的必要性

除指挥工作的核心作用外，反恐怖主义应对处置得以成功的关键还在于反恐怖主义协同机制的有效运行。

所谓反恐怖主义协同行动机制，是指在指挥长的指挥下，具有不同定位的反恐怖主义单位在各自的职责内听从指挥，从事不同的反恐怖主义活动或合作进行同一反恐怖主义活动，以达到高效处置，防止出现更大损失的机制。反恐怖主义协同行动机制的构成要素有二：①横向的协同机制，包括各区域间及同一反恐怖主义工作领导机构成员间的协同；②纵向的协同机制，即上下级反恐怖主义工作领导机构的协同。在横向上，各区域间的反恐怖主义行动通过共同的上一级指挥长进行反恐处置活动；而在纵向上，上级反恐怖主义工作领导机构可以对应对处置工作进行指导，必要时可以调动有关反恐怖主义力量进行支援。

1. 反恐怖主义协同行动机制的核心目标在于职责的明确化。恐怖活动的发生区域、重点目标等均存在不同的情况，因此，各行政区、各反恐成员单位如何划分职责是至关重要的。一旦责任未划分明确，反恐活动将出现消极躲避或行动重合的情况。如果各反恐成员单位的职责明确，各成员单位的目标、行为方式、效果等也即告确认，就可以在各自所长的职权范围内将反恐处置效果最大化。

2. 协同作战能够使恐怖事件处置工作适应犯罪动态化、国际化的特征。近几年来，日趋严重的恐怖活动在跨地区甚至跨国界发生，本地区的处置力量远远不能适应打击恐怖活动的需要，因此，必须在加强各地区反恐处置力量的基础上，依靠多区的处置力量来增强反恐怖主义主体的整体能力，共同对付恐怖活动。

（二）我国反恐怖主义行动的协同部门

根据《反恐怖主义法》的规定，我国的反恐怖主义行动协同部门包括中国人民解放军、中国人民武装警察部队、民兵组织、公安机关、检察机关等，其各自职责不同，大致分为以下几种类型：

1. 一线行动处置部门，是指在恐怖活动现场负责控制恐怖分子、疏散人群等活动的部门，如中国人民解放军、中国人民武装警察部队、公安机关等。

2. 后勤保障部门，是指安置并救治受害人员，提供物质保障、武器保障等后勤保障的部门。

3. 监督部门，是指监督各处置行动单位的行为，及时发现违法犯罪现象，保证行动处置的合法进行的部门。

（三）反恐怖主义行动协同的做法

要做到有效的反恐怖主义行动协同，应当做到以下几点：

1. 要做到联合处置，对那些危害严重、影响恶劣、案情复杂，且预谋、实施和结果的发生不在同一辖区内的恐怖案件，或者同时涉及多部门、多行业的恐怖案件，由处置指挥系统依靠各方面的力量进行联合处置。

2. 要互通情报信息，各有关部门之间应建立纵向和横向的信息沟通网络，这既是处置的内在需要，也是及时破案的保证。

3. 遇到恐怖案件中一些重大、复杂、疑难的问题或者长期陷入僵局的情况时，反恐工作部门要邀请外部富有反恐侦查工作经验的指挥人员、处置人员共同研究，找出"症结"，从而采取针对性的措施来解决问题。

（四）构建良好的反恐怖主义行动协同机制

1. 着眼于网格内反恐应急力量建设。结合近几年发生的暴恐案件，特别是在新疆、昆明、广州等地发生的暴恐案件，从中总结经验、汲取教训，进一步完善本级网格内应急指挥机制，切实提高现场决策的水平，一旦发生暴力恐怖事件，确保能够处变不惊、沉着应对，坚决、迅速、果断处置。具体应做到：①强化现场处置主动权。对发生的重大突发警情，本级网格的主要负责人要靠前统一指挥，统筹部署各方面的力量，最大限度地减少中间环节，切实提高快速反应和合成作战的能力，依法采取果断措施，最大限度地保护辖区内群众的生命财产安全和自身安全。②健全完善反恐应急处置预案库。结合辖区反恐维稳工作的实际情况，通过健全完善本级网格反恐应急处置预案，在想定情况、力量编成、任务分工等方面细化具体措施，全面深化完善实战化、常态化的反恐工作机制，为及时、妥善处置辖区内发生的暴恐事件，确保辖区内社会政治和治安大局的稳定打下坚实根基。③探索建立反恐专业处置机动力量。目前，我国已经成立了反恐怖主义工作领导机构，全国各省份也依照中央的做法，成立了反恐怖主义工作领导机构。但在反恐怖主义专业队伍建设上，各省份的水平却参差不齐、设置不一。由此可见，建立一支专业化的反恐特别侦查队伍尤为重要。以总队和支队为例，可以尝试成立反恐特侦队员培训中心，按照"走出去"的工作思路，抽调骨干人员到有关反恐实战训练基地进行培训，充实本级反恐处置的专业力量和师资队伍，并以成立反恐特侦培训班为抓手，进一步加强对所属单位反恐专业力量的培训。在此基础上，加大人力、物力、财力的投入力度，组建一支专业化反恐处置机动力量，打造反恐维稳突击队。④完善反恐处突预警机制。结合当前暴恐案件发生的特点和规律，以反恐防暴应急处突演练为平台，修订完善反恐工作应急预案和探索建立"红色、橙色、黄色、蓝色"四色反恐处突预警机制，全面深化与完善实战化、常态化的反恐工作机制，并以实战为标准，设置视频演练、应急拉动、反恐处突、现场救援等科目，定期组织开展应急演练、拉练等活动，提升公安边防部门快速反应和应急处突的能力。

2. 探索网格化反恐警务协作模式。①深化网格化反恐警务协作。通过完善警务合作机制，在联勤联动、情报共享、线索核查、案件侦办、应急处置、联席会议、专题研讨、警务技术等方面，进一步细化反恐协作机制的建设，全面提升网格内、区域间、部门间、警种间反恐警务合作的层次和广度，确保反恐警务协作效能得到最大限度的发挥。②深化军、警、民反恐联防协作。积极与本级网格内的解放军边防部队、武警部队、群防群治力量建立军、警、民反恐联勤协作机制，加强军、警、民协同配合，以开展联合执勤和武装巡逻为载体，在重点时段、重点地区以及人员密集区域实行 24 小时不间断武装联合巡逻，及时发现和打击各类违法犯罪活动，增强辖区内群众的安全感。[1]

三、现场处置和现场指挥

（一）现场处置的顺序

《反恐怖主义法》第 58 条第 1 款规定："发现恐怖事件或者疑似恐怖事件后，公安机关应当立即进行处置，并向反恐怖主义工作领导机构报告；中国人民解放军、中国人民武装警察部队发现正在实施恐怖活动的，应当立即予以控制并将案件及时移交公安机关。"因此，现场处置的职责集中于公安机关。在恐怖活动的其他情形中，公安机关也承担着先行的工作。例如，《反恐怖主义法》第 9 条规定，任何单位和个人都有协助、配合有关部门开展反恐怖主义工作的义务，发现恐怖活动嫌疑或者恐怖活动嫌疑人员的，应当及时向公安机关或者

---

〔1〕 李恒、王传磊："新形势下边境地区网格化防范处置恐怖犯罪探索"，载《河北公安警察职业学院学报》2015 年第 4 期。

有关部门报告。

（二）现场指挥的确定和职权

反恐怖主义工作领导机构尚未确定指挥长的，由在场处置的公安机关中职级最高的人员担任现场指挥员。公安机关未能到达现场的，由在场处置的中国人民解放军或者中国人民武装警察部队中职级最高的人员担任现场指挥员。现场应对处置人员无论是否属于同一单位或系统，均应当服从现场指挥员的指挥。指挥长确定后，现场指挥员应当向其请示、报告工作或者有关情况。

因此，基于指挥职责的重要性，反恐现场指挥的确定根据的是现实性原则。在指挥长确定之前，必须第一时间产生现场指挥员，现场指挥员与指挥长的职权类似，但局限于现场的紧急处置，在指挥长产生后必须进行职权的交接和前期工作的报告。为保障现场指挥的有效进行，法律还强调了现场指挥员对现场处置人员的指挥权，以避免部门之间推诿现象的出现。

（三）现场处置的环节

在现场指挥员确定后，恐怖事件的应对处置根据现场处置的时间进程分为以下三个阶段：

1. 接报阶段。在接到群众报案或巡警报告后，尚未产生指挥长的情况下，一般由现场处置的公安机关中职级最高的人员担任现场指挥员，协同应急处置人员赶赴现场，运用指挥职权对现场进行封锁，通过收集各单位获得的信息来判明情况，协调各具体处置单位，同时提出定性意见和事态发展预测。决策层应立即召集决策人员以及有关专家研究事件、果断定性、迅速发出处置命令，并随时根据事态的发展进一步修正。在整个接报阶段，信息系统、指挥系统和决策系统要始终保持联络畅通。这一阶段的现场指挥员要及时反应，合理使用自身职权，同时反恐怖主义工作领导机构应迅速确定指挥长。

2. 处理阶段。这一阶段应当在预案的基础上进行处置。指挥长在搜集、判断现场情况后，或者未产生指挥长时，在接到处置命令和定性意见后，现场指挥员应根据预案迅速向各处置小组下达任务、做好安排部署。在封锁现场的基础上，对群体性恐怖事件要分割控制，组织攻击力量；疏散人群、营救和保护受害者，做好现场救护工作，保护重要设施和其他公私财物；注意全面取证，采取公开与秘密相结合的办法对现场情况进行录音、录像、拍照；跟踪、监视策划组织恐怖活动的恐怖分子，迅速组织调查的方向，收集受害人、目击证人以及知情人印象中留存的无形痕迹，条件适合的情况下可为恐怖分子制作画像，以便划定侦查范围，确定其行踪，有效组织缉捕工作。

3. 巩固和防范阶段。恐怖事件以制造社会恐怖为目的，兼有暴力性、持续性的特点，即不以仅仅实施一次性暴力恐怖事件为终结，而是长期或者打算长期多次实施足以造成社会恐怖效果的暴力犯罪行为。所以，在恐怖事件的处置中，必须重视对恐怖事件处置的巩固和恐怖事件防范。对群体性恐怖事件的巩固和恐怖事件防范主要包括：清理现场、消除隐患，防止残余漏网的恐怖分子集结作案；对抓获的嫌疑人员进行审查甄别，开展审讯攻势，部署力量加大追逃力度；迅速收集证据，为刑事诉讼的处置做好准备；加强正面宣传、公布真相、揭露犯罪本质，稳定社会公众的恐慌情绪；同时，加强对重点部位的安全防范和警戒。对个体性恐怖事件，主要采取清理现场、发现和排除爆炸物、控制毒源等措施，防止发生新的危害，收集犯罪证据，加大审讯力度，深挖余罪和幕后操纵者，做好安全防范工作。

恐怖事件处置的三个阶段是相互联系、相互制约的，需要有顺序地逐步深入进行。首先，没有恐怖事件处置的第一阶段，处置工作就没有目标、范围，也就不可能准确定性、全面侦控；如果处置第一阶段定性失误，必将误导后两个阶段的方向。其次，没有处置的第二阶段工作，就不可能充分掌握犯罪事实的第一手资料，也不可能开展有效的处置工作，处置预测、预案只能是空泛的纸上谈兵，毫无用处。最后，没有处置的第三阶段，不彻底消除恐怖事件的隐患，也不能全面客观地收集证据，那么，反恐怖主义的处置工作也就无法达到最佳的行为效果。[1]

四、境外应对处置

对于在境外遭遇恐怖袭击的情况该如何应对，我国《反恐怖主义法》第59条规定："中华人民共和国在境外的机构、人员、重要设施遭受或者可能遭受恐怖袭击的，国务院外交、公安、国家安全、商务、金融、国有资产监督管理、旅游、交通运输等主管部门应当及时启动应对处置预案。国务院外交部门应当协调有关国家采取相应措施。中华人民共和国在境外的机构、人员、重要设施遭受严重恐怖袭击后，经与有关国家协商同意，国家反恐怖主义工作领导机构可以组织外交、公安、国家安全等部门派出工作人员赴境外开展应对处置工作。"

（一）境外应对处置保护的对象

截至2015年12月，中国"走出去"的规模不断扩大，境外企业已近3万家，境外企业资产总额超过3万亿美元。与此同时，中国企业面临的境外安全风险也不断增加。据商务部不完全统计，自2010年起至今，共发生345起涉及

---

[1]　参见杨正鸣、倪铁："论恐怖行为的处置系统"，载《武汉公安干部学院学报》2004年第1期。

中国企业机构的各类境外安全事件。[1]在严峻的境外恐怖主义形势下，我国《反恐怖主义法》第59条规定，中华人民共和国在境外的机构、人员、重要设施遭受或者可能遭受恐怖袭击的，应当及时启动应对处置预案。

（二）境外应对处置的部门

根据《反恐怖主义法》第59条的规定，当中国在境外的机构、人员、重要设施遭受严重袭击后，国家反恐怖主义工作领导机构可以组织外交、公安、国家安全等部门派出工作人员赴境外开展应对处置工作。根据《国家突发公共事件总体应急预案》的规定，"在境外发生涉及中国公民和机构的突发事件，我驻外使领馆、国务院有关部门和有关地方人民政府要采取措施控制事态发展，组织开展应急救援工作。"根据《反恐怖主义法》第59条第1款的规定，负责我国境外机构、人员及重要设施安全应急处置的部门，应当包括国务院外交、公安、国家安全、商务、金融、国有资产监督管理、旅游、交通运输等部门。

就上述部门的具体任务而言，当出现我国境外机构、人员、重要设施在所在国遭受或可能遭受恐怖袭击的情形时，各相关部门应启动应急预案，组织开展相关应急救援工作。在决定派出人员出境执行任务前，外交部门应迅速与事发地国家相关部门确认中国公民及机构的伤亡情况，驻外使领馆应及时提供领事保护，并负责指导境外中资机构开展应急处置措施；公安、国家安全部门等应及时收集、研判相关情报信息，确认是否涉嫌恐怖活动犯罪，为我国行使刑事管辖权做好相应准备；商务、国有资产管理等部门应迅速对我国在境外的企业损失和人员伤亡情况进行统计和评估，必要时应对境外企业的应急处置进行指导；交通、旅游部门应为境外机构和人员提供出行建议，必要时应安排专门的交通工具接回滞留在国外的中国公民；金融部门应为相关部门的应对处置工作提供支持，冻结与恐怖活动或恐怖活动组织有关的资金，为受损企业提供快速保险理赔等。如遭受严重的恐怖袭击，国家反恐怖主义领导机构可以组织外交、公安、国家安全等部门派员出境执行应急处置任务，进一步确认我国公民、驻外机构、企业等遭受损害的具体情况，与所在地国相关部门开展联合调查，进行受困人员的救援，以及组织协助相关机构和人员撤离等。

在《反恐怖主义法》出台前，我国公民在境外遭遇恐怖活动大部分只能通过外交途径进行解决，而《反恐怖主义法》中规定了中华人民共和国在境外的机构、人员、重要设施遭受严重恐怖袭击后，经与有关国家协商同意，国家反恐怖主义工作领导机构可以组织外交、公安、国家安全等部门派出工作人员赴境外开展应对处置工作。这对于我国对境外人员、设施的保护是一个重大突破。

---

〔1〕 宁迪："商务部：中国企业境外安全风险不断增加"，载《中国青年报》2015年12月3日，第4版。

五、直接受害人优先保护原则

根据《反恐怖主义法》第60条的规定，应对处置恐怖事件，应当优先保护直接受到恐怖活动危害、威胁人员的人身安全。对这一立法规定，我们将其总结为"直接受害人优先保护原则"，反映了我国《反恐怖主义法》对人权的尊重与保障。

（一）直接受害人的内涵

在犯罪学中，受害人往往分为两类：①因犯罪行为而使得身体、精神直接受到侵害的人，称为直接受害人；②没有直接受到犯罪行为的侵害，但因犯罪行为而遭受痛苦和损失的人员，如直接受害人的亲朋，称为间接受害人。根据我国《反恐怖主义法》第60条的规定，在处置恐怖事件中，优先保护的是"直接受害人"。

但这里的"直接受害人"的范围限定比犯罪学概念上的"直接受害人"更小。从《反恐怖主义法》第60条的规定中我们可以看出，被优先保护的"直接受害人"是人身安全受到恐怖活动威胁与危害的人。故此，对于因恐怖活动而使得精神直接受到侵害的受害人未纳入优先保护的范围。这种考量的主要原因在于，在情势瞬息万变的处置现场，反恐处置人员很难判断是否有人因为恐怖活动而受到直接的精神损害，但处于危险状态可能被侵害甚至已经被侵害的受害人能很容易地被现场处置人员所辨识。人权保障也要基于现实情况来进行，对于在恐怖活动中精神直接受到损害的被害人，我们更应该对其进行后续的心理治疗与物质补助。

（二）直接受害人的优先保护

直接受害人的优先保护需具备两个要素：保护与优先。

1. 直接受害人保护的内容。直接受害人保护的核心在于保护其人身安全。对于恐怖活动的现场处置，消除恐怖活动对受害人人身安全所造成的威胁，防止恐怖活动对受害人人身安全的进一步侵害，是现场处置人员的首要任务。

2. 直接受害人保护的优先顺位保障。在对直接受害人保护的"优先原则"中，可以确定的是，对于受害人人身安全的保护优先于一切。其优先于对公私财产的保护，也优先于对恐怖分子的打击与处置。这种"优先原则"是基于人权保障而提出的，但在多位受害者的顺位中，"优先"应当依据的是"最便捷原则"，即在现场中，反恐人员判断最易实施保护的受害人。

六、应对处置措施

恐怖事件的类型复杂，其手段、发生时间和地点等要素均存在差异，这就要求反恐处置单位要根据具体情况采取应对措施。

（一）反恐中的主要应对处置措施

我国《反恐怖主义法》第61条对常见的处置措施进行了列举，主要包括：①组织营救和救治受害人员，疏散、撤离并妥善安置受到威胁的人员以及采取其他救助措施；②封锁现场和周边道路，查验现场人员的身份证件，在有关场所附近设置临时警戒线；③在特定区域内实施空域、海（水）域管制，对特定区域内的交通运输工具进行检查；④在特定区域内实施互联网、无线电、通讯管制；⑤在特定区域内或者针对特定人员实施出境入境管制；⑥禁止或者限制使用有关设备、设施，关闭或者限制使用有关场所，中止人员密集的活动或者可能导致危害扩大的生产经营活动；⑦抢修被损坏的交通、电信、互联网、广播电视、供水、排水、供电、供气、供热等公共设施；⑧组织志愿人员参加反恐怖主义救援工作，要求具有特定专长的人员提供服务；⑨其他必要的应对处置措施。

（二）应对处置措施的决定机构

由于反恐应对处置措施将对社会秩序造成一定影响，因此，我国法律限制了反恐应对处置措施的决定和批准机构：

1. 对于《反恐怖主义法》第61条规定的第三种到第五种处置措施，也即交通管制、互联网及通信管制、出入境管制等，由省级以上反恐怖主义工作领导机构决定或者批准。

2. 对于采取禁止或者限制使用有关设备、设施，关闭或者限制使用有关场所，中止人员密集的活动或者可能导致危害扩大的生产经营活动的，由设区的市级以上反恐怖主义工作领导机构决定。

七、武器使用

在大多数的恐怖事件中，武器的使用不可避免。但是有权力必将有制约，使用武器也必须受到一定的限制。

（一）反恐处置中武器使用的必要性

如何有效地遏制、打击暴恐分子，保障人民的人身财产免受暴恐分子的侵害，已然成为各级公安机关工作的重中之重。暴恐犯罪不同于一般的犯罪行为，暴恐分子往往采取极端暴力的手段，以不特定人群与建筑物为目标，以不惜任何代价甚至自我牺牲的方式、方法进行攻击。针对这种极端暴恐犯罪，必须保持高度警惕，并严厉打击，先发制敌，采取冒头便打的方针，将其灭杀在萌芽阶段。并且行动要快、要准、要狠，对任何从事暴力恐怖活动的人要坚决打击、绝不姑息。

（二）反恐处置中武器使用的情形与限制

我国《反恐怖主义法》对武器的使用情形、使用人员等各方面均作了一定的限制。

1. 使用武器的人员。在反恐处置中，可以使用武器的人员为人民警察、人民武装警察以及其他依法配备、携带武器的应对处置人员，未依法配备、携带武器的应对处置人员不得使用武器，也包括虽从事配备武器的行业但依规定当时未配备和携带武器的人员。

2. 使用武器的情形。上述人员只有在对现场持枪支、刀具等凶器或者使用其他危险方法，正在或者准备实施暴力行为的人员，经警告无效的，才可以使用武器。此处有三个要素：①危险性，即持枪支、刀具等凶器或者使用其他危险方法，将对群众安全造成一定危险；②时间紧迫性，必须是正在或者准备实施暴力行为，必须对群众的人身或财产安全造成紧迫的危险；③前置警告程序，只有经过警告无效，上述人员才可以使用武器击毙或控制恐怖人员。此时应当注意的是，警告方式的选择是否恰当。恐怖分子中有一部分受极端主义思想的荼毒较浅，此时仍旧有可能对其通过口头警告的方式进行警告，应当避免鸣枪示警，以免造成形势的进一步激化。

3. 反恐处置中武器使用的例外。在部分情况下，警告可能会延误控制恐怖分子的最佳时间或造成更大的损失，此时，法律规定，紧急情况下或者警告后可能导致更为严重危害后果的，可以直接使用武器。例如，恐怖分子即将进入人群密集场所或即将引爆爆炸物等情况，若不开枪则可能造成更多的无辜群众伤亡。

（三）非致命性武器的使用

非致命性武器，是指为了使人员或装备失去部分功能而专门设计的武器系统，其目的在于使目标人物或者装备失去危险性的同时降低人员的伤亡或永久性伤害。在有些情况下，反恐行动难以区分作战对象与无辜平民，如恐怖分子与平民混杂时，非致命性武器能够有效应对这类情形。如爆震弹、强光致盲弹等，都可以在瞬间破坏犯罪分子的危害行动，同时确保相关人员的生命安全。

八、信息发布制度

（一）规范信息发布的必要性

恐怖事件是重大公共危机事件中比较特殊的事件，对于直接受害人或间接受害人来说，恐怖事件可能影响他们的一生；对于通过网络、电视等信息渠道获知恐怖事件信息的人群来说，恐怖事件对他们的心理健康也会有一定影响。

　　恐怖事件对公民和社会已然造成了难以挽回的伤害，不当的恐怖事件信息则可能造成公民的二次被害。恐怖事件的谣言控制是具有必要性的，一方面，血腥的场面通过实时传播或是由自媒体传播，会给普通人群的心理造成很大的伤害；另一方面，管理部门必须让公众了解事件的真相并消除恐慌。如何控制恐怖事件下的谣言传播，借助普通舆情传播的模型及控制理论来研究恐怖事件下的舆情传播将是反恐研究的一个重要内容。

　　以 2014 年 3 月 1 日昆明火车站暴恐事件为例，有些网民为了吸引眼球，将现场血腥照片"原生态"地发布到网上，有人甚至认为越血腥的照片越具有传播价值。在他们获得传播快感的同时，却给观者带来不适，对当事人来说更是缺乏人文关怀。与此相对，主流媒体在报道过程中，以新闻专业主义为准则，以救助伤者为导向，充分彰显人文关怀，这对网络舆论来说，是一种纠偏。《人民日报》官方微博作为央媒中率先对昆明暴恐事件进行报道的媒体，在社交类媒体舆论传播中起到了引导规制的作用。从 2014 年 3 月 1 日 22：30 到翌日 12：20，《人民日报》共发布相关微博 36 条，其中大部分为原创，成为民众了解事件进展的重要信息源。3 月 2 日 7：00《人民日报》发布了题为"早安，昆明"的微博，以谴责暴力事件，安抚民众情绪，截至当日 15：00 该微博被转发 215 274 次。此外，3 月 2 日《人民日报》头版的两篇文章定下了"严惩暴恐犯罪，保障人民安全"的舆论基调。[1]

　　（二）信息发布的主体

　　为保证恐怖事件发生、发展和应对处置信息的真实性和准确性，由法定机构进行统一发布是必要而且必须的。根据《反恐怖主义法》第 63 条的规定，恐怖事件的发生、发展和应对处置信息，由恐怖事件发生地的省级反恐怖主义工作领导机构统一发布；跨省、自治区、直辖市发生的恐怖事件，由指定的省级反恐怖主义工作领导机构统一发布。

　　（三）违规发布恐怖事件信息的责任承担

　　根据《反恐怖主义法》第 63 条的规定，任何单位和个人不得编造、传播虚假恐怖事件信息；不得报道、传播可能引起模仿的恐怖活动的实施细节；不得发布恐怖事件中残忍、不人道的场景；在恐怖事件的应对处置过程中，除新闻媒体经负责发布信息的反恐怖主义工作领导机构批准外，不得报道、传播现场

---

〔1〕　丁柏铨、肖艳艳："新媒体语境中中美法恐怖袭击事件舆论研究"，载《天津社会科学》2015 年第 6 期。

应对处置的工作人员、人质身份信息和应对处置行动情况。除了《反恐怖主义法》外，《刑法》、2013年出台的《最高人民法院关于审理编造、故意传播虚假恐怖信息刑事案件适用法律若干问题的解释》等法律、法规均对编造、故意传播虚假恐怖信息的情形规定了相应责任。

第三节 事后应对处置机制

一、社会恢复

（一）社会恢复的阶段

《反恐怖主义法》中涉及恐怖事件事后社会恢复的内容共3个条文，分别是事先的预案、事中的措施及事后的实施。

在事先准备方面，《反恐怖主义法》第55条第2款规定，国家反恐怖主义工作领导机构应当针对恐怖事件的规律、特点和可能造成的社会危害，分级、分类制定国家应对处置预案，具体规定恐怖事件应对处置的组织指挥体系和恐怖事件安全防范、应对处置程序以及事后社会秩序恢复等内容。根据《反恐怖主义法》的要求，各省、市、县均制定了相应的反恐预案，其中大部分均提及了社会恢复的内容。

事中的处置措施中也有涉及社会恢复的内容，如《反恐怖主义法》第61条第1款第7项规定，恐怖事件发生后，负责应对处置的反恐怖主义工作领导机构可以决定由有关部门和单位抢修被损坏的交通、电信、互联网、广播电视、供水、排水、供电、供气、供热等公共设施。

在事后的实施与灵活应对方面，《反恐怖主义法》第64条规定，恐怖事件应对处置结束后，各级人民政府应当组织有关部门帮助受影响的单位和个人尽快恢复生活、生产，稳定受影响地区的社会秩序和公众情绪。

（二）社会恢复的内容

1. 恢复生活与生产。恢复生活主要包括恢复供水、供电、通信设施等民用基础设施，使得民众生活回归正轨。所谓恢复生产，主要是指恢复工业生产、商业经营等，使得生产力逐步恢复。2015年巴黎恐怖袭击事件后，根据新华社报道，巴黎高级宾馆的入住率一度下降了30%～50%，街头咖啡馆的生意也受到明显的影响。法国咨询公司GNI公布的数据显示，巴黎小型咖啡馆以及酒吧夜间营业额下降了10%～15%，人均消费35～40欧元的中档咖啡馆和酒吧的午间营业额下降10%～15%，夜间下降30%，部分高级饭店夜间营业额的降幅更是高达 60%。[1] 这样惊人的数据，正体现了暴力恐怖袭击给国家生产行业带来的巨大创伤。

2. 恢复社会公共秩序。社会公共秩序包括社会管理秩序、生产秩序、工作秩序、交通秩序和公共场所秩序等。在恐怖袭击发生后，社会公共秩序有可能会陷入暂时失序的状态，根据《突发事件应对法》第 59 条的相关规定，履行统一领导职责的人民政府应当对突发事件中造成的损失进行评估，并重新制定相关计划进行社会公共秩序的恢复。

3. 恢复心理安全预期。恐怖袭击的目的不仅是要让很多人死亡，更是要让更多的人看见。而这样具有随机性、不确定性的恐怖袭击击败了大众的心理安全底线。社会大众内心安全感的恢复主要通过事后针对性宣传来实现，以及要对查明真相、澄清事实等进行报道。

二、受害救助

根据《反恐怖主义法》第 65 条的规定，当地人民政府应当及时给予恐怖事件受害人员及其近亲属适当的救助，并向失去基本生活条件的受害人员及其近亲属及时提供基本生活保障。卫生、医疗保障等主管部门应当为恐怖事件受害人员及其近亲属提供心理、医疗等方面的援助。

（一）受害救助的定义

所谓受害救助，是指当地人民政府对恐怖事件中的受害人进行救助，包括物资救助与心理救助。受害救助这一概念应是刑事被害人救助制度的另一种表达方式。刑事被害人救助制度是通过给予被害人各种形式的物质补偿和精神抚慰，来最大限度地减轻犯罪行为对被害人造成的创伤，这是当今世界许多国家刑事司法政策保护被害人的一个非常普遍的做法。

（二）受害救助的主体与对象

1. 受害救助的主体。根据《反恐怖主义法》第 65 条的规定，受害救助的主体为当地人民政府。当地人民政府负责为恐怖事件受害人员及其近亲属提供适当的救助，并向失去基本生活条件的受害人及其近亲属及时提供基本的生活保障；其中卫生、医疗保障等主管部门应当为恐怖事件的受害人及其近亲属提供心理、医疗等方面的援助。

暴力恐怖行为是一种严重的犯罪行为，具有反政府、反社会、反人类等多

---

[1] 韩冰："巴黎系列恐怖袭击后法国经济会重回萧条吗？"，载 http://finance. qq. com/a/20151121/009037. htm，最后访问日期：2016 年 11 月 2 日。

重性质。由于暴力恐怖行为针对的是社会中的不特定目标，因此，往往容易引发社会动乱，导致大量社会群众的生命财产损失以及社会公众心理上的极度恐惧。有鉴于此，国际社会对暴力恐怖行为都深恶痛绝、坚决反对，并为对抗暴力恐怖行为建立了一系列的反恐措施和应急机制，前者是立足于打击潜在的恐怖势力，后者则着眼于社会稳控。基于社会安定和保障人权之共同需要，政府的救助行为成为各国普遍的善后措施。暴力恐怖事件发生之后，由于很难找到责任承担方，而受害人一般多数为普通的无辜民众，因此，政府的行政救助在暴力恐怖事件的救助机制中占有举足轻重的地位，政府的积极行为在某种程度上既是政府履责的表现，也是防范社会风险的一种必要措施。在此意义上，暴力恐怖事件的行政救助实为必要，而且应把用于救助的费用纳入财政预算，作为社会风险评价体系的一个标准。暴力恐怖事件中，政府积极履行行政救助的职责不仅能够维护社会秩序的稳定和国家的安全，而且有利于在全社会营造和谐的社会氛围，从而为我国进一步深化改革和发展提供良好的外部环境和安全保障。[1]

2. 受害救助的对象。在强调对犯罪现象进行控制的同时，还必须对犯罪所造成的危害结果采取必要的救助措施，特别是因恐怖活动犯罪产生的被害人这一特殊的群体，他们已经遭受了人身、经济、精神和社会等方面的损害，如果不进行救助与恢复，会导致一系列恶性后果的出现。有研究表明，如果无法对被害人进行有效的平复，会导致被害人成为习惯性被害人、精神病人或形成异常社会性格。[2]

受害救助的对象不仅限于前文中被"优先保护"的"直接受害人"。受害救助的对象包括恐怖事件中的受害人与其近亲属，还包括了犯罪学上的直接受害人与间接受害人。

对受害救助对象的认定需要当地人民政府的有关部门进行合理统计，以列出全面的受害人名单。值得注意的是，对于恐怖事件中受害的人群，部分是当时未有明显伤害，但在后期的生活中才显现出的身体损伤或心理创伤，他们也应被纳入到受害救助的对象范围内。

（三）受害救助的内容

根据《反恐怖主义法》第 65 条的规定，受害救助的内容包括物质救助与心理救助。

---

[1] 黄泽勇等："暴力恐怖事件的行政救助机制研究"，载《山西农业大学学报（社会科学版）》2014年第 12 期。

[2] 参见李㓥夫、宗玥："论恐怖主义犯罪中被害人的保护"，载《当代法学》2007 年第 2 期。

1. 物质救助。物质救助涵盖了受害人救助的三个阶段：①受害人受害期。受害人受害期，是指在恐怖事件发生的当时与恐怖事件刚刚结束的时期。在这一时期的受害人及其近亲属的状态是刚刚受害，其人身、财产、精神所受的重大损害需要当地人民政府及时为他们提供物质救助与紧急的医疗急救援助，并转移到安全地带及时止损，以避免再次被害的可能。②受害人恢复期。受害人恢复期，是指受害人处于休养、恢复其所受创伤的时期。在这一时期中，当地人民政府应当承担受害人的医疗保障，对于失去基本生活条件的受害人及其近亲属应当提供基本的生活保障。③受害人平复期。在受害人的恢复期结束后，为使受害人及其近亲属回归到正常的生活轨道，需要当地人民政府提供一定的帮助，例如，对在恐怖事件中受害严重的受害人及其近亲属发放一定的补偿金、救助金。

2. 心理救助。心理救助，是指对恐怖事件中的受害人及其近亲属提供专业的心理干预与心理治疗。心理救助是帮助受害人修复恐怖事件的创伤，摆脱恐怖事件的阴影，回归正常生活的必要手段。受害人群中最为常见的问题是创伤后应激障碍（PTSD）。创伤后应激障碍，是指个体经历、目睹或遭遇到一个或多个涉及自身或他人的实际死亡，或受到死亡的威胁，或严重的受伤，或躯体完整性受到威胁后，所导致的个体延迟出现和持续存在的精神障碍。创伤后应激障碍一般在精神创伤性事件发生后数天至 6 个月内发病，病程至少持续 1 个月以上，可长达数月或数年，个别甚至达数十年之久。这种干预与治疗应当囊括急性创伤后应激障碍与慢性创伤后应激障碍。

首先，对恐怖事件中的直接受害人及其近亲属要进行个别疏导，以帮助其迅速走出创伤，尽可能减少创伤后应激障碍等严重的心理障碍以及创伤后压力综合征等心理疾病的产生。其次，对于社会大众因恐怖事件造成的创伤，政府也应当加强心理疏导，以利于恢复社会秩序，引导人民回归正常的生活。

心理救助有利于对抗恐怖分子所实施的心理战。恐怖分子实施恐怖行为就是为了让更多的人被恐怖袭击带来的残酷冲击所影响，使得正常的生活被打乱，从而使一个社会、一个国家的正常秩序被打乱，以达到威胁的效果，并实现其政治目的。所以，我国需要重视与加强对恐怖事件中直接受害人、间接受害人乃至潜在的受害人的心理引导，通过疏导、干预、帮扶等措施减少恐怖袭击带来的伤害。

三、刑事责任追究

恐怖分子的恐怖行为必须受到惩罚，在事后应对处置上，相应的司法部门将依法判断恐怖分子所涉罪名及应当承担的刑事责任。

（一）刑事责任追究的概念

所谓刑事责任，是指行为人因其犯罪行为所应该承受的，由代表国家的司法机关根据刑事法律对该行为所作的刑罚、非刑罚处罚、否定评价及对行为人进行谴责的责任。刑事责任追究具有以下几个特点：

1. 刑事责任具有法律性。法律性是所有法律责任的特点，刑事责任也不例外。刑事责任的法律性，是指刑事责任的法律根据必须是刑事法律，它是在刑法意义上对犯罪行为与犯罪人进行否定评价和谴责的。这个原则要求，只有参与实施犯罪的人，才能成为刑事责任的主体，其他没有参与实施犯罪的人，不论他与犯罪人的关系如何，都不能令他承担刑事责任。

2. 刑事责任具有必然性。刑事责任的必然性，是指行为人实施了犯罪行为，就必然要承担刑事责任，否则就割断了犯罪与刑事责任之间的联系，而且不利于预防犯罪，不利于保护国家和人民的利益。正因为如此，刑事责任的有无与大小不以被害人的意志为转移。

3. 刑事责任具有严厉性。刑事责任是所有法律责任中最严厉的一种，其严厉性主要体现在它的实现方式上。刑事责任的基本实现方式是刑罚，而刑罚是最严厉的强制方法。

4. 刑事责任具有严格的一身专属性。这是指只有实施犯罪行为的本人才承担刑事责任，不允许有牵连责任和替代责任。罪责自负是我国刑法的基本原则，犯罪是刑事责任的前提，谁犯罪就由谁承担刑事责任，没有实施犯罪行为的人则不能成为刑事责任的承担者。[1]

（二）刑事责任追究的对象

根据《反恐怖主义法》第66条的规定，公安机关应当及时对恐怖事件进行立案侦查，查明事件发生的原因、经过和结果，依法追究恐怖活动组织、人员的刑事责任。根据《反恐怖主义法》第79条的规定，恐怖主义刑事责任追究的对象可分为以下几种：①组织、策划、准备实施、实施恐怖活动的行为人。②宣扬、煽动的行为人。其包括宣扬恐怖主义，煽动实施恐怖活动，非法持有宣扬恐怖主义的物品，强制他人在公共场所穿戴宣扬恐怖主义的服饰、标志的行为人。③组织、领导、参加恐怖活动组织的行为人。④为恐怖活动提供帮助的人，包括为恐怖活动组织、恐怖活动人员、实施恐怖活动或者恐怖活动培训提供帮助的行为人。

---

[1]　参见张明楷："论刑事责任"，载《中国社会科学》1993年第2期。

（三）刑事责任追究的适用罪名

通过对《刑法》规定的梳理，恐怖主义的罪名一共有以下几种类型：①恐怖组织类恐怖主义犯罪，即第120条组织、领导、参加恐怖组织罪。②帮助类恐怖主义犯罪，如第120条之一帮助恐怖活动罪，第191条洗钱罪以及第311条拒绝提供间谍犯罪、恐怖主义犯罪、极端主义犯罪证据罪。③实施类恐怖主义犯罪，如第120条之二准备实施恐怖活动罪、第322条偷越国（边）境罪。④煽动、宣扬类恐怖主义犯罪，如第120条之三宣扬恐怖主义、极端主义、煽动实施恐怖活动罪；第120条之五强制穿戴宣扬恐怖主义、极端主义服饰、标志罪；第120条之六非法持有宣扬恐怖主义、极端主义物品罪；第291条之一编造、故意传播虚假恐怖信息罪。⑤其他涉及恐怖主义犯罪的罪名，如传授犯罪方法罪中传授恐怖主义犯罪方法的情形、以危险方法危害公共安全罪中故意以危险方法实施恐怖活动的情形等。

四、处置评估

根据《反恐怖主义法》第67条的规定，反恐怖主义工作领导机构应当对恐怖事件的发生和应对处置工作进行全面分析、总结评估，提出防范和应对处置改进措施，向上一级反恐怖主义工作领导机构报告。

（一）处置评估的主体

处置评估由反恐怖主义工作领导机构负责。基于科学性原则，评估人员的组成应当包含两个部分：

1. 反恐怖主义工作领导机构。根据《反恐怖主义法》第67条的相关规定，负责恐怖事件现场处置的反恐怖主义工作领导机构应承担此次恐怖事件的评估工作。因此，评估应由反恐怖主义工作领导机构派出评估主持人，并由领导机构中参与此次处置的各单位作为评估组成员参与评估。因为各单位具有对恐怖事件处置的专业基础并参与了恐怖事件的实际处置，对该起事件的原因、处置过程、处置方法等因素都更为了解，通过单位自评与互评，可以确保评估的科学性。

2. 相关领域的专家。相关领域的专家、学者作为机构外人员，其身份具有客观性与专业性。在评估工作中吸取第三方专家的专业评判与建议，有利于评估工作的总结与改进建议的完善。

（二）处置评估的程序

处置评估的科学性的基础在于程序是否科学、合理。因此，以下两个方面的内容必须得到保证：

1. 事先成立评估小组。为保证处置评估的全面、有效，事先成立评估小组是必须且应当前置的程序。评估小组根据不同的评估内容来划分职责，以保证全程跟进。一部分评估人员负责一线的观察和参与，一部分评估人员负责审查情报搜集是否合理，还有一部分评估人员负责对处置的现场行动和指挥的科学性进行判断等，应当保证处置评估涵盖恐怖事件的处置全程和全方面。

2. 相关案件、事件处置结束后选择恰当的时间组织评估。评估工作的展开要把握好时间节点，不能过紧也不能过慢。若在相关案件、事件尚未处置完毕的情况下进行评估，会使得评估不够全面；若全部事件处置完毕后仍未及时进行评估，则会造成评估结果缺乏及时性。通常而言，选择交付审判的节点最为合适。

3. 形成评估报告并向上一级反恐怖主义工作领导机构汇报。评估报告对上一级领导机构负责，为今后处置工作的提升提供切实的经验性指导。

（三）处置评估的内容

恐怖事件的评估，根据时间线可以分为三个阶段：

1. 预案评估。作为反恐处置中的前置性要素，应当从两个层面对预案进行评估。①预案制定后、反恐处置前的评估。这一层面针对的主要包括预案编制的原则是否规范、构成要素是否齐全、预案是否具备可行性等。②反恐处置后对预案实施效果的评估。这一层面主要包括对指挥机构和指挥员的评估、对预案相关部门履行职能效果的评估及对协同配合的评估。

2. 处置行动评估。对处置行动的评估是处置评估中最重要的部分，恐怖事件现场情况复杂，预案难以一一预料，需要处置人员根据现场情况及时调整处置对策。因此，该环节的评估需要从多方面建立综合性的指标体系。

（1）法律层面的评估。处置行动实际上仍属于执法活动的一部分，因此，进行评估时必须评判处置行动的启动是否符合法律规定、是否有越权处置的行为、处置行动的合理性是否充分等。

（2）安全评估。安全评估分为两个部分：①群众的安全。处置行动的目的在于稳定社会秩序，尽量保障群众的人身不受更大侵害，财产不受更大损失。因此，群众的伤亡数量、受伤程度、处置前和处置后群众安全系数的变化情况等内容均是评估的重要内容。②处置人员的安全。由于恐怖分子的思想极端、手段残忍，部分恐怖分子还准备了枪支、爆炸物、刀斧等武器以及车辆，处置恐怖事件的危险性较高。处置人员在保证群众安全的同时也必须保证自身的生命安全。此外，在特殊情况下，处置人员还可能被要求保护恐怖分子的生命权。因此，安全评估是保证处置队伍建设的重要基础。

（3）程序规范评估。处置的方式、方法必须符合相应的处置规范，如警务实战规范等。在规范中，对于不同情况应如何处理都有较为详细的规定，如情报是否搜集齐全等，因此，程序规范评估是评估的重要支撑。

（4）战术评估。处置的战术设置是否科学有效、是否根据现场情况进行灵活调整；指挥官工作岗位是否明确；各警种是否协作配合且有效率；是否能够很快地适应紧急处置行动的需要等都应当被纳入评估范围。

（5）目标评估。其主要包括是否达到了最初设置的目标以及是否以最小代价实现目标两个方面。

3. 处置行动影响评估。恐怖主义是包含了政治、经济、文化等多个方面的复杂集合体。因此，评估处置恐怖事件是否成功，也必须考虑处置行动是否产生了积极、正面的影响。处置行动的影响主要分为以下几个方面：

（1）对政治社会稳定的影响。恐怖事件是否处理恰当直接关系到国家政权的稳定，其中，是否展示了国家形象、是否稳定了国家政局、是否保证了国家领土完整都是需要评估的因素。

（2）对经济社会的稳定和发展的影响。其中包括国内相关经济行业是否稳定、相关资源的价格是否波动、是否合理审视部分因经济原因引起的恐怖事件等。

（3）对人民生活安定的影响。其中包括恐怖事件发生地周边区域群众是否恢复正常的生活节奏、服务业是否正常营业等。

（4）对民族关系的影响。在处置恐怖事件的过程中是否注意方式与手段——不引起仇视、敌对等不良情绪，不引起民族间的摩擦等。

（5）对外交关系的影响。其中包括中国与相关国家是否可以由此开始构建或深化共同打击恐怖主义的对话和合作机制、与周边国家的地区合作是否有效进行，是否有效切断"三股势力"对我国的渗透等因素。

（四）评估结果的应用

一份客观、科学、全面的评估结果有很高的实践应用价值，具体而言，其价值主要体现在三个层面：

1. 为上级决策提供依据。反恐怖主义工作领导机构形成评估结果后向上一级反恐怖主义工作领导小组进行报告，对于处置中的优秀人员进行立功、嘉奖和表彰，对于处置中的违规、违法行为进行惩罚、批评。

2. 为完善预案提供依据。评估报告不仅针对现场处置进行评估，也对预案进行审视与反思，有利于下一步预案完善工作的进行，以期形成更加科学高效的反恐怖主义应对处置预案。

3. 为综合演练提供依据。除了反思与总结外，评估结果作为实战中的参考也可为反恐日常训练、综合演练提供评判依据与设计思路。训练不能脱离真实的实践经验，而客观真实的评估结果是对整个处置行动的全面总结，具有应用的价值。

第十一章

国际合作

　　恐怖主义作为一种反人类、反社会、反文明的暴力活动，是人类安全的共同敌人。当前，许多恐怖活动组织呈现出国际化的特点，借助信息网络，恐怖活动的组织、策划、实施往往在不同的国家进行，参与恐怖活动的人员也通常来自不同的国家。例如，极端组织"伊斯兰国"的成员不仅有来自该地区的逊尼派极端群体，也有来自包括美国、英国、荷兰、澳大利亚等西方国家的极端分子。中国本身也不是远离恐怖主义的"伊甸园"，在我国境内从事恐怖活动的恐怖活动组织和人员，有相当一部分受到境外恐怖活动组织的影响甚至曾经直接接受其训练和完成其任务。伴随着国际宗教极端主义和民族分裂主义的浪潮，"东突"势力趁机兴风作浪，在我国新疆地区进行暴力恐怖活动、民族分裂活动，这不仅危害我国的国家安全，也危害其他国家和国际社会的安全。

　　恐怖主义发展到今天，已经成为当今国际社会安全最大的威胁之一。实践证明，主权国家仅仅凭借一己之力很难应对此类来自于非传统安全领域的挑战，世界各国只有齐心协力，深化双边、多边反恐怖主义合作，才能更加有效地打击恐怖主义，维护本国人民的生命财产安全和社会安定。中国政府一贯重视并积极参与国际反恐怖主义合作，为进一步推进我国的反恐怖国际合作，2011 年，《全国人大常委会关于加强反恐怖工作有关问题的决定》（已失效）就专门对反恐国际合作作了原则性规定。《反恐怖主义法》又专门以第七章整章 5 个条文的篇幅，较为详细地明确了反恐国际合作的规定。其中包括了反恐怖主义国际情报交流、执法合作、国际资金监管合作、刑事司法协助等内容，并对国务院公安部门、国家安全部门、中国人民解放军、中国人民武装警察部队派员出境执行反恐怖主义任务等作出了规定，为我国开展反恐国际合作奠定了良好的法制基础。

第一节　国际合作的依据与对象

一、国际合作的依据

开展反恐怖主义国际合作，涉及国家主权以及政治、经济等多重因素，因此，需要遵循一定的国际法依据和原则。《反恐怖主义法》第 68 条根据国际反恐合作的惯例和我国反恐斗争实践需要，对我国开展反恐怖主义国际合作的基本依据作出了规定："中华人民共和国根据缔结或者参加的国际条约，或者按照平等互惠原则，与其他国家、地区、国际组织开展反恐怖主义合作。"此外，《刑事诉讼法》第 18 条规定："根据中华人民共和国缔结或者参加的国际条约，或者按照互惠原则，我国司法机关和外国司法机关可以相互请求刑事司法协助。"除此之外，在《引渡法》《反洗钱法》等有关我国与外国开展司法协助、执法安全合作的法律之中，也都有类似的规定。

（一）我国缔结或参加的国际条约

根据《反恐怖主义法》第 68 条的规定，我国与其他国家、地区、国际组织开展反恐怖主义合作的依据，首先是我国"缔结或者参加的国际条约"。"缔结"，是指我国作为初始缔约国参加条约的制定。"参加"，是指我国加入由其他国家、国际组织制定的条约。

1. 联合国主导下的国际反恐公约及议定书。国际社会对于恐怖活动进行的规制最早产生于国际联盟时期。1937 年 11 月 16 日，在国际联盟的主持下，27 个国家和地区的代表在日内瓦举行了旨在更有效地防止和惩治具有国际性质的恐怖主义的正式外交会议，会上签署了《防止和惩治恐怖主义公约》，但后来因为第二次世界大战爆发，该公约未能生效。20 世纪 60 年代以来，联合国及其专门机构和国际原子能机构主持制定了一系列全球性的反恐怖公约。目前，包括联合国官方以及国际法学界在内的国际社会一般认为，当前全球性的反恐公约主要有两类，共 13 项。

第一类是联合国制定和通过的全球性反恐公约，共有 5 个，分别是：①1973年《关于防止和惩处侵害应受国际保护人员包括外交代表的罪行的公约》，其内容包括对涉及侵犯应受国际保护人员的犯罪界定，国家对此类犯罪的管辖和惩罚义务，以及各缔约国在引渡、司法互助上的义务等。②1979 年《反对劫持人质国际公约》，其中规定了劫持人质犯罪行为的要件、管辖原则和扣留措施，以及起诉义务和引渡责任等内容。③1998 年《制止恐怖主义爆炸的国际公约》，统一界定了恐怖主义爆炸罪的定义，各缔约国针对发生在本国的所有恐怖主义爆炸行为的刑事管辖权，以及对恐怖主义爆炸罪不适用政治犯不引渡原则。④1999 年《制止向恐怖主义提供资助的国际公约》，规定每一缔约国应根据其本国法律原则采取适当措施，以便识别、侦查、冻结或扣押用于实施恐怖主义罪行的任何资金以及犯罪所得收益。⑤2005 年《制止核恐怖主义行为国际公约》，其中要求缔约国采取必要的立法和其他措施，将核恐怖主义行为规定为刑事犯罪；各缔约国应当开展引渡和刑事司法协助等司法合作，共同打击核恐怖活动犯罪；对以收缴等方式获得的放射性材料、核设施或者装置的保管、储存和归属作了规定；还规定了公约的生效、修改和退出程序，以及争端解决机制。

第二类是由联合国专门机构，包括国际民用航空组织、国际海事组织和国际原子能机构制定和通过的全球性反恐公约，共有 8 个。分别是：①1963 年《关于在航空器内犯罪和犯有某些其他行为的公约》，主要规范了有关在航空器内部发生的危害航空器或所载人员或财产的安全的行为，或危害航空器上的良好秩序和纪律的行为，并就航空器登记国和非登记国行使刑事管辖权作了具体规定。②1970 年《制止非法劫持航空器公约》，对劫持飞机行为进行了详细的规定，要求各有关国家要对劫持飞机犯罪进行调查，并明确了或引渡或起诉的原则。③1971 年《制止危害民用航空安全的非法行为的公约》，对危害航空安全的罪行作了专门规定，并授权犯罪发生国、航空器所属国、航空器降落地国、航空器永久营业地国对此种犯罪进行管辖。④1979 年《核材料实物保护公约》，对核原料的输出设定了严格的条件，并对违反核原料输出规定的各种犯罪行为进行了界定。⑤1988 年《制止在用于国际民用航空的机场发生的非法暴力行为以补充 1971 年 9 月 23 日订于蒙特利尔的〈制止危害民用航空安全的非法行为的公约〉的议定书》，明确了对在机场上发生的危害航空安全的暴力犯罪行为和破坏机场设施的犯罪行为授权进行刑事追诉。⑥1988 年《制止危及海上航行安全非法行为公约》，涵盖了历史上有关海盗的习惯法以及有关危害海上安全的罪行的现代国际刑法的原则，解决了惩处危害海上安全犯罪的管辖问题和处罚问题。⑦1988 年《制止危及大陆架固定平台安全非法行为议定书》，界定了危害大陆架固定平台的犯罪行为和对此类犯罪行为的刑事管辖权。⑧1991 年《在可塑炸药中添加识别剂以便探测的公约》，主要针对利用可塑性炸药实施国际恐怖活动，要求各缔约国在向可塑性炸药中添加识别剂方面开展国际合作，以共同预防此类恐怖主义事件的发生。

目前，除《在可塑炸药中添加识别剂以便探测的公约》外，我国已经批准或加入了上述 13 项全球性国际反恐公约中的 12 项，这些公约都是开展国际合作的基础条约，包括我国在内的各参加国都应当据此开展各项反恐怖主义合作。

除了上述专门性反恐公约，《联合国宪章》的宗旨和原则，人权法、难民法和国际人道主义法等公认的国际关系基本准则，也都应当是各国开展反恐怖主义合作的依据。联合国大会通过的宣言或决议虽然没有法律拘束力，但其反映了会员国的政治意愿和看法，可以造成一定的国际舆论并具有道义上的力量，因此，也应当成为反恐国际合作的法律参考。此外，还有学者将联合国于2000年发布的《联合国打击跨国有组织犯罪公约》（以下简称《巴勒莫公约》）、1964年发布的《万国邮政公约》以及《联合国海洋法公约》视为打击国际恐怖犯罪的公约。由于这几个公约可用于打击跨国恐怖犯罪或特定的国际恐怖主义行为，因此，在具体的反恐怖主义国际合作中，也能够以此作为开展工作的依据。

2. 其他多边、双边反恐合作国际条约。除了联合国主导下的反恐国际条约，区域性国际组织通过的反恐公约也是国际反恐合作法律依据的组成部分。目前，世界范围内的区域性反恐公约主要有：①1971年美洲国家组织成员国通过的《关于制止和惩罚以犯罪形式违反人道和与具有国际性影响的抢劫有关的恐怖主义活动美洲公约》；②1997年欧洲理事会成员国通过的《关于惩治恐怖主义活动的欧洲公约》；③1987年东南亚联盟成员国通过的《惩治恐怖主义活动公约》；④1998年阿拉伯国家通过的《阿拉伯惩治恐怖主义活动公约》；⑤1999年独立国家联盟成员国通过的《伊斯兰会议组织关于打击恐怖主义活动合作协议》；⑥1999年伊斯兰教协会组织成员国通过的《关于打击国际恐怖主义活动的公约》；⑦1999年非洲统一组织成员国通过的《预防和打击恐怖主义活动的公约》；⑧2001年欧盟委员会通过的《反对恐怖主义法案》等。上述区域性反恐公约和协议是不同地区、国家参与地区性多边反恐国际合作的法律依据。

我国主要在上海合作组织的框架下，与哈萨克斯坦、吉尔吉斯斯坦、俄罗斯、塔吉克斯坦和乌兹别克斯坦等国家缔结了反恐多边合作法律文件。其中包括：2001年6月签署的《打击恐怖主义、分裂主义和极端主义上海公约》、2002年6月签署的《上海合作组织成员国关于地区反恐怖机构的协定》、2005年7月签署的《上海合作组织成员国合作打击恐怖主义、分裂主义和极端主义构想》、2007年8月签署的《上海合作组织成员国长期睦邻友好合作条约》、2008年8月签署的《上海合作组织成员国组织和举行联合反恐演习的程序协定》、2009年6月签署的《上海合作组织成员国反恐专业人员培训协定》、2009年6月签署的《上海合作组织反恐怖主义公约》等。上述法律文件都是我国与该组织成员国开展多边国际合作的法律依据。

在双边条约方面，截至2017年2月，我国已与70个国家缔结司法协助条约、引渡条约和打击"三股势力"协定，共135项（108项生效）。其中，与波兰、蒙古、俄罗斯等19国签订了民刑事司法协助条约，与加拿大、保加利亚、韩国等32国签订了刑事司法协助条约，与泰国、白俄罗斯、俄罗斯等34国签订了双边引渡条约，还与上海合作组织成员国及其邻近区域的巴基斯坦、土库曼斯坦等6国签署了打击恐怖主义、分裂主义、极端主义的双边合作协定。这些双边国际条约都是对缔约国间就有关防范和惩治恐怖主义活动进行合作的规定，我国可以根据条约的规定，与其他缔约国进行双边反恐怖主义合作。

（二）平等互惠原则

从国际司法合作的意义上讲，"互惠"的英文表述是"reciprocity"，其含义是"给予对等待遇"。国际合作的互惠原则也称国际合作的相互主义，是指在刑事司法国际合作中，基于国家主权平等原则，一国（通常是被请求国）对另一国（通常是请求国）的司法协助或国际合作请求给予执行的原则或态度。

根据《反恐怖主义法》第68条的规定，"平等互惠原则"也是我国与其他国家、地区、国际组织开展反恐怖主义合作的依据。根据这一原则，我国开展反恐怖主义合作应当把握两点：①坚持平等，即合作双方地位平等，应互相尊重。②互惠，即在没有共同缔结或者参加的国际条约的情况下，双方彼此相互协作。例如，我国被请求向外国提供协助时，应当要求请求国作出将来在我国向其提出协助请求的情况下向我国提供协助的承诺。与依据国际条约进行机制化国际合作相比，依据互惠原则的反恐怖主义合作往往需要对具体案件逐个进行磋商。因此，我国在与其他国家、地区、国际组织开展反恐怖主义合作时，对于合作事项有共同缔结或者参加的国际条约的，应当首先根据条约进行合作，没有条约的，再按照互惠原则进行协商。

二、国际合作的对象

根据《反恐怖主义法》第68条的规定，我国开展反恐怖主义国际合作的对象是"其他国家、地区和国际组织"。这里的"国际组织"，应当不仅包括联合国这样的全球性国际组织，也包括上海合作组织、欧盟、东盟、亚洲相互协作与信任措施会议（以下简称亚信会议）、反洗钱金融行动特别工作组等区域性、专门性的国际组织。

联合国是当今最大、最具有权威性的国际组织，维护国际和平和安全是其主要职责。恐怖主义是世界和平与安全的天敌，反恐怖主义是一场长期而艰巨的斗争，国际社会必须联合起来，因此，需要联合国发挥其独特优势，在政治、经济、外交、法律和社会等诸多领域起到主导和协调作用。从事实上看，在联合国大会及其机构、联合国各专门机构、人权委员会、预防和打击违法犯罪大会等框架内，各国就打击恐怖主义一直都在进行定期协商与相互协作。1999 年，联合国安理会就打击恐怖主义问题进行讨论并通过了"安理会反恐怖工作战略准则 1269 号决议"。[1]"9·11"事件后，联合国安理会通过"1373 号决议"，呼吁各国紧急合作，防止和制止恐怖主义行为。随后，联合国安理会成立了反恐怖主义委员会，致力于加强联合国会员国预防境内外和各区域恐怖主义行为的能力。为使联合国系统的反恐工作更加协调一致，联合国秘书长还于 2005 年设立了反恐执行工作队。2006 年，联合国大会又通过了《联合国全球反恐战略》，为世界各国在国家、区域和国际三个层面上综合全面地应对恐怖主义奠定了基础。中国一直主张和呼吁国际社会在联合国的主导下开展国际反恐怖主义合作。在强调联合国主导作用的同时，中国也积极与联合国开展反恐怖主义合作，支持并执行联合国安理会的一系列关于打击恐怖主义的相关决议，并通过斡旋国际热点问题、参与国际维和行动等发挥常任理事国在全球安全治理中的作用。

区域性多边合作一直是国际事务和危机处理的有效机制，1945 年《联合国宪章》就明确承认了区域办法和区域机关在维持国际和平与安全方面的作用。虽然现代恐怖主义逐渐呈现出全球化的特征，但是由于宗教、文化的相似性和地缘政治的原因，处于同一区域的国家往往面临着同样或相似的恐怖主义威胁。在涉及具体的恐怖主义组织或个人时，区域性的合作通常更加行之有效。因此，联合国安理会于 2004 年通过的关于"打击一切形式的恐怖主义"的第 1566 号决议中明确要求，"相关国际组织、区域组织和次区域组织应当加强打击恐怖主义方面的国际合作，深化与联合国，尤其是与反恐委员会的互动，以利于全面、及时地执行第 1373（2001）号决议"。目前，世界主要地区以各自的区域性国际组织为依托，均已建立起相应的反恐合作框架，来共同应对该地区的恐怖威胁。这些区域性组织包括美洲国家组织、欧洲联盟、非洲联盟、阿拉伯国家联盟、南亚区域合作联盟、东南亚国家联盟、上海合作组织等，它们共缔结了 20 余个区域性反恐条约和文件，并制定了具体的反恐行动计划。中国也是区域反恐合作机制的积极参与者和建设者。2001 年 6 月 15 日，在上海合作组织成立时，中国即与俄罗斯、哈萨克斯坦、吉尔吉斯斯坦、塔吉克斯坦、乌兹别克斯坦五国缔结了《打击恐怖主义、分裂主义和极端主义上海公约》，以全面深化反恐领域的区域合作。为确保履约能力，自 2002 年起，中国还在上海合作组织框

---

〔1〕 马长生、贺志军："联合国防治国际恐怖主义法律机制探析——兼论国际反恐与国际社会稳定的关系"，载刘仁文主编：《刑事法治视野下的社会稳定与反恐》，社会科学文献出版社 2013 年版，第 336～337 页。

架内与其他成员国在联合反恐、打击跨国组织犯罪、维护信息安全等方面开展了卓有成效的合作，逐步建立健全危机预警、联合执法和情报交流等相关机制。除上海合作组织外，近年来，中国还与亚太经合组织、亚洲相互协作与信任措施会议、东盟地区论坛等有关地区组织中的相关成员就反恐形势及合作等问题进行了探讨，推动发表了多项反恐声明和有关文件。[1]

从世界反恐怖主义的实践经验来看，双边合作是国际反恐怖主义的最有效形式。因此，中国以有关反恐公约或双边条约为基础，与世界各国开展了紧密的双边反恐合作。例如，截至目前，中国与哈萨克斯坦、吉尔吉斯斯坦、塔吉克斯坦、乌兹别克斯坦、俄罗斯等国家签订了双边反恐合作协定；中美之间形成了中长期反恐交流与合作机制，成立了金融反恐工作组，建立了副部长级的反恐磋商机制。与此同时，中国与巴基斯坦、印度也建立了相应的反恐合作机制；与英国、法国、德国、日本等国就反恐合作议题进行了磋商；与阿富汗、马来西亚等重要邻国建立了双边反恐合作的平台，在引渡嫌犯、跨境追逃、金融监控等方面开展相关合作。下一步，中国将重点加强与美国、英国、法国、加拿大等国家在反恐领域的对话与合作，继续加强与巴基斯坦、中亚五国、俄罗斯等国家的双边反恐合作，与东南亚国家的反恐合作也将会成为新的重点方向。

第二节　反恐怖主义国际合作机制

一、反恐怖主义国际合作的主体

开展反恐怖主义国际合作需要通过一定的主体才能顺利进行。在一国之内，反恐怖主义合作属于国家事权，这就要求相关主体代表国家开展反恐怖主义国际合作时，必须取得国家的授权，必须从国家主权角度出发，对审批、合作主体、合作内容进行统筹考虑。《反恐怖主义法》第69条规定："国务院有关部门根据国务院授权，代表中国政府与外国政府和有关国际组织开展反恐怖主义政策对话、情报信息交流、执法合作和国际资金监管合作。在不违背我国法律的前提下，边境地区的县级以上地方人民政府及其主管部门，经国务院或者中央有关部门批准，可以与相邻国家或者地区开展反恐怖主义情报信息交流、执法合作和国际资金监管合作。"从法条规定中可以看出，我国开展反恐怖主义合作

---

[1]　参见丁玉琼："区域合作应成反恐有效机制"，载《法制日报》2014年6月24日，第10版。

的主体主要分为中央和地方两个层级。国务院有关部门和地方政府及其主管部门进行反恐怖主义国际合作，都属于我国反恐怖主义国际合作的组成部分。《反恐怖主义法》对中央有关部门及地方政府在对外开展反恐怖主义国际合作方面应遵循的程序和条件等作了规定，为两个层级的主体对外开展反恐怖主义国际合作提供了法律依据。

（一）中央层级的反恐怖主义合作主体

开展国际合作涉及国家主权，理应由中央政府统筹安排。但是，由于反恐怖主义国际合作的内容很多，且涉及多种业务，因此，进行反恐怖主义合作时，需要国务院有关部门代表国家开展具体工作。根据《反恐怖主义法》第69条第1款的规定，中央有关部门开展反恐怖主义国际合作时，需要同时满足以下条件：

1. 开展反恐怖主义国际合作的主体是国务院有关部门。这里的"有关部门"包括公安部、国家安全部、外交部、中国人民银行、交通部、文化部、商务部、财政部等。实践中，由什么部门执行合作任务，应当根据合作的具体内容来确定。如果进行的是情报信息交流方面的合作，一般情况下主要由公安部和国家安全部负责对外进行合作，如果法律、行政法规及国务院另有规定的，依其规定。

2. 授权主体为国务院，即中央人民政府。作为我国最高国家权力机关的执行机关和我国最高国家行政机关，国务院有权代表我国政府对外开展各类活动。由于反恐怖主义国际合作是代表我国政府进行的，所以必须经过作为中央人民政府的国务院的授权。如未经国务院授权，各有关部门不得擅自代表我国政府或者以本部门名义对外开展反恐怖主义国际合作。

3. 合作对象包括外国政府和有关国际组织。

4. 合作范围限于反恐怖主义政策对话、情报信息交流、执法合作和国际资金监管合作四个方面。

从战略上看，规定中央有关部门可以与外国政府和有关国际组织开展反恐怖主义国际合作，对于打击国内外恐怖势力相互勾结，防范我国在国外的人员、机构、财产等遭受恐怖袭击具有重要意义，同时也是我国履行国际责任和义务的重要体现。

（二）地方层级的反恐怖主义国际合作主体

近年来，随着境外恐怖主义威胁的加大，涉恐人员通过偷越国（边）境，内外勾结实施恐怖活动的现象日益增多，境外恐怖组织人员"回流"入境已成为我国当前反恐面临的重大现实威胁。由于我国国土辽阔，陆地边界线总长达2.2万余公里，与15个国家接壤，因此，授权边境地区县级以上地方人民政府及其主管部门经批准可以与相邻国家或者地区开展反恐怖主义国际合作，有利于及时防范和打击跨境恐怖活动。而边境地区发挥区域优势，在反恐处突、收集情报信息等方面与周边国家或地区建立长效协作机制，也是结合恐怖活动的特点和边境地区的特殊位置进行国际反恐怖主义合作的有效补充方式。

根据《反恐怖主义法》第 69 条第 2 款的规定，边境地区的县级以上地方人民政府及其主管部门与相邻国家或者地区开展反恐怖主义合作，应当符合以下几方面的条件：

1. 合作的主体应是有边境在其辖区内的县级以上地方人民政府及其主管部门，包括县级、设区的市级和省级人民政府及其主管部门。其中，"主管部门"需要根据合作的具体内容来确定，实践中多为公安机关、国家安全机关等政府部门。

2. 合作需要经国务院或者中央有关部门批准。因为边境地区县级以上地方人民政府及其主管部门与有关国家或者地区开展反恐怖主义国际合作，涉及国家主权和尊严，需要经国务院或者中央有关部门批准，不能自行决定。而且，现实中许多跨境恐怖活动组织隐藏较深、组织严密、活动范围广，需要中央部门统揽全局，协调各方力量，尤其是需要与有关国家或者地区进行高层政策沟通，才能保证打击工作的顺利进行。

3. 合作对象是相邻国家或者地区，通常是相邻国家或者地区对应级别的政府及具有对应职责的主管部门。

4. 合作范围包括反恐怖主义情报信息交流、执法合作和国际资金监管合作。与中央层级相比，边境地区县级以上地方人民政府及其主管部门开展的国际合作的内容不包括反恐怖主义政策对话。这主要是因为，反恐怖主义政策涉及对全国反恐怖主义工作总体和全局的把握、部署和安排，属于国家整体安全战略的组成部分，地方仅作为国家反恐怖主义政策的具体执行主体，不能也不适宜代表国家开展相关对话。

5. 地方政府及其主管部门与相邻国家或者地区开展反恐怖主义合作，必须在不违背我国法律的前提下进行。即地方在具体案件或事宜的合作中，除了要遵守相关的国际条约和双边协定外，还应当遵守我国法律的规定，依法开展合作。

二、反恐怖主义国际合作的内容

根据《反恐怖主义法》第 69 条的规定，中央和地方层级的反恐怖主义国际合作，主要包括反恐怖主义政策对话、情报信息交流、执法合作和国际资金监管合作四项内容。

（一）反恐怖主义政策对话

反恐怖主义政策，是指一国在明确恐怖主义概念、现象的基础上所形成的预防和打击恐怖主义的态度、策略和行动准则。国际合作中的反恐怖主义政策对话，也称战略对话，是双方围绕反恐怖主义一项或者多项长远的、战略性的重大政策议题展开广泛的讨论，进行对话交流的活动过程，并最终通过协商谈判对重大问题达成倾向性框架协议。政策对话是一种对等的、公平的对话方式，重大政策议题可以由一方提出，也可以由双方提出。

我国《反恐怖主义法》第2条明确了自身的反恐怖主义基本政策，即"反对一切形式的恐怖主义"，依法打击和惩治恐怖活动组织及恐怖活动，"不向任何恐怖活动组织和人员妥协"，等等。当前，虽然国际社会从理论上都同意对恐怖活动采取遏制、阻止和防范措施，在形式上也越来越重视合作，但从实际效果看，这些措施并没有真正遏制恐怖势力的发展和蔓延。其根源在于，不同的国家利益、政治取向、宗教信仰等因素导致国际社会长期以来在恐怖主义的定义等方面存在意见分歧，甚至西方一些国家在反恐问题上采取"双重标准"。这种政策损害了多边、双边反恐国际合作的基础，是造成"9·11"事件后很多地区、国家反恐不力，新恐怖主义兴起的重要原因。

近年来，我国在提倡国际社会加强战略沟通的同时，积极采取行动，与世界许多国家开展了卓有成效的反恐怖主义政策对话。例如：①2009年4月1日，时任国家主席胡锦涛与前美国总统奥巴马在伦敦参加二十国集团金融峰会期间，一致同意建立中美战略与经济对话机制。此后，双方一直通过此项对话机制，将反恐怖主义政策纳入其中进行磋商。②2014年，为加强两国的反恐合作，中美双方又在中美战略与经济对话框架下建立副外长级反恐磋商。③2016年10月25日，第三轮中美副外长级反恐磋商在华盛顿举行，双方就"包括地区恐怖主义威胁、航空安全、信息共享、边境安全、保护人权以及打击极端暴力主义等"反恐怖主义议题进行了深入交流。④2016年4月7日，中国与东南亚国家安全部门进行了反恐对话，东南亚国家纷纷表示，愿同中方进一步加强反恐合作，深化反恐信息交流与行动性合作，共同维护地区安全稳定，促进双边关系的深入发展。⑤2016年9月27日，中国和印度在北京进行了首次中印反恐安全对话。对话中，双方就共同关心的国际和地区安全形势交换了看法，交流了各自的反恐体制、机制和法律，增进了对彼此重大关切问题的了解，讨论了在加强反恐安全合作、共同应对安全威胁方面的具体举措，并达成重要共识。

（二）反恐怖主义情报信息交流

反恐怖主义斗争重在防范。要做好恐怖活动的防范工作，需要大量情报信息的支撑。当前，在恐怖主义愈加国际化、网络化、流动化的大环境下，国家开展"单打独斗式"的反恐情报收集已经难以满足现实中反恐怖主义工作的需要，进行反恐主义情报信息交流愈发显现出其重要意义。首先，进行反恐情报信息交流，可以掌握更加广泛、可靠的反恐情报源，减少跨国收集情报的困难，提升情报的效能和利用率。其次，可以整合专家资源，对多方面的反恐情报进行综合分析，从而使分析成果更客观。最后，进行情报技术、设施的共享以及情报人员的培训，可以提升合作国的反恐情报能力，进而增强情报合作。

综观世界各国、各地区的反恐怖主义合作，都是把对外开展反恐情报信息交流作为优先选项。例如，法国为加强对外情报合作，由反恐部门与其他国家的同等机构保持经常联系，交换的情报范围涵盖在法国或外国预谋或实施恐怖主义行动、参加人员、行动方式、谋杀活动所使用的技术手段、恐怖主义集团、恐怖分子的战略和目标、招聘和组织状况、后勤支援网络（物资、武器、提供资金、训练）等方面，此外还有有关武器、炸药、敏感物质的非法买卖、信息技术利用及大规模杀伤性武器的情报；意大利既与欧美国家加强情报合作，也不断巩固与埃及、巴勒斯坦等阿拉伯国家情报组织的工作联系，并选派外语水平高、综合素质高的人员组成"行动小分队"，在国际范围内广泛活动，与外国同行互通情资。

中国政府一直强调国际社会要加强反恐怖主义情报信息的共享，并对外宣布：愿意与国际社会在打击包括"东突"恐怖势力在内的国际恐怖主义活动中，就反恐怖情报信息交流、引渡和遣送恐怖犯罪嫌疑人、截断恐怖活动的资金来源等方面加强合作。在实践方面，2001 年，中国在上海合作组织的框架下构建了与成员国之间的反恐情报合作机制。根据《打击恐怖主义、分裂主义和极端主义上海公约》第 7 条的规定，成员国中央主管机关情报信息交流的内容包括：①准备实施及已经实施的恐怖主义行为的情报，已经查明及破获的企图实施恐怖行为的情报；②准备对国家元首及政府首脑、外交代表机构、领事机构和国际组织的工作人员，其他受国际保护人员以及国事访问、国际和国家政治、体育等其他活动的参加者实施恐怖主义行为的情报；③准备、实施及以其他方式参与恐怖主义行为的组织、团体和个人的情报，包括其目的、任务、联络和其他信息；④为实施恐怖主义行为，非法制造、获取、储存、转让、运输、贩卖和使用烈性有毒和爆炸物质、放射性材料、武器、引爆装置、枪支、弹药、核武器、化学武器、生物武器和其他大规模杀伤性武器及可用于制造上述武器的原料和设备的情报；⑤已查明涉及或可能涉及恐怖主义行为的资金来源的情报；

⑥实施恐怖主义行为的形式、方法和手段的情报。[1]除此以外,中国还与其他地区的国家建立了反恐情报交流机制。例如,2006年7月,中国政府司法与安全执法机构还同美国签署了《中国公安部与美国联邦调查局关于反恐情报信息交流与合作谅解备忘录》,进一步加强了中、美反恐合作与信息交流。[2]

(三) 反恐怖主义执法合作

惩治和打击恐怖活动犯罪是反恐怖主义工作中的重要一环。2014年《联合国全球反恐战略》第四次审查大会强调,所有国家都必须按照它们根据国际法所承担的义务,在打击恐怖主义的斗争中全面开展合作,以便在或引渡或起诉原则的基础上,发现任何支持、协助、参与或企图参与资助、策划、准备或实施恐怖主义行为或为恐怖分子提供庇护的人,不向他们提供安全避难所,并将他们绳之以法。我国《反恐怖主义法》第2条也明确了依法追究恐怖分子和恐怖组织法律责任的态度。然而,恐怖分子可以跨越国界从事恐怖活动,而一国司法机关却难以自由地跨越国界行使管辖权,这就使得任何一个国家单独应对国际恐怖活动犯罪变得极其困难。开展反恐怖主义国际执法合作,就是为了解决执法和司法管辖区的隔离状态与恐怖分子跨境实施犯罪之间的结构性矛盾,以便有效惩治国际恐怖主义违法犯罪行为。

从国际社会开展反恐怖主义的实践情况来看,国际的反恐怖主义执法合作主要集中在刑事司法合作领域。其内容不仅包括国际刑事司法协助、联合侦查,还包括引渡、被判刑人的移管、外国判决的承认和执行、国家之间建立刑事方面的联络机制、各国刑事司法方面的定期会晤机制、对刑事司法人员的培训以及警务合作等多方面的内容。随着国际恐怖主义形势的日趋严峻,国际社会普遍加强了对恐怖主义的提前预防。因此,具体到与特定国家或地区的反恐怖主义执法合作,则没有限定为刑事领域,而通常是根据反恐实际的需要确定合作事项,并且在范围上有不断扩展的趋势。例如:①中美通过执法合作联络机制,在2015年确定了在涉及外国恐怖作战人员等领域的反恐情报交流、边境管控、反恐融资、网络反恐、反暴力极端主义等方面加强执法合作。②2015年10月14日,上海合作组织在中国厦门成功举行了"厦门—2015"网络反恐演习,旨在完善上海合作组织成员国主管机关在查明和阻止利用互联网从事恐怖主义、分裂主义和极端主义活动领域的合作机制;交流各成员国主管机关在打击利用互联网从事恐怖主义、分裂主义和极端主义活动中的法律程序、组织和技术能力

---

[1] 张杰:《反恐国际警务合作——以上海合作组织地区合作为视角》,中国政法大学出版社2013年版,第249页。

[2] 商浩文:"论惩治恐怖活动犯罪的国际刑事司法合作",载《贵州警官职业学院学报》2014年第6期。

以及工作流程。③近年来，中国与国际刑警组织开展了良好的合作。下一步，中国应当借助这一平台，进一步发展与国际刑警组织的务实高效合作关系，深度参与其各领域活动，积极开展与国际刑警组织各成员国的全方位执法安全合作，与各国共同应对各类突出犯罪问题，推动在反恐、禁毒、追逃追赃、打击跨国有组织犯罪、打击网络电信诈骗、能力建设等领域取得丰硕合作成果。

（四）反恐怖主义国际资金监管合作

冻结恐怖组织、人员的资金和财产可以切断恐怖组织的资金链条，断绝其资金来源，对有效遏制恐怖活动犯罪具有重要意义。从国际反恐实践看，一些恐怖组织之所以屡打不尽，原因之一就是国际社会没有在涉恐资金监管合作环节形成合力，未能完全阻断其资金来源。例如，据美国 IHS 咨询公司统计，"伊斯兰国"平均每月收入 8000 万美元，其中大约一半的收入来自勒索、抢劫和绑架赎金，43% 的收入来自石油走私，其余来自贩毒和国外私人捐赠。[1]如果能够有力地枯竭"伊斯兰国"的钱包和金库，将会对其作战能力造成实质性的影响。

为了促进国际社会在反恐融资方面开展有效合作，联合国大会 1999 年 12 月 9 日通过了《制止向恐怖主义提供资助的国际公约》，要求 132 个签字国将各种直接或间接资助恐怖活动的行为定为犯罪，并通过国内立法对自身金融体系进行适当的监控；同时，要求各国在恐怖资金的定位、冻结上对他国提供最大的援助；在恐怖主义融资的范畴内排除银行保密规定的适用。"9·11"事件后，联合国又先后通过多项决议，出台了一系列金融制裁措施。其中，最具影响力的是第 1373 号决议，该决议要求所有成员国：①对故意或明知为恐怖组织提供、收集资金的行为予以定罪；②冻结恐怖分子的财产以及实际为恐怖组织所控制的机构的财产；③禁止对恐怖组织提供金融资源以及任何形式的金融服务；④金融机构要积极地和刑事侦查部门合作，协助收集证据。除了联合国外，国际货币基金组织、世界银行、金融行动特别工作组等国际性机构也承担起国际范围内金融反恐的责任。例如：①反洗钱金融行动特别工作组（FATF）出台"40＋9 项建议"；②沃尔夫斯堡集团发表了《制止恐怖融资指南》的声明；③巴塞尔委员会、国际保险监督官协会和国际证监会组织联合发布了《打击洗

---

〔1〕　因此，联合国安理会通过第 2253 号决议，要求联合国成员国采取更有力的措施来阻断"伊斯兰国"的资金链，冻结其资产，打击其非法走私石油和文物贩卖交易，制裁与其开展交易的个人和组织。决议还要求各国将任何参与资助、筹划这些组织所实施的活动，为其供应军火和有关物资以及为其招募人员的个人、团体、企业或实体等列入制裁名单；将与"伊斯兰国"的交易活动列为犯罪行为，而对登上制裁黑名单的个人和组织，冻结其资产，对其发布旅行禁令和剥夺其购买武器的权利等。

钱和恐怖主义融资的倡议》；等等。

中国一直积极倡导并参与反恐怖主义金融监管合作。在国内立法方面，2006年10月31日，全国人大常委会审议通过《反洗钱法》，以专章的形式对反洗钱国际合作事项进行了规定：①明确了开展反洗钱国际合作的原则；②明确了国务院反洗钱行政主管部门根据国务院的授权对外开展反洗钱合作，规定由其依法与境外反洗钱机构交换与反洗钱有关的信息和资料；③明确了洗钱犯罪的司法协助事项，由司法机关依照有关法律的规定办理。在具体实践方面：①2003年9月，中国人民银行成立反洗钱局，负责反洗钱资金监测与打击恐怖主义融资活动。②2004年4月，人民银行成立中国反洗钱监测分析中心，承担反洗钱监测分析的职责。该中心自成立以来，不断与国外金融情报机构交流合作，先后与18个国家和地区签署了情报交流谅解备忘录，为联合反恐融资的行动提供情报和技术支持，增强了联合反恐融资合作的效率。此外，中国人民银行近年来也积极参与反洗钱活动的国际合作，先后与包括金融行动特别工作组在内的多个有关反洗钱、反恐怖融资的代表团进行了磋商，签署了涉及反洗钱和打击恐怖融资的国际条约。2004年10月，中国与俄罗斯、哈萨克斯坦、塔吉克斯坦、吉尔吉斯斯坦、白俄罗斯共同作为创始成员国在莫斯科成立欧亚反洗钱与反恐融资小组（EAG）；2006年，中国批准了《制止向恐怖主义提供资助的国际公约》；2007年6月中国被接受成为FATF的正式成员，从而可以参与制定国际反洗钱和反恐融资的规则。总体来说，到目前为止，我国反洗钱的工作在法律体系、组织机构、监督检查、资金监测、案件查处和国际合作等方面取得了良好成效，已经建立起比较完善的反洗钱制度体系，反洗钱双边合作范围不断扩大，合作内容不断丰富，我国已成为国际社会反洗钱和反恐融资领域的重要成员。

第三节　刑事司法协助、引渡和被判刑人移管

当今世界，恐怖活动犯罪已不限于一个国家或地区，不仅单个恐怖组织本身具有跨国性，而且不同国家或地区的恐怖组织之间还呈现出相互勾结的趋势。恐怖活动犯罪的国际化最早可追溯到20世纪初，但其作为一种国际现象还是在第二次世界大战之后出现的。自20世纪80年代以来，恐怖活动犯罪的国际化趋势明显加快，2001年的"9·11"事件，以及2014年以来"伊斯兰国"的迅速扩张，愈发凸显恐怖主义国际化的特征。总体来看，恐怖活动犯罪的国际化主要体现在恐怖活动犯罪主体、犯罪行为和犯罪结果三方面。换言之，恐怖活动犯罪的国际性意味着犯罪行为和结果发生在一个以上的国家，或者犯罪人与被害人不属于同一国家，或者犯罪地与犯罪人所在地不属于同一国家。因此，不

论哪一个国家对之进行追诉，都需要取得其他有关国家的支持和帮助，只有这样才能及时了解案件的全部事实，获取定罪量刑所需的全部证据，有效地控制犯罪人，确保其能到庭受审，从而保障审判的顺利进行和判决的切实执行。我国是恐怖活动犯罪的受害者，作为负责任的大国，近些年来我国一直积极参与国际反恐怖主义事务，不断加强与其他国家、地区和国际组织的协作配合，通过缔结和参加的国际条约与有关国家进行刑事司法协助、引渡、被判刑人移管，在打击恐怖活动犯罪方面发挥了重要作用。目前，我国相关法律对刑事司法合作中的包括人、财、物的处理等问题已经作了规定。为进一步规范反恐怖主义刑事司法方面的合作，《反恐怖主义法》第 70 条对在打击恐怖活动犯罪中的刑事司法协助、引渡和被判刑人移管等问题作了衔接性规定，即"依照有关法律规定执行"，从而为涉及恐怖活动犯罪的刑事司法协助、引渡和被判刑人移管明确了法律依据。

一、刑事司法协助

（一）刑事司法协助的概念

国际刑事司法协助，是指主权国家之间应彼此的请求，根据国际条约、国内立法或互惠原则，协助或代为履行一定刑事司法程序的活动。[1]国家之间的国际刑事司法协助主要是在第二次世界大战以后形成和发展起来的。当时，为了适应打击国际犯罪及其他犯罪的需要，刑事司法协助作为引渡之外的另一种国际刑事合作形式，逐渐被国际社会所重视。有些国家制定了专门的国际刑事司法协助法，一些国家则在国内其他立法中规定了国际刑事司法协助的内容。在国际条约方面，除国家间签订的许多关于刑事司法协助的双边条约之外，还出现了多个区域性的多边公约。例如，欧洲理事会于 1959 年 4 月 20 日签订了《欧洲刑事互助公约》；美洲、加勒比海地区、西部非洲、南部非洲、独立国家联合体、东南亚和南亚等地区的国家和组织也缔结了关于刑事司法协助的多边条约。这些条约都在促进各自地区的刑事司法协助方面发挥了重要作用。此外，一些国际刑法公约也有专门涉及刑事司法协助的内容。例如，1988 年《联合国禁止非法贩运麻醉药品和精神药物公约》；2000 年《联合国打击跨国有组织犯罪公约》；2003 年《联合国反腐败公约》；2005 年《制止核恐怖主义行为国际公约》。[2]

---

〔1〕 贾宇：《国际刑法学》，中国政法大学出版社 2004 年版，第 363 页。
〔2〕 参见马呈元：《国际刑法论》，中国政法大学出版社 2013 年版，第 658~659 页。

　　理论上，国际刑事司法协助通常有广义与狭义之分。广义的刑事司法协助，也称为"刑事司法合作"，其范围包括引渡、被判刑人移管、诉讼转移、外国刑事判决的承认和执行以及其他诉讼行为。狭义的刑事司法协助，也称为"小司法协助"，单指一国应另一国的请求，通过本国司法机关的活动为使请求国的刑事诉讼顺利进行而提供有关案件的证据、文书送达等帮助，但不包括引渡、被判刑人移管、诉讼转移、外国刑事判决的承认和执行。目前，狭义的刑事司法协助的概念被越来越广泛地接受和采纳，并已经发展为一个内容丰富和相对独立的制度体系，对打击犯罪和公正司法发挥着越来越重要的作用。实际上，目前狭义的刑事司法协助已经有了大量新的形式和技术手段，其适用范围越来越广，并且已经形成了一整套独特的规则，甚至独立于引渡等其他国际刑事司法合作的形式来解释、运用和处理某些国际法基本规范。[1]我国在对外缔约的实践中，通常采纳狭义的刑事司法协助概念。在刑事司法合作领域，对外缔结的双边条约一般分为引渡条约、刑事司法协助条约和移管被判刑人条约三种类型。就恐怖活动犯罪刑事司法协助而言，由于《反恐怖主义法》第79条将刑事司法协助与引渡、被判刑人移管并列，因此，应当是指狭义上的刑事司法协助。

　　（二）恐怖活动犯罪刑事司法协助的依据与内容

　　《刑事诉讼法》第18条规定："根据中华人民共和国缔结或者参加的国际条约，或者按照互惠原则，我国司法机关和外国司法机关可以相互请求刑事司法协助。"因此，涉及恐怖活动犯罪的刑事司法协助，应当按照《刑事诉讼法》中的相关规定执行；如果与有关国家既没有签订刑事司法协助条约，也没有共同参加规定有刑事司法协助内容的国际公约的，则按照互惠原则进行刑事司法协助，相互之间给予对等的司法协助。

　　对于国际刑事司法协助的内容，联合国有关国际条约如1990年《联合国刑事事件互助示范条约》、2000年《联合国打击跨国有组织犯罪公约》以及2003年《联合国反腐败公约》中都有相关规定。相比而言，2003年《联合国反腐败公约》是迄今为止对国际刑事司法协助的内容规定得最为全面的一项国际刑法公约。根据该公约第46条的规定，各缔约国应在对公约规定的犯罪进行侦查、起诉和审判的程序中提供最大程度的司法协助。其中包括：①向个人获取证据或者陈述；②送达司法文书；③执行搜查和扣押并实行冻结；④检查物品和场所；⑤提供资料、物证以及鉴定结论；⑥提供有关文件和记录的原件或者经核证的副本，其中包括政府、银行、财务、公司或者商业记录；⑦为取证目的而辨认或者追查犯罪所得、财产、工具或者其他物品；⑧为有关人员自愿在请求

---

[1]　黄风：《国际刑事司法合作的规则与实践》，北京大学出版社2008年版，第105页。

缔约国出庭提供方便；⑨不违反被请求缔约国本国法律的任何其他形式的协助；⑩根据相关规定辨认、冻结和追查犯罪所得，根据相关规定追回资产。我国签订的双边刑事司法协助条约也对国际刑事司法协助的内容进行了规定，例如，1995 年生效的《中华人民共和国和加拿大关于刑事司法协助的条约》，其第 2 条就规定了刑事司法协助的范围：①刑事诉讼文书的送达；②调查取证和获取有关人员的陈述；③搜查和扣押；④获取和提供鉴定人鉴定；⑤移交物证；⑥提供犯罪记录和法庭记录；⑦提供书证；⑧准许或协助包括在押人员在内的有关人员赴请求方作证或协助调查取证；⑨涉及赃款赃物和归还被害人财物的措施。

2018 年 10 月 26 日，第十三届全国人民代表大会常务委员会第六次会议审议通过了《中华人民共和国国际刑事司法协助法》（以下简称《国际刑事司法协助法》），自公布之日起施行。《国际刑事司法协助法》对国际刑事司法协助的内容、依据、主体、程序等均作了明确规定。

1. 国际刑事司法协助的内容。根据《国际刑事司法协助法》第 2 条的规定，"本法所称国际刑事司法协助，是指中华人民共和国和外国在刑事案件调查、侦查、起诉、审判和执行等活动中相互提供协助，包括送达文书，调查取证，安排证人作证或者协助调查，查封、扣押、冻结涉案财物，没收、返还违法所得及其他涉案财物，移管被判刑人以及其他协助"。

2. 国际刑事司法协助的依据。根据《国际刑事司法协助法》第 3 条的规定，"中华人民共和国和外国之间开展刑事司法协助，依照本法进行。执行外国提出的刑事司法协助请求，适用本法、刑事诉讼法及其他相关法律的规定。对于请求书的签署机关、请求书及所附材料的语言文字、有关办理期限和具体程序等事项，在不违反中华人民共和国法律的基本原则的情况下，可以按照刑事司法协助条约规定或者双方协商办理"。《国际刑事司法协助法》第 4 条规定："中华人民共和国和外国按照平等互惠原则开展国际刑事司法协助。国际刑事司法协助不得损害中华人民共和国的主权、安全和社会公共利益，不得违反中华人民共和国法律的基本原则。非经中华人民共和国主管机关同意，外国机构、组织和个人不得在中华人民共和国境内进行本法规定的刑事诉讼活动，中华人民共和国境内的机构、组织和个人不得向外国提供证据材料和本法规定的协助。"

3. 国际刑事司法协助的主体。根据《国际刑事司法协助法》第 5 条的规定，"中华人民共和国和外国之间开展刑事司法协助，通过对外联系机关联系。中华人民共和国司法部等对外联系机关负责提出、接收和转递刑事司法协助请求，处理其他与国际刑事司法协助相关的事务。中华人民共和国和外国之间没有刑事司法协助条约的，通过外交途径联系"。《国际刑事司法协助法》第 6 条规定："国家监察委员会、最高人民法院、最高人民检察院、公安部、国家安全部等部门是开展国际刑事司法协助的主管机关，按照职责分工，审核向外国提出的刑事司法协助请求，审查处理对外联系机关转递的外国提出的刑事司法协助请求，承担其他与国际刑事司法协助相关的工作。在移管被判刑人案件中，司法部按照职责分工，承担相应的主管机关职责。办理刑事司法协助相关案件的机关是国际刑事司法协助的办案机关，负责向所属主管机关提交需要向外国提出的刑事司法协助请求、执行所属主管机关交办的外国提出的刑事司法协助请求。"

4. 国际刑事司法协助的程序。《国际刑事司法协助法》在第二章～第七章分别对"刑事司法协助请求的提出、接收和处理""送达文书""调查取证""安排证人作证或者协助调查""查封、扣押、冻结涉案财物""没收、返还违法所得及其他涉案财物"进行了规定，明确了国际刑事司法协助各个环节的适用程序。

在当前国际恐怖主义威胁十分突出的背景下，为有效打击与惩治恐怖活动犯罪，必须要大力加强国际刑事司法协助，以便在全球范围内建立打击恐怖活动犯罪的严密法网。因此，各国在具体的实践过程中，应当根据实际需要不断探索，积极拓展反恐怖主义国际刑事司法协助的新形式，一切有助于提高打击效能的创新形式都应当被考虑。需要强调的是，在创新反恐怖主义国际刑事司法协助的过程中，各方必须遵守国家主权原则及各国的法律规定，以促进国际刑事司法合作的良性发展。

二、引渡

(一) 引渡的概念及法律依据

引渡，是指一国向另一国提出请求，要求另一国将在其境内的某一刑事逃犯移交给请求国，以便请求国对其提起刑事诉讼或者执行刑罚的活动。引渡是国家间在制裁国内犯罪中进行刑事合作的一种形式，同时也是现代国际社会在制裁危害各国共同利益的国际犯罪中普遍接受的一种刑事合作形式。国际恐怖活动犯罪是当今世界最为严重的犯罪形式，一直是国际引渡制度关注的重点领域。现阶段，充分发挥引渡制度在国际反恐合作体系中的作用，能够有效破除地域限制，整合不同国家的法律资源，统筹各国的集体行动，维系恐怖活动犯罪与刑罚的因果关系，从而有力打击、直接遏制国际恐怖活动犯罪，构建全球治理模式。

在国际关系中，一国通常不负有必须向另一国引渡犯罪人的义务。因此，在实践中，国家之间在引渡犯罪人方面的刑事合作主要依据国际条约和国内法进行。从世界范围来看，有关引渡的国际条约主要有三种类型：①国际刑法公约，即为了维护国际社会的共同利益，国家之间签订的一系列旨在打击国际犯罪的普遍性和区域性的公约。这些公约在规定有关行为构成国际犯罪的同时，通过"或引渡或起诉"原则要求缔约国承担制裁国际犯罪的义务，并规定将公约本身作为缔约国（尤其是坚持"条约前置主义"立场的缔约国）可供选择的引渡依据。例如，1970年《制止非法劫持航空器公约》第8条第2款规定："如一缔约国规定只有在订有引渡条约的条件下才可以引渡，而当该缔约国接到未与其订有引渡条约的另一缔约国的引渡请求时，可以自行决定认为本公约是对该罪行进行引渡的法律依据。引渡应遵照被请求国法律规定的其他条件。"②区域性引渡公约。虽然目前国际社会依然未能签订一项普遍性的引渡公约，但是，某些地区的国家之间已经就引渡事项缔结了区域性的国际公约，如1933年《美洲国家间引渡公约》和1957年《欧洲引渡公约》。这些区域性引渡公约为缔约国设定了引渡义务，构成缔约国之间引渡犯罪人的法律依据。③双边引渡条约。由于一些国家规定，引渡必须以存在双边引渡条约关系为前提，因此，双边引渡条约目前依然是国家之间进行引渡合作的首要法律依据。

随着近些年恐怖活动犯罪国际化趋势的增强，我国有关涉外恐怖活动犯罪的刑事案件也日益增多。为了保障引渡合作的顺利开展，1992年4月3日，外交部、最高法、最高检、公安部和司法部共同制定了《关于办理引渡案件若干问题的规定》，对引渡合作的条件和程序等问题作了初步的规定。此后，2000年12月28日，全国人大常委会颁布了《引渡法》，对外国向我国请求引渡中必须符合的条件、引渡请求的提出、对引渡请求的审查、为引渡而采取的强制措施、引渡的执行、暂缓引渡和临时引渡、引渡的过境以及我国向外国请求引渡等问题作出了明确规定。截至2019年1月，我国已与55个国家缔结了引渡条约，生效39项；其中亚洲地区18个国家与我国缔结了引渡条约，生效16项；欧洲地区14个国家与我国缔结了引渡条约，生效11项；非洲地区13个国家与我国缔结了引渡条约，生效7项；美洲、大洋洲地区10个国家与我国缔结了引渡条约，生效5项。《引渡法》和上述相关引渡条约，为我国与其他国家在打击包括恐怖活动犯罪在内的各类犯罪活动中开展引渡合作提供了法律依据。

（二）恐怖活动犯罪引渡的原则

所谓引渡原则，是指在引渡实践中逐渐形成的，被各国所公认的具有法律效力、最为普遍适用的准则。引渡制度经过长期的实践，在相当数量的国际公约和国家之间的双边条约中已经形成了为数不少的引渡规则，其中，有些规则更由于其法定性、实体性，决定了引渡制度的基本性质和价值取向，制约和规范着引渡活动的进行，并服务于各国维护主权和保护人权的基本目标。从理论上讲，引渡原则的体系包括：双重犯罪原则、特定原则或专门原则、政治犯不引渡原则、或引渡或起诉原则、本国国民不引渡原则、军事犯不引渡原则、死刑不引渡原则等。我国《引渡法》中所体现的国际引渡制度的通行原则主要包括：

1. 平等互惠原则。例如，《引渡法》第 3 条规定："中华人民共和国和外国在平等互惠的基础上进行引渡合作。引渡合作，不得损害中华人民共和国的主权、安全和社会公共利益。"

2. 双重犯罪原则。例如，《引渡法》第 7 条第 1 款第 1 项规定："引渡请求所指的行为，依照中华人民共和国法律和请求国法律均构成犯罪。"

3. 本国国民不引渡原则。例如，《引渡法》第 8 条第 1 项规定，"根据中华人民共和国法律，被请求引渡人具有中华人民共和国国籍的"，应当拒绝引渡。

4. 一事不再理原则。例如，《引渡法》第 8 条第 2 项规定，"在收到引渡请求时，中华人民共和国的司法机关对于引渡请求所指的犯罪已经作出生效判决，或者已经终止刑事诉讼程序的"，应当拒绝引渡。

5. 政治犯、军事犯不引渡原则。例如，《引渡法》第 8 条第 3、4、5 项规定了因政治犯、军事犯而拒绝引渡的情形：① "因政治犯罪而请求引渡的，或者中华人民共和国已经给予被请求引渡人受庇护权利的"；② "被请求引渡人可能因其种族、宗教、国籍、性别、政治见解或者身份等方面的原因而被提起刑事诉讼或者执行刑罚，或者被请求引渡人在司法程序中可能由于上述原因受到不公正待遇的"；③ "根据中华人民共和国或者请求国法律，引渡请求所指的犯罪纯属军事犯罪的"，应当拒绝引渡。

6. 特定性原则。例如，《引渡法》第 14 条规定："请求国请求引渡，应当作出如下保证：①请求国不对被引渡人在引渡前实施的其他未准予引渡的犯罪追究刑事责任，也不将该人再引渡给第三国。但经中华人民共和国同意，或者被引渡人在其引渡罪行诉讼终结、服刑期满或者提前释放之日起 30 日内没有离开请求国，或者离开后又自愿返回的除外；②请求国提出请求后撤销、放弃引渡请求，或者提出引渡请求错误的，由请求国承担因请求引渡对被请求引渡人造成损害的责任。"

上述引渡原则，体现了国家主权、刑事政策、个人权利保护的国际共识，也是尊重主权和保护人权的需要，是引渡适用过程中的"安全阀"，在保障国家间引渡顺利进行的过程中发挥着重要作用。因此，我国在开展恐怖活动犯罪人的引渡时，应当予以遵守。需要指出的是，随着当今世界范围内国际恐怖活动犯罪的日益严重，上述一些原则已显得过于僵硬，不利于保障犯罪规制的效率，妨碍了对国际恐怖活动犯罪人的追诉和惩治，影响了部分引渡合作的正常进行，从而可能成为国际联合反恐的制度障碍。特别是政治犯不引渡、本国公民不引渡、死刑不引渡等都是实际操作中的重大问题，对国际反恐引渡合作带来的制度性、实务性障碍已经逐渐凸显，应当引起关注。

（三）恐怖活动犯罪引渡的程序

引渡作为主权国家间刑事合作的一种形式，除了需要遵守相关国际条约和有关国家国内法的规定外，还应当符合一定的程序。进行引渡合作一般分为四个步骤：①确定引渡的法律依据，即确定引渡国和被请求引渡国之间是否签订有有效的引渡条约。②请求引渡国必须向被请求引渡国提出引渡请求。引渡请求一般通过外交途径办理。③被请求引渡国决定是否同意引渡，即请求国的引渡请求还须得到被请求国的批准，方可实施引渡。④办理引渡手续。在批准引渡请求后，即可办理引渡移交手续。被请求国须以书面形式并通过与提出引渡要求相同的途径将其决定通知请求国，请求国在一定期限内，必须派员到指定地点接受案犯。罪犯交给请求国人员接收之后，引渡程序就算完成。

根据我国《引渡法》的相关规定，执行包括恐怖活动犯罪在内的相关犯罪人的引渡合作，应当经过以下程序：

1. 引渡请求的提出。《引渡法》第 4 条规定："中华人民共和国和外国之间的引渡，通过外交途径联系。中华人民共和国外交部为指定的进行引渡的联系机关。引渡条约对联系机关有特别规定的，依照条约规定。"根据本条的规定，除中国与外国缔结的国际条约有特别规定的之外，无论是中国向外国提出引渡请求，还是外国向中国提出引渡请求，都需要经过外交途径联系。

2. 引渡请求的审查。目前，中国对引渡请求的审查是典型的"行政审查→司法审查→行政审查"的双重审查模式。根据《引渡法》第 16 条和第 29 条的规定，外交部在收到外国的引渡请求后，应当对其进行形式要件的审查；审查无误后，进入司法审查程序。由最高人民法院指定的高级人民法院对引渡请求是否符合《引渡法》和引渡条约规定的引渡条件等进行审查并做出裁定；最高人民法院负责对裁定的复核。最后，外交部在收到最高人民法院符合引渡条件的裁定后，报国务院作出是否引渡的决定。

3. 引渡的执行。其主要是指我国将被请求引渡人和有关物品移交给请求国，以及为保证移交而事先拘禁被请求引渡人的程序。有关移交被请求引渡人，《引渡法》第 38 条规定："引渡由公安机关执行。对于国务院决定准予引渡的，外交部应当及时通知公安部，并通知请求国与公安部约定移交被请求引渡人的时间、地点、方式以及执行引渡有关的其他事宜。"有关拘禁被请求引渡人，《引渡法》第 30 条和第 31 条规定了名为"引渡拘留"的请求引渡前的拘禁，并将引渡拘留期限定为 30 日（经请求国请求，可延长 15 日）。《引渡法》第 32 条规定了名为"引渡逮捕"的请求引渡后的拘禁，但"对被请求引渡人不采取引渡逮捕措施的，应当及时作出引渡监视居住的决定"。对于有关物品的移交，《引渡法》第39条规定，公安机关应当根据人民法院的裁定，向请求国移交与案件有关的财物。因被请求引渡人死亡、逃脱或者其他原因而无法执行引渡的，也可以向请求国移交相关财物。

三、被判刑人移管

（一）被判刑人移管的概念

被判刑人移管，又称被判刑人移交、被判刑人转移或被判刑人迁移，是指根据国际条约和国内法的规定，经请求，一国将在本国境内被判处自由刑的犯罪人移交给其国籍国或惯常居住国，并由该国执行对犯罪人所判刑罚的国际刑事合作形式。被判刑人移管制度于1975年第一次在联合国范围内被提出，因其体现了刑罚的人道主义精神，故而得以在20世纪80年代蓬勃发展。从国际上看，在被判刑人移管方面较早签订并有重要影响的国际条约当属1983年3月21日欧洲理事会通过的《欧洲移交被判刑人公约》，它对被判刑人移交的条件、程序和法律效果等作了全面的规定。此外，一些国际刑法公约也包含被判刑人移管的条款。例如，《联合国打击跨国有组织犯罪公约》第17条"被判刑人员的移交"规定："缔约国可考虑缔约双边或多边协定或安排，将因犯有本公约所涉犯罪而被判监禁或其他形式剥夺自由的人员移交其本国服满刑期。"《联合国反腐败公约》第45条也作了同样的规定。1985年12月13日，联合国大会通过了《关于移交外国囚犯的示范协定》，以供联合国会员国在缔结此类国际条约时参考。同时，为了开展在被判刑人移管方面的国际合作，一些国家之间还缔结了双边条约，例如，1972年2月3日，丹麦与西班牙缔结的《被判刑人移管公约》。

被判刑人移管是承认和执行外国刑事判决中最重要的一种形式，作为一项国际刑事合作，其宗旨在于，使被判刑人在其本国或经常居住国服刑，以体现人道主义精神，并且有利于被判刑人服刑后回归社会。例如，《欧洲移交被判刑人公约》在序言中即提到："这种合作应促进公正之目的的实现和被判刑人的社会复归"和"给予因犯罪而被剥夺自由的外国人在他们自己社会服刑的机会"。

（二）恐怖活动犯罪的被判刑人移管

中国于1997年9月首次与乌克兰开展了被判刑人移管的个案合作，尔后又与俄罗斯、喀麦隆、也门等国家开展了个案合作。目前，中国已同乌克兰、俄罗斯、西班牙、葡萄牙、韩国、澳大利亚、哈萨克斯坦、蒙古、泰国、吉尔吉斯共和国、伊朗、塔吉克斯坦等国家签订了被判刑人移管条约，因此，涉及恐怖活动犯罪的被判刑人移管应当按照有关条约的规定执行。

通常，被判刑人移管的实施应当满足一定的条件，我国在与一些国家签订的被判刑人移管的条约中就对此有明确规定。例如，《中华人民共和国和吉尔吉斯共和国关于移管被判刑人的条约》第4条第1款规定："只有符合下列条件，方可移管被判刑人：①被判刑人是接收方的国民；②对被判刑人判处刑罚所针对的行为按照接收方的法律也构成犯罪；③在接到移管请求时，对被判刑人判处刑罚的判决已经发生法律效力，且被判刑人还需服刑至少1年；④被判刑人已经书面同意移管，或者任何一方鉴于该人的年龄、身体或精神状况认为有必要时，经被判刑人的合法代理人书面同意移管；⑤双方均同意移管。"在一些条约中，还规定了被判刑人移管的消极条件，当相应的条件出现时，有关缔约方可以拒绝移管请求。例如《中华人民共和国和吉尔吉斯共和国关于移管被判刑人的条约》第5条第1款规定："有下列情形之一的，可以拒绝移管：①一方认为移管有损其主权、安全、公共秩序或者违反本国法律的基本原则；②被判刑人因危害国家安全罪被判处刑罚；③被判刑人在移交方境内有尚未完结的诉讼。"

《国际刑事司法协助法》不仅对狭义的国际刑事司法协助的内容进行了规定，还在第八章以专章形式对被判刑人移管的内容进行了规定。《国际刑事司法协助法》第55条规定："外国可以向中华人民共和国请求移管外国籍被判刑人，中华人民共和国可以向外国请求移管外国籍被判刑人。"第56条规定："向外国移管被判刑人应当符合下列条件：①被判刑人是该国国民；②对被判刑人判处刑罚所针对的行为根据该国法律也构成犯罪；③对被判刑人判处刑罚的判决已经发生法律效力；④被判刑人书面同意移管，或者因被判刑人年龄、身体、精神等状况确有必要，经其代理人书面同意移管；⑤中华人民共和国和该国均同意移管。有下列情形之一的，可以拒绝移管：①被判刑人被判处死刑缓期执行或者无期徒刑，但请求移管时已经减为有期徒刑的除外；②在请求移管时，被判刑人剩余刑期不足一年；③被判刑人在中华人民共和国境内存在尚未了结的诉讼；④其他不宜移管的情形。"

第四节　出境执行反恐怖主义任务

一、出境执行反恐怖主义任务的意义

我国颁布《反恐怖主义法》后，曾引起国际社会的广泛关注。其中，有关"出境执行反恐怖主义任务"的内容就成为国内外媒体聚焦的亮点之一。从当前我国反恐怖主义斗争和国家安全战略的角度来看，派员出境执行反恐怖主义任务具有多重的现实意义。

1. 出境执行反恐怖主义任务是从源头遏制我国本土恐怖活动犯罪的需要。实践证明，长期以来我国国内恐怖活动犯罪屡打不绝且暗流涌动的重要原因之一，就是境内恐怖活动组织和恐怖活动人员与境外恐怖势力相勾结，形成了"境外指挥，网上勾连，境内行动"的基本模式。可以说，我国目前多数恐怖活动犯罪的根本源头在境外，即"境外有种子"，其是指犯罪嫌疑人、犯罪工具、主要证据、证人等均在国外。因此，若要彻底打击恐怖活动，派员出境执行反恐怖主义任务就成为十分必要的手段。

2. 出境执行反恐怖主义任务是维护我国海外利益的现实需要。随着我国经济社会的发展和对外交往的增多，我国在境外的投资规模越来越大，出境旅游、学习、工作和生活的公民也越来越多，但与此同时，我国在境外的公民以及驻外企业、机构、设施、财产同样面临着恐怖袭击的威胁，遭受恐怖袭击殃及和直接侵害的事件也有所增多。因此，在我国海外人员和财产安全深受恐怖主义威胁，海外国家不能充分提供安全保障的大背景下，赋予我国相关部门和军事力量出境执行反恐怖主义任务的职责，既是维护国家利益的需要，也是目前各国较为普遍的做法。

3. 出境执行反恐怖主义任务是推进"一带一路"倡议实施的需要。自2013年以来，我国提出的"一带一路"倡议受到国际社会及相关国家的热烈响应。但是就现实情况而言，"一带一路"倡议的实施场域——东南亚、南亚、中亚、中东地区，同时也是恐怖组织活跃的地区；此外，受该区域历史、宗教、民族等因素的影响，该地区多重社会矛盾叠加，极易引发恐怖袭击事件。由于"一带一路"沿线国家安全防卫力量参差不齐，加之我国投资占有很大比重，开展境外反恐怖主义无疑是一种合理有效的自我保护策略。与此同时，我国一贯奉行和平自主原则，秉持不干涉他国内政的外交政策。因而通过出境执行反恐怖主义任务的方式与其他国家之间开展安全合作也是一种和平法治化、低成本化的措施，对于有效实施"一带一路"倡议具有十分重要的意义。

为保证出境执行反恐怖主义任务的顺利进行，《反恐怖主义法》第71条对中国人民解放军、中国人民武装警察部队派员出境执行反恐怖主义任务作了规定，为我国出境反恐怖主义提供了法律依据。

二、出境执行反恐怖主义任务的主体与内容

《反恐怖主义法》第71条规定："经与有关国家达成协议，并报国务院批准，国务院公安部门、国家安全部门可以派员出境执行反恐怖主义任务。中国

人民解放军、中国人民武装警察部队派员出境执行反恐怖主义任务，由中央军事委员会批准。"从以上条款可以看出，我国派员出境执行反恐怖主义任务的主体主要分为两类：一类是公安、国家安全、外交等政府相关部门；另一类是中国人民解放军和中国人民武装警察部队组成的国家军事武装力量。

（一）政府相关部门及其出境执行反恐怖主义任务

根据《反恐怖主义法》第71条第1款的规定，国务院公安部门、国家安全部门可以派员出境执行反恐怖主义任务。关于任务的内容，则应为《反恐怖主义法》第69条第1款所规定的反恐怖主义政策对话、情报信息交流、执法合作和国际资金监管合作。

（二）军事力量及其出境执行反恐怖主义任务

军事力量执行反恐怖主义任务在我国有明确的法律依据。例如，《国家安全法》第18条规定："……实施积极防御军事战略方针，防备和抵御侵略，制止武装颠覆和分裂；开展国际军事安全合作，实施联合国维和、国际救援、海上护航和维护国家海外利益的军事行动，维护国家主权、安全、领土完整、发展利益和世界和平。"《国防法》第22条规定，中国人民解放军现役部队主要担负防卫作战任务，必要时可以依照法律规定协助维护社会秩序；预备役部队必要时可以依照法律规定协助维护社会秩序；中国人民武装警察部队担负国家赋予的安全保卫任务，维护社会秩序。

《反恐怖主义法》明确赋予中国人民解放军、中国人民武装警察部队出境执行反恐怖主义任务的职责，既是我国应对全球恐怖袭击的必要措施，也是国防和军队改革的必然发展。面对世界共同的安全危机，在各类维和行动、反对恐怖主义和海外护航的军事行动中，我国军事力量参与海外军事行动的次数越来越多。同时，从现实力量看，当前我国军事力量具有组织严密、纪律严明、训练有素、装备精良、战斗力强等特点，在执行反恐怖主义任务中具有特殊优势，面对日益军事化的恐怖活动组织，军事力量出境执行反恐怖主义任务具有现实需要和实践基础。因此，中国人民解放军、中国人民武装警察部队派员出境执行反恐怖主义任务，将大大提高我国对海外人员、资产安全的保障，同时对恐怖分子以及其他威胁我国境外机构和人员安全的犯罪分子有着非常大的威慑力。

关于军事力量出境执行反恐怖主义任务的具体内容，从西方国家近些年的实际行动来看，派遣军事力量到境外执行反恐怖主义任务主要包括参加联合反恐怖主义军事训练和演习、境外歼捕恐怖分子、境外解救人员、境外斩首打击、境外反恐怖主义战争等内容。目前，我国军事力量出境执行反恐怖主义任务主要包括进行联合军事演习、开展政策对话、进行海上护航、参与维和行动等内容。例如，我国海军从2008年年底开始在亚丁湾、索马里海域执行护航任务。

此外，我国在上海合作组织的框架下签订《关于在上海合作组织成员国境内组织和举行联合反恐怖主义行动的程序协定》后，近年来已多次派员执行在其他成员国进行联合反恐怖主义军事演练等合作任务。

三、出境执行反恐怖主义任务的前提条件

由于出境执行反恐怖主义任务涉及国际国内政治、经济、社会、外交等因素，往往是民族与宗教问题错综复杂，公开斗争与隐蔽斗争交织，军事与政治、经济、外交等斗争并存，如何动用、怎样派员、如何装备等都属于敏感问题，容易成为国内外关注的焦点。因此，《反恐怖主义法》在明确政府相关部门出境执行反恐怖主义任务的同时，也规定了相应的前提条件。

（一）政府相关部门出境反恐怖主义的前提

根据《反恐怖主义法》第71条第1款的规定，国务院相关部门派员出境执行反恐怖主义任务，需要满足两个前提条件：①经与有关国家"达成协议"。之所以规定上述前提条件，是因为在反恐怖主义国际合作中，遵循国际关系准则，坚持平等互惠以及尊重有关国家的主权和意愿，是我国一贯奉行的重要原则。由于赴其他国家领域内执行反恐怖主义任务关系到他国的主权问题，因此，需要事先得到他国的同意，执行任务的具体内容也应当按照与他国达成的协议进行。②报国务院批准。国务院是我国的中央政府，有权代表我国进行对外交往与合作。派员出境执行反恐怖主义任务是中央的专属权，其主体只能是国务院公安部门和国家安全部门，省级及省级以下公安机关和国家安全机关均无权派员出境执行反恐怖主义任务。因为出境执行反恐怖主义任务属于国际社会关注的热点议题，应当权衡利弊和各方面的关切，慎重作出决策。规定出境执行反恐怖主义任务要经国务院批准，有利于在更高的层面把握出境执行反恐怖主义任务的时机、目的国、方式、规模等重大复杂敏感问题。所以，国务院公安部门、国家安全部门派员出境执行反恐怖主义任务，应当同时满足以上两个条件，二者缺一不可。

（二）军事力量出境执行反恐怖主义任务的前提

我国《宪法》等法律对我国武装力量的领导权具有明确规定。例如，《宪法》第93条第1款规定，中华人民共和国中央军事委员会领导全国武装力量。《突发事件应对法》第14条规定："中国人民解放军、中国人民武装警察部队和民兵组织依照本法和其他有关法律、行政法规、军事法规的规定以及国务院、中央军事委员会的命令，参加突发事件的应急救援和处置工作。"与上述法律规定相衔接，《反恐怖主义法》第71条第2款也对中国人民解放军、中国人民武

装警察部队派员出境执行反恐怖主义任务的批准程序进行了规定，即明确必须经中央军事委员会批准才能进行。

第五节 国际合作中取得材料的使用

根据我国《行政处罚法》《治安管理处罚法》《刑事诉讼法》的规定，追究恐怖活动组织和恐怖活动人员的行政或者刑事法律责任，需要有相关证据支持。随着涉恐违法犯罪活动的国际化，在我国境内发生的恐怖事件或者在我国境外发生的针对我国公民、财产等的恐怖活动频繁发生，有的是境外恐怖势力与境内恐怖势力相互勾结实施的，也有的是拥有外国国籍的恐怖活动人员实施的。在追究这些组织和人员的法律责任的时候，有些证据材料需要通过反恐怖主义国际合作取得。由此，证据问题也成为反恐怖主义国际合作中非常重要的一项内容。一般来说，可用于证明案件事实的材料都可以作为证据使用，但是，不同于在国内调查取得的证据，通过反恐怖主义国际合作取得的材料具有一定的特殊性，即由于涉及其他国家，因此要受到国际惯例和与相关国家所签订的条约或者协议的约束。为此，《反恐怖主义法》第72条专门对通过反恐怖主义国际合作取得的材料能否在行政处罚、刑事诉讼中作为证据使用的问题作了规定，为反恐怖主义执法和司法合作提供了保障。

一、反恐怖主义国际合作中取得材料的类型

我国法律对行政处罚和刑事诉讼的证据要求都有明确的规定，追究任何人的行政或者刑事责任，包括恐怖活动组织和恐怖活动人员，都要根据相关规定依法进行。例如，根据《行政处罚法》第30条、第36条和第39条的规定，行政执法机关对公民、法人或者其他组织给予行政处罚，行政机关必须查明事实；违法事实不清的，不得给予行政处罚。行政机关发现公民、法人或者其他组织有依法应当给予行政处罚的行为的，必须全面、客观、公正地调查，收集有关证据。决定给予行政处罚的，应当制作行政处罚决定书，行政处罚决定书应当载明违反法律、法规或者规章的事实和证据。根据《刑事诉讼法》第200条的规定，法院对于案件事实清楚，证据确实、充分，依据法律认定被告人有罪的，应当作出有罪判决；证据不足，不能认定被告人有罪的，应当作出证据不足、指控的犯罪不能成立的无罪判决。

根据《行政处罚法》《治安管理处罚法》《公安机关办理行政案件程序规定》的相关规定，公安机关在行政程序中，可以用于证明案件事实的材料，都

是证据。其中，公安机关办理行政案件的证据包括：①物证；②书证；③被侵害人陈述和其他证人证言；④违法嫌疑人的陈述和申辩；⑤鉴定意见；⑥勘验、检查、辨认笔录，现场笔录；⑦视听资料、电子数据。根据《刑事诉讼法》第50条第1、2款的规定，在刑事诉讼过程中，可以用于证明案件事实的材料，都是证据。其中包括：①物证；②书证；③证人证言；④被害人陈述；⑤犯罪嫌疑人、被告人供述和辩解；⑥鉴定意见；⑦勘验、检查、辨认、侦查实验等笔录；⑧视听资料、电子数据。对恐怖活动违法犯罪行为的行政或刑事处罚，都要根据相关程序，以"可以用于证明案件事实的材料"为依据来认定。因此，在反恐怖主义合作过程中获取的上述类型的材料，都属于能够在行政处罚、刑事诉讼中作为证据的范围。

二、反恐怖主义国际合作中取得材料的使用

（一）作为证据使用的一般性规定

如何认定通过反恐怖主义国际合作所取得的材料的证据效力，对办理涉恐行政、刑事案件具有重要影响，决定了案件侦查、起诉、审判等各环节的工作质量与效率。《反恐怖主义法》第72条规定："通过反恐怖主义国际合作取得的材料可以在行政处罚、刑事诉讼中作为证据使用，但我方承诺不作为证据使用的除外。"可以看出，对于通过反恐怖主义国际合作所取得的材料，是以认可其证据效力为基本使用准则，以排除使用为例外情形。从反恐怖主义斗争实践来看，明确通过反恐怖主义国际合作所取得的材料原则上可以在行政执法、刑事诉讼中作为证据使用，符合开展反恐怖主义国际刑事司法协助等合作的实际目的，有利于依法追究恐怖活动组织和恐怖活动人员的行政责任和刑事责任，从而体现预防和打击恐怖主义的成效。

虽然《反恐怖主义法》明确了国际合作所取得的材料的证据效力，但要将相关材料在具体行政、刑事案件中作为定案证据，还必须符合国内相关法律有关域外证据采纳的要求。例如，在行政诉讼领域，2002年10月1日起施行的《最高人民法院关于行政诉讼证据若干问题的规定》第16条第1款规定："当事人向人民法院提供的在中华人民共和国领域外形成的证据，应当说明来源，经所在国公证机关证明，并经中华人民共和国驻该国使领馆认证，或者履行中华人民共和国与证据所在国订立的有关条约中规定的证明手续。"在刑事诉讼领域，《最高人民法院关于适用〈中华人民共和国刑事诉讼法〉的解释》第405条规定："对来自境外的证据材料，人民法院应当对材料来源、提供人、提供时间以及提取人、提取时间等进行审查。经审查，能够证明案件事实且符合刑事诉

讼法规定的，可以作为证据使用，但提供人或者我国与有关国家签订的双边条约对材料的使用范围有明确限制的除外；材料来源不明或者其真实性无法确认的，不得作为定案的根据。当事人及其辩护人、诉讼代理人提供来自境外的证据材料的，该证据材料应当经所在国公证机关证明，所在国中央外交主管机关或者其授权机关认证，并经我国驻该国使、领馆认证。"

（二）不能作为证据使用的例外情形

根据《反恐怖主义法》第72条的规定，在"我方承诺不作为证据使用"的情形下，通过反恐怖主义国际合作所取得的材料则不能在行政程序、刑事诉讼中作为证据使用。之所以有这一例外情形，是因为在国际司法合作过程中，根据国际惯例或为了得到有关国家的配合而签订的条约或者协议，请求国有时会对通过国际合作所取得的材料在使用方面做出一些承诺，其主要是为了限制证据的使用范围。例如，《联合国反腐败公约》第46条第19款规定："未经被请求缔约国事先同意，请求缔约国不得将被请求缔约国提供的资料或者证据转交或者用于请求书所述以外的侦查、起诉或者审判程序……"上述规定虽然针对的是反腐败领域的国际合作，但是此类关于限制使用通过司法协助所获取的证据材料的规定，几乎存在于所有双边司法协助条约当中。例如，根据2007年12月1日签订的《中华人民共和国和日本国关于刑事司法协助的条约》第7条的规定："未经被请求方中央机关的事先同意，请求方不得将根据本条约提供的证据用于除请求所述的侦查、起诉或者其他诉讼程序以外的目的。如果被请求方中央机关提出要求，请求方应当对根据该条约提供的证据予以保密，或者仅在被请求方中央机关指明的条件下使用该证据。"这种规定对于我国刑事司法机关使用和采纳证据的权力构成限制。

综合来看，规定通过反恐怖主义国际合作所取得的材料在我方承诺的情况下不在行政处罚、刑事诉讼中作为证据使用，有利于消除有关国家的疑虑，为我国与有关国家进行反恐怖主义国际合作排除法律障碍。因此，即使某一通过反恐怖主义国际合作所取得的材料也能证明其他案件的相关事实，但外国主管机关将该证据材料的使用限制于特定案件或者附加其他限制的，我国行政机关和司法机关在办理案件中就应当遵守有关约定或者承诺。

第十二章

保障措施

第一节　反恐怖主义保障措施概述

恐怖活动极大地危害国家安全与社会安宁，而反恐怖主义是一项系统工程，无论打击还是防范，都需要政府在人、财、物等方面的必要投入。投入是否到位，保障是否有力，直接关系到反恐怖主义工作的成败与得失。伴随着恐怖主义的现实危险加剧与反恐怖主义工作的重要性愈发凸显，反恐怖主义工作保障措施的构建与完善日益为各国所重视，许多国家通过立法形式对此予以明确。我国《反恐怖主义法》第八章专设"保障措施"一章，对我国反恐怖主义的保障措施做了专门、系统的规定。该章共6个条文，分别对反恐怖主义工作的经费保障，队伍保障，因履行反恐怖主义职责或协助反恐怖主义工作而受损的人员的经济保障，特定人员与单位的安全保障，反恐怖主义工作的技术保障与征用制度，因实施反恐怖主义工作致损的赔偿、补偿制度等作了具体的规定。这些规定对于保障反恐怖主义工作的顺利进行，确保反恐怖主义斗争取得实效具有重要意义。

一、反恐怖主义保障措施的含义

反恐怖主义保障措施，是指为保证反恐怖主义工作的顺利进行，针对负有反恐怖主义职责的国家机关、有关部门及其工作人员，以及参与反恐怖主义工作的其他单位及人员，国家依法制定并实施的一系列支持上述单位、人员从事反恐怖主义工作，维护、保障其相关权利、利益的条件、手段和办法的总称。理解反恐怖主义保障措施，应把握以下几点：

1. 反恐怖主义保障措施的对象是负有反恐怖主义职责，从事反恐怖主义工作的单位与人员。在我国，依据《反恐怖主义法》第7条、第8条、第9条的规定，反恐怖主义保障措施的对象主要包括以下单位和人员：①负责领导和指挥反恐怖主义工作任务的中央和地方各级反恐怖主义工作领导机构；②负有参与、实施反恐怖主义工作任务的公安机关、国家安全机关、人民检察院、人民法院、司法行政机关和其他国家机关；③负有防范和处置恐怖活动任务的中国人民解放军、中国人民武装警察部队和民兵组织，以及在上述单位从事反恐怖主义工作的人员；④其他开展反恐怖主义工作，参与反恐怖主义活动的单位和个人等。

2. 反恐怖主义保障措施的目标是保证反恐怖主义工作的顺利进行与反恐怖主义工作任务的顺利完成，以及保护具有反恐怖主义职责、从事反恐怖主义工作的人员和单位的权利与利益。

3. 反恐怖主义保障措施的主要内容包括：①为从事反恐怖主义工作的单位和人员提供资金、技术、制度等方面的支持，保障其顺利履行反恐怖主义职责；②为有需要的人员与单位提供特殊的保护，避免其遭受恐怖分子的打击报复；③针对因履行反恐怖主义职责或配合反恐怖主义工作而受损的人员的抚恤优待制度；④为从事反恐怖主义工作的人员提供应有的福利待遇，表彰其为国家安全做出的牺牲与奉献；⑤对反恐怖主义致损行为的免责和因反恐怖主义工作所造成损害的赔偿或补偿制度；⑥反恐怖主义征用制度。

二、反恐怖主义保障措施立法化的必要性

1. 反恐怖主义的工作属性要求立法规定其保障措施。恐怖活动犯罪的社会危害性是巨大的，其产生有着复杂的政治、经济、文化、历史等社会根源，因而反恐怖主义工作是一项治标与治本并重，打击与预防齐举的综合性社会实践活动。反恐怖主义工作是重要而艰巨的，如果缺乏可靠、稳定、充足及全面的保障措施作为后盾和支撑，将很难持续、有效地开展反恐怖主义工作，反恐怖主义工作的良好效果亦难以为继。

2. 我国原有的相关立法不能适应新时期反恐怖主义斗争的需要。在我国出台《反恐怖主义法》之前，缺乏为执行反恐怖主义工作和任务的人员和单位提供专门的、特殊的保障措施的法律规定，相关人员与单位只能依据《国防法》《兵役法》《刑事诉讼法》等法律中的有关规定享有一定的保障。例如，《国防法》《兵役法》规定了对现役军人及退役军人的优待制度；《刑事诉讼法》第64条规定了对包括恐怖活动犯罪案件中的证人、鉴定人、被害人及其近亲属的保护规定。值得注意的是，2015 年 7 月 1 日第十二届全国人民代表大会常务委员会第十五次会议通过的《国家安全法》，其中第五章专门规定了国家安全保障的内容。反恐怖主义属于维护国家安全任务的重要方面，但国家安全的内容和范围相当广泛，《国家安全法》不可能对反恐怖主义的具体保障措施作出细致规定。总之，由于反恐怖主义斗争的艰巨性、复杂性、危险性和重要性，上述法律规定的保障措施无论是从适用主体范围还是从保障程度与力度来看，都难以

满足我国目前反恐怖主义工作的现实需要，这也是我国《反恐怖主义法》专章规定反恐怖主义保障措施的重要原因。

三、反恐怖主义保障措施法律化的重要价值

在我国全面推进依法治国，大力倡导法治的时代背景下，实现反恐怖主义保障措施的制度化与规范化势在必行。《反恐怖主义法》将反恐怖主义保障措施予以立法化，具有多方面的重要价值。

1. 有利于保障反恐怖主义目标的顺利实现。保障措施的法律化必然能够极大地调动与激发参与反恐怖主义工作人员的内在驱动力与自信心，坚定其保卫国家安全与维护人民福祉的伟大信念。如果相关工作人员在履行反恐怖主义职责，完成反恐怖主义任务的过程中既无生活之所困，亦无家庭之所虑，必然会对反恐怖主义工作效率的大幅度提升产生积极作用，最终有助于实现反恐怖主义的根本目标。

2. 有利于尊重和保障人权任务的实现。尊重和保障人权是反恐怖主义工作的主要功能之一，但是尊重与保障人权不仅仅指应当尊重和保障恐怖分子与被害人的人权，依法进行反恐怖主义工作人员的人权也应当得到尊重和保障。《反恐怖主义法》第八章的保障措施，正是为了实现尊重和保障人权的任务而作出的具体规定。

3. 有利于法治原则的贯彻落实。依法治国是我国当前国家治理的基本方略。在反恐怖主义实践活动中，依法治国的贯彻落实体现为依法反恐怖主义，即在坚持法治原则的基础上，在法律的框架内推进反恐怖主义工作。依法反恐怖主义不仅要求依法打击和预防恐怖活动犯罪，还要求依法保障参与反恐怖主义工作的相关人员和单位的各项权利与利益，从而在反恐怖主义工作队伍中树立起依法打击恐怖主义，捍卫法律尊严的法治精神与坚定理念。[1]

第二节　反恐怖主义工作的经费保障

一、立法意义

恐怖主义被称作和平时代最危险的敌人，打击恐怖主义需要动员社会各方

---

[1] 参见兰迪："反恐怖主义保障措施研究——以《中华人民共和国反恐怖主义法》为中心"，载《江西警察学院学报》2016年第2期。

力量，投入大量的人员、物资、武器、装备和基础设施等，经费能否得到有效保障是反恐怖主义目标能否顺利实现的前提条件。反恐怖主义的任务越是艰巨，反恐怖主义的经费保障就越为重要。

经费保障在反恐怖主义活动中占有举足轻重的地位，是由反恐怖主义活动自身的特殊性所决定的。在实施具体的反恐怖主义活动时，单位时间内各种经费的需求量将急剧增加，如果缺乏充足的经费予以支撑，反恐怖主义的任务将很难顺利完成。①为了能够保障反恐怖主义行动的胜利，必须保障反恐怖主义队伍在人力、物力和武器装备上的压倒性优势。在反恐怖主义行动中，一方面，大量反恐怖主义人员需要相应规模的生活费以及高标准的补贴和津贴；另一方面，高技术反恐怖主义武器的广泛应用需要充足的油料、弹药等作战物资以及大量的维修保养经费。②正所谓"兵贵神速"，反恐怖主义行动只有做到快速、及时，才能够彻底、有效地打击恐怖分子的嚣张气焰。为了保障反恐怖主义行动的顺利进行，各后勤专业部门要在极短的时间内筹措大量的物资器材，其前提是要有充足的经费保障，因而反恐怖主义行动必须具有坚实的物质基础。③现代恐怖活动犯罪形式多样，规模与节奏变幻莫测，恐怖主义组织不仅采取传统的卑劣手段，如汽车炸弹、暗杀、自杀性攻击和劫机等，而且还利用高科技手段，攻击包括国家电讯、能源、金融、运输、军事防御等在内的重要机构和应急服务设施。恐怖活动的花样翻新和恐怖分子身份的隐蔽性以及诡计多端，使得现代恐怖活动越来越复杂多变，这也导致相关的反恐怖主义经费预算变得困难重重。如果无法提供充足的反恐怖主义经费支持，就容易导致反恐怖主义的财务保障工作陷入被动境地。

从我国反恐怖主义工作的现实情况出发，有必要通过立法方式对反恐怖主义工作的经费保障措施做出制度安排。一方面，我国现有的反恐怖主义财务保障制度仍然不够健全；另一方面，我国的暴力恐怖活动主要活跃于我国西北部边陲地带，这些地方的大部分区域具有高寒缺氧、气候恶劣、物质条件差等特点，加之与恐怖分子斗争的消耗急剧增加，反恐怖主义的经费保障具有紧迫性与艰巨性。特别是一些地区由于受地域、环境、交通和自然条件的影响，经济发展极不平衡，部分地区的物资、经费较为紧张甚至匮乏。专业部门与专门队伍执行反恐怖主义任务所需要的经济条件有时难以得到有效保障，尤其是反恐怖主义工作还需要组织大量民兵，动员地方各种社会力量加入，如果没有充足的经费支撑，难以完成艰巨的反恐怖主义任务。此外，恐怖活动犯罪具有鲜明的国际性特征，尤其是近年来，境内外恐怖势力相互勾连更为频繁，"东突"与"伊斯兰国"联系更为紧密。一旦发生大规模的突发性暴恐事件，敌对势力极有可能借机煽风点火、四处捣乱，必然造成社会安全局势的紧张化、复杂化。因此，在大规模恐怖主义事件的紧急应对处置过程中，也需要有充足的经费予以保障。

二、经费保障内容

我国《国家安全法》第71条规定，国家加大对国家安全各项建设的投入，保障国家安全工作所需经费和装备。此外，我国《突发事件应对法》《人民警察法》《人民武装警察法》也对相关工作的经费保障作出专门规定。《反恐怖主义法》第73条在这些规定的基础上，具体规定了反恐怖主义工作的经费保障制度。该条规定分两款：第1款是关于各级政府对反恐怖主义工作财政预算安排的规定，可以称之为反恐怖主义工作的一般经费保障制度；第2款则涉及对反恐怖主义重点地区及处置大规模恐怖事件的经费支持问题，可以称之为反恐怖主义工作的特别经费保障制度。

（一）反恐怖主义工作的一般经费保障制度

根据《反恐怖主义法》第73条第1款的规定，国务院和县级以上地方各级人民政府应依据事权划分的原则，将反恐怖主义工作的经费分别列入同级财政预算。这一规定为反恐怖主义工作的经费保障奠定了制度基础。根据立法规定，反恐怖主义工作的一般经费保障制度体现了两个特点：

1. 按照事权划分保障经费。所谓事权，即"管理事务的权力"。在行政法领域，事权主要是指政府管理事务的权力，具有以下特征：①政府事权是政府为实现其职能而具有的权力；②政府事权是经过法律授予的；③政府事权是管理国家具体事务的权力；④政府所拥有的权力实际上就是行政权，政府事权其实是对政府行政权的一种细化和分类。国家的治理任务纷繁复杂，需要由不同级别、不同类型的国家机关之间依照宪法和法律的规定开展分工与配合，由此确立了事权划分原则。2013年中共十八届三中全会通过的《中共中央关于全面深化改革若干重大问题的决定》提出，建立事权和支出责任相适应的制度，中央和地方按照事权划分原则承担和分担支出责任。

广义的事权划分包括横向划分与纵向划分。所谓横向的事权划分，是指国家事权除了在立法、行政、司法等不同权力类型的国家机关之间的配置与实现外，还包括政府同社会、市场之间的事权划分。纵向的事权划分，是指中央与地方政府之间的事权划分，具体到我国即中央人民政府（国务院）与地方各级人民政府之间关于权力的配置和实现，此即第73条第1款所指的"事权划分"。政府的主要职能是提供公共商品，其实现的主要形式是财政支出。因此，从某种意义上说，政府的支出事权也就是政府履行其职能，提供公共商品和服务的职责和权限。根据《国家安全法》《反恐怖主义法》的相关规定，反恐怖主义与维护国家安全是一种国家行为，中央人民政府即国务院和县级以上地方各级人民政府都应依法履行相应的职责。反恐怖主义工作经费由中央和地方各级政府共同出资，既有利于为反恐怖主义工作提供坚实的财政保障，也是中央和地方各级政府各自履行反恐怖主义职能、维护国家安全职责的具体体现。

2. 保障的方式是纳入财政预算。国务院和县级以上地方各级人民政府依照事权划分的原则，根据本级政府在反恐怖主义工作中依法承担的职责和保障任务完成所需以确定工作经费的额度，并纳入同级财政预算，即纳入相应级别政府财政正常的预算支出范围，由政府财政予以保障，从而建立稳定的反恐怖主义经费保障机制。在实践中，反恐怖主义经费的使用应坚持两个原则：①合理、高效使用原则。既重视反恐怖主义工作的经费投入，保证反恐怖主义经费落实到位，也注重经费使用的效益，要保证专款专用，高效使用，不能以反恐怖主义为名盲目投入，要杜绝浪费现象。②突出重点原则。反恐怖主义工作涉及方方面面，同时，不同地区的恐怖活动的态势及反恐怖主义工作的形势也存在差别，应当把经费优先投向反恐怖主义工作的重点地区和重点领域，把有限的经费用在"刀刃"上，实现经费使用的最佳效益。

（二）反恐怖主义工作的特别经费保障制度

《反恐怖主义法》第 73 条第 2 款规定，国家应当对反恐怖主义重点地区给予必要的经费支持，在大规模恐怖事件的应对处置过程中应当提供经费保障。

尽管当前我国总体上面临着恐怖主义的严重威胁，但各个地区恐怖活动的发生情况，反恐怖主义任务的艰巨程度是有所不同的。

反恐怖主义重点地区，是指那些恐怖活动发生频次较高，规模较大，造成的损失和后果比较严重的地区。对于反恐怖主义重点地区，其反恐怖主义的任务更加艰巨，而地方政府财力往往有限，因此，有必要给予一定的经费支持。当前，我国恐怖主义活动在地域方面存在一定的扩大化趋向，但新疆地区仍然是反恐怖主义斗争的主战场，特别是和田、喀什、阿克苏、乌鲁木齐等地仍旧是暴力恐怖活动犯罪案件发生的"重点地区"，其中，南疆的喀什、和田、阿克苏等地是"重灾区"。据有关部门统计，仅 2014 年上半年，喀什、和田与阿克苏三地破获的暴恐团伙占据全疆破获的暴恐团伙总数的 85% 以上。前些年，新疆某些地区的暴恐犯罪较为频繁，一方面与新疆地区坚持不懈地严厉打击暴恐犯罪致暴恐犯罪分子狗急跳墙、垂死挣扎实施暴恐行为有关，另一方面与"伊吉拉特"式非法迁徙活动受阻后就地开展"圣战"的现象有联系。

我国的反恐怖主义重点地区还应当包括一些虽然恐怖主义活动发生频率较低，但具有较高的暴力恐怖事件爆发风险的城市，如北京、上海、西安、广州、昆明、深圳等城市。这些城市在国际与国内社会的地位举足轻重，承担着重要的政治、经济、文化等职能。恐怖活动犯罪的本质是通过制造社会恐怖来实现不法的政治企图，在这些城市制造暴恐事件，符合恐怖分子扩大影响力，借机宣传政治主张和胁迫政府及社会，从而满足其政治要求的动机和意愿，近几年来，在北京、昆明等城市发生的暴力恐怖事件即是明证。总之，我国的反恐怖主义重点地区是较为明确的，这些地区承担的反恐怖主义任务比较繁重，维护安全与稳定的压力较大，需要国家提供必要的支持与帮助。对于需要经费支持的反恐怖主义重点地区，国家可以通过财政转移支付等途径落实。我国《预算法》第16条第1、2款规定，国家实行财政转移支付制度，财政转移支付包括中央对地方的转移支付和地方上级政府对下级政府的转移支付。根据《反恐怖主义法》第73条第2款的规定，主要是涉及中央对地方的转移支付。

除了对反恐怖主义重点地区的经费支持外，国家还应当对应对大规模恐怖事件给予经费保障。大规模恐怖事件往往事发突然，侵害对象涉及面广，造成的生命财产损失严重，影响广泛、恶劣。事件发生后，有关部门和单位应当立即采取各种应对处置措施，包括救治伤病员，疏散及安置受困群众，抢修被损坏的交通、电信、供电、广播电视及其他公共设施，等等。这需要动员社会各方力量，紧急投入大量的人员、物资、装备等。如果没有充足的经费保障，是难以完成应对处置任务的，而事发地的地方政府有时面临资金紧张的压力，由国家给予专门经费保障是必要的。

第三节　反恐怖主义工作的队伍保障

当前，全球范围内的恐怖主义威胁不仅日益加剧，而且恐怖活动呈现出一些新的特点，如组织庞大而严密、专业化程度提高、抗打击能力加强、破坏能力增大等。在我国，面对严峻、复杂的恐怖活动形势，反恐怖主义斗争将是一项长期、艰巨的任务。因此，必须加强反恐怖主义的能力建设，而其关键是建立一支强大的反恐怖主义工作队伍。《反恐怖主义法》从专业力量与社会力量两个方面，对反恐怖主义队伍建设作出了专门规定。反恐怖主义队伍的建设，既有利于提升反恐怖主义的能力和水平，也体现了反恐怖主义工作中专门工作与群众路线相结合的原则。

一、反恐怖主义专业力量的队伍保障

反恐怖主义专业力量是防范和打击恐怖主义的主要力量，在涉恐情报信息

收集，防范恐怖袭击，应对处置恐怖事件等方面发挥着关键性作用。建立一支人员精干、训练有素、经验丰富、装备精良的专业力量，对于有效执行反恐怖主义任务是至关重要的。为了应对恐怖主义的挑战，各国普遍重视反恐怖主义专业力量的建设。当前，世界上超过 60% 的国家已成立了反恐怖主义部队，这些部队担负的主要任务是对付特殊情况下的暴力事件，如劫持人质、飞机等暴力恐怖事件。世界著名的反恐怖主义力量有美国的"三角洲"反恐怖主义部队，俄罗斯的"阿尔法"反恐怖主义部队，德国的"德意志捷豹"反恐怖主义部队，英国的"魔鬼"皇家反恐怖主义部队等。

我国《反恐怖主义法》第 74 条第 1 款规定了反恐怖主义专业力量建设的事宜，即公安机关、国家安全机关和有关部门，以及中国人民解放军、中国人民武装警察部队，依据相关法律规定，负有以下职责：①建立反恐怖主义专业力量；②加强专业训练；③配备必要的反恐怖主义专业设备、设施。

（一）专业反恐怖主义力量主体

《反恐怖主义法》第 74 条第 1 款规定的主体包括公安机关、国家安全机关和有关部门，以及中国人民解放军、中国人民武装警察部队等国家专业反恐怖主义力量。《反恐怖主义法》第 8 条第 1 款和第 2 款对上述国家机构的反恐怖主义职责作了总体安排，而第 74 条第 1 款则是从反恐怖主义的保障措施的角度出发，对上述国家专业反恐怖主义部门的具体职责进行细化与落实。

1. 公安机关、国家安全机关和有关部门是执行反恐怖主义任务，完成反恐怖主义工作的重要职能部门。公安机关是指国家依照法律设立的，代表国家行使公安职权和履行公安职责的，具有武装性质的国家机关；国家安全机关是维护国家安全的重要职能部门；有关部门是指其他承担反恐怖主义职责的相关机构单位，如海关、网信、电信、金融机构等部门。公安机关是维护社会秩序和人民安全的主要机构，其基本任务是打击犯罪，保护人民，维护国家安全与社会安定。作为和平时期维护社会稳定的主要力量，在持久、复杂的反恐怖主义斗争的过程中，公安机关无疑扮演着主要角色。根据《反恐怖主义法》的相关规定，公安机关在安全防范、情报信息、调查、应对处置、国际合作等方面均承担着大量职责。从国际上看，反恐怖主义行动也一般由警察机关来承担打击恐怖活动犯罪的职责。例如，20 世纪 80 年代，德国在经历"慕尼黑惨案"后，建立了反恐怖主义警察队伍；俄罗斯亦于 20 世纪末成立了"黑色贝雷帽"特种警察，负责处理劫持和绑架等暴力恐怖犯罪；等等。

2. 中国人民解放军、中国人民武装警察部队肩负着防范和处置恐怖活动的重任。中国人民解放军是执行反恐怖主义行动的重要力量。军队执行反恐怖主义任务是有明确的法律依据的。我国《宪法》第 29 条第 1 款规定："中华人民共和国的武装力量属于人民。它的任务是巩固国防，抵抗侵略，保卫祖国，保卫人民的和平劳动，参加国家建设事业，努力为人民服务。"当人民的和平劳动受到非法势力的干涉和破坏时，《宪法》赋予军队采取措施保卫人民不受侵犯的职责，这是军队执行反恐怖主义任务最有力的法律依据。《国防法》第 22 条第 2 款进一步明确了军队的任务："中国人民解放军现役部队是国家的常备军，主要担负防卫作战任务，必要时可以依照法律规定协助维护社会秩序……"军队参与反恐怖主义行动，属于"协助维护社会秩序"的一种典型情况。《戒严法》第 8 条也规定："戒严任务由人民警察、人民武装警察执行；必要时，国务院可以向中央军事委员会提出，由中央军事委员会决定派出人民解放军协助执行戒严任务。"所以，军队在紧急状态下参加反恐怖主义工作是有法律依据的。中国人民武装警察部队是维护社会稳定，保护人民生命财产安全的强有力的组织力量，其主要担负固定目标执勤、处置突发事件、反恐怖主义等任务。在我国，当恐怖主义活动需要国家动用强制手段予以打击的时候，一般都是由具有内卫部队性质的武装警察部队执行。

（二）专业反恐怖主义力量的职责

依据《反恐怖主义法》第 74 条第 1 款的规定，上述国家机构履行以下反恐怖主义保障措施的职责：

1. 建立反恐怖主义专业力量。打击恐怖活动犯罪，需要有一套专门的反恐怖主义机制和反恐怖主义队伍；取得"反恐怖主义战争"的胜利，需要拥有一支精锐的反恐怖主义专业力量。建立反恐怖主义专业力量，应坚持专门化与综合化相结合的原则。一方面，反恐怖主义是一项任重而道远的工作，需要多个部门共同努力，相互协力，构建科学、合理的反恐怖主义专业力量，需要公安机关、国家安全机关、军队、武警、外交、海关等国家机关单位的参与；另一方面，反恐怖主义工作应当拥有自己专门的部队，其他机关各自承担自己的任务，积极配合专门队伍开展反恐怖主义工作。我国高度重视反恐怖主义专业力量的建设，目前，已经形成专业种类齐全、任务分工明确、布局科学合理的反恐怖主义力量体系。以武警部队为例，目前，武警部队已经建成四级反恐怖主义力量体系，国家级反恐怖主义力量有猎鹰突击队、雪豹突击队、反劫机特种大队等；省级有特战中队；地市级有特战排；县级有机动班。

近年来，为适应反恐怖主义斗争的需要，我国公安系统也加强了反恐怖主义专门力量的建设，陆续建立了一批处置反恐怖主义突发事件的专门力量。2005 年底，公安部在全国 36 个省会和重点城市组建特警队。2009 年，国家反恐办和公安部在全国公安特警突击队中评选确定了十支国家级反恐怖主义突击队，包括北京特警总队"蓝剑突击队"，昆明特警支队"云豹突击队"，重庆反恐怖主义总队"闪电突击队"，石家庄特警支队"红箭突击队"等。我国应以这些国家级反恐怖主义突击队为中心，努力带动各地公安反恐怖主义力量的正规化建设。

2. 加强专业训练。由于恐怖活动的社会危害极其严重，影响力广泛，情况瞬息万变，且恐怖分子残忍狡诈，多受过专门训练，攻击性、反抗性都很强。此外，反恐怖主义的具体任务多样复杂，如搜集情报、制服歹徒、排除险情、疏散群众、营救人质等。这就要求从事反恐怖主义工作的人员必须拥有超强的体能素质、心理素质以及过硬的专业技能，在恐怖事件发生时，能够迅速反应、沉着应对、准确判断、果敢出击。因此，必须高度重视反恐力量的专业素质训练。由于反恐怖主义工作的危险程度极高，在专业训练过程中，应做到以下几点。

（1）在反恐怖主义工作人员的招录过程中，应坚持严格选人标准，选用政治觉悟高、身体素质强、体能过硬、反应敏捷的人作为反恐怖主义队伍的组成人员。

（2）加强专业训练。要对反恐怖主义工作人员进行专业化的训练，如教授能够体现反恐怖主义特色的知识理论与技能，以胜任安全保卫、治安管理、刑事侦查、情报收集、现场处置等特殊要求。

（3）加强日常体能训练。反恐怖主义工作人员要保持充沛的体力和极高的攻击能力以应付在恐怖活动犯罪事件处理过程中遇到的"疲劳战""持久战"，需要掌握各种技能以应对作战中可能遇到的困难。其接受的培训应当包括谈判技巧、爆破技能、心理学训练、射击、驾驶、擒拿、游泳、攀岩、攀爬、格斗、器械的使用、高速开车等，另外还要训练野外生存、瞬间识别、特殊气候与环境的驾驶、水上救护、特种武器射击等能力。举行反恐怖主义模拟演练，提高反恐怖主义工作人员的心理素质、战斗素质和快速应战能力。

（4）加强业务建设，提高战斗力。业务建设不仅包括情报信息，秘密力量，重点阵地控制，重点对象控制，境外调研，专案侦查，档案资料，技术装备，人员素质等方面的建设，还包括处置大规模杀伤性武器，谈判战略技巧，解救人质，处置劫持交通工具，反袭击小组战术，炸弹处置，场馆安保，处置自杀性爆炸袭击，处置被危险物质沾染，应对网络犯罪等专业技术。

（5）加强思想建设。要加强政治工作的保障准备，特别是要针对反恐怖主义斗争中面临的巨大生命危险与维稳工作中易被拉拢渗透等实际情况，深入开展当代核心价值观教育、牺牲奉献教育和战斗精神教育，坚定理念信念，强化反恐怖主义观念、责任意识和爱国意识，确保反恐怖主义工作人员在任何时候及任何情况下，都能立场坚定，旗帜鲜明，敢于斗争。

3. 配备必要的反恐怖主义专业设备、设施。常见的反恐怖主义专业设备、设施包括杀伤性武器、非致命性武器、通信装备、侦察探测器材、防护装备、防爆器材等。反恐怖主义专业设备、设施是防范和处置恐怖活动的重要物质保障，对专业设备、设施的学习与使用也是反恐怖主义能力建设的重要内容。

（1）反恐怖主义行动的种类样式多，装备构成复杂多样、技术含量高，装备保障综合性强、可靠性要求高。例如，生物恐怖活动具有隐蔽性强、传染性强、袭击样式多、作用区域广、影响时间长等特点，对生物恐怖活动的预防、处置和善后等全过程都需要多种处置手段，更需要多种专业设备、设施作为物质保障。

（2）反恐怖主义行动虽然具有局部性，但装备保障要求却是全方位的。尤其是在信息化条件下，恐怖活动的手段、措施可以在网络上实现共享，使得恐怖活动很容易被模仿和复制，恐怖活动样式难以有效预测，反恐怖主义行动复杂多样，特种装备使用多，部队装备保障难度大，因而更应当重视对反恐怖主义专业设备、设施的配备与保障工作。

（3）要注重用高新科技武装反恐怖主义专业队伍。目前，恐怖活动的手段日趋技术化、智能化，已经出现了核恐怖主义、电磁恐怖主义、化学恐怖主义等借助高科技手段的新型恐怖主义。为此，在反恐怖主义工作中，应努力提高装备设施的技术含量，善于利用高科技手段防范恐怖活动与制服恐怖分子。[1]

二、反恐怖主义社会力量的队伍保障

在日益开放的现代社会中，单靠国家力量是难以应对犯罪所带来的挑战的，因此，推动社会力量参与犯罪控制，是当前世界各国刑事实践的普遍动向之一。由于恐怖活动犯罪的某些特点和趋向，如犯罪行为的隐蔽性，恐怖袭击的随机性、突发性等特点，为有效应对恐怖主义犯罪所带来的巨大挑战，鼓励社会力量参与反恐怖主义行动更是必要的和迫切的。《反恐怖主义法》第 74 条第 2 款对社会力量的参与作了专门规定，即县级、乡级人民政府根据需要，指导有关单位、村民委员会、居民委员会建立反恐怖主义工作力量、志愿者队伍，协助、配合有关部门开展反恐怖主义工作。

反恐怖主义社会力量，是指除公安机关、国家安全机关、中国人民解放军、中国人民武装警察部队等国家专业反恐怖主义力量之外的其他反恐怖主义力量。

---

[1] 参见兰迪："反恐怖主义保障措施研究——以《中华人民共和国反恐怖主义法》为中心"，载《江西警察学院学报》2016 年第 2 期。

反恐怖主义社会力量是反恐怖主义力量的有机组成部分。其包括以下具体内容：①实施保障的主体是县级、乡级人民政府，其根据需要，指导有关单位和组织建立反恐怖主义社会力量。所谓"根据需要"，是指根据当地恐怖活动的形势和反恐怖主义斗争的需要，来决定是否建立反恐怖主义社会力量。对于恐怖事件多发或者容易成为恐怖袭击目标的地区，就有必要建立反恐怖主义社会力量。②反恐怖主义社会力量包括民间反恐怖主义工作力量和志愿者队伍，其依托企事业单位、村民委员会、居民委员会等基层组织或单位而建立。③县级、乡级人民政府对于反恐怖主义社会力量承担指导的职责，如提供必要的反恐怖主义知识、技能的培训等。④反恐怖主义社会力量的职责是协助、配合有关部门开展反恐怖主义工作，例如，发现涉恐信息、线索时，应及时向有关部门报告，协助军警人员巡查，配合救助被害人等。

建立反恐怖主义社会力量，既是加强反恐怖主义工作队伍保障的需要，也是对中央关于反恐怖主义工作的指导方针及《反恐怖主义法》相关规定的贯彻、落实。习近平同志在中共中央政治局第14次集体学习会议上指出：要建立健全反恐工作格局，完善反恐工作体系，加强反恐力量建设。要坚持专群结合、依靠群众，深入开展各种形式的群防群治活动，筑起铜墙铁壁，使暴力恐怖分子成为"过街老鼠，人人喊打"。《反恐怖主义法》第5条规定，反恐怖主义工作坚持专门工作与群众路线相结合，防范为主、惩防结合和先发制敌、保持主动的原则。因此，一方面，应当建立专业的反恐怖主义力量，从而给穷凶极恶的恐怖分子以迎头痛击、致命打击，坚决遏制恐怖活动犯罪的发展势头；另一方面，反恐怖主义活动的长期性和反恐怖主义任务的艰巨性要求，实现反恐怖主义的最终胜利除依靠传统的反恐怖主义模式外，还必须依靠社会民众的广泛参与，群策群力，相互协助，互相扶持，打一场"反恐怖主义人民战争"。要善于利用社会资源、群众基础，坚持群众路线的方针不动摇，充分发挥基层群众在现代反恐怖主义战争中的重要作用，彻底铲除恐怖主义的致罪根源。

在反恐怖主义社会力量的建设中，应当特别重视民兵的作用。在我国，民兵是中国共产党领导的群众武装组织，是中华人民共和国武装力量的重要组成部分，是中国人民解放军的后备军，是巩固基层政权、维护国家安全与社会稳定的一支重要力量，是进行现代条件下"反恐怖主义人民战争"的基础。从近年来的反恐怖主义实战中可以发现，民兵对于反恐怖主义斗争任务的顺利完成起着不可忽视的重要作用，例如，新疆和田地区万余民兵围捕恐怖分子等。民兵人数多，分布广，力量大，对地域熟悉，拥有广泛的人脉资源，而反恐怖主义的重要措施之一就是"编织天罗地网、防患于未然"，因此，民兵的优势与反恐怖主义的要求有着天然的契合。故在中共中央下发的《关于加强和改进新形势下民兵预备役政治工作的意见》中，明确将"反恐怖主义维稳"列为和平时期民兵的主要任务之一。因此，应当在反恐怖主义行动中，充分发挥民兵的特殊优势，运用人民战争的战略战术打击恐怖主义和暴力犯罪，确保国家安定、社会稳定。另外，人民群众在反恐怖主义预防，抵制极端思想渗透，反恐怖主义信息情报的搜集等方面都具有无可比拟的优势，能够为反恐怖主义工作做出重要贡献。总而言之，基于"反恐怖主义人民战争"具有"反恐怖主义手段的预防性，反恐怖主义措施的可持续性及参与者的广泛性"等优势，因而在反恐怖主义工作中，应当强调专门工作与群众路线相结合的方针，将反恐怖主义专业力量与其他反恐怖主义力量相互结合，相互促进，共同完成反恐怖主义的艰巨使命。《反恐怖主义法》第74条的规定为实现这一目标而提供了重要的法律保障。

第四节　因履行反恐怖主义职责或协助反恐怖主义工作而受损的人员的经济保障

一、概述

对于反恐怖主义工作人员而言，其危险性不仅表现在执行的反恐怖主义任务具有复杂性、艰巨性、高难度性和易受损害性的特点，而且还表现为恐怖主义组织或人员往往选择以执行反恐怖主义工作任务的个人作为直接攻击目标加以侵害的袭击方式。因此，对于直接从事反恐怖主义一线工作的人而言，其面临的人身或财产损害的风险是巨大的。故国家应当以立法形式对反恐怖主义工作人员因履行职责所遭受的损失予以一定的物质补偿或者提供相应的国家待遇。这既是对反恐怖主义工作人员辛苦付出的必要补偿，也可以免除反恐怖主义工作人员的后顾之忧，坚定其从事反恐怖主义斗争的信心和决心。更重要的是，以立法方式针对因履行反恐怖主义职责或配合反恐怖主义工作而受损的人员作出为其提供补偿或者相关待遇的规定，能够彰显国家尊重与保障人权的理念。

二、经济保障内容

根据《反恐怖主义法》第75条的规定，对因履行反恐怖主义工作职责的人员，以及协助、配合有关部门开展反恐怖主义工作的人员，如果其因履行反恐怖主义工作职责或从事反恐怖主义工作而导致伤残或者死亡的，可以依照国家有关规定享有相应的待遇。

1. 保障措施的适用对象包括两类：一类是履行反恐怖主义职责的人员，即专职反恐怖主义工作的人员，包括人民警察、解放军指战员、武警官兵等；另一类是协助、配合有关部门开展反恐怖主义工作的人员，即反恐怖主义的辅助人员，包括民兵、基层治安保卫组织人员、志愿者及其他协助、配合反恐怖主义工作的公民。无论是专职人员还是辅助人员，都可能因参与反恐怖主义工作而受到人身伤害，国家都应当给予其相应的待遇和保障。

2. 保障措施适用的条件是因履行反恐怖主义工作职责或协助、配合有关部门开展反恐怖主义工作而导致上述人员的身体、健康或者生命遭受损害。并非上述人员受到的一切损害都可以适用第75条保障措施的规定，例如，因从事反恐怖主义工作而受到的财产损害即不适用该条规定。另外，伤残或死亡的结果必须是发生在相关人员履行反恐怖主义职责或协助、配合有关部门开展反恐怖主义工作的过程中。伤残或死亡的结果既可能是因受到恐怖分子的直接攻击而造成的，也可能是因执行任务受到其他因素的作用而形成的。但无论是受哪种外力作用的影响导致的，只要是发生在履行反恐怖主义工作职责或者协助、配合有关部门开展反恐怖主义工作的过程中即可。

需要说明的是，我国《反恐怖主义法》对遭受损害的反恐怖主义工作人员的经济保障所采取的方式是，仅在反恐怖主义的基本法中规定其享有国家给予特定保障的范围和条件，具体操作办法由其他法律、法规规定。我国相关法律、法规对于各类人员因公导致的伤残死亡规定了相应的待遇，例如，《烈士褒扬条例》对烈士褒扬金和烈士遗属的抚恤优待作了具体规定；《军人抚恤优待条例》对军人的抚恤优待问题作了明确规定；根据《人民武装警察法》的规定，人民武装警察因执行任务伤亡的，享受与军人同等的待遇；对于国家机关工作人员因公负伤致残的，按照《伤残抚恤管理办法》的有关规定予以抚恤；对于人民警察的伤亡抚恤，则按照《人民警察抚恤优待办法》执行；对于依法参加工伤社会保险的人员，因参与反恐怖主义工作导致死伤的，视同工伤，按照《工伤保险条例》享受工伤保险待遇。

第五节　对特定人员与单位的特别保护

一、概述

恐怖活动犯罪不同于普通刑事犯罪，恐怖分子往往追求"你死我亡"的毁灭性结果，而且部分恐怖主义组织甚至在某一区域、地域拥有较大的势力和实力。这些都决定了反恐怖主义斗争的长期性、持续性和高度危险性。故而，许多国家和地区均以法律的形式规定了对反恐怖主义工作人员和相关人员的特殊人身保护措施，以保障这些人员的人身安全，防止恐怖主义团体的事后打击报复行为。

二、特别保护的措施

根据《反恐怖主义法》第 76 条的规定，实施特别保护措施的具体条件包括：

1. 实施主体。实施特别保护措施的主体包括公安机关、有关部门。这里的有关部门，主要是指国家安全机关、人民检察院、人民法院等。

2. 适用对象。特别保护措施的适用对象包括自然人与单位。就自然人而言，具体包括三类人：①因报告或制止恐怖活动，本人或者其近亲属的人身安全面临危险的人；②在恐怖活动犯罪案件中作证，本人或者其近亲属的人身安全面临危险的人；③从事反恐怖主义工作，本人或者其近亲属的人身安全面临危险的人。适用特别措施保护的单位，主要是指因配合、支持反恐怖主义工作，面临现实安全风险的单位。

3. 适用程序。适用特别保护措施，须经本人或者其近亲属提出申请，经公安机关、有关部门分析和评估，认为相关个人或单位面临比较迫切的现实危险的，可以作出适用特别保护措施的决定。

4. 保护措施。对面临人身危险的特定人员或其近亲属，可以采取下列一项或多项保护措施：①不公开真实姓名、住址和工作单位等个人信息；②禁止特定的人接触被保护人员；③对人身和住宅采取专门性保护措施；④变更被保护人员的姓名，重新安排住所和工作单位；⑤其他必要的保护措施。对面临安全危险的特定单位，可以采取下列一项或多项保护措施：①不公开被保护单位的真实名称、地址；②禁止特定的人接近被保护单位；③对被保护单位的办公、经营场所采取专门性保护措施；④其他必要的保护措施。

上述针对个人或者单位的保护措施，可以选择适用其中一项，也可以数项并用。具体适用哪一项或哪几项，有关部门应当结合被保护个人或单位的具体情况，酌情加以判断。

我国《反恐怖主义法》对特定人员和特定单位的保护措施具有以下特点：

（1）立法具有集中性和全面性。我国《反恐怖主义法》既规定了保护措施的对象、实施保护措施的主体，还规定了启动保护措施的条件和程序、保护措施的具体内容，从而能够较好地为特定人员的人身安全保护提供法律依据。

（2）保护的范围比较周延、合理。一方面，保护措施的适用对象包括报告或制止恐怖活动的人员，在恐怖活动犯罪案件中作证的人和从事反恐怖主义工作的人员，以及上述人员的近亲属，这样就比较合理地覆盖了反恐怖主义工作的全部过程和各个方面，从而为反恐怖主义工作提供了较好的保障。另一方面，与多数国家、地区立法不同的是，我国采取保护措施的对象不局限于自然人，还包括需要保护的单位，并制定了有针对性的保护措施。在反恐怖主义工作中，单位也是一类重要的主体，对于反恐怖主义目标的实现亦发挥着重要作用，因此也同样需要法律予以特定保护。

（3）立法技术较为先进。《反恐怖主义法》第76条既列举了具体的保护办法，同时还设置兜底条款——"其他必要的保护措施"，从而能够涵盖立法无法预见、描述的其他保护措施，在立法技术上更为科学、合理。

第六节　反恐怖主义工作的技术保障

一、概述

现代科技的突飞猛进，使得犯罪行为的智能化、高技术化、隐蔽化等特征日趋明显，同犯罪作斗争的任务也更为艰巨，但与此同时，科技发展也为犯罪控制手段的现代化提供了机遇。在当今时代，犯罪得以有效控制越来越依靠于新科技的辅助，即所谓科技治罪。在恐怖活动犯罪治理中，技术保障也发挥着日益重要的作用。

1. 反恐怖主义工作的顺利进行无法离开高新科学技术的支持与帮助。无论是对恐怖分子和恐怖主义组织的直接打击，对恐怖活动犯罪案件的调查、侦查和取证，对在逃的恐怖分子和隐匿的恐怖主义组织进行追捕，还是对恐怖活动犯罪实施综合预防、全面遏制，高新科学技术的"身影"无处不在。因此，在反恐怖主义中是否能够运用高新科学技术已经成为反恐怖主义任务能否顺利完成的关键。基于高新科学技术在反恐怖主义工作中的重要地位，通过立法的方式来鼓励、支持相关技术的开发与运用是各个国家、地区较为普遍采用的做法之一。例如，俄罗斯的《俄罗斯联邦反恐怖主义构想》即对反恐怖主义技术的研制与使用作了明确规定："反恐怖主义技术研究的优先方向在于研制和采用以下技术或装备：保护反恐怖主义部队人员和恐怖袭击目标的防护器材；反恐怖主义部队的新式装备，包括非致命武器以及在实施反恐怖主义作战时能够减少人员和财产损失的特种设备；符合信息安全需求的有效通信设备，能够探测新型爆炸装置和其他特殊危险物的设备，以及反恐怖主义部队的隐蔽伪装器材。"

2. 加强在反恐怖主义工作中的技术运用，是由现阶段恐怖主义活动发展趋势的基本特征所决定的。恐怖活动犯罪的高科技化是目前恐怖活动犯罪发展趋势的最新特征。科学技术是一柄"双刃剑"，一方面，科学技术帮助了反恐怖主义工作的顺利进行；另一方面，科学技术与恐怖活动犯罪的结合推动了犯罪方式的革新，扩展了恐怖袭击的作用范围，并加剧了恐怖活动犯罪的社会危害程度。为了达到政治目的，恐怖主义分子不但会大肆利用各种传统手段制造各类耸人听闻的恐怖事件，而且还会运用现代科技的最新成果来不断增强其犯罪能力。恐怖主义分子很有可能诉诸生物武器、化学武器、核武器等大规模杀伤性武器，或者利用计算机网络技术等高新科技手段。随着信息革命的日新月异和网络技术的发展、普及，互联网已经成为恐怖势力从事恐怖活动的重要手段。正如美国兰德公司的资深专家彼德·乔克所言："技术塑造了现在的恐怖主义，我们面临的最大威胁可能已经不是大规模破坏性武器，而是如何防范恐怖分子利用网络进行恐怖主义教导和袭击。"[1]目前，恐怖分子正利用网络的隐蔽性和快速性等优势在全球开展"互联网运动"，把网络当作其发展壮大的主要工具和开展恐怖活动的主阵地。在我国，以"东伊运"为代表的"东突"恐怖势力也已把网络作为实施恐怖活动的重要平台，并通过互联网完成渗透、宣传、煽动、洗脑、指挥、策划等一系列恐怖主义行为。基于恐怖活动犯罪的现实发展情况，为了应对恐怖主义与高新技术结合所迸发的巨大破坏力，有必要通过立法的方式来规定对反恐怖主义工作的技术保障措施。

二、科学研究与技术保障内容

《国家安全法》第 73 条规定："鼓励国家安全领域科技创新，发挥科技在维护国家安全中的作用。"《反恐怖主义法》第 77 条进一步规定："国家鼓励、支持反恐怖主义科学研究和技术创新，开发和推广使用先进的反恐怖主义技术、设备。""鼓励、支持"的手段是多种多样的，包括财政资助、产业扶持、金融优惠以及表彰、奖励等。

1. 树立"科技反恐怖主义"理念。在信息社会、网络时代的背景下，恐怖组织和恐怖分子越来越重视现代科技手段的运用，无论是组织策划方式还是作案手段，都有更加隐蔽化、智能化、分散化等趋向，防范和打击难度更大，远

---

〔1〕　赵青、侯继勇："网络反恐：互联网安全国际合作"，载《21 世纪经济报道》，http://stock. shou. com/20141121/n406231829. shtml，最后访问时间：2017 年 6 月 30 日。

非传统恐怖活动可比拟。因此，在加强各方面反恐怖主义措施的同时，必须强调"科技反恐怖主义"的理念，重视科技手段在反恐怖主义行动中的应用，从而加强和提升反恐怖主义安全防范能力、情报收集与研判能力以及应对处置能力等，以取得最佳的反恐怖主义效果。例如，近年来机场安检中出现了一种比较先进的毫米波人体成像技术设备，能够清晰地显示人身上的钱币、纽扣、钢笔、钥匙等物，随身隐匿的手枪、炸弹、毒品等违禁品更是一览无遗，这对预防恐怖活动起到了积极作用。再如，信息技术尤其是大数据技术的发展应用，对于提高反恐怖主义情报的精准性、及时锁定恐怖活动嫌疑人提供了有力的技术支持。

2. 加大反恐怖主义科技方面的投入。面对日益严重的恐怖主义威胁，许多国家都加大了对反恐怖主义科技的投入，并积极探索反恐怖主义的科技方式与手段。例如，在"9·11"恐怖袭击之后，美国情报机构受到广泛批评，人们普遍认为，如果情报部门拥有更好的情报收集能力的话，那么这场灾难完全可以被阻止。近年来，美国国土安全部每年的反恐怖主义投资都超过上百亿美元，其中很大部分被用于支持反恐怖主义的科技需求。美国国务院还成立了"抗击恐怖主义技术支持办公室"，确定了反恐怖主义优先研发项目。

3. 重视反恐怖主义技术设备的开发与推广使用。近年来，一些国家斥巨资开发先进的反恐怖主义技术设备，如可在早期探明爆炸物藏匿地点的技术设备、抵御恐怖分子杀伤性武器袭击的技术设备、更为先进的监视技术以及基础设施安全防卫技术等，这些技术设备在反恐怖主义实践中的运用，大大提升了反恐怖主义的效果。在情报搜集工作中，高新科技手段的运用能让情报人员"如虎添翼"。在恐怖主义的综合预防过程中，高新技术亦占据了重要地位。例如，运用远距离视频监控技术可以强化对公共场所的安全保护，与传统的监控手段相比，远距离视频监控技术可以在更大的场合、全天候实施监控，从而能够有效降低人力成本，并为刑事侦查提供证据。此外，一些国家正在加紧信息安全技术的研发，如对电脑袭击的快速识别技术，以及对攻击源进行定位和锁定的技术，以便在遭受网络恐怖袭击时，能够迅速采取相关措施，保护信息系统的安全；反恐怖主义部门还运用大数据、云计算技术，着力提升情报感知、研判、分析的能力，从海量的人流、物流、信息流、资金流中及时发现涉恐线索，做到预警在先、预防在前、敌动我知、先发制敌，将恐怖活动消灭在萌芽状态。

4. 加强反恐怖主义社会科学研究。"反恐怖主义科学研究"不仅限于自然科学、工程技术领域的研究，还包括有关反恐怖主义问题的人文社会科学方面的研究。对恐怖主义的生成机理、演变规律等进行深入探讨，并寻求有效的控制对策，离不开包括法学、政治学、社会学、民族学、宗教学等在内的人文社会科学的理论支持。加强反恐怖主义方面的智库建设，为反恐怖主义对策的科学设计提供智力支撑，是"反恐怖主义科学研究"的应有之义。

第七节　反恐怖主义工作的征用、赔偿及补偿制度

一、反恐怖主义征用制度

征用，是指国家因维护公共利益的紧急需要，强制征调、使用公民或者有关单位的财产，并事后予以归还或者给予一定补偿的制度。我国《宪法》《物权法》《人民警察法》对征用制度有相应的规定。《宪法》第13条规定，国家为了公共利益的需要，可以依照法律规定对公民的私有财产实行征收或者征用并给予补偿。《物权法》第44条规定，因抢险、救灾等紧急需要，依照法律规定的权限和程序可以征用单位、个人的不动产或者动产。被征用的不动产或者动产使用后，应当返还被征用人。单位、个人的不动产或者动产被征用或者征用后毁损、灭失的，应当给予补偿。《人民警察法》规定，公安机关因侦查犯罪的需要，必要时，按照国家的有关规定，可以优先使用机关、团体、企业事业组织和个人的交通工具、通信工具、场地和建筑物，用后应当及时归还，并支付适当费用；造成损失的，应当赔偿。在上述法律规定的基础上，《反恐怖主义法》第78条第1款结合反恐怖主义工作的具体实践，对反恐怖主义征用制度作了专门规定。其基本内容包括：

（一）征用的主体

征用的主体有公安机关、国家安全机关、中国人民解放军、中国人民武装警察部队。上述主体属于具有打击恐怖主义，维护国家与社会安全稳定、人民生命财产安全职责的国家机构。

（二）征用的对象

征用的对象是单位和个人的合法财产。一般包括以下几种类型：

1. 抢险救灾物资。无论是对恐怖事件现场的处理，还是对受害者的救援和安置，都需要大量的物资，这些物资一般通过反恐怖主义部门的平时储备和临时采购来提供。但在恐怖袭击十分严重、受害者群体极为庞大或者允许反应的时间很短时，有可能出现储备物资不够和来不及临时采购等情况，此时最为有效的方法是在事件发生地进行物资征收，如此既解决了长途运输问题，也缩短了反应时间。可能需要征用的物资包括食品、饮用水、生活用品、药品等。

2. 运载工具、通信设备等军民通用装备。军民通用装备，是指既可以作为

生活或者生产资料，同时又可以用于军事行动的设备和工具。在反恐怖主义工作中，由于该类物品一般具有较长的生产周期，并且需要提前储备，以便在恐怖事件发生之后迅速调用。此外，由于该类物品体积较大，所占空间大，购买成本高，因此，不能进行大规模储备。在反恐怖主义工作中，调用军民通用装备最有效的方式是在事发当地进行民用装备的征用，这样既节省成本又节省时间。军民通用装备主要包括运输工具、通信设备、作业机动车等。

3. 不动产。在反恐怖主义工作的开展中，也有可能需要对公民的不动产进行征用，例如，出于反恐怖主义作战、救治伤员、安置灾民的需要，临时占用公民的房屋、农地、渔场和企业厂房等。反恐怖主义工作中的不动产征用，不同于平时政府出于公共利益的需要而进行的土地征收和房屋拆迁，后者是将公民个人的土地使用权收归国有；而前者在反恐怖主义工作结束之后，即将不动产归还财产所有者；当然，后者也可能出于反恐怖主义的需要而将公民房屋、企业厂房等拆除，这就转变成了对房屋的补偿问题。[1]

（三）征用的条件

1. 实质条件。所谓实质条件，即征用必须出于履行反恐怖主义职责的紧急需要。征用的实质条件要求，征用者必须符合"必要性"和"紧迫性"的要求。所谓必要性，是指征用对象的用途必须是能够有助于反恐怖主义职责实现的，如果被征用的单位和个人的财产与征用主体履行反恐怖主义职责无关，则不能适用该征用制度。所谓紧迫性，是指基于当时的情况，如果不能临时使用他人财产，就无法顺利履行职责，从而造成反恐怖主义工作的贻误。即使单位和个人的财产对于履行反恐怖主义职责有一定作用，但是当履行反恐怖主义职责的人员完全可以运用其他手段或其他条件作为征用的替代时，应该慎用征用制度。

2. 形式条件。所谓形式条件，即征用必须依据国家有关规定实施。由于征用是以国家名义强行使用公民或单位的财产，因此，绝不能滥用征用权力，征用的主体、对象、程序等均须符合国家有关规定的要求，征用行为必须依法进行，努力实现保护公共利益和保障个体权利的平衡。

（四）征用的法律效果

单位和个人的财产因反恐怖主义工作的需要而被征用时，单位和个人对该财产的占有、使用、收益和处分权能暂时受到限制。[2]

---

[1] 胡曾胜："论反恐中的财产征用补偿"，载《社会科学家》2012 年第 10 期（增刊）。

[2] 参见兰迪："反恐怖主义保障措施研究——以《中华人民共和国反恐怖主义法》为中心"，载《江西警察学院学报》2016 年第 2 期。

（五）征用主体的责任

在完成反恐怖主义任务后，有关机构应当及时将被征用的财产予以归还或者及时恢复原状，并且向被征用的单位和个人支付相应的费用。如果在使用被征用的财产过程中造成该财产损失的，应向被征用的单位和个人予以补偿。对被征用者损失的补偿，一般采取如下原则：

1. 补偿直接损失而非间接损失。鉴于反恐怖主义工作的特殊性和重要性，反恐怖主义工作中的财产征用补偿并不需要采取完全补偿原则，即不需要对财产被征用后所造成的间接损失做出补偿，并且被征用财产的潜在价值无需计算在补偿标准之内，只需要计算财产的市场交易价格和被征用后所造成的直接损失，如经营收益、租赁费、迁移费等。

2. 补偿确定损失而非不确定损失。财产征用补偿应该以确定性的损失为限，那些不能确定是否会产生的损失不应列入补偿考虑的范围之内。例如，一件财产具有可租赁的性质，但在征用之前并没有租赁出去，征用的补偿就不应该包括租赁费，因为财产的所有者是否能将此财产租赁出去并获得租赁费是不能确定的。因此，如果不能确定的损失也被列入补偿范围，就有可能造成不公正的结果。

3. 补偿物质损失而非精神损失。一方面，精神损失的赔偿标准和计算方法需要合理确定；另一方面，过多的精神损失赔偿可能导致反恐怖主义工作不堪重负，影响反恐怖主义工作的效率。因此，在现阶段不宜将精神损失纳入补偿的范围。[1]

二、反恐怖主义赔偿、补偿制度

为了保证反恐怖主义工作的顺利进行，法律赋予有关国家机关或相关单位采取一定的应对处置措施的权力。有关机关或单位在应对处置恐怖主义的过程中，应当严格遵守法定的条件和程序，尽最大努力保护公民和单位的权利和正当利益，坚决杜绝违法行使职权甚至滥用权力行为的发生。但是，由于反恐怖主义工作的特殊性、复杂性，即使有关机关及单位尽到了注意义务，难免还会发生一些引起单位、个人的合法权益受损的情况。对此，国家有义务对公民、单位受到的损失给予合理的赔偿、补偿，这样才能争取公众对于反恐怖主义工作的理解和支持。

我国《反恐怖主义法》第78条第2款对因开展反恐怖主义工作而对单位和

---

〔1〕 参见胡曾胜："论反恐中的财产征用补偿"，载《社会科学家》2012年第10期（增刊）。

个人的合法权益造成损害的赔偿、补偿制度作出了规定。《反恐怖主义法》第78条第2款规定："因开展反恐怖主义工作对有关单位和个人的合法权益造成损害的，应当依法给予赔偿、补偿。有关单位和个人有权依法请求赔偿、补偿。"一般认为，赔偿和补偿的主要区别在于，履职者的公务行为是否具有一定的过错。如果是在存在一定过错的情况下造成有关人员或单位损失的，属于赔偿的范畴；如果是在没有任何过错的情况下致损的，则属于补偿的范畴。赔偿责任以金钱赔偿为主，以恢复原状、返还财产等方式为辅；补偿责任的方式多为支付一定数额的金钱。

第十三章

法律责任

为了保障《反恐怖主义法》的顺利实施，《反恐怖主义法》在第九章中对恐怖活动组织、恐怖活动人员、协助反恐怖主义工作的有关组织、人员和反恐怖主义工作领导机构、有关部门的工作人员的法律责任进行了规定。这些法律责任主要包括刑事责任和行政责任两方面的内容。

第一节　实施恐怖活动、极端主义行为的法律责任

根据我国《反恐怖主义法》第2条的规定，国家反对一切形式的恐怖主义，依法取缔恐怖活动组织，对任何组织、策划、准备实施、实施恐怖活动，宣扬恐怖主义，煽动实施恐怖活动，组织、领导、参加恐怖活动组织，为恐怖活动提供帮助的，依法追究法律责任。因此，在"法律责任"一章中，我国《反恐怖主义法》首先就追究恐怖活动组织、恐怖活动人员法律责任的问题进行了规定。

一、刑事责任

《反恐怖主义法》第79条规定，组织、策划、准备实施、实施恐怖活动，宣扬恐怖主义，煽动实施恐怖活动，非法持有宣扬恐怖主义的物品，强制他人在公共场所穿戴宣扬恐怖主义的服饰、标志，组织、领导、参加恐怖活动组织，为恐怖活动组织、恐怖活动人员、实施恐怖活动或者恐怖活动培训提供帮助的，依法追究刑事责任。

1. 组织、策划、准备实施恐怖活动的，可认定为《刑法》第120条之二所规定的准备实施恐怖活动罪。准备实施恐怖活动罪，其客观方面主要表现为四种行为方式：①行为人为实施恐怖活动而准备凶器、危险物品或者其他工具；②组织恐怖活动培训或者积极参加恐怖活动培训的；③为实施恐怖活动与境外恐怖活动组织或者人员联络的；④策划恐怖活动或者有其他的准备行为。因此，

对于组织、策划、准备实施恐怖活动的行为，完全符合《刑法》第120条之二的规定，可按准备实施恐怖活动罪来定罪处罚。需要注意的是，此处"组织"的行为对象只能是某一恐怖活动，其实质是在为恐怖活动的实施进行准备；如果组织的是恐怖活动组织，就还可能触犯组织恐怖组织罪。此外，在具体认定中还需注意以下几个问题。

（1）准备实施恐怖活动罪所规定的行为其实质是犯罪预备行为，一般可按预备犯追究其刑事责任。而《刑法修正案（九）》将其作为独立的罪名予以规定并规定了独立的法定刑，这主要是基于恐怖活动犯罪的特点：恐怖活动犯罪是非常严重的犯罪，恐怖事件一旦发生，往往会给国家和公共安全、社会稳定、公民人身财产安全造成极大的破坏，引起严重的社会恐慌甚至社会秩序混乱。由于事后的惩罚措施无补救功能，往往使得反恐怖斗争陷入被动。因此，刑法不能仅仅作为恐怖活动发生后的一种处罚手段，它必须要提前出击，将一些预备犯、帮助犯分离并单独定罪，做到对恐怖活动犯罪的"打小打早"，实现对法益的前置保护。

（2）组织、策划、准备实施恐怖活动的行为同时构成其他犯罪的，依照处罚较重的规定定罪处罚。对此可从以下两个方面理解：①由于本罪所处罚的是恐怖活动犯罪的预备行为，实践中很可能出现行为人在被抓获时已经着手实施恐怖活动犯罪的情况，后罪与之前其所准备实施之恐怖活动罪就构成了数个犯罪。此种情况行为人的预备行为与实行行为构成刑法理论上的吸收犯。吸收犯的处断原则一般是依照吸收行为所构成的犯罪论处，但法律另有规定的除外。本罪就属于法律另有规定的情况：基于恐怖活动犯罪的特殊性，《刑法修正案（九）》规定应择一重罪论处。②行为人为实施恐怖活动的准备行为而构成其他犯罪的，如为了实施恐怖活动犯罪而盗窃、抢劫、买卖枪支、弹药或其他危险物质的，可能构成非法制造、买卖、运输、邮寄、储存枪支、弹药、爆炸物罪，非法制造、买卖、运输、储存危险物质罪，盗窃、抢夺枪支、弹药、爆炸物、危险物质罪，抢劫枪支、弹药、爆炸物、危险物质罪，等等，这种情形属于想象竞合，也应从一重罪处罚。

2. 实施恐怖活动的，按其实施行为所触犯的具体罪名来定罪。我国刑法虽然修改及增加了许多有关恐怖主义犯罪的条款，但并没有任何一个条文直接对恐怖主义或恐怖活动犯罪进行定罪量刑（即没有规定"实施恐怖活动犯罪的，处……"）。因此，对于实施恐怖活动构成犯罪的，应按其行为具体触犯的罪名来定罪量刑，其涉及的罪名主要有危害国家安全罪、放火罪、爆炸罪、投放危险物质罪、破坏交通工具罪、破坏交通设施罪等危害公共安全的犯罪，故意杀人罪、故意伤害罪、绑架罪等危害公民人身权利的犯罪，等等。对此，我国

《刑法》第120条第2款规定，犯组织、领导、参加恐怖组织罪并实施杀人、爆炸、绑架等犯罪的，依照数罪并罚的规定处罚。

3. 宣扬恐怖主义，煽动实施恐怖活动的，可认定为《刑法》第120条之三所规定的宣扬恐怖主义、极端主义、煽动实施恐怖活动罪。根据《刑法》第120条之三的规定，宣扬恐怖主义、极端主义罪，是指行为人以制作、散发、宣扬恐怖主义、极端主义的图书、音频、视频资料或者其他物品，或者通过讲授、发布信息等方式散布、传播恐怖主义、极端主义观念、思想和主张的行为；煽动实施恐怖活动罪，是指以各种方式要求、鼓动、怂恿，意图使他人产生犯意，去实施恐怖活动的行为。因此，宣扬恐怖主义、极端主义、煽动实施恐怖活动的，完全符合《刑法》第120条之三的规定，可按宣扬恐怖主义、极端主义、煽动实施恐怖活动罪定罪处罚。本罪属于行为犯，意即只要行为人实施了宣扬、煽动的行为就构成犯罪，无论他人是否看到宣传的内容，看到宣传内容的人是否接受，也无论被煽动人是否实际接受了行为人的煽动行为，是否实施了恐怖活动犯罪。

4. 非法持有宣扬恐怖主义物品的，可认定为《刑法》第120条之六的非法持有宣扬恐怖主义、极端主义物品罪。非法持有宣扬恐怖主义、极端主义物品罪，是指行为人明知是宣扬恐怖主义、极端主义的图书、音频、视频资料或者其他物品而非法持有，情节严重的行为。需要注意的是，本罪只有情节严重的才可构成，即行为人持有的宣扬恐怖主义的物品数量众多。

5. 强制他人在公共场所穿戴宣扬恐怖主义的服饰、标志，可认定为《刑法》第120条之五的强制穿戴宣扬恐怖主义、极端主义服饰、标志罪。强制穿戴宣扬恐怖主义、极端主义服饰、标志罪，是指以暴力、胁迫等方式强制他人在公共场所穿着、佩戴宣扬恐怖主义、极端主义服饰、标志的行为。实施暴力、胁迫的行为构成其他犯罪的，应属于手段行为和目的行为的牵连犯，择一重罪处断。

6. 组织、领导、参加恐怖组织，可认定为《刑法》第120条的组织、领导、参加恐怖组织罪。组织、领导、参加恐怖组织罪，是指组织、领导、参加恐怖活动组织的行为。本罪为选择性罪名，只要行为人实施了组织、领导、参加行为之一，即可构成本罪，并不以行为人是否实际实施了恐怖活动为要件；如果行为人犯本罪又实施了恐怖活动构成其他罪名的，应数罪并罚。

7. 为恐怖活动组织、恐怖活动人员、实施恐怖活动或者恐怖活动培训提供帮助的，可认定为《刑法》第120条之一的帮助恐怖活动罪。帮助恐怖活动罪，是指资助恐怖活动组织、实施恐怖活动的个人，或者资助恐怖活动培训，为恐怖活动组织、实施恐怖活动或者恐怖活动培训招募、运送人员的行为。在具体认定中需要注意以下几个问题：

（1）本罪是概括性罪名，行为人只要实施了上述行为之一的便可构成本罪，实施了两种以上行为的，也只成立一罪，不实行数罪并罚。

（2）资助，是指为恐怖活动组织、实施恐怖活动的个人或者恐怖活动培训筹集、提供经费、物资或者提供场所以及其他物质便利的行为。本罪的行为表现只能是"资助"，而不能作为恐怖活动组织的成员负责有关筹集资金、物资的活动。如果行为人既实施了资助行为，又实施了具体的恐怖活动犯罪的，按照本罪与其所实施的犯罪所触犯的罪名实行数罪并罚。如果行为人与恐怖活动组织或者实施恐怖活动的个人通谋，为其提供物资、资金、账号、证明，或者为其提供运输、保管或其他方便的，属于共同犯罪，应根据共同犯罪的有关规定进行惩处。

（3）为恐怖活动组织、实施恐怖活动或者恐怖活动培训招募、运送人员，客观上仅表现为帮助行为。如果行为人既帮助恐怖活动组织、实施恐怖活动或者恐怖活动培训招募、运送人员，并且自己也参与其中，实施具体的恐怖活动犯罪、在恐怖活动组织中负责具体工作或者指导、参加恐怖活动培训的，也应以实际所实施的犯罪所触犯的罪名与本罪实行数罪并罚。对于实施了其他帮助行为的，还可以作为相关恐怖活动犯罪的帮助犯追究刑事责任。

二、行政责任

针对实施恐怖主义、极端主义活动及其相关的行为，在我国的法律体系下，可能构成犯罪并按照《刑法》追究其刑事责任，也可能因为情节显著轻微、危害不大，不以犯罪论，而按照《治安管理处罚法》追究行政责任。《反恐怖主义法》在第 79 条中规定了实施恐怖活动行为的刑事责任，随后即在第 80 条、第 81 条中规定了这些行为的行政责任。

1. 根据我国《刑法》第 13 条、第 37 条的规定，危害社会的行为，依照法律应当受刑罚处罚的，都是犯罪，但是情节显著轻微、危害不大的，不认为是犯罪；对于犯罪情节轻微不需要判处刑罚的，可以免于刑事处罚。《刑法》的规定严格区别了情节显著轻微和情节轻微，前者导致的结果可能是不构成犯罪，而后者导致的结果则是行为仍然构成犯罪，只是免于刑事处罚。而我国《反恐怖主义法》第 80 条、第 81 条的规定却是"情节轻微，尚不构成犯罪的"。"情节轻微"的结果可能是"不构成犯罪"，而不是"构成犯罪，免于刑事处罚"，这与《刑法》的规定稍有不同。此处的含义是对"尚不构成犯罪"的恐怖活动和利用极端主义实施的一系列活动，由公安机关给予行政处罚，对"情节轻微"

的解释应以"情节显著轻微、危害不大的，不认为是犯罪"为出发点。只有在恐怖活动行为同时具备情节显著轻微和危害不大两个条件时，才能不认定为犯罪。

2.《反恐怖主义法》第80条规定，参与以下行为之一：①宣扬恐怖主义、极端主义或者煽动实施恐怖活动、极端主义活动的；②制作、传播、非法持有宣扬恐怖主义、极端主义的物品的；③强制他人在公共场所穿戴宣扬恐怖主义、极端主义的服饰、标志的；④为宣扬恐怖主义、极端主义或者实施恐怖主义、极端主义活动提供信息、资金、物资、劳务、技术、场所等支持、协助、便利的行为。如果情节显著轻微、危害不大，不认为是犯罪的，由公安机关处10日以上15日以下拘留，可以并处1万元以下罚款。

（1）参与宣扬恐怖主义、极端主义或者煽动实施恐怖活动、极端主义活动的行为。恐怖主义、极端主义的观念、主张和意识形态，是恐怖主义、极端主义的思想基础，也是其滋生的土壤和得以蔓延的催化剂。恐怖活动组织和人员除了直接通过暴力事件制造社会恐慌以外，还通过各种方式大肆宣扬恐怖主义、极端主义，煽动实施恐怖活动、极端主义活动，实现对他人思想的影响、异化和控制，培植恐怖主义、极端主义的新生力量，扩大影响，蛊惑民众，以取得同情和支持。

（2）参与制作、传播、非法持有宣扬恐怖主义、极端主义的物品的行为。这里的"宣扬恐怖主义、极端主义的物品"，是恐怖主义、极端主义观念和主张的载体，包括图书、期刊、音频、视频资料、电子出版物或者传单、图片、标语、报纸、标识、标志等。这里的"制作"，是指编写、出版、印刷、复制含有恐怖主义、极端主义的物品。"传播"，是指通过发行、当面散发、手机短信、微信、电子邮件等方式发送，通过网络、即时通信工具公开发帖、转载、推送等，使他人接触恐怖主义、极端主义信息的行为。"非法持有"是指明知是宣扬恐怖主义、极端主义的物品、资料而非法持有。

（3）参与强制他人在公共场所穿戴宣扬恐怖主义、极端主义的服饰、标志的行为。这里的"强制"，是指对他人施以压力，迫使他人就范。这里的"宣扬恐怖主义、极端主义的服饰、标志"，指的是穿着、佩戴的服饰、标志包含了恐怖主义、极端主义的符号、旗帜、徽记、文字、口号、标语、图形或者带有恐怖主义、极端主义的色彩和样式，容易使人联想到恐怖主义和极端主义，营造恐怖主义、极端主义氛围。

（4）参与为宣扬恐怖主义、极端主义或者实施恐怖主义、极端主义活动提供信息、资金、物资、劳务、技术、场所等支持、协助、便利的行为。这里需要强调的是，必须是明知他人在宣扬恐怖主义、极端主义或者实施恐怖主义、极端主义活动，而为其提供信息、资金、物资、劳务、技术、场所等支持、协助、便利。[1]

一般来说，宣扬恐怖主义、极端主义或者煽动实施恐怖活动、极端主义活动的行为，制作、传播、非法持有宣扬恐怖主义、极端主义的物品的行为，强制他人在公共场所穿戴宣扬恐怖主义、极端主义的服饰、标志的行为，为宣扬恐怖主义、极端主义或者实施恐怖主义、极端主义活动提供信息、资金、物资、劳务、技术、场所等支持、协助、便利的行为，是恐怖主义的犯罪行为，应予以严惩，但参与前述行为者，大多数不是主要的实行犯，而是次要的实行犯，或者帮助犯，属于《刑法》中的从犯，其中情节显著轻微、危害不大，不认为是犯罪的，可给予行政处罚，亦可起到处罚与教育的功效。

3. 《反恐怖主义法》第81条专门就利用极端主义进行的一系列活动的行政责任进行了规定，"利用极端主义实施下列活动之一，情节轻微，尚不构成犯罪的，由公安机关处10日以上15日以下拘留，可以并处1万元以下罚款：①强迫他人参加宗教活动，或者强迫他人向宗教活动场所、宗教教职人员提供财物或者劳务的；②以恐吓、骚扰等方式驱赶其他民族或者有其他信仰的人员离开居住地的；③以恐吓、骚扰等方式干涉他人与其他民族或者有其他信仰的人员交往、共同生活的；④以恐吓、骚扰等方式干涉他人生活习俗、方式和生产经营的；⑤阻碍国家机关工作人员依法执行职务的；⑥歪曲、诋毁国家政策、法律、行政法规，煽动、教唆抵制人民政府依法管理的；⑦煽动、胁迫群众损毁或者故意损毁居民身份证、户口簿等国家法定证件以及人民币的；⑧煽动、胁迫他人以宗教仪式取代结婚、离婚登记的；⑨煽动、胁迫未成年人不接受义务教育的；⑩其他利用极端主义破坏国家法律制度实施的"。

（1）强迫他人参加宗教活动，或者强迫他人向宗教活动场所、宗教教职人员提供财物或者劳务的行为。这里的"宗教活动"，包括合法的宗教仪式和活动，也包括非法的带有宗教色彩的仪式、集会、学经班等。利用极端主义强迫他人参加宗教活动，或者强迫他人向宗教活动场所、宗教教职人员提供财物或者劳务，侵犯了公民的宗教信仰自由，应予以处罚。

（2）以恐吓、骚扰等方式驱赶其他民族或者有其他信仰的人员离开居住地的行为。这里的"恐吓、骚扰等方式"，是指使受害者产生其自身或家庭近亲属等会受到人身伤害、财产损失的担忧和恐惧的行为。例如，邮寄凶器、展示动物尸体或使用电话、门铃、砸玻璃等方式恐吓、骚扰。恐吓、骚扰的对象是

---

[1] 参见王爱立主编：《中华人民共和国反恐怖主义法解读》，中国法制出版社2016年版，第312～313页。

"其他民族或者有其他信仰的人员",即与行为人分属不同民族,或者有不同信仰的人,包括不信仰任何宗教的人员。恐吓骚扰的目的是让受害者离开、搬离、撤离原先的居住地。前述行为会制造民族、宗教隔阂,损害受害者的合法权益,并在一定区域内使人们产生恐慌心理,影响社会安宁,形成或加剧极端主义氛围。

(3)以恐吓、骚扰等方式干涉他人与其他民族或者有其他信仰的人员交往、共同生活的行为。由于这里的"恐吓骚扰"行为的受害者有些与行为人属于相同民族或者持相同信仰,因此,这里的行为方式也包括歪曲宗教教义,以"地狱""火狱"等宗教惩罚为由,施加精神恐吓。不法行为的目的是干涉他人与其他民族或者有其他信仰的人员交往、共同生活,包括不让共同学习、工作、就餐,不让恋爱、结婚,不让交谈、通信,以破坏受害者与不同民族、不同信仰的人员交往、共同生活的愿望,实现不同民族或者不同信仰的人群之间的隔离,促成和保持极端主义的氛围和生活方式。

(4)以恐吓、骚扰等方式干涉他人生活习俗、方式和生产经营的行为。这里的"恐吓骚扰"行为的目的是干涉他人既有的生活习俗、方式和生产经营的行为。例如,限制饭店、餐厅的营业时间,禁止饭馆、酒店出售烟酒,干涉他人穿着现代或者民族传统的服饰,干涉他人接触现代或者民族传统的音乐、舞蹈及诗歌等。

(5)阻碍国家机关工作人员依法执行职务的行为。这里的"阻碍",是指以轻微的暴力、威胁方法阻挠、妨碍国家机关工作人员依照法律的规定执行自己的职务,致使依法执行职务的活动无法正常进行。

(6)歪曲、诋毁国家政策、法律、行政法规,煽动、教唆抵制人民政府依法管理的行为。这里的"歪曲、诋毁",是指罔顾事实、编造谣言、曲解原意、抹黑栽赃的行为。"歪曲、诋毁"的对象是"国家政策、法律、行政法规",如将恐怖分子的暴恐行为与国家的民族宗教政策挂钩,指责国家的民族宗教政策;以资源掠夺为由,抨击国家的经济扶持政策;以歪曲历史或者曲解宗教教义的方式,攻击宪法、法律的规定;将环境、食品安全问题同民族剥削、民族伤害相联系;将少数民族大学生的就业问题归结为民族不平等问题;等等。这里的"煽动、教唆",是指以各种方式对他人进行要求、怂恿、鼓动、引导、唆使,意图使他人产生违法的意图,去实施所煽动的行为。这里的"抵制人民政府依法管理",包括抵制人民政府依据法律、行政法规、部门规章、地方性法规、地方政府规章等行使社会管理的职能,使人民政府依法进行的行政管理工作无法顺利实施。

(7)煽动、胁迫群众损毁或者故意损毁居民身份证、户口簿等国家法定证件以及人民币的行为。这里的"胁迫"，是指通过暴力、威胁或者以给被胁迫人或者其近亲属等造成人身、心理、经济等方面的损害为要挟，对他人形成心理强制，迫使其从事胁迫者希望其实施的特定行为。这里的"损毁居民身份证、户口簿等国家法定证件"，包括采取焚毁、毁坏、丢弃等方式损毁居民身份证、户口簿、护照等国家法定证件。故意损毁行为不仅传达了极端主义者对国家法律制度实施的抵制态度，而且阻碍了国家依法进行的社会管理活动，以及群众正常的生产生活，侵犯了人民群众的合法权益。"损毁人民币的行为"，目的是干扰民众的生产、生活秩序，破坏区域的金融秩序，宣扬极端主义，以抵制国家对社会经济生活的管理。

（8）煽动、胁迫他人以宗教仪式取代结婚、离婚登记的行为。这里的"以宗教仪式取代结婚、离婚登记"，是指以宗教仪式替代、排除和放弃依照《婚姻法》进行的结婚、离婚登记。婚姻家庭制度是关系人民切身利益和社会安定的重要保障。但近年来，在一些地区出现煽动、胁迫他人以宗教仪式替代结婚、离婚登记的行为，也有的是煽动、胁迫愿意办理登记的群众放弃登记手续，从而升级宗教氛围，催化宗教极端，因此，必须遏制。

（9）煽动、胁迫未成年人不接受义务教育的行为。具体表现为不让未成年人入学接受义务教育，让已入学的未成年人辍学、放弃接受义务教育；不允许未成年人学习国家通用语言等特定学科；让未成年人外出学经、习武、接受恐怖主义、极端主义的培训等。

（10）其他利用极端主义破坏国家法律制度实施的行为。本项是兜底性规定，是前述九项以外的，利用以歪曲宗教教义等方法煽动仇恨、煽动歧视、鼓吹暴力的极端主义来破坏国家法律制度的实施、社会管理的行为，适用本项规定予以处罚。[1]

利用极端主义，实施本条所列十项行为之一，只有情节轻微，尚不构成犯罪的，才能适用本条。如果利用极端主义实施的行为具有严重的社会危害性，构成犯罪的，也同样应该定罪处罚。例如，强迫他人参加宗教活动，强迫他人向宗教活动场所、宗教教职人员提供劳务，情节严重的，可以以非法拘禁罪、强迫劳动罪等追究其刑事责任；强迫他人向宗教活动场所、宗教教职人员提供财物的，可以以抢劫罪或敲诈勒索罪追究其刑事责任；以恐吓、骚扰等方式驱赶其他民族或者有其他信仰的人员离开其居住地，以恐吓、骚扰等方式干涉他人与其他民族或者有其他信仰的人员交往、共同生活，以恐吓、骚扰等方式干

---

〔1〕　参见王爱立主编：《中华人民共和国反恐怖主义法解读》，中国法制出版社 2016 年版，第 316 ~ 320 页。

涉他人生活习俗、方式和生产经营，情节严重的，可以以寻衅滋事罪追究其刑事责任；阻碍国家机关工作人员依法执行职务，如果是以暴力、威胁手段阻碍国家机关工作人员依法执行职务，或故意阻碍国家安全机关、公安机关依法执行国家安全工作任务，未使用暴力、威胁方法，但造成严重后果的，可能构成妨害公务罪；歪曲、诋毁国家政策、法律、行政法规，煽动、教唆抵制人民政府依法管理，故意损毁或煽动、胁迫他人损毁人民币或居民身份证、户口簿等国家法定证件，煽动、胁迫他人以宗教仪式取代结婚、离婚登记，煽动、胁迫未成年人不接受义务教育的，以及其他利用极端主义破坏国家法律制度实施的行为，情节严重的，可以以利用极端主义破坏法律实施罪追究其刑事责任。

第二节　拒不配合或阻碍反恐怖主义工作的法律责任

对于反恐怖主义工作中拒不配合有关部门开展反恐怖主义安全防范、情报信息的调查、应对处置工作的行为，或阻碍有关部门开展反恐怖主义工作的行为的法律责任，《反恐怖主义法》第82～93条进行了规定，其中以行政责任为主，以刑事责任为辅。

一、窝藏、包庇或拒不提供证据的法律责任

《反恐怖主义法》第82条对窝藏、包庇恐怖活动犯罪、极端主义犯罪的行为，以及拒不提供恐怖活动犯罪、极端主义犯罪证据的行为的行政责任作了规定。

1. 窝藏、包庇犯罪分子的行为，不仅阻碍了司法机关揭露和惩办犯罪分子的正常活动，而且给社会造成了隐患，严重侵害了国家和人民的利益，因此，应当予以惩治。①必须是明知他人实施了恐怖活动犯罪、极端主义犯罪的行为，并予以窝藏、包庇。如果行为人确实不知的，不应对其适用本条进行处罚。这里的恐怖活动犯罪、极端主义犯罪，包括组织、领导、参加恐怖组织罪，帮助恐怖活动罪，准备实施恐怖活动罪，宣扬恐怖主义、极端主义、煽动实施恐怖活动罪，利用极端主义破坏法律实施罪，强制穿戴宣扬恐怖主义、极端主义服饰、标志罪，非法持有宣扬恐怖主义、极端主义物品罪，以及其他基于恐怖主义目的实施的劫持航空器罪、绑架罪等。②窝藏，是指为犯罪分子提供隐藏的处所、财物，帮助其逃匿的行为；包庇，是指用提供虚假证明的方法，掩盖犯罪分子的罪行，使其罪行不被发觉或追究，如出示虚假证明，伪造、隐瞒犯罪分子的身份，谎报其逃跑方向和路线等。③窝藏、包庇的对象既可以是判决后

的犯罪分子，也可以是判决前的犯罪嫌疑人。④如果行为人与实施恐怖主义、极端主义的犯罪分子事前同谋，事后将其窝藏、包庇的，则不构成窝藏、包庇罪，而是以犯罪分子具体实行的犯罪的共犯论处。

2.《反恐怖主义法》规定了拒绝提供恐怖主义、极端主义犯罪证据行为的行政责任，即了解情况的个人和组织在司法机关向其调查取证时，应该如实提供其所知悉的情况和证据，不得拒绝。①这里的"调查有关情况"，主要是指司法机关调查、了解恐怖活动犯罪、极端主义犯罪及有关情况，包括犯罪嫌疑人的情况，有关犯罪活动的线索以及方法、手段、时间、地点等。这里的"收集有关证据"，主要是指调查人员或者侦查人员收集恐怖活动犯罪、极端主义犯罪的证据材料，包括物证、书证、证人证言、视听资料、电子数据等。②本违法行为的表现形式是消极的不作为，即行为人了解恐怖活动犯罪、极端主义犯罪的情况，有能力提供恐怖主义犯罪、极端主义犯罪的犯罪证据，而在司法机关向其调查有关情况、收集有关证据时，拒不提供。③构成本违法行为的前提是在司法机关向其调查有关情况、收集有关证据时拒绝提供。"拒绝提供"不包括仅知情不举的情形。因此，如果没有受到司法机关的调查、取证，仅是知情不举的，不属于拒绝提供，不能以本违法行为论处，不需要承担行政责任。

二、金融机构和特定非金融机构的法律责任

《反恐怖主义法》第83条规定，金融机构和特定非金融机构对国家反恐怖主义工作领导机构的办事机构公告的恐怖活动组织及恐怖活动人员的资金或者其他资产，未立即予以冻结的，由公安机关处20万元以上50万元以下罚款，并对直接负责的董事、高级管理人员和其他直接责任人员处10万元以下罚款；情节严重的，处50万元以上罚款，并对直接负责的董事、高级管理人员和其他直接责任人员，处10万元以上50万元以下罚款，可以并处5日以上15日以下拘留。

1. 本条的行为主体和客观行为。①行为的主体为金融机构和特定非金融机构。"金融机构"，是指依法设立的从事金融业务的政策性银行、商业银行、信用合作社、邮政储蓄机构、信托投资公司、证券公司、期货经纪公司、保险公司等。"特定非金融机构"，是指房地产经纪、贵金属交易、珠宝交易、非金融支付以及拍卖、典当、律所、公证、会计、审计等中介服务机构。②客观上有对国家反恐怖主义工作领导机构的办事机构公告的恐怖活动组织及恐怖活动人员的资金或者其他资产，未立即予以冻结的行为。根据《反恐怖主义法》的规定，国家反恐怖主义工作领导机构的办事机构对国家反恐怖主义工作领导机构

认定的恐怖活动组织和人员进行公告后，在法律上立即产生要求金融机构和特定非金融机构对所公告的恐怖活动组织和人员的资金或者其他资产进行冻结的法律后果。金融机构和特定非金融机构在经营活动中一旦发现上述资产，应当立即采取措施予以冻结。

2. 罚则。对于违反立即冻结义务的金融机构和特定非金融机构，不仅要对单位处以罚款，而且要对其董事、高级管理人员和其他直接责任人员处以罚款，情节严重的，还要对董事、高级管理人员和其他直接责任人员处以拘留。情节严重，一般指多次或长期拒不履行冻结相关资金、资产的义务或由于不立即履行冻结义务，影响对恐怖活动组织和人员的追踪，造成应被冻结的财产被转移，或者造成其他严重后果的情形。

3. 如果金融机构和特定非金融机构不仅不履行立即冻结的义务，还使用暴力、胁迫手段妨碍国家机关工作人员执行职务的，甚至和恐怖分子相勾结，向被查询、冻结的单位、个人或者第三方通风报信，伪造、隐匿、毁灭相关证据材料，帮助隐匿或者转移财产，则可能构成妨害公务罪、洗钱罪、窝藏、包庇罪，也可能构成恐怖活动犯罪的共犯，对此应依法追究其刑事责任。

三、电信业务经营者、互联网服务提供者的法律责任

《反恐怖主义法》第84条规定，电信业务经营者、互联网服务提供者有下列情形之一的，由主管部门处20万元以上50万元以下罚款，并对其直接负责的主管人员和其他直接责任人员处10万元以下罚款；情节严重的，处50万元以上罚款，并对其直接负责的主管人员和其他直接责任人员，处10万元以上50万元以下罚款，可以由公安机关对其直接负责的主管人员和其他直接责任人员，处5日以上15日以下拘留：①未依照规定为公安机关、国家安全机关依法进行防范、调查恐怖活动提供技术接口和解密等技术支持和协助的；②未按照主管部门的要求，停止传输、删除含有恐怖主义、极端主义内容的信息，保存相关记录，关闭相关网站或者关停相关服务的；③未落实网络安全、信息内容监督制度和安全技术防范措施，造成含有恐怖主义、极端主义内容的信息传播，情节严重的。

1. 本条对电信业务经营者、互联网服务提供者列举了三项予以处罚的行为：①未依照规定为公安机关、国家安全机关依法进行防范、调查恐怖活动提供技术接口和解密等技术支持和协助的行为，具体包括：电信业务经营者、互联网服务提供者未按照国家标准，在有关设备上配置公安机关、国家安全机关防范、调查恐怖活动使用的技术接口的；在公安机关、国家安全机关防范、调查恐怖

活动的过程中，拒绝通过技术接口为公安机关、国家安全机关获取有关数据保留必要的技术通道，使公安机关、国家安全机关难以获得有关数据，无法顺利开展对恐怖活动的防范、调查工作的；对于公安机关、国家安全机关在防范、调查恐怖活动中需要对在网络传输过程中加密的信息进行解密时，拒绝向公安机关、国家安全机关提供技术支持的；等等。②未按照主管部门的要求，停止传输、删除含有恐怖主义、极端主义内容的信息，保存相关记录，关闭相关网站或者关停相关服务的行为，指的是当网信、电信、公安、国家安全等主管部门对网络上出现含有恐怖主义、极端主义内容的信息，要求电信业务经营者、互联网服务提供者采取有关措施时，电信业务经营者、互联网服务提供者拒绝采取措施或者未依照要求采取措施。③未落实网络安全、信息内容监督制度和安全技术防范措施，造成含有恐怖主义、极端主义内容的信息传播，情节严重的行为。这里"未落实网络安全、信息内容监督制度和安全技术防范措施"，主要包括不落实法律、法规确定的安全管理服务，对含有恐怖主义、极端主义内容的信息不审核查验是否具有接入网站主体资格、不采取必要的屏蔽过滤措施，明知他人利用网络宣扬恐怖主义、极端主义或者组织、策划、实施恐怖活动，仍为其提供加密等服务，等等。这里的"情节严重"，主要指造成大量含有恐怖主义、极端主义内容的信息传播，并产生严重后果、恶劣影响等。

2. 根据本条的规定，对于不履行义务的电信业务经营者、互联网服务提供者，不仅要对单位处以罚款，而且对直接负责的主管人员和其他直接责任人员也要处以罚款，情节严重的，还可以处以拘留。所谓"直接负责的主管人员"，是指在单位违法行为中负有领导责任的人员。所谓"其他直接责任人员"，是指除直接负责的主管人员以外，在单位违法活动中直接实施违法行为的单位成员。

但要注意，处以罚款的主体是电信业务经营者、互联网服务提供者的主管机关，而处以拘留的主体只能是公安机关。

3. 本条仅对电信业务经营者、互联网服务提供者的行政责任进行了规定，但根据《刑法》第 286 条之一、第 287 条之一、第 287 条之二的规定，对于电信业务经营者、互联网服务提供者不履行义务的行为，情节严重的，还可能构成犯罪，依法被追究刑事责任。

（1）如果电信业务经营者、互联网服务提供者拒不履行法律、行政法规规定的信息网络安全管理义务，没有采取安全技术防范措施防止含有恐怖主义、极端主义内容的信息传播，或发现含有恐怖主义、极端主义内容的信息后，没有立即停止传输、保存相关记录、删除相关信息，经监管部门责令采取改正措施而拒不改正，致使含有恐怖主义、极端主义内容的信息被大量传播，或导致其他严重后果的，如引发群体性事件，引发公共秩序混乱，引发民族或宗教冲突、严重危害国家利益等，应当依《刑法》第 286 条之一所规定的拒不履行信息网络安全管理义务罪，依法追究刑事责任。如果电信业务经营者、互联网服务提供者不履行义务是为了帮助恐怖分子，与恐怖分子具备共同实施恐怖活动犯罪的意思联络，监管部门责令其采取改正措施而拒不改正的，电信业务经营者、互联网服务提供者与该恐怖分子成立共同犯罪，此时属于想象竞合，应结合《刑法》第 286 条之一第 3 款的规定择一重罪处罚，即应以本罪与恐怖分子具体实施的罪名，如准备实施恐怖活动罪，宣扬恐怖主义、极端主义、煽动实施恐怖活动罪，择一重罪处罚。

（2）如果电信业务经营者、互联网服务提供者设立用于制作或者销售违禁物品、管制物品等违法犯罪活动的网站、通信群组的，或发布有关制作或者销售枪支、弹药等违禁物品、管制物品或者其他违法犯罪信息，情节严重的，可以以《刑法》第 287 条之一所规定的非法利用信息网络罪依法追究其刑事责任。如果电信业务经营者、互联网服务提供者与恐怖分子相勾结，为其设立用于制作或销售枪支、弹药等管制物品的网站、通信群组的，也应以恐怖活动所触犯的罪名的共犯与本罪择一重罪处断。

（3）对于明知他人利用信息网络实施恐怖活动犯罪，仍然为其提供互联网接入、服务器托管、网络存储、通信传输等技术支持，或者提供广告推广、支付结算等帮助，情节严重的，可以以《刑法》第 287 条之二所规定的帮助信息网络犯罪活动罪依法追究其刑事责任。不管恐怖分子是否认识到电信业务经营者、互联网服务提供者为其恐怖活动犯罪提供支持和便利，对电信业务经营者、互联网服务提供者都可以以恐怖活动犯罪所触犯的罪名的共犯论处，其和本罪是想象竞合关系，应择一重罪处断。

四、货运和物流运营单位的法律责任

《反恐怖主义法》第 85 条规定，铁路、公路、水上、航空的货运和邮政、快递等物流运营单位有下列情形之一的，由主管部门处 10 万元以上 50 万元以下罚款，并对其直接负责的主管人员和其他直接责任人员处 10 万元以下罚款：①未实行安全查验制度，对客户身份进行查验，或者未依照规定对运输、寄递物品进行安全检查或者开封验视的；②对禁止运输、寄递，存在重大安全隐患，或者客户拒绝安全查验的物品予以运输、寄递的；③未实行运输、寄递客户身份、物品信息登记制度的。

本条中的"相关主管部门"，是指依照有关法律、法规关于职能分工的规定，具体负责铁路、公路、水上、航空货物运输的主管部门，邮政快递的主管

部门，如交通运输管理部门、邮政部门等。

实践中应当注意的是：①铁路、公路、水上、航空的货运和邮政、快递等物流运营行业的相关法律、法规已经对不履行安全查验以及客户身份、物品信息登记义务等作了处罚性规定的，适用法律时，应当按照上位法优于下位法、新法优于旧法、特别法优于普通法的原则进行适用，即应当适用本条的规定处罚。②如果货运和物流运营单位的员工和恐怖分子相勾结，明知恐怖分子将使用枪支、弹药、爆炸物等管制物品实施恐怖活动，仍然予以运输、寄递的，则可能以准备实施恐怖活动罪或非法邮寄枪支、弹药、爆炸物罪论处。

五、电信、互联网、金融、住宿、长途客运、机动车租赁等业务经营者、服务提供者的法律责任

《反恐怖主义法》第86条规定，电信、互联网、金融业务经营者、服务提供者未按规定对客户身份进行查验，或者对身份不明、拒绝身份查验的客户提供服务的，主管部门应当责令改正；拒不改正的，处20万元以上50万元以下罚款，并对其直接负责的主管人员和其他直接责任人员处10万元以下罚款；情节严重的，处50万元以上罚款，并对其直接负责的主管人员和其他直接责任人员，处10万元以上50万元以下罚款。住宿、长途客运、机动车租赁等业务经营者、服务提供者有前款规定情形的，由主管部门处10万元以上50万元以下罚款，并对其直接负责的主管人员和其他直接责任人员处10万元以下罚款。

对电信、互联网、金融业务经营者、服务提供者不履行义务应承担的法律责任的规定与对住宿、长途客运、机动车租赁等业务经营者、服务提供者不履行义务应承担的法律责任的规定相比，其义务内容相同，即对客户身份进行查验。因此，为了条文的体系性，本条将两者规定在一起。

本条分为两款：第1款是关于电信、互联网、金融业务经营者、服务提供者不履行查验客户身份的义务应承担的法律责任的规定。本款规定的"主管部门"，是指法律、行政法规规定的电信、互联网、金融业监督管理部门，包括工业和信息化部门，国家网信部门，中国人民银行，银行、证券、保险业监督管理部门等。本条第2款是关于住宿、长途客运、机动车租赁等业务经营者、服务提供者不履行查验客户身份的义务应承担的法律责任的规定。考虑到两类行业在经营内容、资产规模、处罚承受能力等方面存在较大差异，本条第2款对住宿、长途客运、机动车租赁等业务经营者、服务提供者违反实名制管理规定的处罚，相比较第1款对电信、互联网、金融业务经营者、服务提供者规定的处罚要轻一些。

上述行政责任承担的前提条件是经主管部门责令改正而拒不改正，如果经责令改正后立即改正的，则不需承担行政责任。

本条对电信、互联网、金融业务经营者、服务提供者的法律责任的规定，目的是严厉打击网络恐怖活动，规范对恐怖活动组织和人员的财产查询和冻结程序。对住宿、长途客运、机动车租赁等业务经营者、服务提供者法律责任的规定则需要注意，如果住宿、长途客运、机动车租赁等业务经营者、服务提供者明知恐怖分子将要实施恐怖活动犯罪而故意为其隐瞒身份或提供运输服务的，可以以窝藏、包庇罪或恐怖活动犯罪触犯的罪名的共犯论处。

六、危险物品的生产、进口、运输等单位的法律责任

《反恐怖主义法》第 87 条规定，违反本法规定，有下列情形之一的，由主管部门给予警告，并责令改正；拒不改正的，处 10 万元以下罚款，并对其直接负责的主管人员和其他直接责任人员处 1 万元以下罚款：①未依照规定对枪支等武器、弹药、管制器具、危险化学品、民用爆炸物品、核与放射物品作出电子追踪标识，对民用爆炸物品添加安检示踪标识物的；②未依照规定对运营中的危险化学品、民用爆炸物品、核与放射物品的运输工具通过定位系统实行监控的；③未依照规定对传染病病原体等物质实行严格的监督管理，情节严重的；④违反国务院有关主管部门或者省级人民政府对管制器具、危险化学品、民用爆炸物品决定的管制或者限制交易措施的。

1. 本条规定了 4 项。第 1 项是未依照规定对枪支等武器、弹药、管制器具、危险化学品、民用爆炸物品、核与放射物品作出电子追踪标识，对民用爆炸物品添加安检示踪标识物的，即生产和进口单位没有依照《枪支管理法》《传染病防治法》《危险化学品安全管理条例》《民用爆炸物品安全管理条例》等有关法律、法规的规定对枪支等武器、弹药、管制器具、危险化学品、民用爆炸物品、核与放射物品作出电子追踪标识，也没有按照《民用爆炸物品安全管理条例》的规定，对民用爆炸物品添加安检示踪标识物。"电子追踪标识"，就是在枪支等武器、弹药、管制器具、危险化学品、民用爆炸物品、核与放射物品上作出的标记。"安检示踪标识物"，就是在民用爆炸物品中添加的探测识别剂，这种添加剂不仅能够被机场、车站等有关场所的安检设备检测到，在爆炸后其残留物质还能够被有关仪器设备追踪到其来源和流向。第 2 项是未依照规定对运营中的危险化学品、民用爆炸物品、核与放射物品的运输工具通过定位系统实行监控的，即运输单位没有按照规定对在运营中的危险化学品、民用爆炸物品、核与放射物品的运输工具上安装定位系统，使该运输工具脱离监控。第 3 项是

未依照规定对传染病病原体等物质实行严格的监督管理，情节严重的。这里的"情节严重"，主要是指传染病病原体等物质的管理单位，在传染病病原体的采集、保藏、携带、运输和使用的过程中，严重违反相关法律、法规、规章制度的规定从事相关活动，有造成传染病病原体等物质扩散、流失较大风险的，或者造成扩散、流失后果等情形。第4项是违反国务院有关主管部门或者省级人民政府对管制器具、危险化学品、民用爆炸物品决定的管制或者限制交易措施的。

2. 根据本条规定，上述单位违反相关义务的，首先由主管部门给予警告，并责令其改正，拒不改正的，处以罚款；如果经责令改正后立即改正的，则不需处以罚款。

3. 对本条规定的危险物品实行特别管制和交易限制的根本目的是加强反恐怖主义安全防范工作，防止其流入非法渠道，被恐怖分子用以实施恐怖活动。为了加强对危险物品的监管，我国《反恐怖主义法》不仅在第22条对生产、进口、运输等单位的追踪、监控、管理义务进行了规定，而且在第23条第1款中对危险物品被盗、被抢、丢失或者其他流失的情形下，有关单位的义务进行了规定，在第2款则规定了任何单位和个人不得非法制作、生产、储存、运输、进出口、销售、提供、购买、使用、持有、报废、销毁前款规定的物品。但是在法律责任一章中，却没有对违反这些义务应承担的责任作出直接规定，对此，可按《反恐怖主义法》第91条"拒不配合有关部门开展反恐怖主义安全防范、情报信息、调查、应对处置工作"的规定追究行政责任；对于构成犯罪的，应依法追究刑事责任。

此外，对于依法配备公务用枪的人员，丢失枪支不及时报告，造成严重后果的，可能构成丢失枪支不报罪；对于非法制作、生产、储存、运输、进出口、销售、提供、购买、使用、持有危险物品的行为，则可能以非法制造、买卖、运输、邮寄、储存枪支、弹药、爆炸物罪，非法制造、买卖、运输、储存危险物质罪，违规制造、销售枪支罪，非法出租、出借枪支罪，非法持有、私藏枪支、弹药罪，走私武器、弹药罪，走私核材料罪等论处。

七、重点目标的管理单位的法律责任

《反恐怖主义法》第88条规定，防范恐怖袭击重点目标的管理、营运单位违反本法规定，有下列情形之一的，由公安机关给予警告，并责令改正；拒不改正的，处10万元以下罚款，并对其直接负责的主管人员和其他直接责任人员处1万元以下罚款：①未制定防范和应对处置恐怖活动的预案、措施的；②未

建立反恐怖主义工作专项经费保障制度，或者未配备防范和处置设备、设施的；③未落实工作机构或者责任人员的；④未对重要岗位人员进行安全背景审查，或者未将有不适合情形的人员调整工作岗位的；⑤对公共交通运输工具未依照规定配备安保人员和相应设备、设施的；⑥未建立公共安全视频图像信息系统值班监看、信息保存使用、运行维护等管理制度的。大型活动承办单位以及重点目标的管理单位未依照规定对进入大型活动场所、机场、火车站、码头、城市轨道交通站、公路长途客运站、口岸等重点目标的人员、物品和交通工具进行安全检查的，公安机关应当责令改正；拒不改正的，处 10 万元以下罚款，并对其直接负责的主管人员和其他直接责任人员处 1 万元以下罚款。

根据本条的规定，上述单位违反相关义务的，首先由公安机关给予警告并责令其改正，拒不改正的，处以罚款；如果经责令改正后立即改正的，则不需处以罚款，体现了惩罚与教育相结合的精神。由公安机关先行警告并责令改正，"拒不改正"的才处以相应罚款，如此处理，既让重点目标的管理、营运单位和大型活动承办单位认识到自己的错误，又会调动它们加强安全防范工作的积极性和主动性，切实负起安全监管责任，落实相关法律、法规、规章制度的要求，配合主管部门和公安机关做好安全防范工作。

八、恐怖活动嫌疑人的法律责任

《反恐怖主义法》第 53 条规定了反恐怖主义调查措施中的预防性约束措施，为了保障反恐怖主义调查措施中的预防性约束措施落到实处，《反恐怖主义法》第 89 条规定，对于恐怖活动嫌疑人员违反公安机关责令其遵守的约束措施的，由公安机关给予警告，并责令改正；拒不改正的，处 5 日以上 15 日以下拘留。

九、新闻媒体等单位的法律责任

在恐怖事件发生后，为了避免造成社会不必要的恐慌以及安全、秘密地开展应急处置行动，《反恐怖主义法》对公民以及相关单位的新闻和传播自由权利进行了必要的限制。根据《反恐怖主义法》第 63 条第 2 款的规定，任何单位和个人不得编造、传播虚假恐怖事件信息；不得报道、传播可能引起模仿的恐怖活动的实施细节；不得发布恐怖事件中残忍、不人道的场景；在恐怖事件的应对处置过程中，除新闻媒体经负责发布信息的反恐怖主义工作领导机构批准外，不得报道、传播现场应对处置的工作人员、人质身份信息和应对处置行动情况。

1. 对于违规发布恐怖事件发生、发展和应对处置信息的单位和个人，《反恐怖主义法》第 90 条第 1 款、第 2 款规定了不同的行政责任：对单位，由公安机关处 20 万元以下罚款，并对其直接负责的主管人员和其他直接责任人员，处 5 日以上 15 日以下拘留，可以并处 5 万元以下罚款；对个人，由公安机关处 5 日以上 15 日以下拘留，可以并处 1 万元以下罚款。之所以对个人传播上述信息的行为作出规定和处罚，主要是因为随着微博、微信等新媒体的兴起，个人对包括恐怖事件在内的突发事件，通过互联网等途径传播的情况会越来越多，传播上述信息造成的危害后果也会越来越大。

2. 对于编造、传播虚假恐怖事件信息的行为，如果严重扰乱社会秩序的，可以《刑法》第 291 条之一规定的编造、故意传播虚假恐怖信息罪追究刑事责任。但是，本罪的主体只能是自然人，而不能是单位。因此，对于单位编造、传播虚假恐怖事件信息的行为，如果严重扰乱社会秩序的，只能追究直接负责的主管人员或者其他直接责任人员的刑事责任，而对单位以《反恐怖主义法》追究行政责任。

十、其他拒不配合反恐怖主义工作的单位、人员的法律责任

《反恐怖主义法》第 91 条规定，拒不配合有关部门开展反恐怖主义安全防范、情报信息、调查、应对处置工作的，由主管部门处 2000 元以下罚款；造成严重后果的，处 5 日以上 15 日以下拘留，可以并处 1 万元以下罚款。单位有前款规定行为的，由主管部门处 5 万元以下罚款；造成严重后果的，处 10 万元以下罚款；并对其直接负责的主管人员和其他直接责任人员依照前款规定处罚。

1. 本条共分两款。第 1 款是关于个人拒不配合有关部门开展反恐怖工作的处罚规定。本款主要包括三方面的内容：

（1）行为主体是负有配合有关部门开展反恐怖主义安全防范、情报信息、调查、应对处置工作义务的个人。至于行为人是否具有配合有关部门开展反恐怖主义工作的具体义务，则主要考察：①本法第三章安全防范、第四章情报信息、第五章调查、第六章应对处置相关条款是否明确规定了行为人的配合义务。例如，《反恐怖主义法》第 51 条规定，公安机关调查恐怖活动嫌疑，有权向有关单位和个人收集、调取相关信息和材料。有关单位和个人应当如实提供。这里的"应当如实提供"就是对行为人配合调查工作义务的明确规定。②相关条款是否明确规定了有关主管部门开展某项具体工作的职权，而根据该项工作的性质，需要相关相对人给予支持和配合。例如，《反恐怖主义法》第 61 条规定，恐怖事件发生后，负责应对处置的反恐怖主义工作领导机构可以在特定区域内实施管制，对交通运输工具进行检查。那么，相应交通运输工具的所有人、管理人就有配合检查工作的义务，拒不配合的，可以依法予以处罚。

（2）行为人实施了本条规定中的拒不配合有关部门开展反恐怖主义工作的行为。"拒不配合"，应当是主观上出于故意的行为，指明知应当配合有关部门开展反恐怖主义安全防范、情报信息、调查、应对处置工作，在有关部门要求其协助、配合时，无正当理由而拒绝提供必要的配合，从而影响反恐怖主义安全防范、情报信息、调查、应对处置工作的开展。对于有关部门没有明确提出配合工作的具体要求，行为人只是态度消极，未主动支持相关工作的，不属于拒不配合；如果行为人由于不能抗拒的原因，没有条件和能力配合的，也不属于本款所说的"拒不配合"。

（3）规定了"造成严重后果的，处5日以上15日以下拘留，可以并处1万元以下罚款"。这里的"造成严重后果"，一般是指由于单位或个人的不配合行为，致使恐怖活动所导致的结果扩大，严重危害社会秩序，或者使恐怖活动人员逃脱抓捕，逍遥法外。

2. 第2款是关于单位拒不配合有关部门开展反恐怖主义工作的处罚规定。

十一、阻碍反恐怖主义工作的法律责任

我国《反恐怖主义法》第82～91条主要就拒不配合反恐怖主义工作的单位和人员的法律责任进行了规定，并且按照单位或人员主体的不同作了不同的规定。而第92条就阻碍有关部门开展反恐怖主义工作的法律责任进行了统一规定。

《反恐怖主义法》第92条规定，阻碍有关部门开展反恐怖主义工作的，由公安机关处5日以上15日以下拘留，可以并处5万元以下罚款。单位有前款规定行为的，由公安机关处20万元以下罚款，并对其直接负责的主管人员和其他直接责任人员依照前款规定处罚。阻碍人民警察、人民解放军、人民武装警察依法执行职务的，从重处罚。

1. 本条共分三款。第1款是关于个人阻碍有关部门开展反恐怖主义工作的行为及其处罚的规定。这里的"有关部门"，是指根据本法的规定开展反恐怖主义工作的国家机关、相关部门以及企业法人、社会组织和团体等，具体包括国家反恐怖主义工作领导机构、公安机关、国安机关、人民检察院、人民法院、司法行政机关、中国人民解放军、中国人民武装警察部队、民兵组织、国务院反洗钱行政主管部门、村民委员会、居民委员会、相关行业部门的主管部门等。这里的"阻碍"，是指行为人对上述有关部门开展反恐怖主义工作予以阻挠、妨碍。"阻碍"的方式，既可以是暴力、威胁的方式，也可以是非暴力方式，比如设置障碍。

本条第 2 款是关于单位阻碍有关部门开展反恐怖主义工作的行为及其处罚的规定。

本条第 3 款是关于阻碍人民警察、人民解放军、人民武装警察依法执行职务，从重处罚的规定。

2. 在反恐怖主义工作中，如果行为人以暴力、威胁方法阻碍国家机关工作人员依法执行反恐怖主义工作的，或故意阻碍国家安全机关、公安机关依法执行反恐怖主义工作，虽未使用暴力、威胁方法，但造成严重后果的，可以《刑法》第 277 条规定的妨害公务罪追究刑事责任。

3. 如果行为人同恐怖活动犯罪分子相勾结，阻碍有关部门开展反恐怖主义工作的，则可能同恐怖活动犯罪分子构成共同犯罪。

十二、单位法律责任的特殊规定

在我国《反恐怖主义法》第 82～92 条的规定中，关于单位违法的法律责任只规定了罚款这一种形式。但是，如果单位在接受罚款之后，仍然拒不配合或妨碍反恐怖主义工作，或者单位拒绝缴纳罚款，将不利于我国反恐怖主义工作的开展，也有损《反恐怖主义法》的威信。为了应对前述情况，《反恐怖主义法》第 93 条作出了规定，即单位违反本法规定，情节严重的，由主管部门责令停止从事相关业务、提供相关服务或者责令停产停业；造成严重后果的，吊销有关证照或者撤销登记。

1. 本条规定的"单位"大致包括：金融机构和特定非金融机构；电信业务经营者、互联网服务提供者；铁路、公路、水上、航空的货运和邮政、快递等物流运营单位；电信、互联网、金融、住宿、长途客运、机动车租赁等业务经营者、服务提供者；枪支等武器、弹药、管制器具、危险化学品、民用爆炸物品、核与放射物品、传染病病原体等危险物品的生产、进口、运输以及管理单位等；防范恐怖袭击重点目标的管理、运营单位；新闻媒体等单位；拒不配合有关部门开展反恐怖主义工作的单位；阻碍有关部门开展反恐怖主义工作的单位；等等。

2. 本条规定的"责令停止从事相关业务、提供相关服务"和"责令停产停业"的区别在于，前者无期限要求，有关单位将始终不能从事相关业务、提供相关服务。而后者通常附有期限要求，受处罚人在一定期限内纠正了违法行为，就可以恢复生产和经营。

3. 本条规定的"吊销有关证照"是一种消灭单位经营资格而并不消灭单位人格的行政处罚；"撤销登记"属于消灭有关单位人格的行政处罚。

需要注意的是，本条规定与第九章法律责任中其他关于单位处罚的条款不冲突，可以同时适用。

第三节 反恐怖主义工作领导机构、有关部门的工作人员的法律责任

我国《反恐怖主义法》坚持"专门工作与群众路线相结合"的原则，要想取得反恐怖主义斗争的胜利，既需要反恐怖主义工作领导机构、有关部门的工作人员依法做好反恐怖主义工作，也需要其他单位和个人的协助、配合。但如果反恐怖主义工作领导机构、有关部门的工作人员滥用职权、玩忽职守、徇私舞弊，或者违反规定泄露国家秘密、商业秘密和个人隐私等，必将打击普通民众的反恐热情，严重影响我国反恐怖主义斗争的效果。

为了预防并惩罚这种现象，《反恐怖主义法》第 94 条规定，反恐怖主义工作领导机构、有关部门的工作人员在反恐怖主义工作中滥用职权、玩忽职守、徇私舞弊，或者有违反规定泄露国家秘密、商业秘密和个人隐私等行为，构成犯罪的，依法追究刑事责任；尚不构成犯罪的，依法给予处分。反恐怖主义工作领导机构、有关部门及其工作人员在反恐怖主义工作中滥用职权、玩忽职守、徇私舞弊或者有其他违法违纪行为的，任何单位和个人有权向有关部门检举、控告。有关部门接到检举、控告后，应当及时处理并回复检举、控告人。

一、刑事责任

反恐怖主义工作领导机构、有关部门的工作人员在反恐怖主义工作中滥用职权、玩忽职守、徇私舞弊，或者有违反规定泄露国家秘密、商业秘密和个人隐私等行为，构成犯罪的，依法追究刑事责任。

1. 反恐怖主义工作领导机构、有关部门的工作人员属于国家机关工作人员的，对其在反恐怖主义工作中滥用职权、玩忽职守、徇私舞弊，致使公共财产、国家和人民利益遭受重大损失的行为，可依《刑法》第 397 条规定的滥用职权罪、玩忽职守罪追究其刑事责任。

（1）滥用职权，既包括非法地行使本人职务范围内的权力，也包括超越本人的职权范围实施有关行为。本条中的"滥用职权"，是指反恐怖主义工作领导机构、有关部门的工作人员超越职权，违法决定、处理其无权决定、处理的事项或者违反规定处理公务。比如，反恐怖主义工作领导机构、有关部门的工作人员违反法律规定的条件、程序，或者违反国家反恐怖主义工作的要求，对不

应当采取技术侦察措施的擅自采取技术侦察措施，或者擅自采取查封、扣押、冻结措施等。

玩忽职守，是指反恐怖主义工作领导机构、有关部门的工作人员严重不负责任，不履行或者不认真履行职务。其包括：①不履行职责义务，是指反恐怖主义工作人员，对于自己应当履行的职责，拒绝履行或放弃职守，例如，对于工作中发现的问题和危害国家安全、会对人民生命财产造成重大损失的隐患不及时解决、处理。②不认真履行职责，是指反恐怖主义工作人员在履行职责义务中，违背职责要求，不按照有关法律、法规或者有关规定办事，严重不负责任，比如不认真排查恐怖活动嫌疑人员，致使嫌疑人员脱逃或者实施了恐怖犯罪。

（2）徇私舞弊，是指出于徇私的动机实施滥用职权，玩忽职守的行为。徇私属于犯罪动机，在司法实践中主要表现为贪图钱财、贪图女色、袒护亲友、照顾关系、打击报复或者徇其他私情、私利。舞弊属于客观的构成要件要素，指弄虚作假、玩弄职权的行为，具体表现为在履行职责或者行使职权过程中滥用职权或玩忽职守。

根据反恐怖主义工作人员履行职责的具体情况，其徇私舞弊的行为可以分为两种情形：①在依照本法开展安全防范、情报信息、调查、应对处置、国际合作工作中有徇私舞弊行为，构成犯罪的，应当依照《刑法》第397条第2款的规定，分别作为滥用职权罪、玩忽职守罪的加重情节处理。②反恐怖主义工作人员在侦查、拘留、预审和执行逮捕等工作中，为徇私情而利用职权，使无罪的人受追诉，或者故意包庇违法有罪的人使其不受追诉。这种行为构成犯罪的，应当依照《刑法》第399条的规定，按徇私枉法罪定罪处罚。

（3）需要注意的是，《刑法》在其第九章除了规定一般国家机关工作人员的渎职罪，即滥用职权罪和玩忽职守罪以外，还针对特定部门工作人员，特定领域、特定活动规定了特殊的渎职罪。也就是说，《刑法》第397条所规定的滥用职权罪和玩忽职守罪可以说是渎职罪的普通规定、一般条款，同本章规定的渎职罪存在法条竞合关系。根据《刑法》第397条的规定，当滥用职权罪、玩忽职守罪同其他渎职犯罪发生竞合的，适用的原则是特殊条款优先的规则，即按其他渎职罪定罪量刑。[1]

因此，如果反恐怖主义工作领导机构、有关部门的工作人员在反恐怖主义工作中滥用职权、玩忽职守、徇私舞弊，构成其他渎职类犯罪的，应该按照其

---

〔1〕　参见王爱立主编：《中华人民共和国反恐怖主义法解读》，中国法制出版社2016年版，第363～364页。

具体行为触犯的罪名来定罪量刑，如司法工作人员私放在押的犯罪嫌疑人、被告人或者罪犯，抑或由于严重不负责任，致使在押的犯罪嫌疑人、被告人或者罪犯脱逃，造成严重后果的，应以私放在押人员罪或失职致使在押人员脱逃罪追究刑事责任；行政执法人员徇私舞弊，对依法应当移交司法机关追究刑事责任的行为人不移交，情节严重的，应以徇私舞弊不移交刑事案件罪追究刑事责任，而不再以滥用职权罪或玩忽职守罪追究刑事责任。

2. 对于反恐怖主义工作领导机构、有关部门的工作人员在反恐怖主义工作中违反规定泄露国家秘密、商业秘密和个人隐私，情节严重的，可分别以故意泄露国家秘密罪、过失泄露国家秘密罪、侵犯商业秘密罪、侵犯公民个人信息罪追究刑事责任。

（1）根据《刑法》第398条的规定，违反保守国家秘密法的规定，泄露国家秘密的行为，情节严重，无论主观罪过是故意还是过失，均构成犯罪。"国家秘密"，是指关系国家安全和利益，依照法定程序确定，在一定时间内只限一定范围的人员知悉的事项，如打击恐怖分子的行动计划等。军人违反保守国家秘密法规，故意或者过失泄露军事秘密，情节严重的，应以《刑法》第432条规定的故意泄露军事秘密罪或过失泄露军事秘密罪追究刑事责任。也就是说，同样是泄露国家秘密的行为，刑法针对军人的特殊主体身份作了特别规定。

（2）根据《刑法》第219条的规定，侵犯商业秘密，给商业秘密的权利人造成重大损失的，构成犯罪。因此，反恐怖主义工作领导机构、有关部门的工作人员将在履行职责过程中获得的商业秘密泄露的，依法追究刑事责任。

（3）根据《刑法》第253条之一第2款的规定，违反国家有关规定，将在履行职责或者提供服务过程中获得的公民个人信息，出售或者提供给他人的，依照前款的规定从重处罚。因此，反恐怖主义工作领导机构、有关部门的工作人员将在履行职责过程中获得的公民个人信息泄露的，要从重处罚。

二、行政责任

反恐怖主义工作领导机构、有关部门的工作人员在反恐怖主义工作中滥用职权、玩忽职守、徇私舞弊，或者有违反规定泄露国家秘密、商业秘密和个人隐私等行为，情节显著轻微危害不大，不认为是犯罪的，依法给予处分。

"依法给予处分"，是指依照《公务员法》等有关法律法规的规定给予处分。

三、检举、控告

《反恐怖主义法》第94条第2款中规定，"反恐怖主义工作领导机构、有关部门及其工作人员在反恐怖主义工作中滥用职权、玩忽职守、徇私舞弊或者有其他违法违纪行为的，任何单位和个人有权向有关部门检举、控告。有关部门接到检举、控告后，应当及时处理并回复检举、控告人"。

这里的"任何单位和个人"，包括一切中国、外国的公民、无国籍人和组织。这里的"其他违法违纪行为"，是指反恐怖主义工作领导机构、有关部门及其工作人员在反恐怖主义工作中违反其他法律法规纪律规定，侵害单位、个人合法权益的行为，如采取不正当强制措施，在执行任务中有基于地域、民族、宗教等理由的歧视性执法等。受理检举、控告的"有关部门"，主要是指监察、检察部门，也包括依照本法负有反恐怖主义工作职责的各单位部门的内设纪检部门及其上级机关。这里的"检举"，是指单位和个人对于自己发现或者知悉的反恐怖主义工作领导机构、有关部门及其工作人员的违法行为，向有关部门揭发、报告。这里的"控告"，是指单位和个人将反恐怖主义工作领导机构、有关部门及其工作人员的违反法律规定，侵犯自己的合法权利的行为向有关部门进行告发。

本款还对有关部门接到单位和个人的检举、控告的处理程序及结果作了明确规定。受理检举、控告的有关部门接到单位和个人对反恐怖主义工作领导机构、有关部门及其工作人员在反恐怖主义工作中的违法违纪行为的检举、控告后，在及时查清事实的基础上，应当及时处理并将结果告知检举、控告人。在处理时限上，要求及时办理，不得推诿，不得久拖不办，更不得受而不理。对检举控告的行为要进行必要的调查，查清事实。在处理结果上，要求应当及时回复检举、控告人，以切实保障单位和个人的检举权、控告权，防止有关部门对检举控告事项受而不办，督促其对检举、控告事项切实处理，确保单位和个人对检举、控告事项处理结果的知情权的需要。如果检举、控告的内容属实，应依法追究被检举、控告单位或人员的法律责任。对于错告或者检举失实的，也应当回复检举、控告人，并说明调查情况。

如果国家机关工作人员滥用职权、假公济私，对控告人、举报人实行报复陷害的，可依《刑法》第254条规定的报复陷害罪追究刑事责任。

第四节 权利救济途径

《反恐怖主义法》在其第九章最后两条中对有关单位和个人的权利救济途径进行了规定，第95条规定，"对依照本法规定查封、扣押、冻结、扣留、收缴的物品、资金等，经审查发现与恐怖主义无关的，应当及时解除有关措施，予以退还"。第96条规定，"有关单位和个人对依照本法作出的行政处罚和行政强制措施决定不服的，可以依法申请行政复议或者提起行政诉讼"。

一、查封、扣押、冻结、扣留、收缴的物品、资金等的处理

《反恐怖主义法》中涉及查封的有：第28条规定，公安机关对涉及极端主义活动的非法活动场所予以查封；第52条规定，公安机关调查恐怖活动嫌疑，可以采取查封措施。

《反恐怖主义法》中涉及扣押的有：第23条第2款规定，任何单位和个人不得非法制作、生产、储存、运输、进出口、销售、提供、购买、使用、持有、报废、销毁前款规定的物品，公安机关发现的，应当予以扣押；其他主管部门发现的，应当予以扣押，并立即通报公安机关；其他单位、个人发现的，应当立即向公安机关报告。第52条规定，公安机关调查恐怖活动嫌疑，经县级以上公安机关负责人批准，可以采取扣押措施。

《反恐怖主义法》中涉及冻结的有：第14条规定，金融机构和特定非金融机构对国家反恐怖主义工作领导机构的办事机构公告的恐怖活动组织和人员的资金或者其他资产，应当立即予以冻结，并按照规定及时向国务院公安部门、国家安全部门和反洗钱行政主管部门报告；第24条第2款规定，国务院反洗钱行政主管部门发现涉嫌恐怖主义融资的，可以依法进行调查，采取临时冻结措施；第52条规定，公安机关调查恐怖活动嫌疑，经县级以上公安机关负责人批准，可以采取冻结措施。

《反恐怖主义法》中涉及扣留的有：第34条规定，大型活动承办单位以及重点目标的管理单位应当依照规定，对进入大型活动场所、机场、火车站、码头、城市轨道交通站、公路长途客运站、口岸等重点目标的人员、物品和交通工具进行安全检查，发现违禁品和管制物品，应当予以扣留并立即向公安机关报告；第40条规定，海关、出入境边防检查机关发现恐怖活动嫌疑人员或者涉嫌恐怖活动物品的，应当依法扣留，并立即移送公安机关或者国家安全机关，检验检疫机关发现涉嫌恐怖活动物品的，应当依法扣留，并立即移送公安机关或者国家安全机关。

《反恐怖主义法》中涉及收缴的有：第28条规定，公安机关发现极端主义活动的对有关物品、资料予以收缴。

上述规定中的查封、扣押、冻结、扣留、收缴等措施，有的属于行政强制措施，有的具有行政处罚的性质，有的也可以在对恐怖活动犯罪的刑事侦查活动中使用。根据《刑事诉讼法》《行政强制法》《反洗钱法》等法律的有关规定，有关部门在采取查封、扣押、冻结等措施后，应当对案件进行调查，并对

查封、扣押、冻结的物品、资金进行审查。如果经审查最终认定有关物品、资金确与恐怖主义无关的，应当及时解除查封、扣押、冻结等措施，并及时将其予以退还。对于违法采取查封、扣押、冻结、扣留等措施，给公民和组织的合法权益造成损害的，应当根据《国家赔偿法》等规定给予赔偿。

二、对行政处罚和行政强制措施决定不服的处理

《反恐怖主义法》针对具有恐怖主义嫌疑的组织或人员拒不配合有关部门开展反恐怖主义安全防范、情报信息、调查、应对处置工作的，或阻碍有关部门开展反恐怖主义工作的行为，规定了一系列的行政处罚措施和行政强制措施。《反恐怖主义法》第96条规定，有关单位和个人对依照本法作出的行政处罚和行政强制措施决定不服的，可以依法申请行政复议或提起行政诉讼。

1. 行政处罚和行政强制措施。本条规定的申请主体是对依照本法作出的有关行政处罚和行政强制措施不服的行政相对人，包括单位和个人。行政处罚是特定的行政主体对违反行政管理秩序但尚未构成犯罪的有关单位、个人予以制裁的行政行为，包括警告、罚款、行政拘留、没收违法所得、没收非法财物、责令停产停业、暂扣或者吊销许可证、暂扣或者吊销执照等。《反恐怖主义法》第九章系统规定了与安全防范、调查、应对处置恐怖主义、极端主义相关的行政处罚，如第80条对参与宣扬恐怖主义、极端主义或者煽动实施恐怖活动、极端主义活动，参与制作、传播、非法持有宣扬恐怖主义、极端主义的物品，参与强制他人在公共场所穿戴宣扬恐怖主义、极端主义的服饰、标志，参与为宣扬恐怖主义、极端主义或者实施恐怖主义、极端主义活动提供信息、资金、物资、劳务、技术、场所等支持、协助、便利等，情节轻微、尚不构成犯罪的行为规定了拘留、罚款的行政处罚。行政强制措施是行政管理机关在行政管理过程中，为制止违法行为、防止证据损毁、避免危害发生、控制危险扩大，依法对公民的人身自由实施暂时性限制，或者对公民、法人或者其他组织的财物实施暂时性控制的行为，包括限制公民人身自由、查封场所、设施或者财物、冻结汇款、存款等。本法在安全防范、调查、应对处置恐怖主义、极端主义等活动中规定了相关行政强制措施。如第52条规定，公安机关调查恐怖活动嫌疑，经县级以上公安机关负责人批准，可以采取查封、扣押、冻结措施，等等。

需要注意的是，本法规定的行政处罚和行政强制措施在具体执行中，既要符合《反恐怖主义法》的规定，也要符合《行政处罚法》和《行政强制法》包括程序在内的相应规定。如《行政处罚法》规定的行政处罚由具有行政处罚权的行政机关在法定职权范围内实施等；《行政强制法》规定的行政强制的实施应

当适当，实施行政强制，应当坚持教育与强制相结合等。上述法律还规定，公民、法人或者其他组织对行政机关所给予的行政处罚、行政强制，享有陈述权、申辩权。

2. 行政复议或者行政诉讼。本条规定可以采取的救济措施包括行政复议或者行政诉讼两种方式。这里的"依法申请行政复议或提起行政诉讼"，是指有关单位和个人可以依照《行政复议法》《行政诉讼法》规定的条件和程序申请行政复议、提起行政诉讼。行政复议是指公民、法人或者其他组织不服行政主体作出的具体行政行为，认为行政主体的具体行政行为侵犯了其合法权益，依法向法定的行政复议机关提出复议申请，行政复议机关依法对该具体行政行为进行合法性、适当性审查，并作出行政复议决定的行政行为。行政诉讼是公民、法人或其他组织认为行政主体以及法律法规授权的组织作出的行政行为侵犯其合法权益而向法院提起的诉讼。一般来说，不服行政处罚决定、行政强制措施决定而申请复议或者提起诉讼的，主要有以下几种情况：一是原行政处罚决定、原行政强制措施决定认定的事实错误。例如，行政处罚或行政强制措施的对象错误，对与恐怖主义无关的资金、财物采取了查封、扣押、冻结等措施。二是原行政处罚决定、原行政强制措施决定适用法律不当。三是原行政处罚决定、原行政强制措施决定的作出违反了法定程序。

需要注意的是：①当事人可以依法申请行政复议或者提起行政诉讼，但复议和诉讼期间，除《行政复议法》《行政诉讼法》规定的例外情况外，处罚等决定一般不停止执行。②根据《行政诉讼法》的规定，对属于人民法院受案范围的行政案件，公民、法人或者其他组织可以先向行政机关申请复议，对复议决定不服的，再向人民法院提起诉讼；也可以直接向人民法院提起诉讼。但有关单位和个人不能就同一事实同时提出行政复议和行政诉讼。

图书在版编目（ＣＩＰ）数据

中国反恐怖主义法教程/贾宇主编. —2版. —北京:中国政法大学出版社, 2020.9

ISBN 978-7-5620-9632-0

Ⅰ.①中…　Ⅱ.①贾…　Ⅲ.①反恐怖活动－国家安全法－中国－教材　Ⅳ.①D922.14

中国版本图书馆CIP数据核字(2020)第159225号

出　版　者	中国政法大学出版社
地　　　址	北京市海淀区西土城路25号
邮寄地址	北京 100088 信箱 8034 分箱　邮编 100088
网　　　址	http://www.cuplpress.com (网络实名: 中国政法大学出版社)
电　　　话	010-58908435(第一编辑部) 58908334(邮购部)
承　　　印	保定市中画美凯印刷有限公司
开　　　本	720mm×960mm　1/16
印　　　张	20.75
字　　　数	384 千字
版　　　次	2020 年 9 月第 2 版
印　　　次	2020 年 9 月第 1 次印刷
印　　　数	1～5000 册
定　　　价	56.00 元